普通高等教育规划教材

中级财务会计

主　编　郭玲玲
副主编　张海英　潘前进
参　编　岳希宇　李花果

机械工业出版社

本书以《企业会计准则》为依据，紧跟会计发展的最新动态，深入浅出、循序渐进地阐述了中级财务会计的基本理论与实务。

本书共十三章，分为财务会计基本理论与财务会计实务两大部分。第一章阐述了中级财务会计的基本理论；第二～十二章按照会计要素依次展开，层层递进，系统地阐述了各会计要素的确认、计量与记录过程；第十三章阐述了财务会计报告的内容及编制。全书从会计基本理论到实务，从日常会计核算到期末编制财务报告，并在每一章节都设置了例题，突出了会计实务的操作性。在写作方法上，力求做到由浅入深、循序渐进，并在每个关键的知识点部分提醒学生注意。全书各章设有教学目标、本章小结、练习题。练习题题型丰富，包括单项选择题、多项选择题、业务题，便于学生全面理解和掌握各章知识要点。

本书可作为高等院校会计学和其他经济管理类专业本科生教材，也可作为在职会计人员自学的参考书。

图书在版编目（CIP）数据

中级财务会计/郭玲玲主编.—北京：机械工业出版社，2013.2
普通高等教育规划教材
ISBN 978-7-111-40869-7

Ⅰ.①中… Ⅱ.①郭… Ⅲ.①财务会计-高等学校-教材 Ⅳ.①F234.4

中国版本图书馆 CIP 数据核字（2012）第 302922 号

机械工业出版社（北京市百万庄大街 22 号 邮政编码 100037）
策划编辑：商红云 责任编辑：商红云 马碧娟 责任校对：张 媛
封面设计：张 静 责任印制：乔 宇
北京机工印刷厂印刷（三河市南杨庄国丰装订厂装订）
2013 年 2 月第 1 版第 1 次印刷
184mm×260mm · 24.25 印张 · 601 千字
标准书号：ISBN 978-7-111-40869-7
定价：45.00 元

凡购本书，如有缺页、倒页、脱页，由本社发行部调换

电话服务	网络服务
社服务中心：(010) 88361066	教材网：http://www.cmpedu.com
销售一部：(010) 68326294	机工官网：http://www.cmpbook.com
销售二部：(010) 88379649	机工官博：http://weibo.com/cmp1952
读者购书热线：(010) 88379203	**封面无防伪标均为盗版**

前　言

会计是随着社会经济环境的变化而不断变化着的。2006 年 2 月 15 日新《企业会计准则》的发布，标志着我国的财务会计理论和实务发展到了前所未有的阶段。在新的背景下，很多教材都进行了修订，将新准则的变化融入教材体系中，为教学提供了较好的素材。但是，随着时间的推移，新会计准则体系中的某些业务处理也发生了些许变化，而且，我们在教学的过程中也积累了一定的经验，对新准则的规定的认识达到了一定深度，同时还发现各版本的教材都存在着或多或少的不便之处。因此，我们组织教学经验丰富的财务会计老师编写了本书。

《中级财务会计》几乎涵盖了企业全部的业务处理流程，内容丰富。本书在编纂的过程中，重点关注了以下几个方面：

(1) 重新定位了中级财务会计的内容。由于中级财务会计授课时间的限制，本书着重解决企业在一个完整的会计核算年度中所涉及的相关业务。一些较难的专题，如会计政策及会计估计变更、资产负债表日后事项、所得税会计等，都放到高级财务会计的授课范围内，使学生在中级财务会计的学习过程中更为轻松，对知识点的理解也更为透彻。

(2) 本书在讲解形式上有了一定程度的创新。对学生在学习过程中经常忽略或容易混淆的知识点均以“注意”的形式加以提醒与标注，使学生能够一目了然。同时，对知识点的讲解均融入了各位编写老师的教学经验，采用了更直观的方法，更易于理解和接受。

(3) 每章后面都附有一定数量的练习题，练习题形式多样，以帮助学生更好地巩固所学的知识。

本书共有十三章，各章的编写人员分别为：第一～三章、第六章由郭玲玲执笔，第四、五、八章由张海英执笔，第七章由李花果执笔，第九～十一章由潘前进执笔，第十二、十三章由岳希宇执笔。

由于编者水平有限，加之内容复杂，书中难免有所疏漏，恳请广大读者提出宝贵意见，以便进一步修改和完善。

编　者

目　　录

第一章 总 论

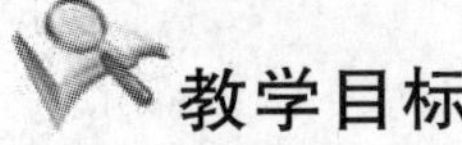

教学目标

- 了解财务会计的特征。
- 理解和掌握财务会计的目标。
- 掌握会计基本假设和会计基础。
- 理解会计信息质量要求。
- 掌握会计要素的确认和计量原则。
- 了解现行的会计准则体系。

第一节 社会经济环境与会计

“环境”表现为事物所处的社会经济的情况和条件。历史是发展的，社会经济情况和条件也在不断变化，这种变化促进了各种学科的发展。会计的产生和发展，自然也要受到社会环境的影响。综观会计的历史发展过程，会计的发展主要是反映性的，即会计主要是为了适应一定的商业需要而发展的，并与经济的发展密切相关，即会计是随着社会发展的需要而产生并发展起来的。

自从出现人类社会，物资的生产便成为人们生活的根本和社会赖以存在和发展的基础。而在生产活动中，人们总是希望用有限的经济资源如人、财、物等创造出尽可能多的物质财富，实现价值增值。因此，生产过程的经济性要求，使得人们需要通过各种手段了解和掌握经济资源的耗费和取得的经营结果。会计即是应生产活动的这种客观要求而产生的。会计的内容和形式，经历了一个长期的发展和完善的过程，会计的许多特点都是在客观社会经济环境的制约和影响下，通过自身的发展而逐步形成的。由此可见，社会经济环境对会计的产生和发展产生了较大的影响。但是，会计作为经济管理的重要组成部分，并不是完全消极地适应社会经济环境的变化，而是在一定程度上又影响着社会经济环境，它们是相互依存、相互制约和相互促进的。即经济环境的变化对会计提出新的要求，会计为了适应变化了的客观环境而不断变革、创新。与此同时，会计的每一变革、发展都加强了经济活动管理，向各利害关系方提供决策有用信息，也会直接或间接地影响、促进环境的改善。

一、社会经济环境对会计的影响

1. 经营管理要求的提高

来自社会经济环境的影响，首先是经营管理要求的提高。18 世纪产业革命以后，集中用机器进行的工业大生产，取代了分散的手工生产。企业组织机构也开始复杂健全起来，产品生产和生产消费的管理成为企业管理的重要课题。这一形势孕育了成本会计，并推动着它不断地成长。分期计提固定资产的折旧，逐渐被认为是计算产品成本不可缺少的步骤，折旧是产品成本不可漏列的重大项目，而不是隐匿秘密公积的手段。与此同时，因为竞争激烈，定期的实际成本逐渐成为制造厂商迫切要求的资料，以便进一步及时知悉生产中的节约或浪费。相应地，标准成本会计从萌芽状态逐渐走向成熟。第二次世界大战以后，因为通信交通事业的发展，经济活动范围日益扩大，跨越国界，出现了庞大的跨国公司。跨国公司一般资本雄厚，规模庞大。它们实行多种经营，不仅生产和销售产品，还涉足运输、保险、金融、咨询等许多业务。于是，国际会计出现了，丰富了财务会计的内容。

2. 科学技术的进步

人类社会的历史已经证明，科学技术的进步对社会生活的方方面面都会产生巨大的影响，会计也获益匪浅。会计自其产生以来，在漫长的历史发展过程中，一直采用手工方式来进行会计记录，直到现在仍有大量企业采用手工方式进行会计工作。采用手工方式处理会计数据，虽然方便、灵活，但是处理速度慢、效率低，容易出差错。并且随着外部环境变化的加速，管理部门逐渐希望能够实时掌握会计信息，而传统的手工处理方法便显现出自身的缺陷。电子技术的发展，尤其是电子计算机应用于会计处理工作，从根本上改变了传统手工作业的落后状态，使会计工作的数量、质量、效率得到迅速提升，电算化会计也日趋成熟。会计处理手段从手工簿记系统向电算数据处理系统转换，是现代会计的一个重要标志。一旦会计信息系统与整个企业其他管理信息系统对口联网，成为企业整体管理信息系统的一个子系统，会计服务于经济管理的作用就会日益加强、日益显著。

3. 知识经济的发展

所谓知识经济，是指建立在知识和信息的生产、分配和使用之上的经济。这里所谓的知识包括人类迄今为止所创造的所有知识，其中，科学技术、管理和行为科学的知识是最重要的部分。知识经济牵动着世界经济的发展，也促进着会计事业的发展。在知识经济环境下，科学技术成为第一生产力，资本在生产关系中的重要地位越来越倾向于让位人力资源。资本市场尤其是证券市场的高度虚拟化，使得衍生金融工具层出不穷。这些都对传统会计的确认、计量和报告原则提出了严峻的挑战。在知识经济时代，会计从单一结构向多元结构发展，从信息供给型向信息需求型发展，从确定性向不确定性发展，从有形实体向无形实体发展。现代会计模式、会计理论也正面临着前所未有的挑战。

二、会计对社会经济的影响

1. 满足宏观与微观管理的要求

会计信息用于宏观国民经济的管理，可以确保国民经济在正确的轨道上运行，各部门每年适度地增长，经济资源配置合理，总需求与总供给平衡，国民经济逐渐发展壮大。

会计信息用于微观经济管理，可以提高企业管理水平，实现增产节支的目标。在确保产品质量的条件下，帮助降低成本，扩大营业收入，降低生产经营占用的资金，直接增加盈利。正确运用会计资料，有助于企业合理经营与高效管理。

2. 有效促进社会经济资源的合理配置

会计作为一个以提供财务信息为主的管理信息系统，一方面，财务会计所提供的财务状况、经营成果和现金流量对与企业有关的投资者（包括所有者、债权人以及其他与企业有经济利害关系的社会职能部门和团体）进行投资决策起着引导作用，为国家对整个国民经济的宏观调控提供真实可靠的依据，使得国民经济管理和控制决策尽可能建立在可靠的基础之上。另一方面，当社会资源流入企业之后，经营者必须作出各种决策，以恰当分配与利用这些资源，争取较好的经济效益。管理会计提供的规划与决策、控制与业绩评价的信息在这里起着极其重要的作用。高质量的会计信息使社会经济资源得到合理配置，提高社会资源的利用效率，使国民经济健康、协调、稳定地发展；失真的会计信息必然导致经济决策的失误和经济结构的混乱，所造成的危害可能涉及整个社会。

第二节 财务会计的特点

一、财务会计的概念

20 世纪 30 年代末，传统会计一分为二，形成财务会计与管理会计两门并列的独立学科，两者相互配合并共同服务于市场经济条件下的现代企业。财务会计首先出现在美国，逐步发展成熟为一门系统的知识，迄今已有几十年的历史。

在我国，财务会计以《中华人民共和国会计法》（以下简称《会计法》）为准绳，以《企业会计准则》和《企业会计制度》加以具体规范。由于我国会计学科体系正在逐步改革和完善，因此，对财务会计并无统一公认的概念，根据各国财务会计的理论和实践，可将财务会计定义如下：

财务会计是按照一定的会计程序和方法，对会计要素进行确认、计量、记录和报告，以财务报告为主要手段向财务报告使用者提供信息的一个经济信息系统。

二、财务会计的特征

所谓特征，是指某一事物区别于他事物的显著征象或标志。财务会计是现代会计的一个分支，与管理会计比较，其主要特征有以下几点：

（1）财务会计必须遵循《企业会计准则》和有关法规、制度。这是财务会计区别于传统会计的特点，也是财务会计不同于管理会计的一个重要方面，管理会计不必严格遵守会计原则。财务会计的这一要求，是为了维护企业财务报告使用者的利益。

（2）财务会计重点反映已经发生的经济业务的财务信息。财务会计只对已发生或已完成的、能用货币度量的交易或事项予以确认、计量、记录和报告，因此，财务会计提供的主要信息是历史的和财务的信息，并解释信息。而管理会计侧重于规划未来，对企业的重大经营活动进行预测和决策，因此，管理会计还要涵盖一定的未来信息。

（3）财务会计主要为企业外部关系人提供企业的信息。财务会计提供的信息虽可供企业外部和内部使用，但主要是提供给企业外部的使用者进行经济决策。而管理会计提供的资料具有针对性，主要用来解决企业在经营管理上的某些特定问题。

（4）财务会计遵循“凭证——→账簿——→报表”这一会计基本模式，主要通过编制基本财务报表来提供系统的、连续的、综合的财务信息，而且各项数据之间存在着勾稽关系。而管理会计强调数据的决策有用性，所用的方法也比较灵活，视需要而定，除成本会计外，并不遵循定型的会计模式。

第三节　财务会计的目标

财务会计的目标就是财务会计系统所要达到的目的和要求。财务会计是一个生产加工会计信息的系统，它所提供的信息主要面向企业外部的使用者。为了使这个经济系统输出的信息对外部关系人有用，就应当了解：①谁是信息的使用者？②他们需要什么信息？

财务会计的目标总是同社会经济环境对它的要求相适应，经济环境不同，为满足经济环境需要而制定的财务会计目标就会有差异。例如，美国会计准则在发展早期目标不明，几经波折，后来逐渐认识到财务会计概念框架尤其是财务报告目标的重要性。因此，美国财务会计准则委员会于20世纪70年代末、80年代初先后发布了4项财务会计概念公告。其中，第一项概念公告即为《财务报告的目标》。对财务报告目标进行了清晰定位，使多年来美国关于财务报告目标的争论和财务会计发展方向问题得到了解决，也催生了美国会计准则数十年的发展，为美国资本市场的长远发展打下了扎实基础。我国也是如此，传统计划经济条件下的会计信息主要服务于国家宏观经济管理的需要，随着我国市场经济的发展、完善，在《企业会计准则——基本准则》中将财务报告目标明确定位，从而为各项会计准则的制定奠定了良好基础，也为未来财务会计的发展和会计准则体系的完善确立了方向。

从历史的角度看，财务会计的目标有“受托责任观”和“决策有用观”。这两种观点是在不同环境中分别适应各自的环境需要而产生的。

“受托责任观”产生的经济环境的基本特征是：资源的所有权与经营权相分离，资本市场不发达，企业资源的所有者较集中，会计信息的使用者范围较窄，企业的所有者和管理者直接接触。在这种经济环境下，资源受托方向委托方报告其受托责任的履行过程和结果就成为财务会计的目标。

“决策有用观”建立在发达的资本市场的基础上。这时，资源的所有权与经营权依然相分离，不同的是这种分离通过发达的资本市场进行。也就是说，资源的委托——受托关系通过发达资本市场而建立、履行或解除，同时企业外部的会计信息使用者范围扩大。这样，作为拥有资源所有权的委托方，视野是相当广阔的。他们关注的不仅仅是某个具体企业的资本保值增值，而是整个资本市场上的平均风险与报酬率水平及其所投资的具体企业可能面临的风险与报酬率。如果委托方不满意，他们可以转移资源（资本）。资源（资本）的流动促进了社会资源的合理配置。在这里，财务会计信息系统的作用就是提供有助于决策的相关信息。

《企业会计准则——基本准则》既体现了受托责任观与决策有用观，又考虑了我国社会主义市场经济体制的特点，指出“企业应当进行财务报告（又称财务会计报告），财务报告的目标是向财务报告使用者提供与企业财务状况、经营成果和现金流量等有关的会计信息，反映企业管理层受托责任履行情况，有助于财务报告使用者作出经济决策。财务报告使用者包括投资者、债权人、政府及其有关部门和社会公众等”。

满足投资者的信息需要是企业财务报告编制的首要出发点，将投资者作为企业财务报告的首要使用者，凸显了投资者的地位，体现了保护投资者利益的要求，是市场经济发展的必然。如果企业在财务报告中提供的会计信息与投资者的决策无关，那么财务报告就失去了意义。根据投资者决策有用性目标，财务报告所提供的信息应当如实反映企业所拥有或者控制的经济资源、对经济资源的要求权以及经济资源及其要求权的变化情况；如实反映企业的各项收入、费用、利得和损失的金额及其变动情况；如实反映企业各项经营活动、投资活动和筹资活动等形成的现金流入和现金流出情况等，从而有助于现在的或者潜在的投资者正确、合理地评价企业的资产质量、偿债能力、盈利能力和营运能力等；有助于投资者根据相关会计信息作出理性的投资决策；有助于投资者评估与投资有关的未来现金流的金额、时间和风险等。

除了投资者之外，企业财务报告的使用者还有债权人、政府及其有关部门、社会公众等。例如，企业贷款人、供应商等债权人通常十分关心企业的偿债能力和财务风险，他们需要信息来评估企业能否如期支付贷款本金及利息，能否如期支付所欠货款等；政府及其有关部门作为经济管理和经济监管部门，通常关心经济资源分配是否公平、合理，市场经济秩序是否公正、有序，宏观决策所依据的信息是否真实、可靠等，因此，他们需要财务信息来监管企业的有关活动（尤其是经济活动）、制定税收政策、进行税收征管和国民经济统计等；社会公众也关心企业的生产经营活动，包括对所在地经济作出的贡献，如增加就业、刺激消费、提供社区服务等。因此，在财务报告中提供有关企业发展前景及其偿债能力、经营效益等方面的信息，可以满足社会公众的信息需要。这些使用者的许多信息需求是重叠的。由于投资者是企业资本的主要提供者，通常情况下，如果财务报告能够满足这一群体的会计信息需求，则也可以满足其他使用者的大部分信息需求。

现代企业制度强调企业所有权和经营权相分离，企业管理层受委托人之托经营管理企业及其各项资产，负有受托责任。即企业管理层所经营管理的企业各项资产基本上均为投资者投入的资本（或以留存收益作为再投资）或者向债权人借入的资金所形成的，企业管理层有责任妥善保管并合理、有效运用这些资产。企业投资者和债权人等需要及时或者经常性地了解企业管理层保管、使用资产的情况，以便评价企业管理层的受托责任履行情况，并决定是否需要调整投资或者信贷政策、是否需要加强企业内部控制和其他制度建设、是否需要更换管理层等。因此，财务报告应当反映企业管理层受托责任的履行情况，以便外部投资者和债权人等评价企业的经营管理责任和资源使用的有效性。

第四节 会计基本假设与会计基础

一、会计基本假设

会计所处的环境极为复杂，它面对的是变化不定的社会经济环境。会计人员在会计核算过程中，面对这些变化不定的经济环境，不得不作出一些合理的假设，对会计核算所处的时间、空间等环境作出一些合理的假定，即建立会计核算的基本前提，也称之为会计基本假设。会计基本假设包括会计主体、持续经营、会计分期和货币计量。这些会计假设是企业会计进行确认、计量和报告的前提。

1. 会计主体

会计主体是指企业会计确认、计量和报告的空间范围，是会计工作服务的对象。为了向财务报告使用者反映企业财务状况、经营成果和现金流量，提供对其决策有用的信息，会计核算和财务报告的编制应当集中反映特定对象的活动，并与其他经济实体区别开来，才能实现财务报告的目标。

在会计主体假设下，企业应当对其本身发生的交易或者事项进行会计确认、计量和报告，反映企业本身所从事的各项生产经营活动。明确界定会计主体是开展会计确认、计量和报告工作的重要前提。

明确会计主体，才能划定会计所要处理的各项交易或事项的范围。在会计工作中，只有那些影响企业本身经济利益的各项交易或事项才能加以确认、计量和报告，那些不影响企业本身经济利益的各项交易或事项则不能加以确认、计量和报告。会计工作中通常所讲的资产、负债的确认，收入的实现，费用的发生等，都是针对特定会计主体而言的。

明确会计主体，才能将会计主体的交易或者事项与会计主体所有者的交易或者事项以及其他会计主体的交易或者事项区分开来。例如，企业所有者的经济交易或者事项是企业所有者主体所发生的，不应纳入企业会计核算的范围，但是企业所有者投入到企业的资本或者企业向所有者分配的利润，则属于企业主体所发生的交易或者事项，应当纳入企业会计核算的范围。

会计主体不同于法律主体。一般来说，法律主体必然是会计主体。例如，一个企业作为一个法律主体，应当建立财务会计系统，独立反映其财务状况、经营成果和现金流量。但是，会计主体不一定是法律主体。例如，在企业集团的情况下，一个母公司拥有若干子公司，母子公司虽然是不同的法律主体，但是母公司对于子公司拥有控制权，为了全面反映企业集团的财务状况、经营成果和现金流量，就有必要将企业集团作为一个会计主体，编制合并财务报表。再如，由企业管理的证券投资基金、企业年金基金等，尽管不属于法律主体，但属于会计主体，应当对每项基金进行会计确认、计量和报告。

【例 1-1】 A 公司持有 B 公司 80% 的股权，也就是说，A 公司对 B 公司有控制权，则 A 公司在年末除了编制 A 公司自身的财务报表外，还需要编制包括 B 公司在内的集团合并财务报表，因此，A、B 公司以及 A、B 公司组成的集团都是会计主体。

【例 1-2】 C 公司是甲公司的分公司，不具有法律地位，但是甲公司要求 C 公司单独建立账簿核算，因此，甲公司和 C 公司都是会计主体。

2. 持续经营

持续经营是指在可以预见的将来，企业将会按当前的规模和状态继续经营下去，不会停业，也不会大规模削减业务。在持续经营前提下，会计确认、计量和报告应当以企业持续、正常的生产经营活动为前提。

企业是否持续经营，在会计原则、会计方法的选择上有很大差别。一般情况下，应当假定企业将会按照当前的规模和状态继续经营下去。明确这个基本假设，就意味着会计主体将按照既定用途使用资产，按照既定的合约条件清偿债务，会计人员就可以在此基础上选择会计原则和会计方法。如果判断企业会持续经营，就可以假定企业的固定资产会在持续经营的生产经营过程中长期发挥作用，并服务于生产经营过程，固定资产就可以根据历史成本进行计量，并采用折旧的方法，将历史成本分摊到各个会计期间或相关产品的成本中。如果预计企业将进入破产清算程序，不会持续经营，则固定资产就不应采用历史成本进行计量，也不应再按期计提折旧，应按现行市价或清算价格进行核算，否则就不能客观地反映企业的财务状况、经营成果和现金流量，会误导会计信息使用者的经营决策。

3. 会计分期

会计分期是指将企业持续经营的生产经营活动划分为一个个连续的、长短相同的期间。

划分会计分期的目的，在于将持续经营的生产经营活动划分成连续的、相等的期间，据以结算盈亏，按期编报财务报告，从而及时向财务报告使用者提供有关企业财务状况、经营成果和现金流量的信息。

在会计分期假设下，企业应当划分会计期间，分期结算账簿和编制财务报告。会计期间通常分为年度和中期。我国规定以日历年作为企业的会计年度，即以公历 1 月 1 日至 12 月 31 日止为一个完整的会计年度。中期是指短于一个完整的会计年度的报告期间，如半年度、季度、一个月。

根据持续经营假设，一个企业将按当前的规模和状态持续经营下去。但是，无论是企业的生产经营决策还是投资者、债权人等的决策都需要及时的信息，都需要将企业持续的生产经营活动划分为一个个连续的、长短相同的期间，分期确认、计量报告企业的财务状况、经营成果和现金流量。明确会计分期假设意义重大，由于会计分期的存在，才产生了当期与以前期间、以后期间的差别，才使不同类型的会计主体有了记账的基准，进而出现了折旧、摊销、预收、应收等会计核算项目。

4. 货币计量

货币计量是指会计主体在会计确认、计量和报告时以货币计量，反映会计主体的生产经营活动。

企业的日常经营活动会涉及大量的经济业务，这些经济业务会在不同程度上与厂房、机器设备、存货等相联系。由于它们的实物形态不同，因此计量方法也有所不同。为全面反映企业的生产经营活动，会计核算客观上需要一种统一的计量单位作为会计核算的计量尺度。货币是商品的一般等价物，是衡量商品价值的共同尺度，采用货币来反映企业的生产经营情况，可以在量上进行汇总和比较，便于会计计量和经营管理，所以我国的《企业会计准则——基本准则》规定，会计确认、计量和报告应选择货币作为计量单位。

在某些情况下，统一采用货币计量也有缺陷，某些影响企业财务状况和经营成果的因素，如企业经营战略、研发能力、市场竞争力等，往往难以用货币来计量，但这些信息对于使用者的决策也很重要，为此，企业可以在财务报告中补充披露有关的非财务信息来弥补上述缺陷。

使用货币计量的前提是假定币值稳定不变，即使有所变动，其变动幅度也是微不足道的。币值不稳定时，以货币计量的会计信息的可信程度就会大大降低。因此，当货币大幅度贬值时，应该采用专门的物价变动会计来进行核算。

二、会计基础

企业应当以权责发生制为基础进行会计的确认、计量和报告。权责发生制是指凡是当期已经实现的收入和已经发生或应当负担的费用，不论款项是否收付，都应当作为当期的收入和费用，计入利润表；凡是不属于当期的收入和费用，即使款项已经在当期收付，也不应当作为当期的收入和费用。

在实务中，企业交易或者事项的发生时间与相关货币收支时间有时并不完全一致。例如，款项已经收到，但销售并未实现；或者款项已经支付，但并不是为本期生产经营活动而发生的。为了更加真实、公允地反映特定会计期间的财务状况和经营成果，《企业会计准则——基本准则》明确规定，企业在会计确认、计量和报告中应当以权责发生制为基础。

收付实现制是与权责发生制相对应的一种会计基础，它是以收到或支付的现金作为确认收入和费用等的依据。目前，我国的行政单位会计采用收付实现制，事业单位会计除经营业务可以采用权责发生制外，其他大部分业务采用收付实现制。

第五节　会计信息质量要求

为了实现财务报告的目标，保证会计信息的质量，必须明确会计信息的质量要求。会计信息质量要求是对企业财务报告中所提供的会计信息质量的基本要求，是使财务报告中所提供的会计信息对投资者等使用者决策有用而应具备的基本特征。对于会计信息质量要求应包括的内容，人们在认识上还不完全统一。一般认为，会计信息的质量要求主要包括可靠性、相关性、可理解性、可比性、实质重于形式、重要性、谨慎性和及时性等。

一、可靠性

可靠性要求企业以实际发生的交易或者事项为依据进行确认、计量和报告，如实反映符合确认和计量要求的各项会计要素及其他相关信息，保证会计信息真实可靠、内容完整。

可靠性是会计信息的重要质量特征。如果财务报告所提供的会计信息不可靠，则会给投资者等使用者的决策产生误导甚至损失。一项信息是否可靠取决于以下三个因素：

（1）真实性。真实性要求企业以实际发生的交易或者事项为依据进行确认、计量，内容真实、数字准确、资料可靠，会计信息的记录和报告不加任何修饰。

（2）完整性。在符合重要性和成本效益原则的前提下，要保证会计信息的完整性，包括编报的报表及其附注，不能随意遗漏或者减少应披露的信息，与使用者决策相关的有用信息都应当充分披露。

（3）中立性。中立性要求财务报告中的会计信息应不偏不倚，不带主观成分。如果企业在财务报告中为了某种特定利益者的意愿或偏好而对会计信息作特殊安排，故意选择不适当的计量和计算方法，隐瞒或歪曲部分事实，来诱使特定的行为反应，那么这样的财务报告信息就不是中立的。

二、相关性

相关性要求企业提供的会计信息应当与投资者等财务报告使用者的经济决策需要相关，有助于投资者等财务报告使用者对企业过去、现在或者未来的情况作出评价或者预测。

相关性的核心是对决策有用。会计信息是否有用，关键是看其与使用者的决策需要是否相关，是否有助于决策或者提高决策水平。相关的会计信息应当能够有助于使用者评价企业过去的决策，证实或者修正过去的有关预测，从而具有反馈价值。因此，一项信息是否具有相关性取决于两个因素：预测价值和反馈价值。

预测价值是指一项信息能帮助决策者预测现在及未来事项的可能结果，决策者根据预测的可能结果作出最佳决策。预测价值是相关性的重要因素，具有影响决策者决策的作用。

反馈价值是指一项信息有助于决策者证实或修正决策时的预期结果，验证过去的决策是否正确，总结经验教训不致重蹈覆辙。反馈价值有助于未来决策。信息的反馈价值与预测价值往往同时存在或交叉影响。验证过去有助于预测未来，不了解过去，预测就缺乏基础。

会计信息质量的相关性是以可靠性为基础的，两者之间并不矛盾，不应将两者对立起来。也就是说，会计信息在可靠性的前提下，要尽可能地做到相关性，以满足投资者等财务报告使用者的决策需要。

三、可理解性

可理解性要求企业提供的会计信息清晰明了，便于投资者等财务报告使用者理解和使用。

企业编制财务报告、提供会计信息的目的在于使用。信息若不能被使用者所理解，即使质量再好，也没有任何用途。而要使使用者有效地利用会计信息，就应当能让其了解会计信息的内涵，弄懂会计信息的内容，这就要求财务报告提供的会计信息应当清晰明了，易于理解。只有这样，才能提高会计信息的有用性，实现财务报告的目标，满足向投资者等财务报告使用者提供决策有用信息的要求。

信息是否被使用者理解，取决于信息本身是否易懂，也取决于使用者理解信息的能力。会计信息毕竟是一种专业性较强的信息产品，在强调会计信息可理解性的同时，还应假定使用者具有一定的有关企业生产经营活动和会计方面的知识，并且愿意付出努力去研究这些信息。

由此可见，可理解性是决策者与决策有用性的联结点，它不仅是会计信息的一种质量标准，也是一个与使用者有关的质量标准。会计人员应尽可能传递易被人理解的会计信息，对于某些复杂的信息，如交易本身较为复杂或者会计处理较为复杂，但对使用者的经济决策有帮助的，企业就应当在财务报告中予以充分披露，同时，使用者也应设法提高理解会计信息的能力。

四、可比性

可比性要求企业提供的会计信息相互可比。可比性包括横向可比与纵向可比。

1. 不同企业相同会计期间横向可比

为了便于投资者等财务报告使用者评价不同企业的财务状况、经营成果和现金流量及其变动情况，会计信息质量的可比性要求不同企业同一会计期间发生的相同或者相似的交易或者事项，应当采用规定的会计政策，确保会计信息口径一致、相互可比，以使不同企业按照一致的确认、计量和报告要求提供会计信息。

值得注意的是，横向可比并不要求各企业均采用相同的会计方法，而应该按各企业的实际情况选用适当的会计方法，以反映真实性为依据。只有真实反映的信息，才能真正具有可比性。

2. 同一企业不同时期纵向可比

会计信息质量的纵向可比要求同一企业不同时期发生的相同或者相似的交易或者事项，应当采用一致的会计政策，不得随意变更。在跨期使用会计信息时，纵向可比是不可或缺的。企业的财务报表若能前后各期加以比较，分析其变动趋势，则对于未来获利能力及财务状况的预测会更加有益。

但是，满足会计信息可比性要求，并非表明企业绝对不能变更会计方法或原则，当原有会计方法赖以存在的客观环境发生变化之后，或者如果按照新的会计政策可以提供更可靠、更相关的企业会计信息，则应适时地变更会计方法，一致性不应成为阻止会计变更的借口。有关会计政策变更的情况，应当在附注中予以说明。

五、实质重于形式

实质重于形式要求企业按照交易或者事项的经济实质进行会计确认、计量和报告，不能仅仅以交易或者事项的法律形式为依据。

企业发生的交易或事项在多数情况下，其经济实质和法律形式是一致的。但在有些情况下，会出现不一致。此时应该以实质重于形式的原则进行判断。

【例 1-3】 甲公司以融资租赁方式向B公司租入一项固定资产，在租期未满以前，从法律形式看，资产的所有权并没有转移给甲公司，但是租赁合同中规定的租赁期相当长，接近于该资产的使用寿命，因此，从经济实质上讲，甲公司能够控制该融资租入固定资产所创造的未来经济利益，在会计确认、计量和报告上甲公司就应当将该项固定资产视为企业的自有资产。

【例 1-4】 B公司将商品销售给D公司但同时又签订了售后回购协议，B公司虽然从法律形式上实现了收入，但是与商品所有权相关的主要风险和报酬并没有转移给D公司，因此该项交易并没有满足收入确认的各项条件，即使B公司签订了商品销售合同，也不应当确认为B公司的收入。

六、重要性

重要性要求企业提供的会计信息反映与企业财务状况、经营成果和现金流量有关的所有重要交易或者事项。重要性原则要求企业在会计确认、计量过程中对重要的交易或事项，必须按照规定的会计方法和程序进行处理，并在财务报告中予以充分、准确的披露。对于次要的会计事项，在不影响会计信息真实性和不至于导致财务报告使用者作出错误判断的前提下，可适当简化处理。

在实务中，如果会计信息的省略或者错报会影响投资者等财务报告使用者据此作出决策，该信息就具有重要性。重要性的应用需要依赖职业判断，企业应当根据其所处环境和实际情况，从项目的性质和金额大小两方面加以判断。从性质上看，只要该会计事项发生就可能对决策有重大影响的，就属于具有重要性的事项。从数量上看，当某一会计事项的发生达到总资产的一定比例（如5%）时，一般认为其具有重要性。

例如，我国上市公司要求对外提供季度财务报告，考虑到季度财务报告披露的时间较短，从成本效益原则考虑，没有必要像年度财务报告那样披露详细的附注信息。因此，《企业会计准则第32号——中期财务报告》规定，公司季度财务报告附注应当以年初至本期期末为基础编制，披露自上年度资产负债表日之后发生的、有助于理解企业财务状况、经营成果和现金流量变化情况的重要交易或者事项。这种附注披露，就体现了会计信息质量的重要性要求。

七、谨慎性

谨慎性要求企业对交易或者事项进行会计确认、计量和报告时保持应有的谨慎，不应高估资产或者收益、低估负债或者费用。按照谨慎性原则，企业在面临不确定性因素（应收款项的可收回性、固定资产的使用寿命、无形资产的使用寿命、售出商品可能发生的退货或者返修等)，需要作出职业判断时，应当保持应有的谨慎，充分估计到各种风险和损失，既不高估资产或者收益，也不低估负债或者费用。

谨慎性原则体现在会计确认、计量、报告的全过程。在会计确认方面，要求确认标准和方法建立在稳妥合理的基础之上；在会计计量方面，要求不得高估资产和利润的数额；在会计报告方面，要求财务报告向会计信息的使用者提供尽可能全面的会计信息，特别是应报告有关可能发生的风险损失。例如，要求企业对可能发生的资产减值损失计提资产减值准备、对售出商品可能发生的保修义务等确认预计负债等，就体现了会计信息质量的谨慎性要求。

谨慎性要求不允许企业设置秘密准备，如果企业故意低估资产或者收益，或者故意高估负债或者费用，将不符合会计信息的可靠性和相关性要求，损害会计信息质量，扭曲企业实际的财务状况和经营成果，从而对使用者的决策产生误导，这是不符合《企业会计准则》要求的。

八、及时性

及时性要求企业对于已经发生的交易或者事项，及时进行确认、计量和报告，不得提前或者延后。

会计信息的价值在于帮助使用者作出经济决策，因此，具有时效性。即使是可靠的、相关的会计信息，如果不及时提供，也会失去时效性，对于使用者的效用就会大大降低甚至不再具有实际意义。

及时性在会计确认、计量和报告的过程中主要体现在以下三个方面：一是要求及时收集会计信息，即在经济交易或者事项发生后，及时收集整理各种原始单据或者凭证；二是要求及时处理会计信息，即按照《企业会计准则》的规定，及时对经济交易或者事项进行确认或者计量，并编制财务报告；三是要求及时传递会计信息，即按照国家规定的有关时限，及时地将编制的财务报告传递给财务报告使用者，便于其及时使用和决策。

第六节　会计要素

会计要素是财务会计对象的基本分类，是会计用以反映财务状况、确定经营成果的因素。会计要素按照其性质分为资产、负债、所有者权益、收入、费用和利润，其中，资产、负债和所有者权益要素侧重于反映企业的财务状况，收入、费用和利润要素侧重于反映企业的经营成果。会计要素的界定和分类可以使财务会计系统更加科学严密，为投资者等财务报告使用者提供更加有用的信息。

一、会计要素的确认

(一) 反映财务状况的要素

1. 资产

资产是指企业过去的交易或者事项形成的，由企业拥有或者控制的，预期会给企业带来经济利益的资源。

（1）资产的特征。根据资产的定义，资产具有以下几个方面的特征：

1）资产是由企业过去的交易或者事项形成的。资产应当由企业过去的交易或者事项所形成，过去的交易或者事项包括购买、生产、建造行为或者其他交易或事项。也就是说，资产必须是现实的资产，而不是预期的资产，是过去已经发生的交易或事项所产生的结果。至于未来的交易或事项以及未发生的交易或事项可能产生的结果，则不属于现在的资产，不能作为资产确认。例如，企业有购买某项固定资产的意愿或者计划，但是购买行为尚未发生，该项固定资产就不符合资产的定义，不能因此而确认为资产。

2）资产应为企业拥有或者控制的资源。一般来说，一项资源要作为企业的资产予以确认，对于企业来说，要拥有其所有权。享有资产的所有权通常表明企业能够排他性地从资产中获取经济利益，并按照自己的意愿使用或处置。但是在有些情况下，企业对资产并不享有所有权，但是企业能够控制与该资产相关的绝大部分经济利益的流入，符合会计上对资产的定义。如某企业以融资租赁方式租入一项固定资产，尽管企业并不拥有其所有权，但是企业在租赁期内控制了该资产的使用及其所能带来的经济利益，因此企业应当将其作为自有资产予以确认、计量和报告。但是，如果企业既不拥有所有权也不能控制资产所能带来的经济利益，就不能将其作为企业的资产予以确认。

3）资产预期会给企业带来经济利益。资产预期给企业带来经济利益是指资产直接或者间接导致现金和现金等价物流入企业的潜力。这种潜力可以来自企业日常的生产经营活动，也可以是非日常活动；带来的经济利益可以是现金或者现金等价物，或者是可以转化为现金或者现金等价物的形式，或者是可以减少现金或者现金等价物流出的形式。

资产预期能否为企业带来经济利益是资产的重要特征。如果某一项目预期不能给企业带来经济利益，那么就不能将其确认为企业的资产。前期已经确认为资产的项目，如果不能再为企业带来经济利益的，也不能再确认为企业的资产。

【例1-5】 2011年年末甲公司盘点固定资产时发现盘亏20万元，该项资产已不能为企业带来经济利益，因此不应再在资产负债表中确认为资产。

（2）资产的确认条件。将一项资源确认为资产，需要符合资产的定义，还应同时满足以下两个条件：

1）与该资源有关的经济利益很可能流入企业。资产的特征之一就是能为企业带来经济利益流入。但在现实生活中，企业所处的经济环境瞬息万变，与资产有关的经济利益流入具有某种程度的不确定性。因此，资产的确认还应与经济利益流入的不确定性程度的判断结合起来，如果根据职业判断，与该资源相关的经济利益很可能流入企业，就应当将其作为资产予以确认；反之，则不能确认为资产。例如，企业赊销一批产品给客户，由于未收到款项所以形成了企业的应收债权，如果企业在销售时通过职业判断发现客户资金周转困难导致应收账款部分或全部无法收回，无法给企业带来经济利益的流入，则企业就不应将该部分或全部债权确认为资产。

【例1-6】 2010年10月甲公司销售一批商品给E公司，价值90万元，2011年年末甲公司在核查应收账款时，发现E公司财务发生困难，只能偿还80%的欠款，因此，甲公司对该项应收账款应计提18万元的坏账准备。

2）该资源的成本或者价值能够可靠地计量。企业要获取一项资产必须付出相应的代价，这就是资产的取得成本，如企业购买或者生产的产品、企业购置的厂房或者设备等。只有当取得这些资产的购买成本或生产成本能够可靠地计量时，才符合资产确认的条件。

2. 负债

负债是指企业过去的交易或者事项形成的，预期会导致经济利益流出企业的现时义务。

（1）负债的特征

1）负债是由企业过去的交易或者事项形成的。负债应当由企业过去的交易或者事项所形成。换句话说，只有过去的交易或者事项才形成负债，企业将在未来发生的承诺、签订的合同等交易或者事项，不形成负债。

【例 1-7】 甲公司口头约定将于下个月购买 F 公司的产品 50 万元，该事项不属于过去的交易或事项，不应形成企业的负债。

2）预期会导致经济利益流出企业。企业在履行清偿负债的义务时，会导致各种形式的经济利益流出企业。例如，用现金偿还或以实物资产形式偿还；以提供劳务形式偿还；以部分转移资产、部分提供劳务形式偿还；将负债转为资本等。如果该项义务不会导致经济利益流出企业，则不应确认为企业的负债。

3）负债是企业承担的现时义务。负债作为企业承担的一种义务，是由企业过去的交易或事项形成的、现在需要承担的义务。例如，应付账款是因为过去赊购商品或接受劳务所形成的现在需要承担的债务，应该确认为企业的一项负债。企业由于未来发生的交易或者事项形成的义务，不属于现时义务，不应当确认为负债。

这里所指的义务可以是法定义务，也可以是推定义务。法定义务是指具有约束力的合同或者法律法规规定的义务，通常在法律意义上需要强制执行。例如，企业购买产品形成应付账款，企业向银行贷款形成长期借款，企业按照税法规定应当交纳的税款等，均属于企业承担的法定义务，需要依法予以偿还。推定义务是指根据企业多年来的习惯做法、公开的承诺或者公开宣布的政策而导致企业将承担的责任，这些责任也使有关各方形成了对企业履行义务的合理预期。例如，某企业多年来制定有一项销售政策，对于售出产品提供一定期限内的售后保修服务，预期将为售出商品提供的保修服务就属于推定义务，应当将其确认为一项负债。

【例 1-8】 甲公司准备在下个季度向中国工商银行贷款 30 万元，该事项属于未来发生的事项，不应确认为当期的负债。

（2）负债的确认条件。将一项现时义务确认为负债，需要符合负债的定义，还需要同时满足以下两个条件：

1）与该义务有关的经济利益很可能流出企业。负债的特征之一就是用自身的经济利益来清偿债务。在实务中，企业履行义务所需流出的经济利益带有不确定性，尤其是与推定义务相关的经济利益通常需要大量的估计。因此，负债的确认应当与该不确定程度的判断结合起来，如果有确凿证据表明，与现时义务有关的经济利益很可能流出企业，就应当将其作为负债予以确认；反之，如果企业承担了现时义务，但是该义务导致经济利益流出企业的可能性很小，则不应作为负债予以确认。

2）流出的经济利益的金额能够可靠计量。财务会计强调以货币计量，因此，在确认负债很可能流出企业之后，必须对未来流出企业的经济利益的金额进行可靠计量。对于与法定义务有关的经济利益流出金额，通常可以根据合同或者法律规定的金额予以确定，由于履行偿债义务而导致经济利益的流出通常在未来期间，因此在必要的时候还需考虑货币的时间价值。对于与推定义务有关的经济利益流出金额，企业应当根据所需支出的最佳估计数进行估计，并综合考虑货币的时间价值、风险等因素。

3. 所有者权益

所有者权益是指企业资产扣除负债后，由所有者享有的剩余权益。公司的所有者权益又称为股东权益。所有者权益是所有者对企业资产的剩余索取权，它是企业资产中扣除债权人权益后应由所有者享有的部分。

（1）所有者权益的构成。所有者权益包括所有者投入的资本、直接计入所有者权益的利得和损失、留存收益等，通常由股本（或实收资本）、资本公积（含股本溢价或资本溢价、其他资本公积）、盈余公积和未分配利润构成。

所有者投入的资本是指所有者投入企业的资本部分，它既包括企业注册资本或者股本部分的金额，也包括投入资本超过注册资本或者股本部分的金额，即资本溢价或者股本溢价，计入了资本公积。

直接计入所有者权益的利得和损失，是指不应计入当期损益、会导致所有者权益发生增减变动的、与所有者投入资本或者向所有者分配利润无关的利得或损失。其中，利得是指由企业非日常活动所形成的、会导致所有者权益增加的、与所有者投入资本无关的经济利益的流入。损失是指由企业非日常活动所形成的、会导致所有者权益减少的、与向所有者分配利润无关的经济利益的流出。直接计入所有者权益的利得和损失主要包括可供出售金融资产的公允价值变动额、套期工具公允价值变动额（有效套期部分）等。

留存收益是企业历年实现的净利润留存于企业的部分，主要包括累计计提的盈余公积和未分配利润。

（2）所有者权益的确认条件。所有者权益体现的是所有者在企业中的剩余权益，是资产扣除负债以后的余额。因此，所有者权益的确认和计量主要依赖于资产和负债的确认和计量。

（二）反映经营成果的要素

1. 收入

收入有广义和狭义之分。狭义的收入是指营业收入，即企业在日常活动中形成的、会导致所有者权益增加的、与所有者投入资本无关的经济利益的总流入。广义的收入除包括狭义的收入外，还包括非日常活动中所形成的经济利益的流入，即利得。本书所讲的收入指的是狭义的收入。

（1）收入的特征

1）收入是企业在日常活动中形成的。企业在日常活动中产生的经济利益才能形成收入。日常活动是指企业为了完成其经营目标所从事的经常性活动以及与之相关的活动。例如，工业企业销售产品、咨询公司提供咨询、安装公司提供安装服务、租赁公司出租资产等，均属于企业的日常活动，企业通过这些活动所取得的经济利益才是收入。而非日常活动带来的经济利益流入是利得，如企业出售固定资产和无形资产所取得的经济利益只能计入利得。

2）收入是与所有者投入资本无关的经济利益的流入。收入的确认会导致经济利益流入企业。例如，企业销售商品，应当在收到现金或者在未来有权收到现金时确认为收入，如果销售时无法确定将来是否能够收到现金，则不能确认为收入。但是并非所有的经济利益流入都是收入。

【例 1-9】 甲公司接受 B 公司作为所有者投入的资金 200 万元，该事项会给甲公司带来 200 万元的经济利益流入，但是该项流入并非日常活动所引起的，所以不能确认为收入，应直接确认为甲公司所有者权益中的实收资本或股本。

3）收入会导致所有者权益的增加。与收入相关的经济利益的流入会导致所有者权益的增加，不会导致所有者权益增加的经济利益的流入不符合收入的定义，不能确认为收入。例如，企业销售商品形成主营业务收入，最终会反映在利润表的净利润项目中，而净利润即未分配利润又是所有者权益的组成部分，因此企业销售商品所形成的收入最终会导致所有者权益的增加。

【例 1-10】 甲公司向银行借入资金 100 万元，该项交易给企业带来了经济利益的流入，但该流入并没有带来所有者权益的增加，反而使企业承担了一项现时义务。因此甲公司不应将其确认为收入，应当确认为负债。

（2）收入的确认条件。企业收入的来源多种多样，如销售商品、提供劳务、让渡资产使用权等，不同来源的收入特征有所不同，其收入确认条件也往往存在差别。一般而言，收入的确认至少应当符合以下条件：一是与收入相关的经济利益很可能流入企业；二是经济利益流入企业会导致资产的增加或者负债的减少；三是经济利益的流入金额能够可靠地计量。

2. 费用

费用也有广义和狭义之分。狭义的费用是经营费用，是指企业在日常活动中发生的、会导致所有者权益减少的、与向所有者分配利润无关的经济利益的总流出。广义的费用除包括狭义的费用外，还包括非日常活动中所形成的经济利益的流出，即损失。本书所讲的费用是指狭义的费用。

（1）费用的特征

1）费用是企业在日常活动中形成的。与收入的定义相对应，费用也必须是企业在其日常活动中所发生的，这里的日常活动与收入定义中涉及的日常活动相一致，如销售成本（营业成本）、职工薪酬、折旧费、无形资产摊销费等。而企业在非日常活动中所发生的费用，如出售固定资产过程中所发生的运输费、装卸费等清理费用则不能确认为费用，而应当计入损失。

2）费用是与向所有者分配利润无关的经济利益的流出。费用的发生会导致经济利益流出企业，从而导致资产的减少或者负债的增加，如存货、固定资产和无形资产等的流出或者消耗等。但是并非所有的经济利益的流出都是费用，如企业向所有者分配利润也会导致经济利益的流出，但是该项经济利益的流出显然属于所有者权益的抵减项目，不应确认为费用。

【例 1-11】 经董事会批准，甲公司决定于 2010 年年末向股东分配利润 200 万元，该事项将来会导致 200 万元的经济利益流出企业，但是该项经济利益的流出属于利润分配，不能作为费用来确认。

3）费用会导致所有者权益的减少。与费用相关的经济利益的流出会导致所有者权益的减少，不会导致所有者权益减少的经济利益的流出不符合费用的定义，不应确认为费用。例如，企业销售产品结转成本形成了主营业务成本，在利润表中最终反映在净利润项目中，而净利润即未分配利润也是所有者权益的组成部分，因此，销售产品结转成本所形成的主营业务成本最终会减少企业的所有者权益。

【例 1-12】 甲公司用银行存款400万元购买生产用原材料，该购买行为尽管使企业经济利益流出了400万元，但并不会导致企业所有者权益的减少，所以甲公司不应当将该经济利益的流出确认为费用。

（2）费用的确认条件。费用的确认除了应当符合定义外，至少还应当符合以下条件：一是与费用相关的经济利益应很可能流出企业；二是经济利益流出企业会导致资产的减少或者负债的增加；三是经济利益的流出额能够可靠计量。

3. 利润

（1）利润的定义。利润是指企业在一定会计期间的经营成果。利润往往是评价企业管理层业绩的一项重要指标，也是投资者等财务报告使用者进行决策时的重要参考。利润主要包括营业利润、投资收益、营业外收支净额、资产减值损失和公允价值变动损益等。通常情况下，如果企业实现了利润，表明企业的所有者权益将增加，业绩得到了提升；反之，如果企业发生了亏损（利润为负数），表明企业的所有者权益将减少，业绩下滑了。

（2）利润的构成。利润包括收入减去费用后的净额、直接计入当期利润的利得和损失等。其中收入减去费用后的净额反映的是企业日常活动的业绩，直接计入当期利润的利得和损失反映的是企业非日常活动的业绩。直接计入当期利润的利得和损失，是指应当计入当期损益、最终会引起所有者权益发生增减变动的、与所有者投入资本或者向所有者分配利润无关的利得或损失。

（3）利润的确认条件。利润反映的是收入减去费用、利得减去损失后的净额，因此，利润的确认和计量主要依赖于收入和费用以及利得和损失的确认和计量。

二、会计要素的计量属性及其应用原则

会计计量贯穿于财务会计核算系统的全过程，是为将符合确认条件的会计要素登记入账并列报于财务报表而确定其金额的过程。20世纪30年代以来，会计界逐渐流行这样一种观点："会计就是一个计量过程"（葛家澍、林志军，1990）。甚至有的学者认为"会计计量是会计系统的核心职能"（井尻雄士，1975）。

从性质上看，会计计量涉及计量属性和计量单位。计量属性是指所计量的某一要素的特性，具体到会计要素，则是指资产、负债、所有者权益等要素可以用货币进行量化表述。计量属性反映的是会计要素金额的确定基础，主要包括历史成本、重置成本、可变现净值、现值和公允价值等。

1. 历史成本

历史成本，又称为实际成本，是会计计量的基本属性之一。历史成本是指取得或制造某项财产物资时实际支付的现金或者其他等价物。在历史成本计量条件下，资产按照其购置时支付的现金或者现金等价物的金额，或者按照购置资产时所付出的对价的公允价值计量。负债按照其因承担现时义务而实际收到的款项或者资产的金额，或者承担现时义务的合同金额，或者按照日常活动中为偿还负债预期需要支付的现金或者现金等价物的金额计量。

2. 重置成本

重置成本又称现行成本，是指按照当前市场条件，重新取得同样一项资产所需支付的现金或现金等价物的金额。在重置成本计量条件下，资产按照现在购买相同或者相似资产所需

支付的现金或者现金等价物的金额计量。负债按照现在偿付该项债务所需支付的现金或者现金等价物的金额计量。

3. 可变现净值

可变现净值是指在正常生产经营过程中，以预计售价减去进一步加工成本和销售所必需的预计税金、费用后的净值。在可变现净值计量条件下，资产按照其正常对外销售所能收到现金或者现金等价物的金额扣减该资产至完工时估计将要发生的成本、估计的销售费用以及相关税金后的金额计量。可变现净值通常应用于存货资产减值情况下的后续计量，实际上是历史成本与可变现净值的复合计量属性。

4. 现值

现值是指对未来现金流量以恰当的折现率进行折现后的价值，是考虑货币时间价值因素的一种计量属性。在现值计量条件下，资产按照预计从其持续使用和最终处置中所产生的未来净现金流入量的折现金额计量。负债按照预计期限内需要偿还的未来净现金流出量的折现金额计量。

5. 公允价值

公允价值是指在公平交易中，熟悉情况的交易双方自愿进行资产交换或者债务清偿的金额。在公允价值计量条件下，资产和负债按照在公平交易中，熟悉情况的交易双方自愿进行资产交换或者债务清偿的金额计量。大多数金融资产或者负债通常采用公允价值的计量属性。《企业会计准则》规定，在公允价值运用中，企业应充分考虑其应用的三个层次：第一，存在活跃市场的资产或负债，应当采用活跃市场中的报价确定其公允价值；第二，不存在活跃市场的，参考熟悉情况并自愿交易的各方最近进行的市场交易中使用的价格或参照实质上相同或相似的其他资产或负债等的市场价格确定其公允价值；第三，不存在活跃市场，且不满足上述两个条件的，应当采用估值技术等确定公允价值。

实际上，公允价值与上述四种计量属性之间并非平行的或非平行的或非此即彼的关系，而是一种复合型计量属性，上述四种计量属性在某些特定情况下都是公允价值的表现形式。例如，当前环境下某项资产或负债的历史成本可能是过去环境下该项资产或负债的公允价值，而当前环境下某项资产或负债的公允价值也许就是未来环境下该项资产或负债的历史成本。

【例1-13】 2011年4月1日甲企业以100万元的价格买入一台机器设备，100万元就是4月1日该项机器设备的公允价值，在2011年4月2日，100万元就变成了历史成本。

在各种会计要素计量属性中，历史成本通常反映的是资产或者负债过去的价值，而重置成本、可变现净值、现值以及公允价值通常反映的是资产或者负债的现时成本或者现时价值，是与历史成本相对应的计量属性。

企业在对会计要素进行计量时，一般应当采用历史成本，并适度、谨慎地引入公允价值的计量属性。

在企业会计准则体系建设中适度、谨慎地引入公允价值这一计量属性，主要是考虑到我国尚属新兴的市场经济国家，如果不加限制地引入公允价值，有可能出现公允价值计量不可靠，甚至借此人为操纵利润的现象。因此，在投资性房地产和生物资产等具体准则中规定，只有在公允价值能够取得并可靠计量的情况下，才能采用公允价值计量。

第七节 财务报告

一、财务报告及其编制

财务报告是企业对外提供的反映企业某一特定日期的财务状况和某一会计期间的经营成果、现金流量等会计信息的文件。

需要注意以下三点：一是财务报告是对外报告，使用者主要是投资者、债权人等外部人员，专门为了内部管理需要的报告不属于财务报告的范畴；二是财务报告是企业生产经营状况的综合反映；三是财务报告是一个系统的文件，而不是零星的或不完整的信息。

二、财务报告的构成

财务报告包括财务报表和其他应当在财务报告中披露的相关信息和资料。其中，财务报表由报表本身及其附注两部分构成，附注是财务报表的有机组成部分，而报表至少应当包括资产负债表、利润表和现金流量表等报表。考虑到小企业规模较小，外部信息需求相对较低。因此，小企业编制的财务报表可以不包括现金流量表。全面执行《企业会计准则》的企业所编制的财务报表，还应当包括所有者权益（股东权益）变动表。

（1）资产负债表是反映企业在某一特定日期的财务状况的财务报表。

（2）利润表是反映企业在一定会计期间的经营成果的财务报表。

（3）现金流量表是反映企业在一定会计期间的现金和现金等价物流入和流出的财务报表。

（4）附注是对财务报表项目所作的进一步说明，以及对非报表项目所作的说明等。

财务报表是财务报告的核心内容，但是除了财务报表之外，财务报告还应当包括其他相关信息，如企业承担的社会责任、对社区的贡献、可持续发展能力等信息，这些信息对于使用者的决策也是相关的，但是属于非财务信息，无法包括在财务报表中，所以在财务报告附注中予以披露。

财务报告的具体构成如图 1-1 所示。

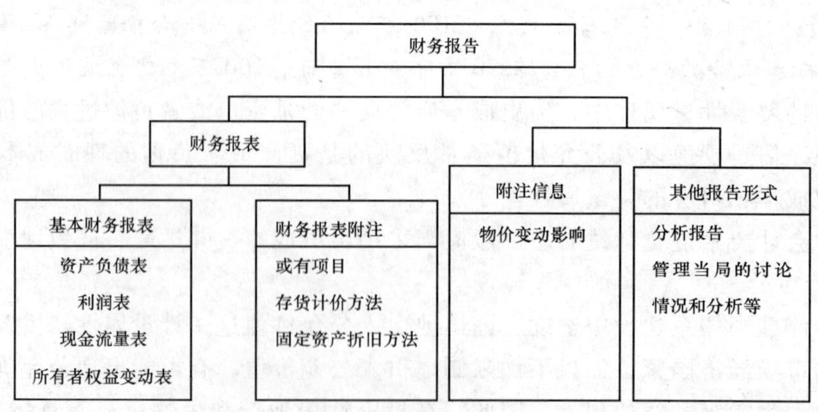

图 1-1 财务报告的组成

第八节 企业会计改革与《企业会计准则》

随着企业所有权与经营权的分离以及资本市场的发展，企业会计逐步演化为管理会计与财务会计两大分支。“会计准则”仅就字面含义而言应该既指财务会计准则，也指管理会计准则。然而，管理会计是针对企业内部经营管理而自主设计的，不同的企业差异很大，无法进行统一的规范，因此，无论是国家会计准则，还是国际会计准则，都指的是财务会计准则。本书所讲的会计准则也是财务会计准则。

财务会计所提供的信息主要服务于外部信息使用者，但是企业作为信息的提供者总是比信息使用者拥有更多的信息，即存在信息不对称，因此，为了保护投资者及社会公众的利益、维护市场经济秩序，迫切需要一套社会公认的统一的会计工作标准来规范其行为。在这种情况下，作为标准的《企业会计准则》应运而生。

我国多年来一直重视会计准则的建设，尤其是改革开放以来，会计制度不断改革创新，从改革开放初期为了吸引外资而建立的《外商投资企业会计制度》和为了适应股份制改革而建立的《股份制试点企业会计制度》，再到后来建立的不分行业、不分所有制的统一的会计制度，即《企业会计制度》、《金融企业会计制度》和《小企业会计制度》，适应了我国改革开放和市场经济发展的需要。

我国企业会计准则体系由基本准则、具体准则、会计准则应用指南和解释等组成。其中，基本准则是准则中的准则，在整个企业会计准则体系中扮演着概念框架的角色，起着统驭作用，并为会计实务中出现的、具体准则尚未规范的新问题提供会计处理依据；具体准则是在基本准则的基础上，对具体交易或者事项会计处理的规范；应用指南是对具体准则的一些重点难点问题进行规范，属于操作层面的规定；解释是随着企业会计准则的贯彻实施，就实务中遇到的实施问题而对准则作出的具体解释。

1992 年我国发布了第一项会计准则，即《企业会计准则》，之后又先后发布了包括关联方关系及其交易的披露、现金流量表、非货币性交易、投资、收入、或有事项、资产负债表日后事项、会计政策、会计估计变更和会计差错更正、借款费用、债务重组、固定资产、无形资产、存货、中期财务报告等在内的 16 项具体准则。

之后，为适应我国市场经济发展和经济全球化的需要，按照立足国情、国际趋同、涵盖广泛、独立实施的原则，财政部对上述准则作了系统性的修改，并制定了一系列新的准则，于 2006 年 2 月 15 日，发布了包括《企业会计准则——基本准则》和 38 项具体准则在内的企业会计准则体系，2006 年 10 月 30 日，又发布了《企业会计准则应用指南》，2007 年 11 月 16 日、2008 年 8 月 7 日、2009 年 6 月 11 日和 2010 年 7 月 14 日财政部还分别印发了第 1、第 2、第 3 和第 4 号企业会计准则解释，从而实现了我国会计准则与国际财务报告准则的实质性趋同。38 项具体会计准则如表 1-1 所示。

表 1-1 38 项具体会计准则

序号	名称	序号	名称	序号	名称
1	存货	3	投资性房地产	5	生物资产
2	长期股权投资	4	固定资产	6	无形资产

（续）

序号	名称	序号	名称	序号	名称
7	非货币性资产交换	18	所得税	29	资产负债表日后事项
8	资产减值	19	外币折算	30	财务报表列报
9	职工薪酬	20	企业合并	31	现金流量表
10	企业年金基金	21	租赁	32	中期财务报告
11	股份支付	22	金融工具确认和计量	33	合并财务报表
12	债务重组	23	金融资产转移	34	每股收益
13	或有事项	24	套期保值	35	分部报告
14	收入	25	原保险合同	36	关联方披露
15	建造合同	26	再保险合同	37	金融工具列报
16	政府补助	27	石油天然气开采	38	首次执行企业会计准则
17	借款费用	28	会计政策、会计变更和差错更正		

企业会计准则体系发布后，于2007年1月1日起首先在上市公司实行，并逐步扩大实施范围。经过各方的共同努力，新准则较好地实现了新旧转换和平稳实施，在社会上有较好反响。在此基础上，经过多次磋商和谈判，2007年12月6日，内地与香港签署了两地会计准则等效的联合声明，实现了两地会计准则的等效。2008年11月14日，由欧盟成员国代表组成的欧盟证券委员会就第三国会计准则等效问题进行投票决定，自2009年至2011年年底前的过渡期内，欧盟将允许中国证券发行者在进入欧洲市场时使用中国会计准则。欧盟的这一决定，表明其已认可中国会计准则与国际财务报告准则实现了等效。

本章小结

财务会计主要为企业外部的使用者提供信息，必须遵循《企业会计准则》和有关法规、制度的规范要求。

财务报告的目标是向财务报告使用者提供与企业财务状况、经营成果和现金流量等有关的会计信息，反映企业管理层受托责任履行情况，有助于财务报告使用者作出经济决策。

会计基本假设包括会计主体、持续经营、会计分期、货币计量，会计计量基础为权责发生制。会计信息的质量要求主要包括可靠性、相关性、可理解性、可比性、实质重于形式、重要性、谨慎性和及时性等。

企业的会计要素分为资产、负债、所有者权益、收入、费用和利润。其中，资产、负债和所有者权益要素侧重于反映企业的财务状况，收入、费用和利润要素侧重于反映企业的经营成果。

财务报告包括财务报表和其他应当在财务报告中披露的相关信息和资料。其中，财务报表由报表本身及其附注两部分构成，附注是财务报表的有机组成部分，而报表至少应当包括资产负债表、利润表和现金流量表等报表。

练习题

一、单项选择题

1. 下列项目中，不属于财务报告目标的是（　　）。

　A. 向财务报告使用者提供与企业财务状况有关的会计信息

B. 向财务报告使用者提供与企业经营成果有关的会计信息

C. 反映企业管理层受托责任履行情况

D. 反映国家宏观经济管理的需要

2. 下列对会计核算基本前提的表述中恰当的是（　　）。

A. 持续经营和会计分期确定了会计核算的空间范围

B. 一个会计主体必然是一个法律主体

C. 货币计量为会计核算提供了必要的手段

D. 会计主体确立了会计核算的时间范围

3. 会计核算上将以融资租赁方式租入的资产视为企业的资产所反映的会计信息质量要求是（　　）。

A. 实质重于形式　　B. 谨慎性　　C. 相关性　　D. 及时性

4. 根据资产定义，下列各项中不属于资产特征的是（　　）。

A. 资产是企业拥有或控制的经济资源

B. 资产预期会给企业带来经济利益

C. 资产是由企业过去的交易或事项形成的

D. 资产能够可靠地计量

5. 下列各项中，不符合资产会计要素定义的是（　　）。

A. 委托代销商品　　B. 委托加工物资

C. 待处理财产损失　　D. 尚待加工的半成品

6. 下列项目中，使负债增加的是（　　）。

A. 发行公司债券　　B. 用银行存款购买公司债券

C. 发行股票　　D. 支付现金股利

7. 下列各项中，属于直接计入所有者权益的利得的是（　　）。

A. 出租无形资产取得的收益

B. 投资者的出资额大于其在被投资企业注册资本中所占份额的金额

C. 处置固定资产产生的净收益

D. 可供出售金融资产公允价值大于初始成本的差额

8. 下列各项中，符合会计要素收入定义的是（　　）。

A. 销售商品收入　　B. 出售无形资产净收益

C. 转让固定资产净收益　　D. 向购货方收取的增值税销项税额

9. 依据《企业会计准则》的规定，下列有关收入和利得的表述中，正确的是（　　）。

A. 收入源于日常活动，利得源于非日常活动

B. 收入会影响利润，利得也一定会影响利润

C. 收入会导致经济利益的流入，利得不一定会导致经济利益的流入

D. 收入会导致所有者权益的增加，利得不一定会导致所有者权益的增加

10. 如果企业资产按照现在购买相同或者相似资产所需支付的现金或者现金等价物的金额计量，负债按照现在偿付该项债务所需支付的现金或者现金等价物的金额计量，则其所采用的会计计量属性为（　　）。

A. 可变现净值　　B. 重置成本　　C. 现值　　D. 公允价值

11. 下列关于会计要素的表述中，正确的是（　　）。
   A. 负债的特征之一是企业承担潜在义务
   B. 资产的特征之一是预期能给企业带来经济利益
   C. 利润是企业一定期间内收入减去费用后的净额
   D. 收入是所有导致所有者权益增加的经济利益的总流入

二、多项选择题

1. 下列做法中，不违背会计信息质量可比性要求的有（　　）。
   A. 因外部条件发生变化，企业对存货的核算方法由先进先出法变为加权平均法
   B. 因预计发生年度亏损，将以前年度计提的坏账准备全部予以转回
   C. 因专利申请成功，将已计入前期损益的研究与开发费用转为无形资产成本
   D. 因资产磨损速度快，企业将估计的使用年限由10年缩短为7年
2. 下列各项中，体现会计核算的谨慎性要求的有（　　）。
   A. 将融资租入固定资产视作自有资产核算
   B. 采用双倍余额递减法对固定资产计提折旧
   C. 对固定资产计提减值准备
   D. 将长期借款利息予以资本化
3. 关于会计要素，下列说法中正确的有（　　）。
   A. 收入可能表现为企业负债的减少
   B. 费用可能表现为企业负债的减少
   C. 收入会导致所有者权益增加
   D. 收入只包括本企业经济利益的流入，而不包括为第三方或客户代收的款项
4. 下列各项中，属于利得的有（　）。
   A. 出租无形资产取得的收益
   B. 投资者的出资额大于其在被投资企业注册资本中所占份额的金额
   C. 处置固定资产产生的净收益
   D. 企业盘盈的固定资产且无法查明原因
5. 下列各项中，体现实质重于形式会计原则的有（　　）。
   A. 商品售后租回不确认商品销售收入
   B. 融资租入固定资产视同自有固定资产
   C. 计提固定资产折旧
   D. 材料按计划成本进行日常核算

第二章　货币资金

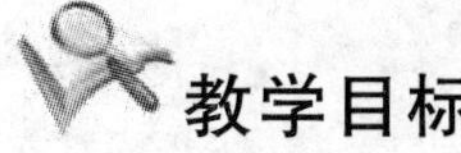

教学目标

- 了解货币资金的特征。
- 了解货币资金核算的内容。
- 掌握库存现金的管理规定及会计处理。
- 掌握银行存款的会计处理，并熟练掌握银行存款余额调节表的编制。
- 了解其他货币资金的内容及会计处理。

第一节　货币资金概述

一、货币资金的性质与范围

1. 货币资金的性质

货币资金是企业的一项金融资产。

货币资金是指直接以货币形态存在的资金。在流动资产中，货币资金的流动性最强，并且是唯一能够直接转化为其他任何资产形态的流动性资产，也是最能够代表企业现实购买力水平的资产。为了确保生产经营活动的正常进行，企业必须拥有一定数量的货币资金以便购买材料、发放工资、缴纳税金、支付利息等。

2. 货币资金的范围

从形式上看，货币资金一般包括硬币、纸币、存放于银行或其他金融机构的活期存款，以及本票和汇票存款等可以立即支付使用的交换媒介。凡是不能立即支付使用的，一般不能视为货币资金。

从会计核算内容上看，货币资金包括库存现金、银行存款和其他货币资金。

【例 2-1】 甲公司以银行存款 100 万元为 M 公司所欠银行的债务提供担保，由于 M 公司到期未能按期偿还债务，甲公司的 100 万元银行存款被银行冻结，则甲公司被冻结的 100 万元，不能立即支付使用，因此不能视为货币资金。

二、货币资金的内部控制制度

1. 基本要求

内部控制制度是企业重要的内部管理制度，是指处理各种业务活动时，按照分工负责的原则在有关人员之间建立的相互联系、相互制约的管理体系。货币资金的内部控制制度是企业最重要的内部控制制度，它要求货币资金收支与记录的岗位相分离、收支凭证需要经过有效复核或核准、收支要及时入账且收支分开处理、要建立严密的清查和核对制度、做到账实相符等。

2. 主要内容

企业货币资金内部控制制度的具体内容一般应包括以下五项主要内容：

（1）货币资金收入与货币资金支出分开处理。

（2）货币资金收支业务与会计记账分开处理。

（3）货币资金收支业务的全过程分工完成、各司其职。

（4）货币资金收支业务的会计处理程序制度化。

（5）内部稽核人员对货币资金实施制度化的检查。

【例 2-2】 Y 企业的会计和出纳由一人兼任，这就违背了货币资金的内部控制制度。

三、货币资金涉及的主要会计科目

为了适应货币资金管理的需要，企业一般设置“库存现金”、“银行存款”和“其他货币资金”等会计科目。

“库存现金”科目用以核算企业的库存现金，但不包括企业内部周转使用的备用金。

“银行存款”科目用以核算企业存入银行或其他金融机构的各种存款，但不包括企业的外埠存款、银行本票存款和银行汇票存款等。

“其他货币资金”科目用以核算企业的外埠存款、银行汇票存款、银行本票存款等。有外币现金或存款的企业，一般还应按币种设置相应的明细账进行明细核算。

注意：为了总括反映企业货币资金的基本情况，资产负债表上一般只列示“货币资金”项目，而不再按货币资金的各组成项目单独列示。

第二节 库存现金

库存现金是指存放在企业、用于日常零星开支的现钞，是流动性最强的一种货币性资产。现金有狭义和广义之分。狭义的现金仅指库存现金，即存放在企业的现金，包括纸币和硬币等；广义的现金包括库存现金、银行存款以及其他可以普遍接受的流通手段，如银行本票、银行汇票、个人支票等。

注意：

（1）企业持有的金融市场的各种基金、存款证以及其他类似的短期有价证券等项目不包括在现金范围之内。因为这些项目有时难以及时转化为现金，或者因为一定条件的限制不能作为现金使用。

（2）按照国际惯例，现金的概念是广义的现金。我国的现金概念是狭义和广义并存。在企业日常交易业务中，我们使用的是狭义的现金，在现金流量表和金融资产中涉及的则是广义的现金。在本章节中，现金是狭义的现金。

一、库存现金的管理制度

在我国，中国人民银行总行是现金管理的主管部门，各级中国人民银行负责对开户银行现金管理的具体执行。为了加强企业库存现金的管理，国务院颁布了《现金管理暂行条例》，对库存现金的使用范围及相应的管理作了明确规定。

1. 库存现金的使用范围

（1）职工工资、津贴。

(2) 个人劳务报酬。

(3) 根据国家规定颁发给个人的科学技术、文化艺术、体育等各种奖金。

(4) 各种劳保、福利费用以及国家规定的对个人的其他支出等。

(5) 向个人收购农副产品和其他物资的价款。

(6) 出差人员必须随身携带的差旅费。

(7) 结算起点（1 000 元）以下的零星支出。

(8) 中国人民银行确定需要支付现金的其他支出。

凡是不属于现金结算范围的，应通过银行进行转账结算。

2. 库存现金限额

企业的库存现金限额是指为了保证单位日常零星开支的需要，允许企业留存现金的最高限额。这一限额由其开户银行根据实际需要核定，一般按照企业 3 ~ 5 天的零星开支确定。边远地区和交通不便地区的企业，库存现金限额可以多于 5 天，但不能超过 15 天的日常零星开支。企业必须严格按规定的限额控制现金结余量，超过限额的部分应于当日终了前送存银行，库存现金低于限额时，可以签发现金支票从银行提取现金，以补足限额。企业如需要增加或减少库存限额的，应当向开户银行提出申请，由开户银行核定。

3. 库存现金的日常管理

企业在办理有关现金收支业务时，应当遵循以下规定：

(1) 现金收入应于当日送存银行，如当日送存银行确有困难的，则由银行确定送存时间。

(2) 企业可以在现金使用范围内支付现金或从银行提取现金，但不得从本单位的现金收入中直接支付（坐支）。因特殊情况需要坐支现金的，应当事先报经开户银行审查批准，由开户银行核定坐支范围和限额。企业应定期向开户银行报送坐支金额和使用情况。

(3) 企业从银行提取现金时，应当在取款凭证上写明具体用途，并由财会部门负责人签字盖章，交开户银行审核后方可支取。

(4) 因采购地点不固定、交通不便、生产或者市场急需、抢险救灾以及其他情况必须使用现金的，企业应当提出申请，经开户银行审核批准后，方可支付现金。

(5) 库存现金账目管理。企业必须建立健全库存现金账目，除设置库存现金总分类账户对现金进行总分类核算以外，还必须设置库存现金日记账进行库存现金收支的明细核算，逐笔登记现金收入和支出，做到账目日清日结，账款相符。

(6) 其他。不准“白条抵库”；不准谎报用途套取现金；不准用银行账户代其他单位和个人存入或支取现金；不准将单位收入的现金以个人名义存储；不准保留账外公款；不得设置“小金库”等。

二、会计处理

企业要对现金的收付业务进行会计处理，首先必须取得相应的原始凭证。

【例 2-3】 当甲公司向银行提取现金时，要签发现金支票，此时以现金支票的存根作为提取现金的证明；若甲公司将现金存入银行，要填写进账单，此时以银行加盖印章后退回的现金缴款单作为存入现金的证明。

为了总括地反映现金的收入、支出和结存情况，企业应设置“库存现金”科目。该科目的借方登记库存现金的增加，贷方登记库存现金的减少，余额在借方，反映库存现金的实有数。

1. 现金收付的会计处理

【例 2-4】 甲公司签发现金支票，从银行提取现金 5 000 元备用。

借：库存现金　　5 000

　　贷：银行存款　　5 000

注意：从银行提取现金只需编制现金付款凭证，将现金存入银行只需编制银行存款付款凭证。

【例 2-5】 甲公司销售产品一批，货款 10 000 元，增值税税率为 17%，货款与增值税全部以现金收讫。

借：库存现金　　11 700

　　贷：主营业务收入　　10 000

　　　　应交税费——应交增值税（销项税额）　　1 700

【例 2-6】 管理人员王琳出差预借差旅费 6 000 元。

借：其他应收款——王琳　　6 000

　　贷：库存现金　　6 000

王琳出差回来报销 4 300 元，交回现金 1 700 元。

借：管理费用　　4 300

　　库存现金　　1 700

　　贷：其他应收款——王琳　　6 000

【例 2-7】 甲公司以现金购买办公用品 380 元。

借：管理费用　　380

　　贷：库存现金　　380

2. 现金清查的会计处理

现金清查是指对库存现金的盘点与核对，包括出纳人员每日终了前进行的现金账款核对和清查小组进行的定期或不定期的现金盘点、核对，做到日清月结，保证账实相符。

现金清查采用实地盘点法，一般由内部审计或稽核人员进行。现金的短缺或溢余通过“待处理财产损溢——待处理流动资产损溢”科目核算。现金短缺时，借记“待处理财产损溢——待处理流动资产损溢”科目，贷记“库存现金”科目；现金溢余时，借记“库存现金”科目，贷记“待处理财产损溢——待处理流动资产损溢”科目。待查明原因后作如下处理：

（1）如为现金短缺，应由责任人或保险公司赔偿的，借记“其他应收款——应收现金短缺款/应收保险赔款”科目，贷记“待处理财产损溢——待处理流动资产损溢”科目；属于无法查明原因的，根据管理权限，经批准后，借记“管理费用”科目，贷记“待处理财产损溢——待处理流动资产损溢”科目。

（2）如为现金溢余，应支付给有关人员或单位的，借记“待处理财产损溢——待处理流动资产损溢”科目，贷记“库存现金”科目；属于无法查明原因的，经批准后，借记“待处理财产损溢——待处理流动资产损溢”科目，贷记“营业外收入——现金溢余”科目。

【例 2-8】 甲公司 2011 年 6 月 9 日进行现金清查时发现现金短缺 200 元。

借：待处理财产损溢——待处理流动资产损溢 200

贷：库存现金 200

上述现金短缺无法查明原因，转入管理费用。

借：管理费用 200

贷：待处理财产损溢——待处理流动资产损溢 200

【例 2-9】 甲公司 2011 年 6 月 16 日进行现金清查时发现现金溢余 150 元。

借：库存现金 150

贷：待处理财产损溢——待处理流动资产损溢 150

借：待处理财产损溢——待处理流动资产损溢 150

贷：营业外收入——现金溢余 150

三、备用金

备用金是指企业预付给职工和内部有关单位用作差旅费、零星采购和零星开支，事后需要报销的款项。

备用金的管理办法一般有两种：一是定额备用金制度，适用于经常使用备用金的单位和个人；二是随借随用、用后报销制度，适用于不经常使用备用金的单位和个人。

1. 定额备用金制度

定额备用金是指根据使用部门及人员的实际需要，先核定备用金定额并依此拨付，使用后，财会部门根据报销单据付给现金、补足定额。

【例 2-10】 甲公司财会部门对采购部门实行定额备用金制度。核定金额为 2 000 元。

借：其他应收款——备用金——采购部门 2 000

贷：库存现金 2 000

【例 2-11】 采购部门 5 月份共发生支出 1 300 元，采购人员凭发票到财会部门报销（均为管理费用）。财会部门审核后付给现金，补足定额。

借：管理费用 1 300

贷：库存现金 1 300

【例 2-12】 因管理需要，财会部门决定取消定额备用金制度。采购部门最后一次报销 530 元，其余的以现金交还。

借：管理费用 530

库存现金 1 470

贷：其他应收款——备用金——采购部门 2 000

2. 随借随用、用后报销制度

【例 2-13】 甲企业行政管理部门员工王琳出差预借差旅费 2 000 元，以现金付讫。

借：其他应收款——备用金（王琳） 2 000

贷：库存现金 2 000

【例 2-14】 王琳出差回来报销差旅费 1 460 元，交还现金 540 元。

借：管理费用 1 460

库存现金 540

贷：其他应收款——备用金（王琳） 2 000

第三节 银行存款

一、银行存款账户的开设与管理

银行存款是企业存入银行或其他金融机构的款项。

1. 银行存款的开设

按照国家有关规定，凡是独立核算的单位都必须在当地银行开设账户。企业应该按照《人民币银行结算账户管理办法》的规定开立和使用基本存款账户、一般存款账户、临时存款账户和专用存款账户。企业在银行开设账户以后，除按规定可以通过现金进行收支以外，都必须以银行存款进行收支结算，企业超过限额的现金也必须存入银行。

基本存款账户是企业办理日常结算及现金支取的账户，企业发放工资、奖金等需要支取的现金，只能通过基本存款账户办理。

一般存款账户是企业为业务方便在银行或其他金融机构开立的基本存款账户以外的账户，主要用于银行借款转存以及与开立基本存款账户的企业不在同一地点的附属非独立核算的单位开立的账户。企业可以通过一般存款账户办理转账结算和现金缴存，但不得支取现金。

注意：企业一般只能开立一个基本存款账户，不得在多家银行机构开立基本存款账户，也不得在同一家银行的几个分支机构开立多个一般存款账户。

临时存款账户是因企业的临时业务活动需要而开立的暂时性账户，企业可以通过此类账户办理转账结算以及按照现金管理的规定办理现金收付。

专用存款账户是企业因特定用途需要开立的具有特定用途的账户。

2. 银行存款的管理

现金开支范围以外的各项款项收付，都必须通过银行办理转账结算，但不同国家和地区以及不同的经济业务，采用的转账结算方式是有差别的。

在我国，企业办理转账结算必须遵守《支付结算办法》的各项规定。账户内必须有足够的资金保证支付，必须以合法、有效的票据和结算凭证为依据。不准签发没有资金保证的票据或远期支票套取银行信用；不准签发、取得和转让没有真实交易和债权债务的票据套取银行及他人资金；不准无理拒付款项，任意占用他人资金；不准违反规定开立和使用账户。

二、银行结算方式

根据中国人民银行有关支付结算办法的规定，企业发生的货币资金收付业务可以采用银行汇票、商业汇票、银行本票、支票、汇兑、托收承付、委托收款、信用卡和国内信用证等九种结算方式。企业在进行银行结算、编制银行存款收付款凭证时，应按不同的情况进行会计处理。

1. 银行汇票

银行汇票是汇款人将款项交存当地出票银行，出票银行签发的，由其在见票时，按照实际结算金额无条件支付给收款人或者持票人的票据。

银行汇票的出票银行为银行汇票的付款人。在我国，单位和个人办理各种款项结算时，均可使用银行汇票。银行汇票可以用于转账，填明“现金”字样的银行汇票也可以用于支取现金。银行汇票的提示付款期限为出票日起1个月。收款人可以将银行汇票背书转让给被背书人。银行汇票丧失，失票人可以凭人民法院出具的享有票据权利的证明，向出票银行请求付款或退款。

企业支付购货等款项时，应向出票银行填写“银行汇票申请书”，填明收款人名称、支付金额、申请人、申请日期等事项并签章，签章为其预留银行的印鉴。银行受理银行汇票申请书并收妥款项后签发银行汇票，同时用压数机压印出票金额后将银行汇票和解讫通知一并交给汇款人。

收款单位应将企业收到的银行汇票、解讫通知和进账单送交银行，根据银行退回的进账单和有关的原始凭证编制收款凭证；付款单位应在收到银行签发的银行汇票后，根据“银行汇票申请书”存根联编制付款凭证。

2. 商业汇票

商业汇票是出票人签发的，委托付款人在指定日期无条件支付确定的金额给收款人或者持票人的票据。按照承兑人的不同，商业汇票分为商业承兑汇票和银行承兑汇票。商业承兑汇票由银行以外的付款人承兑（付款人为承兑人)，银行承兑汇票由银行承兑。在我国，开立存款账户的法人以及其他组织之间，必须具有真实的交易关系或债权债务关系，才能使用商业汇票，如购买材料、销售商品等。

采用商业汇票方式的，收款单位要将到期的商业承兑汇票或银行承兑汇票连同填制的邮划或电划委托收款凭证，一并送交银行办理转账，然后根据银行的收款通知，据以编制收款凭证，付款单位在收到银行的付款通知时，据以编制付款凭证。

商业汇票的付款期限可由交易双方自行约定，但最长不得超过6个月。商业汇票的提示付款期限为汇票到期日起10日。持票人应在提示付款期限内通过开户银行委托收款或直接向付款人提示付款。

3. 银行本票

银行本票是银行签发的，承诺自己在见票时无条件支付确定的金额给收款人或者持票人的票据。在我国，单位和个人在同一票据交换区域需要支付的各种款项，均可以使用银行本票。银行本票可以用于转账，也可以用于支取现金。银行本票分为不定额本票和定额本票两种。收款人可以将银行本票背书转让给被背书人。银行本票的提示付款期限自出票日起最长不得超过2个月。

采用银行本票方式的，收款单位按照规定受理银行本票后，应将银行本票连同进账单一起送交银行办理转账，根据盖章返回的进账单第一联和有关原始凭证编制收款凭证；付款单位填写“银行本票申请书”并将款项交存银行，收到银行签发的银行本票后，根据申请书存根联编制付款凭证。

4. 支票

支票是出票人签发的，委托办理支票存款业务的银行在见票后支付确定金额给收款人或持票人的票据。

支票上印有“现金”字样的为现金支票，只能用于支取现金。支票上印有“转账”字样的为转账支票，只能用于转账。支票上未印有“现金”或“转账”字样的为普通支票，可以用于支取现金，也可以用于转账。在我国，单位和个人在同一票据交换区域的各种款项结算，均可以使用支票。支票的提示付款期限为出票日起 10 日。

存款人领购支票，必须填写“票据和结算凭证领用单”，并加盖预留银行印鉴，出票人预留银行的印鉴是银行审核支票付款的依据。银行也可以与出票人约定使用支付密码，作为银行审核支付支票金额的条件。

收款单位对于收到的支票，应在收到支票的当日填制进账单连同支票送交银行，根据银行盖章返回的进账单第一联和有关的原始凭证编制收款凭证；或根据银行转来的由签发人送交银行支票后经银行审核盖章的进账单第一联和有关的原始凭证编制收款凭证。付款单位对于付出的支票，应根据支票存根和有关的原始凭证及时编制付款凭证。

支票的出票人签发支票的金额不得超过付款时在付款人处实有的存款金额。禁止签发空头支票。

5. 汇兑

汇兑是汇款人委托银行将其款项支付给收款人的结算方式。单位和个人的各种款项的结算，均可使用汇兑结算方式。在我国，汇兑分为信汇和电汇两种。信汇是指汇款人委托银行通过邮寄方式将款项划给收款人。电汇是指汇款人委托银行通过电报或其他电子方式将款项划给收款人。

收款单位对于汇入的款项，应在收到银行的收账通知时编制收款凭证；付款单位对于汇出的款项，应在向银行办理汇款后，根据汇款回单编制付款凭证。

6. 托收承付

托收承付是根据购销合同由收款单位发货后委托银行向异地付款人收取款项，由付款人向银行承诺付款的结算方式。按银行结算办法的规定，使用托收承付结算方式的收款单位和付款单位，必须是国有企业、供销合作社以及经营管理较好并经开户银行审查同意的城乡集体所有制工业企业。办理托收承付结算的款项，必须是商品交易，以及因商品交易而产生的劳务供应的款项。托收承付结算每笔的金额起点一般为 10 000 元。代销、寄销、赊销商品的，不得办理托收承付结算。

收款人按照签订的购销合同发货后，委托银行办理托收。付款人开户银行收到托收凭证及其附件后，应当及时通知付款人。承付货款分为验单付款和验货付款两种，由收付双方协商选用，并在合同中明确规定。

7. 委托收款

委托收款是收款人委托银行向付款人收取款项的结算方式。单位和个人凭已承兑商业汇票、债券、存单等付款人债务证明办理款项的结算，均可以使用委托收款结算方式。委托收款在同城和异地均可以使用。按款项划转方式的不同，委托收款可以分为邮寄和电报两种。

企业委托银行收款时，应填写委托收款凭证和有关的债务证明，并根据银行的收账通知编制收款凭证，付款单位在收到银行转来的委托收款凭证后，根据委托收款凭证的付款通知和有关的原始凭证编制付款凭证。

8. 信用卡

信用卡是商业银行向个人和单位发行的凭以向特约单位购物、消费和存取现金，且具有消费信用的特制载体卡片。

信用卡按使用对象分为单位卡和个人卡，按信用等级分为金卡和普通卡。凡是在我国境内金融机构开立基本存款账户的单位均可申领单位卡。

单位卡账户资金一律从其基本存款账户转账存入，不得交存现金，也不得将销货收入的款项存入信用卡存款账户。个人卡账户的资金以其持有的现金存入或以其工资性款项及属于个人的劳务报酬收入转账存入。严禁将单位的款项存入个人卡账户。在我国，单位卡不得用于10万元以上的商品交易、劳务供应款项的结算，也不得支取现金。

收款单位对于当日受理的信用卡签购单，填写汇总计算表和进账单，连同签购单一并送往收单银行办理进账，在收到银行收账通知时，编制收款凭证；付款单位对于付出的信用卡资金，应根据银行转来的付款通知和有关原始凭证编制付款凭证。

9. 国内信用证

国内信用证是指开证行依据申请人的申请开出的，凭符合信用证条款的单据支付的付款承诺。

信用证起源于国际贸易结算。在国际贸易中，进口商不愿意先支付货款，出口商也不愿意先交货。在这种情况下，银行充当了进出口商之间的中间人和保证人，一面收款，一面交单，并代为融通资金。由此产生了信用证结算方式。

在我国，国内信用证一般为不可撤销、不可转让的跟单信用证，适用于国内企业之间的商品交易结算业务。只有经中国人民银行批准经营结算业务的商业银行总行，以及经商业银行总行批准开办信用证结算业务的分支机构才可办理国内信用证结算业务，信用证只限于转账结算，不得支取现金。信用证与其依据的购销合同相互独立，银行在处理信用证业务时，不受购销合同的约束。

采用信用证结算的，收款单位收到信用证后，即备货装运，签发有关发票账单，连同运输单据和信用证，送存银行，根据退还的信用证等有关凭证编制收款凭证；付款单位在接到开证行通知时，根据付款的有关单据编制付款凭证。

三、会计处理

为了详细反映银行存款的收付及结存情况，企业除设置“银行存款”科目进行总分类核算外，还必须按开户银行和其他金融机构、存款种类等分别设置银行存款日记账，并按照业务发生顺序逐日逐笔连续记录银行存款的收付，并随时结出余额。银行存款日记账一般由出纳人员根据收付款凭证进行登记，定期与银行存款总账科目核对。月末，应与银行对账单进行核对。

企业收到银行存款，应根据银行存款交款单回单或银行收账通知及有关单证，及时编制记账凭证；企业支付银行存款，应根据支票存根、办理付款结算的付款及有关单证，及时编制记账凭证。

【例2-15】 甲公司2011年6月3日销售商品收到35 100元，其中货款30 000元，增值税5 100元。

	借方	贷方
借：银行存款	35 100	
贷：主营业务收入		30 000
应交税费——应交增值税（销项税额）		5 100

【例2-16】 甲公司采购材料支付银行存款58 500元，其中货款50 000元，增值税8 500

元，全部以银行存款付讫。

借：原材料　　50 000

应交税费——应交增值税（进项税额）　　8 500

贷：银行存款　　58 500

四、银行存款的清查

企业每月至少要进行一次银行存款的清查，也就是将银行存款日记账余额与银行对账单余额进行核对，以检查银行存款的收付及结存情况。企业在核对时，往往会出现银行存款日记账余额与银行对账单同日余额不符的情况。究其原因主要有：一是记账错误；二是未达账项。未达账项是指由于企业与银行取得有关凭证的时间不同，而导致的一方已经入账，另一方尚未入账的款项。

未达账项归纳起来，一般有以下四种情况：

(1) 企业已经收款入账，银行尚未收款入账的款项。

(2) 企业已经付款入账，银行尚未付款入账的款项。

(3) 银行已经收款入账，企业尚未收款入账的款项。

(4) 银行已经付款入账，企业尚未付款入账的款项。

由于记账错误与未达账项的存在，导致银行存款日记账余额与银行对账单余额不一致。可以通过编制银行存款余额调节表来确定企业银行存款的实有数。

银行存款余额调节表有多种编制方法，会计实务中一般采用“补记式”余额调节法。其基本原理是假设未达账项全部入账，银行存款日记账与银行对账单的余额应相等。其编制方法是在双方现有余额基础上，各自加上对方已收、本方未收账项，减去对方已付、本方未付账项，计算调节双方应有余额。

【例 2-17】 甲公司 2011 年 6 月 30 日银行存款日记账的余额为 50 000 元，银行对账单的余额为 86 000 元。经核对，发现以下账项需要调整：

(1) 甲公司委托银行代扣水电费 3 000 元，银行已登记，公司尚未收到银行付款通知，还未记账。

(2) 甲公司委托银行代收某公司购货款 40 000 元，银行已收妥并登记入账，但公司未收到银行的收账通知，尚未记账。

(3) 甲公司已开出现金支票一张，金额为 4 000 元，公司已经根据支票存根登记入账，但是持票人尚未到银行兑付。

(4) 甲公司销售一批商品给 C 公司，同时收到 C 公司开出的转账支票一张，金额为 11 700 元，公司委托银行办理收款，并已根据银行退回的收款凭证入账，但银行因尚未办妥内部手续而未入账。

(5) 甲公司本月将一笔销售货款 2 600 元存入银行，出纳误记为 2 060 元。

(6) 银行将 D 公司存入的 6 160 元串记到甲公司账上。

根据上述资料编制银行存款余额调节表如表 2-1 所示。

注意：

(1) 如银行存款余额调节表的金额一致，并不代表余额完全没有错误。因为还可能存在双方同时记账错误的情况。

表 2-1 银行存款余额调节表

2011 年 6 月 30 日 单位：元

项目	金额	项目	金额
甲公司银行存款日记账余额	50 000	银行对账单余额	86 000
加：(2) 银行已收，公司未收	40 000	加：(4) 公司已收，银行未收	11 700
(5) 公司少计 540 元	540	减：(3) 公司已付，银行未付	4 000
减：(1) 银行已付，公司未付	3 000	(6) 银行多计 6 160 元	6 160
调节后的存款余额	87 540	调节后的存款余额	87 540

(2) 银行存款余额调节表只是为了核对账目，并不能作为调整银行存款账面余额的原始凭证。只有当相关的原始凭证到达企业或银行时，才能记账。

第四节 其他货币资金

一、其他货币资金的性质与范围

其他货币资金是指除库存现金、银行存款以外的其他各种货币资金。

其他货币资金同库存现金和银行存款一样，都属于货币资金。但由于其存放地点和用途不同于库存现金和银行存款，因此在会计上需要单独进行核算。

其他货币资金主要包括外埠存款、银行汇票存款、银行本票存款、信用卡存款、信用证保证金存款和存出投资款等。

二、其他货币资金的会计处理

为了反映和监督其他货币资金的收支和结存情况，企业应设置“其他货币资金”科目进行核算，并按其他货币资金的内容设置明细科目进行明细核算。

1. 外埠存款

外埠存款是指到外地进行临时或零星采购时，汇往采购地银行并在采购地银行开立采购专户的款项。

企业在外埠开立临时采购专户，需经开户地银行批准。银行对临时采购账户一般实行半封闭式管理的办法，即只付不收，付完清户。采购资金存款不计利息。除采购人员差旅费用可以支取少量现金外，其他支出一律转账。

【例 2-18】 甲公司委托当地开户银行汇出 450 000 元给采购地银行开立临时采购账户。

借：其他货币资金——外埠存款 450 000

　　贷：银行存款 450 000

采购员以外埠存款购买材料，材料价款为 380 000 元，增值税为 64 600 元，共计 444 600 元，材料已验收入库。

借：原材料 380 000

　　应交税费——应交增值税（进项税额） 64 600

　　贷：其他货币资金——外埠存款 444 600

外埠采购结束，将外埠存款清户，收到银行转来收账通知，余款 5 400 元收妥入账。

借：银行存款　　5 400
　　贷：其他货币资金——外埠存款　　5 400

2. 银行汇票存款

银行汇票存款是指企业为取得银行汇票，按规定用于银行汇票结算而存入银行的款项。根据相关规定，银行汇票适用于异地并且有商品交易的结算。

【例 2-19】 甲公司向开户银行申请办理银行汇票，在填送"银行汇票委托书"时将款项 20 000 元交存银行，取得了银行盖章的委托书存根联以及银行汇票。

借：其他货币资金——银行汇票　　20 000
　　贷：银行存款　　20 000

采购员使用该汇票采购材料，材料价款为 17 000 元，增值税为 2 890 元。材料已验收入库。

借：原材料　　17 000
　　应交税费——应交增值税（进项税额）　　2 890
　　贷：其他货币资金——银行汇票　　19 890

银行汇票使用完毕，收到多余款项退回通知，将余款 110 元收妥入账。

借：银行存款　　110
　　贷：其他货币资金——银行汇票　　110

如果该 20 000 元的银行汇票因超过付款期限或因其他原因未曾使用而退还，则作如下处理：

借：银行存款　　20 000
　　贷：其他货币资金——银行汇票　　20 000

3. 银行本票存款

银行本票存款是指企业为取得银行本票，按规定用于银行本票结算而存入银行的款项。根据相关规定，银行本票存款适用于同城结算。

银行本票存款实行全额结算，本票存款额与结算金额的差额一般采用支票或其他方式结清。对于逾期尚未办理结算的银行本票，应按规定及时转回，其账务处理与银行汇票存款基本相同。

【例 2-20】 甲公司向银行提交"银行本票申请书"申请办理银行本票，并将 10 000 元交存银行，取得银行本票后，根据银行盖章退回的申请书存根联编制分录。

借：其他货币资金——银行本票　　10 000
　　贷：银行存款　　10 000

该公司用银行本票采购原材料，支付材料款 5 400 元，增值税 918 元。材料已验收入库。

借：原材料　　5 400
　　应交税费——应交税费（进项税额）　　918
　　贷：其他货币资金——银行本票　　6 318

如果该银行本票超过付款期限或因其他原因未曾使用要求银行退款，则：

借：银行存款　　10 000
　　贷：其他货币资金——银行本票　　10 000

4. 信用卡存款

信用卡存款是指企业为取得信用卡，以办理信用卡结算而按规定存入银行的款项。

企业对于信用卡存款的核算主要包括办理信用卡存款、以信用卡支付有关费用、收取信用卡存款利息收入等。

【例 2-21】 甲公司经银行审核同意后，从其基本存款账户开出转账支票 40 000 元转入信用卡账户。

借：其他货币资金——信用卡存款 40 000

　　贷：银行存款 40 000

甲公司使用该信用卡支付业务招待费 10 500 元。

借：管理费用 10 500

　　贷：其他货币资金——信用卡存款 10 500

甲公司收到信用卡存款的利息 60 元。

借：其他货币资金——信用卡存款 60

　　贷：财务费用 60

5. 信用证保证金存款

信用证保证金存款是指企业为取得信用证而按规定存入银行的款项。

信用证保证金的核算主要包括缴纳保证金和支付货款两部分。

【例 2-22】 甲公司向银行申请开出信用证并向银行缴纳信用证保证金 25 000 元，用于支付境外供货单位的购货款项。

借：其他货币资金——信用证保证金 25 000

　　贷：银行存款 25 000

甲公司收到境外供货单位信用证结算凭证及所附发票账单，以信用证方式采购的材料已到并验收入库，货款 24 600 元全部支付。

借：原材料 24 600

　　贷：其他货币资金——信用证保证金 24 600

甲公司收到未用完的信用证存款余额 400 元。

借：银行存款 400

　　贷：其他货币资金——信用证保证金 400

6. 存出投资款

存出投资款是指企业已存入证券公司但尚未进行短期投资的款项。

企业对于存出投资款的核算主要包括资金划出和使用两部分。

【例 2-23】 甲公司将银行存款 600 000 元划入某证券公司准备进行短期投资。

借：其他货币资金——存出投资款 600 000

　　贷：银行存款 600 000

甲公司将存入证券公司的款项用于购买某上市公司的股票，购买成本为 400 000 元，购入后作为交易性金融资产进行管理。

借：交易性金融资产 400 000

　　贷：其他货币资金——存出投资款 400 000

本章小结

货币资金是企业的一项金融资产。货币资金是指直接以货币形态存在的资金，包括库存现金、银行存款和其他货币资金。

现金是流动性最强的货币性资产。现金有广义与狭义之分，广义的现金包括库存现金、银行存款和其他货币资金，狭义的现金仅指库存现金。企业对库存现金要进行严格的控制和管理。

银行存款是企业存放在银行或其他金融机构的货币资金。企业应根据相关规定，在银行开立账户、办理存款、收款和转账等结算。根据现行制度，银行存款账户分为基本存款账户、一般存款账户、临时存款账户和专用存款账户。

其他货币资金是指除库存现金、银行存款之外的其他各种货币资金，包括银行汇票存款、银行本票存款、信用证保证金存款、信用卡存款等。

企业为保证货币资金的账实相符，要每日盘点库存现金，每月编制银行存款余额调节表等。

练习题

一、单项选择题

1. 企业库存现金清查中，经检查仍无法查明原因的库存现金短款，经批准后应计入(　　)。

A. 财务费用　　B. 管理费用　　C. 销售费用　　D. 营业外支出

2. 下列各项中，不通过“其他货币资金”科目核算的是(　　)。

A. 信用证保证金存款　　B. 备用金

C. 存出投资款　　D. 银行本票存款

3. 企业对已存入证券公司但尚未进行证券投资的现金进行会计处理时，应借记的会计科目是(　　)。

A.“银行存款”　　B.“交易性金融资产”

C.“其他应收款”　　D.“其他货币资金”

4. 企业一般不得从现金收入中直接支付现金，因特殊情况，需要坐支现金的，应当事先报经(　　)审查批准。

A. 上级部门　　B. 工商行政管理部门

C. 税务部门　　D. 开户银行

5. 按照国家的规定，企业的工资、奖金等现金的支取，只能通过(　　)办理。

A. 基本存款账户　　B. 一般存款账户

C. 临时存款账户　　D. 专业存款账户

6. 下列支付结算方式中，需签订购销合同才能使用的是(　　)。

A. 银行汇票　　B. 银行本票　　C. 托收承付　　D. 支票

7. 企业对无法查明原因的现金溢余，经批准后应转入(　　)科目。

A. “主营业务收入”　　B. “其他业务收入”

C. “其他应付款”　　D. “营业外收入”

8. 对于银行已入账而企业未入账的未达账项，企业应当（　　）。

A. 根据银行对账单入账

B. 根据银行存款余额调节表入账

C. 根据对账单和调节表自制凭证入账

D. 待有关结算凭证到达后入账

9. 企业下列经济业务不能用现金结算的是（　　）。

A. 支付给职工的工资

B. 出差人员必须随身携带的差旅费

C. 向个人收购农产品的支出

D. 超过 1 000 元的购货款

10. 下列结算方式中同城和异地均可以使用的是（　　）。

A. 转账支票　　B. 银行本票　　C. 银行汇票　　D. 委托收款

二、多项选择题

1. 下列各项中，属于其他货币资金的有（　　）。

A. 银行汇票存款　　B. 信用证保证金存款

C. 信用卡存款　　D. 存出投资款

2. 根据《企业会计准则》规定，下列各项中，属于其他货币资金的有（　　）。

A. 备用金　　B. 存出投资款　　C. 银行承兑汇票　　D. 银行汇票存款

3. 支付结算的结算纪律为（　　）。

A. 不准签发没有资金保证的票据或远期支票，套取银行信用

B. 不准签发、取得和转让没有真实交易和债权债务的票据，套用银行和他人资金

C. 不准无理拒绝付款，任意占用他人资金

D. 不准违反规定开立和使用账户

4. 下列行为中，不符合结算有关规定的有（　　）。

A. 用现金支付出差人员的差旅费

B. 用现金支付向个人收购农副产品的款项

C. 持信用卡在结算单位支取现金

D. 签发的支票金额超过企业的银行存款余额

5. 商业汇票的签发人可以为（　　）。

A. 购货单位　　B. 销货单位

C. 被背书人　　D. 购货单位开户银行

6. 企业出纳人员不得兼任的工作有（　　）。

A. 稽核　　B. 库存现金保管

C. 登记库存现金总账　　D. 登记库存现金日记账

7. 下列经济业务中能用现金支付的有（　　）。

A. 支付职工奖金 65 000 元

B. 出差人员预借差旅费 1 200 元

C. 购买办公用品 520 元

D. 购买机器一台 56 000 元

8. 银行存款日记账余额与银行对账单余额不一致时，产生的原因有（　　）。

A. 银行会计人员记账有误

B. 企业会计人员记账有误

C. 销售产品银行已记账收款企业尚未记账

D. 企业开出转账支票已记账但持票人尚未到银行办理转账

三、业务题

1. 某企业发生如下经济业务：

（1）开出现金支票一张，向银行提取现金1 600元。

（2）行政管理部门职工张×出差，预借差旅费2 500元，以现金支付。

（3）收到某单位交来转账支票一张，金额为54 000元，用以归还上月所欠货款，支票已送银行。

（4）采购材料一批，价款为100 000元，增值税为17 000元，企业采用汇兑结算方式将款项117 000付给销货方，该材料已经验收入库。

（5）企业开出转账支票一张，归还前欠丙公司货款20 000元。

（6）企业向丁单位销售产品一批，价款为50 000元，增值税为8 500元，已向银行办妥委托收款手续。

（7）职工张×出差回来报销差旅费2 010元，差额490元以现金交回。

（8）企业收到银行转来的收款通知，丁单位前欠货款及增值税共计58 500元，已收妥。

（9）企业向百货公司购买办公用品2 000元，开出转账支票支付款项。

（10）企业向丁单位销售产品一批，增值税专用发票上标明价款为125 000元，增值税为21 250元，共计146 250元，收到对方开出的商业承兑汇票一张。

（11）企业在现金清查中，发现现金短缺200元，原因待查。

（12）上述现金短缺款原因已查明，系出纳人员工作失职造成，当即交回现金200元，已作赔偿。

要求：根据以上经济业务编制会计分录。

2. 某企业2011年6月30日银行存款日记账账面余额为226 600元，银行对账单余额为269 700元。经核对存在下列未达账项：

（1）6月29日，企业销售产品，收到转账支票一张，金额为23 000元，银行尚未入账。

（2）6月29日，企业开出转账支票一张，支付购买材料款58 500元，持票单位尚未向银行办理手续。

（3）6月30日，银行代收销货款24 600元，企业尚未收到收款通知。

（4）6月30日，银行代付电费17 000元，企业尚未收到付款通知。

要求：根据以上资料编制银行存款余额调节表。

第三章　应收及预付款项

教学目标

- 掌握应收票据的会计处理。
- 理解商业折扣和现金折扣。
- 理解和掌握应收账款的会计处理。
- 掌握备抵法的会计处理。

应收及预付款项是指企业在日常生产经营过程中发生的各项债权，包括应收款项和预付款项。应收款项包括应收票据、应收账款、其他应收款和长期应收款等；预付款项指的是企业因购买商品或劳务而预先支付给有关单位的款项。

第一节　应收票据

一、应收票据概述

从广义上讲，应收票据作为一种债权凭证，应包括企业持有的未到期或未兑现的各种票据，如汇票、本票和支票等。但在我国会计实务中，支票、银行本票及银行汇票均为见票即付的票据，无须将其列为应收票据予以处理。因此在我国，应收票据仍仅指企业持有的未到期或未兑现的商业汇票。

在我国，商业汇票的期限一般不超过6个月，因而我国的应收票据是一种流动资产。在会计实务中，企业的应收票据是指收到的经承兑人承兑的商业汇票。

注意：在我国，应收票据指的是经过承兑的商业汇票。

(1) 按照票据承兑人的不同，商业汇票分为银行承兑汇票和商业承兑汇票。

商业承兑汇票是指由付款人签发并承兑，或由收款人签发交由付款人承兑的汇票。银行承兑汇票是指由在承兑银行开立存款账户的存款人签发，由承兑银行承兑的票据。承兑是汇票付款人承诺在汇票到期日支付汇票金额的票据行为。商业汇票必须经承兑后方可生效。

(2) 按照票据是否带息，商业汇票分为带息票据和不带息票据。

带息票据是指注明利率及付息日期的票据，即汇票到期时，承兑人按票据面额及应计利息之和向收款人付款的商业汇票。票据的到期价值为面值与利息之和。

不带息票据是指票据到期时，承兑人仅按票据面值向收款人付款，票据的到期价值为面值。

(3) 按照票据是否带有追索权，商业汇票分为带追索权的商业汇票和不带追索权的商业汇票。

在我国，商业票据可背书转让，持票人可以对背书人、出票人以及票据的其他债务人行使追索权。在我国的会计实务中，就应收票据贴现而言，银行承兑汇票的贴现不会使企业被追索，企业也就不会因汇票贴现而产生或有负债；商业承兑汇票的贴现会使企业有被追索的可能，企业也就会因汇票贴现而产生或有负债。

二、应收票据的确认和计价

为了反映和监督应收票据的取得和收回情况，企业应设置"应收票据"科目，借方登记取得的应收票据的面值和计提的利息，贷方登记到期收回票款或到期前向银行贴现的应收票据的票面金额。期末余额在借方，反映企业尚未收回且未申请贴现的应收票据的面值和应计利息。企业应按商业汇票的种类设置明细科目，并设置"应收票据备查簿"。

应收票据取得时可以按面值入账，也可以按票据到期值的现值入账。按照《中华人民共和国票据法》（以下简称《票据法》）的规定，商业汇票的最长付款期限不超过6个月，因此，为简化会计核算手续，企业收到的商业汇票以票据面值入账。

企业收到承兑的商业汇票时，应按票面金额借记"应收票据"科目，并根据不同的业务分别贷记"主营业务收入"、"应交税费"、"应收账款"等科目。

（一）不带息票据

不带息票据的到期价值等于应收票据的面值。企业销售产品或提供劳务收到开出并承兑的商业汇票时，按应收票据的面值，借记"应收票据"科目，贷记"主营业务收入"和"应交税费——应交增值税（销项税额）"科目。

应收票据到期收回时，按票面金额，借记"银行存款"科目，贷记"应收票据"科目。到期时，承兑人违约拒付或无力支付票款，企业收到银行退回的商业承兑汇票，则借记"应收账款"科目，贷记"应收票据"科目。

【例3-1】 甲公司销售一批产品给B公司，货款为100 000元，增值税税率为17%，收到B公司开出的3个月的商业承兑汇票一张，面值为117 000元。

借：应收票据　　117 000
　　贷：主营业务收入　　100 000
　　　　应交税费——应交增值税（销项税额）　　17 000

3个月后，该商业承兑汇票到期，甲公司收回117 000元，存入银行。

借：银行存款　　117 000
　　贷：应收票据　　117 000

如果该商业承兑汇票到期，B公司无力付款，则甲公司将到期的票据全额转入"应收账款"科目。

借：应收账款　　117 000
　　贷：应收票据　　117 000

（二）带息票据

1. 票据期限

票据期限是指签发日至到期日的时间间隔（有效期）。在实务中，票据的期限一般有按月计算和按日计算两种。其中，定期付款的汇票付款期限自出票日起按月计算，定日付款的汇票付款期限自出票日起按日计算。

（1）按月计算。按月计算，票据的期限应以签发日所在的月份至到期日所在月份的对应日为止，而不论各月份实际的日历天数为多少。

【例3-2】 甲公司2011年3月21日向F公司销售一批原材料，价税合计234 000元，F

公司于当日签发一张商业汇票，3个月到期，则该商业汇票的到期日为2011年6月21日。

注意：如果票据签发日为某月份的最后一天，则到期日应为若干月份后的最后一天。

【例3-3】 若上例中F公司于3月31日签发商业汇票，则到期日为2011年6月30日。

（2）按日计算。按日计算，票据的期限应从出票日起按实际天数计算。通常出票日和到期日，只能计算其中的一天，即“算头不算尾”或“算尾不算头”。

【例3-4】 沿用例3-2的资料，若该商业汇票于3月21日签发，90天到期，则商业汇票的到期日为6月19日。

2. 票据利息和到期值的计算

（1）应收票据利息的计算。其计算公式为：

$$\text{应收票据利息} = \text{应收票据面值} \times \text{利率} \times \text{票据期限}$$

这里的应收票据面值是指商业汇票票面记载的金额；票据期限是指票据的有效期限；利率是指票据所规定的利率（一般以年利率表示）。

商业汇票的期限按月数表示时：

$$\text{应收票据利息} = \text{应收票据面值} \times \text{利率} \times \frac{\text{时间（月数）}}{12}$$

商业汇票的期限按天数表示时：

$$\text{应收票据利息} = \text{应收票据面值} \times \text{利率} \times \frac{\text{时间（天数）}}{360}$$

（2）到期值的计算。商业汇票的到期值是指票据到期应收的票款额，对于不带息票据来说，到期值就是票据的面值；对于带息票据来说，其到期值是票据面值加上到期利息的合计金额。

【例3-5】 沿用例3-2的资料，若该商业汇票为带息票据，年利率为3%，则6月21日该票据的到期值为：

$$234\ 000 + 234\ 000 \times 3\% \times 3/12 = 235\ 755\text{（元）}$$

【例3-6】 沿用例3-4的资料，若该商业汇票为带息票据，年利率为3%，则6月19日该票据的到期值为：

$$234\ 000 + 234\ 000 \times 3\% \times 90/360 = 235\ 755\text{（元）}$$

注意：商业汇票按天计息，换算天数时，一年按360天计算，而不是365天。

3. 带息票据的会计处理

收到带息票据时，按票据的面值入账。票据到期时，如果收回票款，则应按实际收到的金额借记“银行存款”科目，按票据面值贷记“应收票据”科目，收到的票据利息冲减“财务费用”科目；如果到期因付款人无力支付票款，收到银行退回的商业承兑汇票、委托收款凭证、未付票据通知书或拒绝付款证明时，则应按票据的账面余额由“应收票据”科目转入“应收账款”科目，期末不再计提利息。

【例3-7】 沿用例3-5的资料，甲公司记录发生的销售业务。

借：应收票据	234 000	
贷：主营业务收入		200 000
应交税费——应交增值税（销项税额）		34 000

6月21日该商业汇票到期，甲公司如期全额收到款项。

借：银行存款　　235 755
　　贷：应收票据　　234 000
　　　　财务费用　　1 755

若6月21日F公司无力支付款项，则甲公司将票据的账面余额转入应收账款。

借：应收账款　　235 755
　　贷：应收票据　　234 000
　　　　财务费用　　1 755

6月21日之后甲公司不再计提利息。

注意：根据《票据法》的规定，汇票到期被拒绝付款的，持票人可以对有关债务人行使追索权。因此，到期未兑现的应收票据，应按商业汇票的到期值反映企业的债权（包括面值和应收利息）。

【例3-8】 甲公司2011年3月31日向F公司销售一批原材料，价税合计234 000元，F公司于当日签发一张商业汇票，5个月到期，该商业汇票的到期日为2011年8月31日。该商业汇票为带息票据，年利率为3%。

3月31日：

借：应收票据　　234 000
　　贷：主营业务收入　　200 000
　　　　应交税费——应交增值税（销项税额）　　34 000

6月30日：

因该商业汇票跨半年末，因此需要计提利息。

$$234\ 000 \times 3\% \times 3/12 = 1\ 755\text{（元）}$$

借：应收利息　　1 755
　　贷：财务费用　　1 755

8月31日：

$$234\ 000 \times 3\% \times 2/12 = 1\ 170\text{（元）}$$

借：银行存款　　236 925
　　贷：应收票据　　234 000
　　　　应收利息　　1 755
　　　　财务费用　　1 170

注意：如果票据跨半年末或年末，为正确反映当期的成本费用、满足中期报告及年度报告的编制需要，应在半年末或年末时计提票据的利息。

需要说明的是，在本例中，利息收入是按应收票据规定的利率（名义利率）计算确定的，未考虑票面利率与资本市场实际利率的差异。从理论上讲，如果应收票据名义利率与实际利率相差较大且利息金额较大时，应按实际利率计算确定利息收入。从我国的实际情况看，应收票据利息收入一般金额不大，而且应收票据多为短期债权，为简化核算手续，即使实际利率与名义利率有一定差距，一般也不再以实际利率计算利息收入。

三、应收票据贴现

贴现是指企业将未到期的商业汇票转让给银行，由银行按票据的到期值扣除贴现日至票据到期日的利息后，将余额付给企业的融资行为。贴现日至票据到期日的期间称为贴现期，贴现中使用的利率为贴现率，贴现银行扣除的利息为贴现息，贴现银行扣除贴现息后的余额为贴现净额。

贴现息 = 票据到期值 × 贴现率 × 贴现期/360

贴现净额 = 票据到期值 - 贴现息

贴现期是指自贴现日起至票据到期前一日止的实际天数，计算方法同应收票据期限的计算，在贴现日和票据到期日这两天中，只计算其中的一天。如果2月10日将1月31日（当年2月份为28天）签发承兑的期限为60天（到期日为4月1日）的商业汇票贴现，则其贴现期为50天。

注意：在会计实务中，无论商业汇票的到期日按日表示还是按月表示，贴现期一般均按实际贴现天数计算。

在会计上，企业应根据贴现的商业汇票是否带有追索权分别采用不同的方法处理。

1. 不带追索权的应收票据贴现

将不带追索权的应收票据贴现，企业在转让票据所有权的同时也将票据到期不能收回票款的风险一并转给了贴现银行，企业对票据到期无法收回的票款不承担连带责任。因此，将不带追索权的商业汇票贴现时，企业应按实际收到的贴现净额借记“银行存款”科目，按贴现票据的账面金额贷记“应收票据”科目，按贴现票据已经计提的利息，贷记“应收利息”科目，实际收到的贴现款与贴现的商业汇票的账面金额及应计利息金额的差额借记（贴现净额小于应收票据账面金额及已提利息）或贷记（贴现净额大于应收票据账面金额及已提利息）“财务费用”科目。

在我国，企业将银行承兑汇票贴现基本上不存在到期不能收回票款的风险，因此应将其视为不带追索权的商业汇票贴现业务，按金融资产终止确认的原则处理。

【例3-9】 甲企业于2月10日（当年2月份为28天）将签发承兑日为1月31日、期限为90天、面值为50 000元、年利率为9.6%、到期日为5月1日的银行承兑汇票到银行申请贴现，银行规定的月贴现率为6‰。

票据到期利息 = 50 000 × 9.6% × 90/360 = 1 200（元）

票据到期值 = 50 000 + 1 200 = 51 200（元）

贴现期 = 80（天）

贴现息 = 51 200 × 6‰ × 80/30 = 819.2（元）

贴现净额 = 51 200 - 819.2 = 50 380.8（元）

借：银行存款	50 380.80	
贷：应收票据		50 000
财务费用		380.80

2. 带追索权的应收票据贴现

将带追索权的应收票据贴现，企业并未转嫁票据到期不能收回票款的风险，贴现企业因背书而在法律上负有连带偿还责任。企业所承担的这种连带偿还责任，是企业的一种或有负债，该债务直至贴现银行收到票款后方可解除。因此，将带追索权的商业汇票贴现后，不符合金融资产终止确认的条件，不应冲销应收票据账户金额。

在我国，企业将商业承兑汇票贴现，是一种典型的带追索权的票据贴现业务。一般根据实际收到的贴现净额借记“银行存款”科目，贷记“短期借款”科目。

【例 3-10】 以例 3-9 的资料为例，假设贴现的汇票为商业承兑汇票，则企业应编制会计分录如下：

借：银行存款　　50 380. 80

　　贷：短期借款　　50 380. 80

票据的付款人于汇票到期日将票款足额付给贴现银行，企业未收到有关追索债务的通知，则企业因票据贴现而产生的负债责任解除。应作为偿还短期借款对待，借记“短期借款”科目，贷记“应收票据”、“应收利息”科目，差额借记或贷记“财务费用”科目。

如果票据的付款人于汇票到期日未能向贴现银行足额支付票款，企业则成为实际的债务人。企业收到银行有关偿债通知后，应借记“短期借款”科目，贷记“应收票据”、“应收利息”科目，差额借记或贷记“财务费用”科目。同时，企业应按票据到期值中付款人的未付金额，反映对该汇票付款人的债权，借记“应收账款”科目，根据银行对该票据到期值的扣款方法，贷记“银行存款”或“短期借款”科目。

【例 3-11】 以例 3-10 的资料为例，假如贴现的票据为商业承兑汇票，票据到期时，票据付款人足额向贴现银行支付票款，则应作如下会计分录：

借：短期借款　　50 380. 80

　　贷：应收票据　　50 000

　　　　财务费用　　380. 80

若票据到期时，票据付款人无法足额向贴现银行支付票款，仅支付了 20 000 元，则在上述分录的基础上，还应同时作如下会计分录：

借：应收账款　　31 200

　　贷：银行存款　　31 200

四、应收票据备查簿

企业应设置应收票据备查簿，逐笔记录每一应收票据的种类、号数和出票日期、票面金额、票面利率、交易合同和付款人、承兑人、背书人姓名或单位名称、到期日、背书转让日、贴现日期、贴现率和贴现净额、未计提的利息，以及收款日期和收回金额、退票情况等资料。应收票据到期结清票款或退票后，应在应收票据备查簿内逐笔注销。

第二节　应收账款

应收账款是企业在日常经营活动中，因对外销售产品、提供劳务等经营活动而应向客户收取的款项。具体而言，包括应向客户收取的货款、增值税、代垫的运杂费等。一般应收账款在一年内可以收回，因此，在资产负债表上，应收账款应列为流动资产项目。

注意：企业的应收账款不包括各种非经营活动发生的应收款项，如存出的保证金和押金、购货的预付定金、对职工或股东的预付款、应收认股款、与企业的经营活动无关的应收款项、超过 1 年的应收分期销货款，以及采用商业汇票结算方式销售商品的债权等，均不属于应收账款的范畴。

一、应收账款的入账价值

一般应收账款应按买卖双方成交时的实际发生额入账。其入账价值包括销售产品、提供劳务的价款、增值税，以及代购货方垫付的包装费、运杂费等。在确认应收账款的入账价值时，应考虑有关的折扣因素。

商业折扣和现金折扣是两种不同形式的折扣，其对应收账款入账价值的影响也不同。

1. 商业折扣

商业折扣是指为促进销售，企业对商品价目单所列的价格给予一定的折扣。

【例 3-12】 甲公司的产品销售单价为 200 元，同时甲公司规定售价有下列商业折扣条件：当买方购买 1 000 件以上产品时，甲公司可给予 2% 的商业折扣；若买方购买 3 000 件以上产品，甲公司给予 5% 的商业折扣；若买方购买 10 000 件以上产品，甲公司给予 10% 的商业折扣。

如果 C 公司购买甲公司的产品一批，共 5 000 件，则销售单价为 190 元(200 ×(1 - 5%))，C 公司需向甲公司支付 950 000 元货款；若 C 公司购买 11 000 件产品，则销售单价为 180 元(200 ×(1 - 10%))，C 公司只需向甲公司支付 1 980 000 元货款。

商业折扣一般用百分比来表示，如 5%、10%、20% 等，也可用金额表示，如 100 元、200 元等。

注意：在会计处理上，只有业务发生时的成交价才能作为应收账款的债权入账。因此，应按扣除商业折扣以后的金额作为应收账款的入账价值。也就是说，商业折扣影响应收账款的入账价值。

【例 3-13】 沿用例 3-12 的资料，甲公司的会计处理如下：

当 C 公司购买 5 000 件产品时：

借：应收账款	1 111 500	
贷：主营业务收入		950 000
应交税费——应交增值税（销项税额）		161 500

当 C 公司购买 11 000 件产品时：

借：应收账款	2 316 600	
贷：主营业务收入		1 980 000
应交税费——应交增值税（销项税额）		336 600

注意：商业折扣是针对销售单价和货款而言的，因此，企业应以扣除商业折扣后的金额为依据计算应交纳的增值税。

2. 现金折扣

现金折扣是指销货企业为了鼓励客户在一定时期内早日偿还货款，而给予的折扣。现金折扣对于销货企业来说，称为销货折扣，对于购货企业来说，则称为购货折扣。

现金折扣一般用“2/10，1/20，*n*/30”等表示，其含义分别是：10 天内付款给予 2% 的折扣、20 天内付款给予 1% 的折扣、30 天内付款无折扣。

现金折扣实质上是企业为了及早收到销货款，减少资金被购买方占用的时间，具有理财费用的特征，因此，会计上一般将实际发生的现金折扣作为财务费用处理。

在存在现金折扣的情况下，应收账款入账价值的确定有两种方法：一种是总价法，另一种是净价法。

总价法是将未扣减任何现金折扣的金额作为应收账款的入账价值，当客户在折扣期内支付货款时，再确认现金折扣。

【例 3-14】 甲公司销售一批产品给 F 公司，扣除商业折扣后的货款总额为 38 000 元，增值税税率为 17%。公司为鼓励 F 公司提前付款，规定的现金折扣条件为：2/10，1/20，n/30。甲公司采用总价法进行会计处理。

销售业务发生时，根据有关销货发票：

借：应收账款　　44 460

　　贷：主营业务收入　　38 000

　　　　应交税费——应交增值税（销项税额）　　6 460

若 F 公司于 10 天内付款，则甲公司给予 F 公司现金折扣 760 元，实际收到货款 37 240 元和增值税 6 460 元存入银行。

借：银行存款　　43 700

　　财务费用　　760

　　贷：应收账款　　44 460

若 F 公司于 20 天内付款，则甲公司给予 F 公司现金折扣 380 元，实际收到货款 37 620 元和增值税 6 460 元存入银行。

借：银行存款　　44 080

　　财务费用　　380

　　贷：应收账款　　44 460

若 F 公司于 30 天内付款，则甲公司不给 F 公司任何现金折扣，实际收到货款 38 000 元和增值税 6 460 元存入银行。

借：银行存款　　44 460

　　贷：应收账款　　44 460

注意：为准确记录和反映销售的全过程，我国规定应收账款的核算采用总价法。

净价法是将扣减最大优惠现金折扣后的金额作为应收账款的入账价值，客户超过折扣期限而多收的收入金额，可在收到时冲减财务费用。

【例 3-15】 沿用例 3-14 的资料，假定甲公司采用净价法进行会计处理。

销售业务发生时，根据有关销货发票，按扣除 2% 的现金折扣后的金额入账。

借：应收账款　　43 700

　　贷：主营业务收入　　37 240

　　　　应交税费——应交增值税（销项税额）　　6 460

若 F 公司于 10 天内付款，则 F 公司享受 2% 的现金折扣，甲公司收到货款 37 240 元和增值税 6 460 元存入银行。

借：银行存款　　43 700

　　贷：应收账款　　43 700

若 F 公司于 20 天内付款，则 F 公司享受 1% 的现金折扣，F 公司少享受了 1% 的现金折扣，甲公司收到货款 37 620 元和增值税 6 460 元存入银行。

借：银行存款　　44 080

贷：应收账款　　43 700

　　财务费用　　380

若F公司于30天内付款，则F公司没有任何现金折扣，实际收到货款38 000元和增值税6 460元存入银行。

借：银行存款　　44 460

　贷：应收账款　　43 700

　　　财务费用　　760

注意：现金折扣仅仅针对货款而言，而不包括增值税。

总价法可以较好地反映企业销售的总过程，但可能会因客户享受现金折扣而高估应收账款和销售收入。净价法可以避免总价法的不足，但在客户没有享受现金折扣而全额付款时，必须再查找原销售额，操作起来较为麻烦。

二、坏账

由于应收账款是以购买方的信用为保证产生的债权，因此销售方在增加销售收入的同时还承担了收不回款项的风险。企业无法收回或收回的可能性极小的应收款项称为坏账。由于发生坏账而产生的损失，称为坏账损失。

（一）坏账及其确认条件

一般符合下列条件之一即可认为发生了坏账：

（1）债务人被依法宣告破产、撤销，其破产财产确实不足以清偿的应收款项。

（2）债务人死亡或依法被宣告死亡、失踪，其财产或遗产确实不足以清偿的应收款项。

（3）债务人遭受重大自然灾害或意外事故，损失巨大，以其财产（包括保险赔偿）确实无法清偿的应收款项。

（4）债务人逾期未履行偿债义务，经法院裁决，确实无法清偿的应收款项。

（5）逾法定年限以上（一般为3年）仍未收回的应收款项。

（6）法定机构批准可核销的应收款项。

（二）应收账款减值的确认

根据《企业会计准则第22号——金融工具确认和计量》的规定，企业在资产负债表日应当对应收款项的账面价值进行检查，如果有客观证据表明应收账款已经发生减值的，应当计提减值准备。

判定应收账款的账面价值发生减值的迹象主要有：

（1）债务人发生严重的财务困难。

（2）债务人违反了合同条款，如偿付利息或本金发生违约或逾期的。

（3）债权人出于经济或法律等方面因素的考虑，对发生财务困难的债务人作出让步。

（4）债务人很可能倒闭或进行其他财务重组。

（5）无法辨认一组应收款项中的某项应收款项的现金流量是否已经减少，但根据公开的数据对其进行总体评价后发现，该组应收款项自初始计量以来的预计未来现金流量确已减少且可计量，如该组应收款项的债务人支付能力逐步恶化，或债务人所在国家或地区失业率提高、所处行业不景气等。

（6）其他表明应收款项发生减值的客观证据。

（三）坏账损失及应收账款减值损失的核算

企业的坏账损失及应收账款减值损失在会计上有两种核算方法：一是直接转销法；二是备抵法。

1. 直接转销法

直接转销法是日常核算中对应收账款可能发生的减值不予以考虑，当实际发生坏账时，直接冲销有关的应收款项，并确认坏账损失，借记“资产减值损失”科目，贷记“应收账款”科目。“资产减值损失”是用来核算企业资产减值部分的计提和转销的科目，借方登记经过估计的资产减值金额，贷方登记已确认减值的部分重新恢复予以转销的金额。

在直接转销法下，若已经确认的坏账因债务人经济状况好转或其他原因，又全部或部分收回时，为了通过“应收账款”等账簿记录反映债务人的偿债信誉，应首先按收回的金额冲销原确认坏账的会计分录，然后再反映应收款项的收回。即借记“应收账款”等科目，贷记“资产减值损失”科目；同时借记“银行存款”等科目，贷记“应收账款”等科目。

【例3-16】 甲公司2008年销售给N公司一批产品，形成应收账款10 000元，由于N公司财务状况不佳，该债权长期无法收回，甲公司于2011年3月10日将其确认为坏账。

借：资产减值损失　　10 000

　　贷：应收账款　　10 000

2011年5月21日，由于N公司财务状况好转，甲公司收回已经确认为坏账的应收账款6 000元。

借：应收账款　　6 000

　　贷：资产减值损失　　6 000

同时：

借：银行存款　　6 000

　　贷：应收账款　　6 000

2. 备抵法

备抵法是按期估计坏账损失，计提坏账准备，确认减值损失。当某一应收账款全部或部分被确认为坏账时，应根据其金额冲减坏账准备，同时结转相应的应收账款金额。

注意：我国会计准则规定应采用备抵法对坏账进行核算。

在备抵法下，应设置“坏账准备”科目，贷方登记每期估计的坏账准备金额，借方登记已经确认为坏账应予以转销的金额。余额一般在贷方，反映已计提但尚未转销的坏账准备的金额。

按期估计坏账损失时，借记“资产减值损失”科目，贷记“坏账准备”科目；实际发生坏账时，借记“坏账准备”科目，贷记“应收账款”等科目。在资产负债表上，各应收款项按该应收账款余额减去提取的坏账准备后的净额反映。

采用备抵法核算，应采用一定的方法合理估计各个会计期间的坏账准备。估计坏账准备的方法包括应收账款余额百分比法、账龄分析法和销货百分比法。

（1）应收账款余额百分比法。应收账款余额百分比法，是根据会计期末应收账款余额乘以一个估计的综合坏账比率来估计当期的坏账损失，据此提取坏账准备。企业可根据以往的经验、债务单位的实际财务状况和现金流量的情况以及其他相关信息进行合理估计。

【例3-17】 甲公司按应收账款余额的5‰计提坏账准备。甲公司2010年年末的应收账款余额为 200 000 元。2011 年实际发生坏账 4 000 元，应收账款年末余额为 600 000 元。2012 年又收回 2011 年已确认为坏账的 4 000 元，年末应收账款余额为 100 000 元。

2010 年年末：

应计提的坏账准备 $=200\ 000\times 5‰=1\ 000$（元）

借：资产减值损失　　1 000

　　贷：坏账准备　　1 000

2011 年：

实际发生坏账 4 000 元。

借：坏账准备　　4 000

　　贷：应收账款　　4 000

此时坏账准备的余额为借方 3 000 元。

年末应保留的坏账准备金额 $=600\ 000\times 5‰=3\ 000$（元）

“坏账准备”账户金额变化情况如图 3-1 所示。

坏账准备

借方	贷方	
	1 000	(2010)
4 000		
3 000	?	
	3 000	(2011)

? −3 000 =3 000

图 3-1　“坏账准备”账户金额变化情况

因此，2011 年年末应计提的坏账准备为：

$$3\ 000+3\ 000=6\ 000\text{（元）}$$

借：资产减值损失　　6 000

　　贷：坏账准备　　6 000

2012 年：

收回已确认为坏账的 4 000 元。

借：应收账款　　4 000

　　贷：坏账准备　　4 000

借：银行存款　　4 000

　　贷：应收账款　　4 000

此时坏账准备的余额 $=3\ 000+4\ 000=7\ 000$（元）

年末应保留的坏账准备的余额 $=100\ 000\times 5‰=500$（元）

“坏账准备”账户金额变化情况如图 3-2 所示。

坏账准备

借方	贷方	
	3 000	(2011)
	4 000	
?	7 000	
	5 00	(2012)

7 000 − ? =500

图 3-2　“坏账准备”账户余额变化情况

因此，2012 年应冲销的坏账准备为：

$$7\ 000 - 500 = 6\ 500（元）$$

借：坏账准备　　6 500

　　贷：资产减值损失　　6 500

2012 年年末坏账准备的余额为 500 元。

注意：使用应收账款余额百分比法时，要使每年年末坏账准备应保留的余额等于年末应收账款余额与估计的坏账准备率的乘积，并在此前提下计算本年年末应计提或冲销的坏账准备金额。

（2）账龄分析法。账龄分析法，是按各应收账款账龄的长短，根据以往经验分别确定坏账准备计提的百分比，并据以估计坏账准备的方法。账龄是指客户欠款的时间。一般来说，账龄越长，账款能收回的可能性就越小，企业估计的坏账准备计提比率就越高。

【例 3-18】 甲公司 2011 年 12 月 31 日应收账款账龄及估计的坏账损失率如表 3-1 所示。

表 3-1　甲公司账龄分析表　　单位：元

应收账款账龄	应收账款金额	估计的坏账损失率（%）	估计的损失金额
未过期	500 000	0.5	2 500
过期 3 个月以下	400 000	1	4 000
过期 3～6 个月	260 000	2	5 200
过期 6 个月～1 年	200 000	3	6 000
过期 1 年以上	100 000	6	6 000
合计	1 460 000		23 700

如表 3-1 所示，2011 年 12 月 31 日“坏账准备”科目的余额应为 23 700 元。若甲公司 2010 年 12 月 31 日坏账准备的余额为贷方 5 000 元，则本期只需补提 18 700 元（23 700 - 5 000）。

借：资产减值损失　　18 700

　　贷：坏账准备　　18 700

若甲公司 2010 年 12 月 31 日坏账准备的余额为借方 1 500 元，则本期需计提 25 200 元（23 700 + 1 500）。

借：资产减值损失　　25 200

　　贷：坏账准备　　25 200

（3）销货百分比法。销货百分比法，是以本期销货总额或赊销总额的一定百分比估计坏账损失的方法。

【例 3-19】 假定甲公司 2010 年全年赊销金额为 600 000 元，根据以往的资料和经验，估计的坏账损失率为 2‰。

$$2010\text{ 年应计提的坏账准备} = 600\ 000 \times 2‰ = 1\ 200（元）$$

借：资产减值损失　　1 200

　　贷：坏账准备　　1 200

注意：会计实务中，企业有可能对不同的应收款项采用不同的计提方法、使用不同的比率计提坏账准备。

企业应当定期或至少在每年年度终了，对应收款项进行全面检查，合理地计提坏账准备。

注意：坏账准备提取方法一经确定，不得随意变更。如需变更，需经批准后报送有关各方备案，并在财务报表附注中予以说明。

根据《企业会计准则》的有关规定，企业应对各项应收款项进行减值测试，一般企业应根据本单位的实际情况，对单项金额重大和单项金额非重大的应收款项分别采用不同的方式计提坏账准备。

对于单项金额重大的应收款项，应当单独进行减值测试，当有客观证据表明其发生了减值时，应当根据其未来现金流量现值低于其账面价值的差额，确认减值损失，计提坏账准备。对于单项金额非重大的应收款项以及单独测试后未发生减值的单项金额重大的应收款项，应当将其组合起来进行减值测试，以分析其是否发生减值。通常情况下，一般将这些应收款项按信用风险划分为若干组合，再按这些应收款项组合的一定比例，计算确定减值损失，计提坏账准备。

3. 各种核算方法的比较

各种核算方法的比较如表 3-2 所示。

表 3-2　各种核算方法的比较

项目	直接转销法	备抵法		
		应收账款余额百分比法	账龄分析法	销货百分比法
优点	核算手续比较简单，实际发生坏账时直接计入当期损益	①每期估计的坏账损失直接计入当期损益，体现了稳健原则的要求 ②可以了解应收账款的可变现金额	按不同账龄分别以不同的比率计提坏账准备	计算比较简单
缺点	①导致日常核算的应收账款价值虚增、损益虚列 ②不符合权责发生制、收入与费用的配比原则以及谨慎性原则	①不考虑账龄结构 ②对不同账龄的应收款项按一个综合比率计提坏账准备	没有考虑同一账龄的应收账款存在风险的差异	需要经常检查和调整估计的坏账百分比

三、应收账款在资产负债表中的列示

按照我国现行的会计准则，应收账款应按应收账款账面余额扣除计提的坏账准备后的净额（或账面价值）列示于资产负债表的“应收账款”项目。

第三节　其他应收款及预付账款

一、其他应收款

其他应收款是指企业除应收票据、应收账款、预付账款、应收股利、应收利息、长期应收款、存出保证金等以外的各种应收及暂付款项，包括各种应收赔款、备用金、应收包装物租金、应收的各种罚款、应向职工收取的各种垫付款项等。

企业应设置“其他应收款”科目对其他应收款的收付业务进行核算，并应按其他应收款的项目以及债务人进行明细核算。

注意：企业拨出用于投资的各种款项，在尚未进行投资之前，属于企业的其他货币资金，该类款项一般通过“其他货币资金”科目进行核算，不属于其他应收款的范围。

【例 3-20】 甲公司为职工王丽垫付应由其个人负担的住院医药费 4 000 元，转账支付。

借：其他应收款——王丽　　4 000

　　贷：银行存款　　4 000

后来从王丽工资中扣款。

借：应付职工薪酬　　4 000

　　贷：其他应收款——王丽　　4 000

【例 3-21】 甲公司借入外单位一批包装物，支付包装物押金 2 000 元。

借：其他应收款　　2 000

　　贷：银行存款　　2 000

归还包装物，收回押金。

借：银行存款　　2 000

　　贷：其他应收款　　2 000

二、预付账款

预付账款是指企业按照购货合同规定，预先以货币资金或以货币等价物支付供应单位的款项。

对于预付账款业务，企业一般设置“预付账款”科目进行核算，并按供应单位设置明细科目进行明细核算。企业因购货而预付款项时，借记“预付账款”科目，贷记“银行存款”科目；收到所购货物时，按应计入物资采购成本的金额，借记“材料采购”或“原材料”、“库存商品”等科目，按增值税专用发票注明的增值税，借记“应交税费”科目，按发票账单注明的应付金额，贷记“预付账款”科目；补付款项时，借记“预付账款”科目，贷记“银行存款”科目；收到退回的款项时，借记“银行存款”科目，贷记“预付账款”科目。

【例 3-22】 甲公司准备购买 N 公司产品一批，货款总额为 500 000 元。按合同规定，甲公司需向 N 公司预付 60% 的货款，验收货物后补付其余款项。

预付 60% 的货款 300 000 元。

借：预付账款　　300 000

　　贷：银行存款　　300 000

收到 N 公司发来的产品，经验收无误，发票记载的货款为 500 000 元，增值税为 85 000 元，共计 585 000 元。

借：原材料　　500 000

　　应交税费——应交增值税（进项税额）　　85 000

　　贷：预付账款　　300 000

　　　　银行存款　　285 000

注意：在会计实务中，预付账款业务不多时，可以通过“应付账款”科目核算预付账款业务；企业的应付账款业务不多时，也可以通过“预付账款”科目核算应付账款业务。

本章小结

应收及预付款项是指企业在日常生产经营过程中发生的各项债权，包括应收款项和预付款项。应收款项包括应收票据、应收账款、其他应收款和长期应收款等。

应收票据在我国是指商业汇票，是由出票人签发、委托付款人在指定日期无条件支付确定的金额给收款人或持票人的票据。应收票据一般以面值入账，若为带息票据，则应将利息冲减财务费用。应收票据可以贴现和转让，贴现净额与票据到期值之差计入财务费用。

应收账款是指企业销售产品或提供劳务应向客户收取的款项。应收账款的入账价值包括货款、增值税、代垫的运杂费等。应收账款的计价涉及商业折扣与现金折扣。企业按扣除商业折扣后的金额入账。现金折扣是企业为鼓励客户提前付款而给予的折扣，其核算方法有总价法和净价法，我国规定实务中应采用总价法。

练习题

一、单项选择题

1. 甲公司2010年6月30日向乙公司销售产品，含增值税的价款为23 400元（增值税税率为17%），同日收到乙公司开出并承兑的带息商业汇票，面值为23 400元，票面年利率为6%，60天到期。7月15日，甲公司因资金紧张，将该票据向银行贴现，年贴现率为8%，则甲公司的贴现所得为（　　）元。

A. 23 402. 34　　B. 23 636. 34　　C. 23 163. 66　　D. 23 397. 66

2. 甲公司于2010年4月3日向B公司销售产品，价款为20万元，增值税税率为17%，当日收到B公司带息商业承兑汇票一张，期限为180天，年利率为6%，2010年6月2日，甲公司因资金需要，将此票据向银行贴现，年贴现率为9%，贴现所得存入银行，2010年9月30日，该票据因B公司无款支付，贴现银行将此票据退还给甲公司，同时从甲公司的账户中将票据款划回（　　）元。

A. 233 789. 4　　B. 234 000　　C. 241 020　　D. 23 210. 6

3. 甲公司为增值税一般纳税人，适用的增值税税率为17%，2011年10月8日甲公司向乙公司销售一批产品，按价目表上标明的价格计算，不含增值税的售价总额为10 000元，同时，为鼓励乙公司及早付清货款，甲公司规定的现金折扣条件为2/10，1/20，*n*/30。假定甲公司10月14日收到该笔款项，则实际收到的价款为（　　）元。

A. 11 466　　B. 11 500　　C. 11 583　　D. 11 600

4. 某企业采用应收账款余额百分比法计提坏账准备，计提比例为5%。2010年12月1日，坏账准备的借方余额为3万元，2010年12月31日，应收账款的借方余额为70万元，其他应收款借方余额为10万元。该企业2010年12月31日应补提的坏账准备为（　　）万元。

A. 1　　B. 6. 5　　C. 7　　D. 8

5. 某企业销售商品一批，增值税专用发票上标明的价款为60万元，适用的增值税税率为17%，为购货方垫付运杂费2万元，款项尚未收到，该企业应确认的应收账款为（　　）

万元。

A. 60　　B. 62　　C. 70.2　　D. 72.2

6. 2010 年年末应收账款的账面余额为 1 000 万元，由于债务人发生严重财务困难，预计 3 年内只能收回部分货款，经过测算预计未来现金流量的现值为 800 万元，坏账准备期初贷方余额为 100 万元。2010 年年末应计提坏账准备（　　）万元。

A. 200　　B. 0　　C. 800　　D. 100

7. 预付账款业务不多的企业，可以不设置“预付账款”科目。当企业预付货款时，借记的会计科目是（　　）。

A. 应收账款　　B. 其他应付款　　C. 其他应收款　　D. 应付账款

8. 2010 年 12 月 31 日，甲公司对应收丙公司的账款进行减值测试。应收账款余额为 1 000 000 元，“坏账准备”账户期初贷方余额为 40 000 元，甲公司根据丙公司的资信情况确定按应收账款期末余额的 10% 提取坏账准备。则甲公司 2010 年年末提取坏账准备的会计分录为（　　）。

A. 借：资产减值损失　140 000
　　贷：坏账准备　140 000

B. 借：资产减值损失　100 000
　　贷：坏账准备　100 000

C. 借：资产减值损失　60 000
　　贷：坏账准备　60 000

D. 借：资产减值损失　40 000
　　贷：坏账准备　40 000

9. 2010 年年末甲企业应收 A 公司的账款余额为 600 万元，已提坏账准备 80 万元，经单独减值测试，确定该应收账款的未来现金流量现值为 550 万元，则年末企业应确认的资产减值损失为（　　）万元。

A. 50　　B. －50　　C. 30　　D. －30

二、多项选择题

1. 企业因销售商品发生的应收账款，其入账价值应当包括（　　）。

A. 销售商品的价款　　B. 增值税销项税额

C. 代购货方垫付的包装费　　D. 代购货方垫付的运杂费

2. 下列各项中，应通过“其他应收款”科目核算的有（　　）。

A. 代购货方垫付的运杂费　　B. 应收出租包装物的租金

C. 出租包装物收取的押金　　D. 应向职工收取的各种垫付款

3. 下列各项中，会引起应收账款账面价值发生变化的有（　　）。

A. 结转到期不能收回的应收票据

B. 计提应收账款坏账准备

C. 结转不能收回的应收账款

D. 收回已转销的坏账

4. 下列各项中，构成应收账款入账价值的有（　　）。

A. 赊销商品的价款　　B. 代购货方垫付的保险费

C. 代购货方垫付的运杂费　　　　D. 销售货物发生的商业折扣

5. 下列各项中，会引起应收账款账面价值发生变化的有（　　）。

A. 计提坏账准备　　　　B. 收回应收账款

C. 转销坏账准备　　　　D. 收回已转销的坏账

6. 根据承兑人的不同，商业汇票分为（　　）。

A. 商业承兑汇票　　　　B. 银行承兑汇票

C. 银行本票　　　　D. 银行汇票

7. 应收票据初始确认时，对应的会计科目可能有（　　）。

A. "资本公积"　　　　B. "原材料"

C. "应交税费"　　　　D. "材料采购"

8. 下列各项中，应计提坏账准备的有（　　）科目。

A. "应收账款"　　　　B. "应收票据"

C. "预付账款"　　　　D. "其他应收款"

9. 下列各项中，能够增加"坏账准备"贷方发生额的有（　　）。

A. 当期实际发生的坏账损失　　　　B. 冲回多提的坏账准备

C. 当期补提的坏账准备　　　　D. 已转销的坏账当期又收回

10. 下列各种情况，进行会计处理时，应记入"坏账准备"科目贷方的有（　　）。

A. 企业对当期增加的某项应收账款计提坏账准备

B. 收回过去已确认并转销的坏账

C. "坏账准备"账户期末贷方余额大于计提前坏账准备余额

D. 当期实际发生坏账

11. 下列各项中，应包括在资产负债表"应收账款"项目的有（　　）。

A. 应收账款借方明细账余额　　　　B. 坏账准备

C. 预收账款借方明细账余额　　　　D. 其他应收款

三、业务题

1. 甲公司2009年1月份销售A商品给乙企业，货已发出，甲公司开具的增值税专用发票上注明的商品价款为100 000元，增值税销项税额为17 000元。当日收到乙企业签发的不带息商业承兑汇票一张，该票据的期限为3个月。A商品销售符合会计准则规定的收入确认条件。

要求：根据资料作出相应的会计处理。

2. 甲公司向乙公司采购原材料500万kg，单价为10元，价款为5 000万元，按照合同规定于2010年7月10日预付货款的50%。7月25日收到乙公司发来的原材料，增值税专用发票上注明价款为5 000万元，增值税为850万元。同时以银行存款支付差额。

要求：

（1）根据上述资料，逐笔编制甲公司的会计分录。

（2）如果未支付货款，判断下述处理方法是否正确：

	借	贷
借：原材料	50 000 000	
应交税费——应交增值税（进项税额）	8 500 000	
贷：预付账款		25 000 000

　　　应付账款　　　33 500 000

或

借：原材料　　　50 000 000

　　应交税费——应交增值税（进项税额）　　　8 500 000

　　贷：预付账款　　　58 500 000

3. 某企业为一般纳税人，增值税税率为17%，对于单项金额非重大的应收款项以及经单独测试后未减值的单项金额重大的应收账款，可以按类似信用风险特征划分为若干组合，再按这些应收款项组合在资产负债表日余额的一定比例计算确定减值损失，该公司历年采用余额的0.5%计提坏账准备。有关资料如下：

（1）2009年期初应收账款余额为4 000万元，坏账准备贷方余额为20万元，2009年9月销售商品一批，含税价款为4 030万元，尚未收到货款，2009年12月实际发生坏账损失30万元。

（2）2010年4月收回以前年度的应收账款2 000万元存入银行，2010年6月销售商品一批，含税价款为4 010万元，2010年12月实际发生坏账损失30万元。

（3）2011年3月收回以前年度的应收账款5 000万元存入银行，2011年7月销售商品一批，含税价款为8 000万元，2011年9月收回已确认的坏账损失25万元。

要求（答案中的金额单位为万元）：

（1）根据资料（1）编制相关会计分录。

（2）根据资料（2）编制相关会计分录。

（3）根据资料（3）编制相关会计分录。

第四章　存　　货

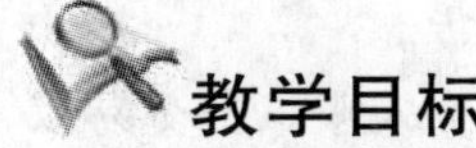

教学目标

- 了解存货的概念与分类。
- 掌握存货的初始计量。
- 掌握存货发出的核算方法。
- 掌握计划成本法的核算。
- 掌握存货的期末计价。

第一节　存货概述

一、存货的概念

《企业会计准则第1号——存货》规定，存货是指企业在日常活动中持有以备出售的产成品或商品、处在生产过程中的在产品、在生产过程或提供劳务过程中耗用的材料、物料等。

对工业企业来说，存货指的是生产前的材料物料、生产过程中的在产品、生产后的产成品等。对商业企业来说，存货指的是待售的商品。企业持有存货的最终目的是出售，包括可供直接销售的产成品、商品以及需经过进一步加工后出售的原材料和在产品等。

注意：一项实物资产项目是否属于存货，主要取决于其在生产经营中的用途或作用，而不是取决于物质实体。比如，同样一辆汽车，对汽车制造厂来说属于存货，而如果一般企业购买汽车作为交通工具来用，这辆汽车就属于固定资产。

二、存货的确认

企业要把一项资产确认为存货，在符合存货定义的前提下，同时满足以下两个条件时，才能加以确认：

（一）与该存货有关的经济利益很可能流入企业

企业在确认存货时，需要判断与该项存货相关的经济利益是否很可能流入企业。在实务中，主要通过判断与该项存货所有权相关的风险和报酬是否转移到了企业来确定。其中，与存货所有权相关的风险，是指由于经营情况发生变化造成相关收益的变动，以及由于存货滞销、毁损等原因造成的损失；与存货所有权相关的报酬，是指在出售该项存货或其经过进一步加工取得其他存货时获得的收入，以及处置该项存货实现的利得等。

一般情况下，随着货物的交付，购货方取得货物的所有权，与所有权相关的风险和报酬转移到购货方，表明其所包含的经济利益很可能流入企业。

注意：凡企业拥有所有权的货物，无论存放何处，都应包括在企业的存货中，而尚未取得所有权或者已将法定所有权转移给其他企业的货物，即使存放在本企业，也不应包括在本企业的存货中。

某些情况下，实物的交付及所有权的转移与所有权上风险和报酬的转移可能并不同步。此时，存货的确认应当注重交易的经济实质。实务中应当注意以下几种情形下存货的确认：

1. 在途存货

在途存货是指销货方已将货物发给购货方但购货方尚未验收入库的存货。

对于在途存货，购货方通常应根据所有权是否转移来判定是否作为存货入账。当交易双方约定目的地交货时，货物应运至购货方指定地点并交货后，所有权才转移给购货方，交货后购货方才将货物确认为本企业的存货；当交易双方约定起运地交货时，在起运地办理完货物发运手续后，货物的所有权即转移给购货方，发货后购货方应将该存货确认为本企业的存货。

2. 代销商品

代销商品是指委托代销方式下，由委托方交付受托方、受托方作为代理人代委托方销售的商品。

代销商品出售之前，商品的所有权属于委托方。对于受托方来说，尽管商品由其保管，但除了要尽保管义务，并不承担其他与商品有关的风险，因此不属于受托方的存货。

注意：为了促使受托方加强对代销商品的管理，《企业会计准则》要求受托方也核算受托代销的商品。

3. 分期收款销售商品

分期收款销售是指商品已经交付购货方，但款项分期收回的一种销售方式。

分期收款销售方式下，有时销售方为了保证账款如期收回，通常要在分期付款期内保留商品的法定所有权，但从该项交易的经济实质来看，当销货方将商品交付购货方时，商品所有权上的风险和报酬实质上已经转移给了购货方，销售已经成立。因此，该商品应包括在购货方的存货中。

4. 附有销售退回条件的销售商品

附有销售退回条件的销售商品是指购货方依照有关协议有权退货的销售方式。如果销售方能够按照以往的经验对退货的可能性作出合理估计，则应在发出商品时按规定确认销售，存货不再包括在销售方的存货中；如果不能合理确定退货的可能性，也就不能确定存货的风险和报酬是否转移，因此不能确认销售，已发出的商品仍应包括在销售方的存货之中。

除此之外，还有售后回购等其他交易方式。在其他交易方式下，交易双方也应以与存货所有权相关的风险和报酬是否转移来确定存货的归属。

（二）该存货的成本能够可靠地计量

存货的成本是否能够可靠计量必须有确凿、可靠的依据，并且具有可验证性。

三、存货的内容

企业在生产经营过程中为销售或耗用而储备的存货品种繁多，企业的存货通常包括以下内容：

1. 原材料

原材料是指企业在生产过程中经加工改变其形态或性质并构成产品主要实体的各种原料

及主要材料、辅助材料、外购半成品（外购件）、修理用备件（备品备件）、包装材料、燃料等。

注意：为建造固定资产等各项工程而储备的各种材料，应作为工程物资处理，不能作为存货。

2. 在产品

在产品是指企业正在制造、尚未完工的产品，包括正在各个生产工序上加工的产品，以及已加工完毕但尚未检验或已检验但尚未办理入库手续的产品。

3. 半成品

半成品是指经过一定生产过程并已检验合格交付半成品仓库保管，但尚未制造完工成为产成品，仍需进一步加工的中间产品。

4. 产成品

产成品是指工业企业已经完成全部生产过程并验收入库，可以按照合同规定的条件送交订货单位，或者可以作为商品对外销售的产品。

注意：企业接受外来原材料加工制造的代制品和为外单位加工修理的代修品，制造和修理完成验收入库后应视同本企业的产成品。

5. 商品

商品是指商品流通企业外购或委托加工完成验收入库用于销售的各种商品。

6. 周转材料

周转材料是指企业能够多次使用、逐渐转移其价值、仍保持原有形态但不符合固定资产定义的材料，包括为了包装本企业商品而储备的各种包装物、工具、管理用具、玻璃器皿、劳动保护用品以及在经营过程中周转使用的容器等低值易耗品和建造承包商的钢模板、木模板、脚手架等其他周转材料。

其中，包装物是指为了包装本企业商品而储备的各种包装容器，如桶、箱、瓶、坛、袋等，其主要作用是盛装、装潢产品或商品。低值易耗品是指不符合固定资产确认条件的各种用具物品，如工具、管理用具、玻璃器皿、劳动保护用品，以及在经营过程中周转使用的容器等。

第二节　存货的初始计量

存货的计量是对存货的入账价格、发出价格以及期末结存价格的确定。本节主要阐述存货取得的计量，发出存货和期末存货的计量将作为单独章节进行讲述。

《企业会计准则第 1 号——存货》规定，存货应按照成本进行初始计量。存货的成本，包括采购成本、加工成本和其他成本。由于存货的取得方式多种多样，因此，存货的实际成本应结合具体的取得方式确定。

一、外购存货

（一）入账价值

原材料、商品、低值易耗品等通过购买而取得的存货的初始成本是指采购成本。存货的采购成本，包括购买价款、相关税费、运输费、装卸费、保险费以及其他可归属于存货采购成本的费用。

(1) 购买价款是指企业购入的材料或商品的发票账单上列明的价款，但不包括按规定可以抵扣的增值税税额。

(2) 相关税费是指企业购买、自制或委托加工存货发生的进口关税、消费税、资源税和不能抵扣的增值税进项税额等应计入存货采购成本的税费。

注意：

① 购入材料用于非增值税应税项目或免征增值税项目的，以及未能取得增值税专用发票、完税证明等有关凭证的，支付的增值税不得抵扣，应计入购入材料的成本。

② 按照有关规定，一般纳税人采购的农产品，可按其买价的13%作为增值税进项税额予以抵扣，按扣除这部分进项税额后的价款作为购入材料的成本。

③ 一般纳税人外购货物所支付的运输费用，可根据运费结算单据（普通发票）所列运费金额的7%计算增值税进项税额准予扣除，扣除后的运费金额才作为运杂费计入成本，但随同运输费用支付的装卸费、保险费等其他杂项不得计算扣除进项税额。

④ 小规模纳税人购入材料所支付的增值税进项税额，无论是否取得增值税专用发票等凭证，其支付的增值税税额均计入所购材料成本。

(3) 其他可直接归属于存货采购成本的费用，如在存货采购过程中发生的仓储费、包装费、运输途中的合理损耗、入库前的挑选整理费用等。

(二) 会计处理

对于发票账单与材料同时到达的采购业务，企业在支付货款或开出商业承兑汇票，材料验收入库后，应根据发票账单等结算凭证确定的材料成本，借记“原材料”科目，根据取得的增值税专用发票上注明的税额，借记“应交税金——应交增值税（进项税额）”科目（适用于一般纳税人），按照实际支付的款项或应付票据面值，贷记“银行存款”或“应付票据”等科目。

【例4-1】 甲工业企业为增值税一般纳税人（以下相关例题均同），2011年4月25日购入A材料2 000t，增值税专用发票上注明的买价为600万元，增值税税额为102万元，该批材料运输途中发生2%的合理损耗，实际验收入库1 980t，货款已经支付。

借：原材料——A材料　　6 000 000
　　应交税费——应交增值税（进项税额）　　1 020 000
　　贷：银行存款　　7 020 000

在实务中，企业外购的存货，由于距离采购地点远近不同、货款结算方式不同等原因，可能造成存货验收入库和货款结算并不总是同步完成，同时，外购存货还可能采用预付方式、赊销方式等，因此，除了上述货物验收入库、款项结算同步完成之外，还有以下几种情况（结合例4-1来说明）：

1. 货款已经结算但存货尚在运输途中

对于已经付款或已开出商业承兑汇票，但材料尚未到达或尚未验收入库的采购业务，应根据发票账单等结算凭证，借记“在途物资”、“应交税金——应交增值税（进项税额）”科目，贷记“银行存款”或“应付票据”科目，待材料到达、验收入库后，再根据收料单，借记“原材料”科目，贷记“在途物资”科目。

【例4-2】 沿用例4-1的资料，假定4月30日所购材料尚在运输途中，5月10日材料到达企业并入库。

(1) 4 月 30 日:

借: 在途物资——A 材料 6 000 000

应交税费——应交增值税(进项税额) 1 020 000

贷: 银行存款 7 020 000

(2) 5 月 10 日:

借: 原材料——A 材料 6 000 000

贷: 在途物资——A 材料 6 000 000

2. 存货已验收入库但货款尚未结算

对于材料已到达并已验收入库,但发票账单等结算凭证未收到的采购业务,可等到发票账单到达时作账务处理。

若月末材料仍未到达,应于月末按材料的暂估价值,借记"原材料"科目,贷记"应付账款——暂估应付账款"科目。下月初用红字作同样的记账凭证予以冲回,下月付款或开出商业承兑汇票后再按正常程序,借记"原材料"、"应交税费——应交增值税(进项税额)"科目,贷记"银行存款"或"应付票据"科目。

【例 4-3】 沿用例 4-1 的资料,假定 4 月 30 日购买材料的结算凭据仍未到达企业。

(1) 4 月 30 日,企业对 A 材料按暂估价值入账。

借: 原材料——A 材料 6 000 000

贷: 应付账款——暂估应付账款 6 000 000

注意: 该笔分录的作用是月末存货盘点时保证账实一致,否则将会导致账少而实物多。

(2) 5 月初用红字将上述分录原账冲回。

借: 原材料——A 材料 [6 000 000] ㊀

贷: 应付账款——暂估应付账款 [6 000 000]

(3) 收到有关结算凭证并支付货款时,编制会计分录如下:

借: 原材料——A 材料 6 000 000

应交税费——应交增值税(进项税额) 1 020 000

贷: 银行存款 7 020 000

3. 采用预付货款方式购入存货

采用预付货款的方式采购材料,应在预付材料款时,按照实际预付金额,借记"预付账款"科目,贷记"银行存款"科目;等到材料验收入库时,根据发票账单等所列的价款、税额等,借记"原材料"科目和"应交税费——应交增值税(进项税额)"科目,贷记"预付账款"科目;预付账款不足补付货款的,按补付金额,借记"预付账款"科目,贷记"银行存款"科目;退回多付款项,借记"银行存款"科目,贷记"预付账款"科目。

【例 4-4】 沿用例 4-1 的资料,假定 4 月 20 日甲企业已预付货款 7 000 000 元。

(1) 4 月 20 日预付款项。

借: 预付账款 7 000 000

㊀ 这里的数字加框表示红字冲销。

贷：银行存款　　7 000 000

（2）材料验收入库

借：原材料——A 材料　　6 000 000

应交税费——应交增值税（进项税额）　　1 020 000

贷：预付账款　　7 020 000

（3）支付余款。

借：预付账款　　20 000

贷：银行存款　　20 000

4. 采用赊购方式购入存货

在采用赊购方式购入存货的情况下，企业应于存货验收入库后，按发票账单等凭证确定的存货成本，借记"原材料"、"库存商品"等存货科目，按增值税专用发票上注明的增值税进项税额，借记"应交税费——应交增值税（进项税额）"科目，按应付未付的款项，贷记"应付账款"科目；待支付款项或开出商业承兑汇票时，再按实际支付的货款金额或应付票据面值，借记"应付账款"科目，贷记"银行存款"、"应付票据"等科目。

【例 4-5】 沿用例 4-1 的资料，假定甲企业没有支付款项。

（1）验收入库时：

借：原材料——A 材料　　6 000 000

应交税费——应交增值税（进项税额）　　1 020 000

贷：应付账款　　7 020 000

（2）支付货款时：

借：应付账款　　7 020 000

贷：银行存款　　7 020 000

5. 附有现金折扣条件的赊购存货

折扣是供货方按规定给予购货方的一种优惠，包括商业折扣与现金折扣两种。

商业折扣是指企业为促进销售而在商品标价上给予的扣除，在销售时即已发生，企业销售实现时，按扣除商业折扣后的净额确认销售收入，不需对其作单独的账务处理；现金折扣又称销售折扣（sale discount），是为促使顾客尽早付清货款而提供的一种价格优惠。现金折扣的表示方式为：折扣/日期。如 2/10，1/20，*n*/30，指的是 10 天内付款，给予 2% 的折扣，10～20 天内付款给予 1% 的折扣，20～30 天内付款没有折扣，信用期为 30 天。

【例 4-6】 甲公司向乙公司出售商品 30 000 元，付款条件为 2/10，*n*/60，如果乙公司在 10 日内付款，可以享受 2% 的折扣，只需付 29 400 元，如果在 60 天内付款，则需付全额 30 000 元。

注意：与此容易混淆的另外一个专业名词是销售折让，销售折让是因为企业已销产品存在质量问题，而给购买方价款上的优惠，应该冲减销售收入，但是不能冲减销售成本。

附现金折扣条件的赊购业务，其入账金额的确定有总价法、净价法两种方法。

总价法下，所购货物和应支付的款项直接按发票上的应付金额总额记账，如果在折扣期内付款，则说明企业合理调度资金，所取得的现金折扣收入作为理财收益，冲减当期财务费用。

净价法下，现金折扣被视为购货企业在正常经营情况下均能获得的一种收益，因此，所购货物和应付的款项按发票金额扣除最优惠现金折扣后的净额记账，如果企业未能在规定的折扣期内付款，则丧失的现金折扣作为企业的理财费用处理。

《企业会计准则》要求采用总价法进行会计核算。

【例 4-7】 沿用例 4-1 的资料，假定双方协定付款条件为 2/10，1/30，*n*/60。

(1) 4 月 25 日，购入原材料。

借：原材料——A 材料　　6 000 000

　　应交税费——应交增值税（进项税额）　　1 020 000

　　贷：应付账款　　7 020 000

(2) 若企业在 4 月 25 日 ~ 5 月 5 日之间付款，则

$$理财收益 = 6\,000\,000 \times 2\% = 120\,000（元）$$

借：应付账款　　7 020 000

　　贷：银行存款　　6 900 000

　　　　财务费用　　120 000

(3) 若企业在 5 月 6 日 ~5 月 25 日之间付款，则

$$理财收益 = 6\,000\,000 \times 1\% = 60\,000（元）$$

借：应付账款　　7 020 000

　　贷：银行存款　　6 960 000

　　　　财务费用　　60 000

(4) 若企业在 5 月 26 日以后付款，则需按发票金额全额支付。

借：应付账款　　7 020 000

　　贷：银行存款　　7 020 000

注意：一般情况下，销售方以不含税的价款为基数给予现金折扣。

6. 外购存货发生短缺的会计处理

对于存货采购过程中发生的物资毁损、短缺等，除合理的损耗可作为其他可直接归属于存货采购的费用计入采购成本外，应区别以下不同情况进行会计处理：

(1) 从供货单位、外部运输单位等收回的短缺物资或其他赔款，应冲减物资的采购成本。

(2) 因遭受意外灾害发生的损失和尚待查明原因的途中损耗，要从物资的采购成本中扣除，暂作为待处理财产损溢进行核算，查明原因后，按照管理权限报经批准并计入管理费用或营业外支出。

【例 4-8】 甲公司购入材料 1 000kg，单位价格为 30 元，收到的增值税专用发票上注明价款为 30 000 元，增值税税额为 5 100 元，款项已转账支付，材料还未收到，待材料运达企业后，验收时发现短缺 100kg，经查明，属于意外事故导致短缺。

(1) 支付货款，材料尚在途中。

借：在途物资　　30 000

　　应交税费——应交增值税（进项税额）　　5 100

　　贷：银行存款　　35 100

(2) 材料运到发现短缺，原因待查，其余材料入库。

借：原材料　　27 000

　　待处理财产损溢——待处理流动资产损溢　　3 000

贷：在途物资　30 000

（3）查明原因，进行会计处理。

借：营业外支出　3 510

贷：待处理财产损溢——待处理流动资产损溢　3 000

应交税费——应交增值税（进项税额转出）　510

注意：

（1）《中华人民共和国增值税暂行条例》规定，非正常损失的购进货物，其对应的应交增值税进项税额不得抵扣，已经入账的，需从进项税额转出。

（2）商业企业购进货物时，存货用"库存商品"科目。

二、加工取得存货

企业通过进一步加工取得的存货主要包括产成品、在产品、半成品、委托加工物资等。

1. 自制存货

自制的存货，按制造过程中发生的各项实际支出进行初始计量，其成本由采购成本、加工成本和其他成本构成。

自制存货的采购成本是由所使用或消耗的原材料采购成本直接转移而来的，因此，我们的重点是确定存货的加工成本。其他成本指的是使存货达到预定状态所发生的其他支出。

存货加工成本，由直接人工和制造费用构成，其实质是企业在进一步加工存货的过程中追加发生的生产成本。其中，直接人工是指企业在生产产品过程中直接从事产品生产的工人的职工薪酬。制造费用是指企业为生产产品和提供劳务而发生的各项间接费用。制造费用是一种间接生产成本，包括企业生产部门（如生产车间）管理人员的职工薪酬、折旧费、办公费、水电费、机物料消耗、劳动保护费、季节性和修理期间的停工损失等。

企业在加工存货过程中发生的直接人工和制造费用，如果能够直接计入有关的成本核算对象，则应直接计入该成本核算对象。

如果企业生产车间同时生产几种产品，所发生的费用无法分清受益对象的，则其发生的直接人工应按计时工资或者按计件工资进行分配，并计入各产品的成本中。制造费用的分配一般应按生产车间或部门先进行归集，然后根据制造费用的性质，合理选择分配方法。分配标准通常有生产工人工资、生产工人工时、机器工时、耗用原材料的数量或成本等。分配方法一经确定，不得随意变更。

自制存货完工入库，应按生产过程中所归集的料、工、费从"生产成本"科目转入"库存商品"等科目。

【例 4-9】 甲企业自行加工一批 B 材料，现已加工完毕验收入库，加工过程中耗用 A 材料 2 000 元，工资费用 800 元，车间用水电费 200 元。

（1）归集成本时：

借：生产成本——B 材料　3 000

贷：原材料——A 材料　2 000

应付职工薪酬　800

制造费用　200

（2）入库时：

借：原材料——B 材料 3 000

贷：生产成本——B 材料 3 000

2. 委托外单位加工存货成本的确定

对于一般企业而言，由于本身工艺或设备等条件的限制，难以完成对购入材料的加工改制任务，只能委托外单位完成。

企业委托其他单位加工的物资，其实际成本应包括以下几项：

（1）加工中实际耗用物资的实际成本。

（2）支付的加工费用。

（3）按规定应计入加工成本的税金，如委托加工物资负担的消费税。

（4）支付的往返运杂费。

委托加工业务应设置“委托加工物资”账户来进行核算，借方登记发给外单位加工的物资的实际成本、加工费用和往返的运杂费等，贷方登记已加工完成的材料的实际成本及剩余物资的实际成本。余额一般在借方，反映委托外单位加工尚未完工的物资的实际成本。

（1）发给外单位加工的物资。

借：委托加工物资（实际成本）

贷：原材料/库存商品

（2）支付加工费用、应负担的运杂费等。

借：委托加工物资

应交税费——应交增值税（进项税额）

贷：银行存款（或相关科目）

（3）需要交纳消费税的委托加工物资，收回后直接用于销售。

借：委托加工物资（受托方代收代缴的消费税）

贷：应付账款/银行存款

收回后用于连续生产应税消费品[㊀]。

借：应交税费——应交消费税

贷：应付账款/银行存款

（4）加工完成验收入库的物资和剩余的物资。

借：原材料/库存商品

贷：委托加工物资

【例 4-10】 甲企业委托 B 企业加工材料一批（属于应税消费品）。原材料成本为 20 万元，支付的加工费为 7 万元（不含增值税），消费税税率为 10%，材料加工完毕验收入库，加工费用等尚未支付。双方适用的增值税税率均为 17%。假定受托单位没有类似货物价格。甲企业的有关会计处理如下：

（1）发出委托加工材料。

借：委托加工物资 200 000

贷：原材料 200 000

㊀ 第一种情况下受托方代收代缴的消费税计入委托加工物资的成本，第二种情况下可以抵扣企业将来应交的消费税。

（2）支付加工费用。

消费税的组成计税价格 =（200 000 + 70 000）÷（1 - 10%）= 300 000（元）

（受托方）代扣应缴的消费税 = 300 000 × 10% = 30 000（元）

应纳增值税 = 70 000 × 17% = 11 900（元）

1）若甲企业收回加工后的材料用于继续生产应税消费品，则

借：委托加工物资　70 000
　　应交税费——应交增值税（进项税额）　11 900
　　　　　　——应交消费税　30 000
　　贷：应付账款　111 900

2）若甲企业收回加工后的材料直接用于销售，则

借：委托加工物资　100 000
　　应交税费——应交增值税（进项税额）　11 900
　　贷：应付账款　111 900

（3）加工完成收回委托加工原材料。

1）若甲企业收回加工后的材料用于继续生产应税消费品，则会计处理为：

借：原材料　270 000
　　贷：委托加工物资　270 000

2）若甲企业收回加工后的材料直接用于销售，则会计处理为：

借：原材料　300 000
　　贷：委托加工物资　300 000

注意：

（1）消费税属于单环节征税。委托加工物资收回后直接销售的，在委托加工环节征税后，出厂销售环节不再征税。由于受托方代缴的消费税由委托方承担，属于达到可销售状态之前的合理支出，应计入存货成本即“委托加工物资”科目；收回后继续加工的，加工完成出厂销售时根据规定需要按出厂价征收消费税。由于该消费品委托加工时已经交过一道税，这样就造成了重复征税，因此，税法规定委托加工环节征收的消费税可在收回加工完成出厂销售交税时抵扣，避免了重复征税。在会计处理上，将委托加工时交的税记入“应交税费——应交消费税”科目的借方，以便将来抵扣贷方出现的“应交税费——应交消费税”。

（2）生产完工出厂销售的消费品计税依据为销售额，委托加工物资没有销售额时需计算确定计税依据即组成计税价格。消费税属于价内税，确定消费税组成计税价格时包括消费税，所以需要除以（1 - 消费税税率）。

三、其他方式取得存货

1. 投资者投入的存货

投资者投入的存货，应当按照投资合同或协议约定的价值确定，但是如果合同或协议约定的价值不公允，则应以该项存货的公允价值作为其入账价值。

企业接受其他单位以存货作为投资时，按照合同或协议约定的价值，借记“原材料”、“库存商品”等科目，按照投资方所提供的增值税专用发票上注明的增值税税额，借记“应

交税费——应交增值税（进项税额）”科目，按照认缴的注册资本贷记“实收资本”或“股本”科目，差额记入“资本公积”科目。

【例4-11】 2011年6月20日，甲、乙、丙共同投资设立了A公司（A公司为股份有限公司）。甲以其生产的产品作为投资（A公司作为原材料管理和核算），三方共同确认该批原材料的价值为500万元，该价格为公允价值。A公司取得的增值税专用发票上注明的不含税价款为500万元，增值税税额为85万元。同时，假定A公司的股本总额为3 000万元，甲在A公司享有的份额为10%。A公司为一般纳税人，采用实际成本法核算存货。

借：原材料	5 000 000	
应交税费——应交增值税（进项税额）	850 000	
贷：股本——甲		3 000 000
资本公积——股本溢价		2 850 000

2. 接受捐赠的存货

接受捐赠的存货，按以下规定确定其入账成本：

（1）捐赠方提供了有关凭据（如发票、报关单、有关协议）的，按凭据上标明的金额，加上应支付的相关税费，作为入账成本。

（2）捐赠方没有提供有关凭据的，按如下顺序确定其入账成本：

1）同类或类似存货存在活跃市场的，以同类或类似存货的市场价格估计的金额加上应支付的相关税费，作为入账成本。

2）同类或类似存货不存在活跃市场的，以接受捐赠存货的预计未来现金流量现值作为入账成本。

企业收到捐赠的存货时，按照上述规定确定的存货入账成本，借记“原材料”、“库存商品”等科目，如果取得捐赠方开具的增值税专用发票，则借记“应交税费——应交增值税（进项税额）”科目，按支付的费用贷记“银行存款”科目，按其差额，贷记“营业外收入——捐赠利得”科目。

【例4-12】 甲公司接受捐赠一批商品，捐赠方提供的增值税专用发票上标明的价款为300 000元，增值税为51 000元，甲公司支付运杂费2 000元。

借：库存商品	302 000	
应交税费——应交增值税（进项税额）	51 000	
贷：银行存款		2 000
营业外收入——捐赠利得		351 000

3. 盘盈的存货

盘盈存货应以其重置成本作为其入账价值，并通过“待处理财产损溢”科目进行会计处理，按管理权限报经批准后冲减当期管理费用。

注意：

（1）非正常消耗的直接材料、直接人工及制造费用应计入当期损益，不得计入存货成本。原因是这些费用的发生无助于使该存货达到预定状态，不是必需的合理的支出。

（2）企业在采购入库后发生的储存费用，应计入当期损益。但是，在生产过程中为达到下一个生产阶段所必需的仓储费用则应计入存货成本。

第三节 发出存货的计量

一、存货成本流转程序假设

存货的不断流动形成了生产经营过程中的存货流转。存货流转包括实物流转和成本流转两个方面，从理论上讲，二者应该一致，但由于企业存货收发的流动量大，品种繁多，实务中很难分清楚本批发出的存货是哪一批购进的，成本是多少，这就难以保证各种存货的成本流转与实物流转保持一致。为了获得发出存货成本和期末存货成本等会计信息，就需要人为假定存货成本的流转方式，这样就出现了存货成本的流转假设。

不同的成本流转假设产生不同的存货发出计价方法。根据《企业会计准则》，我国企业可采用的存货发出计价方法有：个别计价法、先进先出法、加权平均法、移动加权平均法。

依据计价方法可以得出本期发出存货的成本，根据“期初存货成本 + 本期购入存货成本 = 本期发出存货成本 + 期末存货成本”，即可得出本期期末的存货成本。本期期末的存货成本转入下一期，即为下期期初的存货成本。

二、发出存货的计价方法

1. 个别计价法

个别计价法又叫具体辨认法，是指能够具体辨认本期发出存货和期末结存存货所对应的入账成本，并完全按照取得时入账的实际成本进行确定存货发出成本的一种方法。

这种方法要求在收到存货时分别存放并将存货的品种规格、入账时间、单位成本标明在存货上，这样不论在材料发出时或期末盘点时，都很容易查明材料的实际单位成本。

【例 4-13】 甲公司 A 存货 6 月初有 200 件，单价为 40 元，6 月 5 日购进 400 件，单价为 50 元，6 月 10 日发出 300 件，6 月 17 日购进 500 件，单价为 60 元，6 月 25 日发出 600 件。经具体辨认，6 月 10 日发出的是 6 月 5 日所购货物，6 月 25 日发出的是 6 月期初的 200 件和 6 月 17 日购进的 400 件。

甲公司采用个别计价法计算 A 存货的发出和期末结存成本如下：

6 月 10 日发出 A 存货成本 = 300 × 50 = 15 000（元）

6 月 25 日发出 A 存货成本 = 200 × 40 + 400 × 60 = 32 000（元）

期末结存 A 存货成本 = 100 × 50 + 100 × 60 = 11 000（元）

根据上述计算，本月 A 存货的收入、发出和结存情况如表 4-1 所示。

2. 先进先出法

先进先出法是以先入库的存货先发出去这一存货实物流转假设为前提，对先发出的存货按先入库的存货单位成本计价，后发出的存货按后入库的存货单位成本计价，据以确定本期发出存货成本和期末结存存货成本的一种方法。

【例 4-14】 沿用例 4-13 的资料，采用先进先出法进行计价。

6 月 10 日发出 A 存货成本 = 200 × 40 + 100 × 50 = 13 000（元）

6 月 25 日发出 A 存货成本 = 300 × 50 + 300 × 60 = 33 000（元）

期末结存 A 存货成本 = 200 × 60 = 12 000（元）

表 4-1　存货明细账

存货名称：A 存货

××年		凭证号	摘要	收入			发出			结存		
月	日			数量/件	单价/元	金额/元	数量/件	单价/元	金额/元	数量/件	单价/元	金额/元
6	1		期初结存							200	40	8 000
6	5		购入	400	50	20 000				200 400	40 50	8 000 20 000
6	10		发出				300	50	15 000	200 100	40 50	8 000 5 000
6	17		购入	500	60	30 000				200 100 500	40 50 60	8 000 5 000 30 000
6	25		发出				200 400	40 60	8 000 24 000	100 100	50 60	5 000 6 000
6	30		合计	900		50 000	900		47 000	100 100	50 60	5 000 6 000

根据上述计算，本月 A 存货的收入、发出和结存情况如表 4-2 所示。

表 4-2　存货明细账

存货名称：A 存货

××年		凭证号	摘要	收入			发出			结存		
月	日			数量/件	单价/元	金额/元	数量/件	单价/元	金额/元	数量/件	单价/元	金额/元
6	1		期初结存							200	40	8 000
6	5		购入	400	50	20 000				200 400	40 50	8 000 20 000
6	10		发出				200 100	40 50	8 000 5 000	300	50	15 000
6	17		购入	500	60	30 000				300 500	50 60	15 000 30 000
6	25		发出				300 300	50 60	15 000 18 000	200	60	12 000
6	30		合计	900		50 000	900		46 000	200	60	12 000

3. 加权平均法

加权平均法也叫月末一次加权平均法，是指以期初存货数量和本期各批购入存货数量为权数计算本月存货的加权平均单位成本，据以确定本期发出存货成本和期末结存存货成本的一种方法。

$$单位平均成本=\frac{月初库存存货实际成本+本月购入存货实际成本}{月初结存数量+本月购入数量}$$

$$发出存货的实际成本=发出存货数量\times单位平均成本$$

$$期末结存存货成本=期末结存存货数量\times单位平均成本$$

或者：

$$期末结存存货成本=期初存货成本+本期购进存货成本-本期发出存货成本$$

【例 4-15】 沿用例 4-13 的资料，采用加权平均法进行计价。

单位平均成本 =(8 000 +20 000 +30 000) ÷(200 +400 +500) =52.73(元/件)

本期发出 A 存货成本 =(300 +600) ×52.73 =47 457(元)

期末结存 A 存货成本 = 期初 A 存货成本 + 本期购进 A 存货成本 - 本期发出 A 存货成本
=8 000 +20 000 +30 000 -47 457 =10 543 (元)

注意：为了保证及时核算产品成本，在价格因素波动不大的情况下，可以以上月月末的加权平均单价作为本月发出材料实际成本的依据。

4. 移动加权平均法

移动加权平均法是指平时每入库一批存货，就以原有数量和本批入库存货数量为权数，计算一个加权平均单位成本，据以对以后发出存货进行计价的一种方法。存货的平均单位成本的计算公式为：

$$存货平均单位成本=\frac{原结余存货的实际成本+本批购入存货的实际成本}{原结余存货的数量+本批购入存货的数量}$$

$$发出存货的实际成本=发出存货数量\times存货平均单位成本$$

【例 4-16】 沿用例 4-13 的资料，采用移动加权平均法进行计价。

6 月 5 日单位平均成本 =(8 000 +20 000) ÷(200 +400) =46.67(元/件)

6 月 10 日发出 A 存货成本 =300 ×46.67 = 14 000(元)

6 月 10 日结存 A 存货成本 =(200 +400 -300) ×46.67 = 14 000(元)

6 月 17 日单位平均成本 =(14 000 +30 000) ÷(300 +500) =55(元/件)

6 月 25 日发出 A 存货成本 =600 ×55 =33 000(元)

6 月 30 日期末结存 A 存货成本 =200 ×55 =11 000(元)

5. 各种计价方法的比较(见表 4-3)

表 4-3 存货计价方法的比较分析

项目	个别计价法	先进先出法	加权平均法	
			加权平均法	移动加权平均法
优点	①实物流转与价值流转是完全一致的 ②材料的发出成本与存货成本的计算最为准确，当期损益的计算比较正确 ③结存存货价值和销售成本都比较接近当时的市场价格	①可随时确定发出存货和结存存货的成本 ②期末存货成本比较接近当时的市场价格	简化了日常存货发出的核算，工作量小，简便易行	①可以随时确定发出存货的成本，了解结存情况 ②存货的平均单位成本、发出存货成本及结存存货成本比较客观

（续）

项目	个别计价法	先进先出法	加权平均法	
			加权平均法	移动加权平均法
缺点	采用这种方法必须有详细的存货收、发、存记录，日常核算非常繁琐，存货实务流转的操作程序相当复杂	①计算繁琐，对于存货进出频繁的企业更是如此 ②计算的本期损益不够准确，特别是在物价持续上涨或下跌的情况下	①平时的存货明细账没有存货发出单价和结存金额，不利于存货管理 ②计入本期成本的存货费用和期末存货价值都与实际不符，市场价格波动较大时会影响本期损益和期末存货价值	计算工作量大
适用范围	①不能替代使用的存货或为了特定目的专门购入或制造的存货，如大型机器设备 ②品种数量不多、单位价值较高或体积较大、容易辨认的存货，如房产、飞机、船舶等	适合于收发料比较少的企业	适用于存货收发比较频繁的企业	适用于收发业务比较少的企业

注意：

发出存货计价方法的不同，对企业财务状况、盈亏情况会产生不同的影响，主要表现在以下三个方面：

（1）存货计价对企业损益有直接影响。表现在：

1）期末存货计价如果过低，本期发出存货成本过高，结转的销售成本偏高，当期的收益可能因此而相应减少；反之，期末存货计价如果过高，当期的收益可能因此而相应增加。

2）期初存货计价如果过低，本期发出存货的成本偏低，结转的销售成本偏低，当期的收益可能因此而相应增加；反之，期初存货计价如果过高，当期的收益可能因此而相应减少。

（2）存货计价对于资产负债表有关项目数额有直接影响，包括流动资产总额、所有者权益等项目，都会因存货计价的不同而不同。

（3）存货计价方法的选择对计算缴纳所得税有一定的影响。因为不同的计价方法影响当期损益，从而影响企业当期应纳税所得额的确定。

三、发出存货的核算

（一）发出原材料的核算

原材料在生产经营过程中领用后，其原有实物形态会发生改变乃至消失，企业应根据发出材料的用途，将其成本直接计入产品成本或当期费用。

1. 生产经营领用原材料

企业根据“发料凭证汇总表”，借记“生产成本”、“制造费用”、“销售费用”、“管理费用”、“委托加工物资”等科目，贷记“原材料”科目。

【例4-17】 甲公司“发料凭证汇总表”中记录，1月份基本生产车间领用A材料

500 000 元，辅助生产车间领用 A 材料 40 000 元，车间管理部门领用 A 材料 5 000 元，企业行政管理部门领用 A 材料 4 000 元，共计 549 000 元。甲公司应编制如下会计分录：

借：生产成本——基本生产成本 500 000
　　　　　——辅助生产成本 40 000
　　制造费用 5 000
　　管理费用 4 000
　　贷：原材料——A 材料 549 000

2. 出售原材料

出售原材料取得的收入作为其他业务收入，相应的原材料成本计入其他业务成本。按已收或应收的价款，借记"银行存款"、"应收账款"等科目，按实现的营业收入，贷记"其他业务收入"科目，按增值税销项税额，贷记"应交税费——应交增值税（销项税额）"科目；同时，按出售原材料的实际成本结转销售成本，借记"其他业务成本"科目，贷记"原材料"科目。

【例 4-18】 甲企业销售 A 材料一批，售价为 1 000 元，增值税税率为 17%，其材料的实际成本为 800 元，企业应作会计分录如下：

借：银行存款 1 170
　　贷：其他业务收入 1 000
　　　　应交税费——应交增值税（销项税额） 170
借：其他业务成本 800
　　贷：原材料 800

注意：对于已售原材料，计提有存货跌价准备的，相应的存货跌价准备也应当予以结转。

3. 在建工程领用原材料

企业将外购材料用于在建工程等非应税项目时，进项税额不允许抵扣，应将进项税额转出。在建工程领用原材料时，按实际成本加上不予抵扣的增值税进项税额，借记"在建工程"科目，按实际成本贷记"原材料"科目，按原材料应负担的增值税进项税额贷记"应交税费——应交增值税（进项税额转出）"科目。

【例 4-19】 甲企业将原购进准备用于生产产品的 A 材料用于工程建设，其进价为 1 000 元，应负担的增值税进项税额为 170 元。

借：在建工程 1 170
　　贷：原材料 1 000
　　　　应交税费——应交增值税（进项税额转出） 170

若企业将自制和委托加工物资用于非应税项目的，税法要求视同销售计算交纳有关税金，会计上按材料实际成本结账。

【例 4-20】 甲企业将一批自制材料用于工程建设，其成本为 800 元，售价为 1 000 元，增值税税率为 17%。

借：在建工程 970
　　贷：原材料 800
　　　　应交税费——应交增值税（销项税额） 170

（二）发出周转材料的核算

周转材料主要包括包装物、低值易耗品，以及企业（建筑承包商）的钢模板、木模板、脚手架等，周转材料种类繁多，具体用途各不相同，会计处理也不尽相同。企业可以设置"周转材料"科目来核算，也可以具体设置"包装物"、"低值易耗品"科目来核算。

周转材料在使用过程中，一般不是一次性消耗的，其价值是逐步损耗的，报废时也有残值。与固定资产折旧相类似，其价值应采取一定的方法在使用期间逐步摊销。企业根据周转材料的消耗方式、价值大小、耐用程度等，选择适当的摊销方法，将其价值一次或分期计入有关成本费用。

常用的周转材料摊销方法有一次转销法、五五摊销法、分次摊销法等。一般企业的包装物、低值易耗品由于价值不是很高、期限不是很长，应当采用一次转销法或五五摊销法；建筑承包商的钢模板、木模板、脚手架等可以采用一次摊销法、五五摊销法和分次摊销法进行摊销。

1. 一次转销法

一次转销法是指周转材料在第一次领用时，其价值一次全部计入有关成本费用。一次转销法通常适用于价值较低或极易损坏的管理用具和小型工具、卡具以及在单件小批量生产方式下为制造某批订货所用的专用工具等低值易耗品以及生产领用的包装物和随同商品出售的包装物。

数量不多、金额较小，且业务不频繁的出租或出借包装物，也可以采用一次转销法结转包装物的成本，但在以后收回使用过的出租和出借包装物时，应加强实物管理，并在备查簿上进行登记。

周转材料采用一次转销法的，领用时应按其账面价值，借记"生产成本"、"制造费用"、"管理费用"、"销售费用"、"其他业务成本"、"工程施工"等科目，贷记"周转材料"科目。周转材料报废时，应按报废周转材料的残料价值，作相应的会计处理。

（1）企业内部领用。生产部门领用构成产品实体的周转材料，领用时，借记"生产成本"科目，贷记"周转材料"科目；领用不构成产品实体的周转材料，借记"制造费用"科目，贷记"周转材料"科目；管理部门或销售部门领用时，分别记入"管理费用"、"销售费用"等科目。

【例 4-21】 甲企业基本生产车间从仓库领取工具一批，其成本为 6 000 元，该企业采用一次摊销法。以前月份领用的一批生产工具在本月份报废，将残料出售获得 200 元。

领用生产工具时：

借：制造费用	6 000	
贷：周转材料		6 000

报废以前领用的生产工具时：

借：库存现金	200	
贷：制造费用		200

（2）随同产品出售的包装物类周转材料，应分以下两种情况进行会计处理：

1）随同产品一起出售，单独计价的包装物相当于单独销售包装物，借记"其他业务成本"科目，贷记"周转材料"或"包装物"科目。

2）随同产品出售但不单独计价，应借记"销售费用"科目，贷记"周转材料"或"包装物"科目。

【例 4-22】 甲公司销售一批产品，随同产品一并出售若干包装物，包装物售价为 1 000 元，增值税为 170 元，实际成本为 800 元。

借：银行存款　　1 170

　　贷：其他业务收入　　1 000

　　　　应交税费——应交增值税（销项税额）　　170

借：其他业务成本　　800

　　贷：周转材料　　800

2. 五五摊销法

五五摊销法就是在周转材料领用时摊销其价值的 50%，报废时再摊销剩余的 50%。为了核算在用周转材料和库存周转材料的摊余价值，应在“周转材料”总账科目下，分设“周转材料——在库”、“周转材料——在用”和“周转材料——摊销”三个二级科目。

（1）领用时，按其账面价值从仓库转出。

借：周转材料——在用

　　贷：周转材料——在库

同时摊销其价值的 50%。

借：销售费用（管理费用/生产成本/其他业务成本/工程施工）

　　贷：周转材料——摊销

（2）报废时，摊销另一半的账面价值。

借：销售费用（管理费用/生产成本/其他业务成本/工程施工）

　　贷：周转材料——摊销

（3）周转材料退出使用环节。

借：周转材料——摊销

　　贷：周转材料——在用

若有残值，则

借：原材料/银行存款

　　贷：销售费用（管理费用/生产成本/其他业务成本/工程施工）

【例 4-23】 甲公司领用了 40 个全新的包装箱，出借给客户使用，包装箱单位成本为 200 元，采用五五摊销法。报废时，其残料可作为原材料使用。残料价值 200 元入库。

（1）领用包装物。

借：周转材料——在用　　8 000

　　贷：周转材料——在库　　8 000

领用时摊销其价值的一半 4 000 元。

借：销售费用　　4 000

　　贷：周转材料——摊销　　4 000

报废时摊销其价值的另一半。

借：销售费用　　4 000

　　贷：周转材料——摊销　　4 000

（2）收回残料。

借：原材料　　200

贷：销售费用 200

同时转销报废的生产工具已提摊销额。

借：周转材料——摊销 8 000

贷：周转材料——在用 8 000

注意：

(1)“周转材料——摊销”科目类似固定资产的“累计折旧”科目，可以参照“累计折旧”科目来理解。

(2) 对于出租的周转材料，其摊销记入“其他业务成本”科目，出租周转材料收取的租金应换算成不含税收入记入“其他业务收入”科目并计算增值税销项税额，相应的成本应计入其他业务成本。

(3) 出租或出借周转材料收取的押金，性质上属于暂收应付款项，作为其他应付款入账，对逾期未退还周转材料而没收的押金，应视为销售取得的含税收入，换算成不含税收入记入“其他业务收入”科目，并计算增值税销项税额。

3. 分次摊销法

对于那些使用期限较长，或者单位价值较高的周转材料，应在使用期间分期摊销其价值。除了由两次摊销改成多次摊销之外，分次摊销法会计处理与五五摊销法类似。

(三) 发出库存商品的核算

库存商品通常用于对外销售，也可用于本企业的固定资产建造工程、职工福利、对外投资、捐赠等方面。

【例 4-24】 甲公司 6 月 18 日销售 B 产品 50 件，不含税单价为 10 000 元，此外，在建工程领用 2 件 B 产品，每件成本为 7 000 元，增值税税率为 17%。

借：银行存款 585 000

贷：主营业务收入 500 000

应交税费——应交增值税（销项税额） 85 000

借：主营业务成本 350 000

贷：库存商品 350 000

借：在建工程 17 400

贷：库存商品 14 000

应交税费——应交增值税（销项税额） 3 400

如果对存货计提了存货跌价准备的，还应结转已计提的存货跌价准备，冲减当期主营业务成本或其他业务成本，实际上也就是按已售产成品或商品的账面价值结转主营业务成本或其他业务成本。

注意：税法和会计视同销售之间存在一定的区别。对用于销售以外其他方面的自产库存商品，税法规定应视同销售，按售价或市场公允价格计算增值税销项税额；对用于销售以外其他方面的外购库存商品，税法规定用于分配、投资、赠送等方面的要视同销售，计算增值税销项税额，用于集体福利、个人消费、非应税项目和免税项目等方面的，原来购进时的进项税额不得抵扣，要做进项税额转出；按会计准则要求，原则上是流出企业的库存商品视同销售，没有流出企业的库存商品，按成本结转。

第四节 存货的简化核算方法

按照《企业会计准则》的要求，企业应按实际成本对存货进行计价。但是，对于存货品种、规格、数量繁多，收发频繁的企业来说，如果要求存货的收发凭证、分类账全部按实际成本计价，其日常核算工作量很大，核算成本很高，也会影响会计信息的及时性。为了简化存货的核算，企业可以采用预先制定的计划成本对存货的收发结存进行日常核算，期末再按照一定方法将计划成本调整为实际成本。

一、计划成本法

计划成本法是指企业存货的收入、发出和结余均按预先制定的计划成本计价，同时另设“材料成本差异”科目，作为计划成本和实际成本联系的纽带，登记、分摊、按期结转实际成本与计划成本的差额，期末将发出和结存存货的成本调整为实际成本。计划成本法下存货的总分类和明细分类核算均按计划成本计价。计划成本一般由企业采购部门会同财务等有关部门制定。

（一）计划成本法的基本核算流程

（1）制定各种存货的计划成本并形成目录。单位计划成本要力求接近实际，除一些特殊情况外，计划单位成本在年度内一般不作调整。

（2）设置“材料成本差异”科目，登记存货实际成本与计划成本之间的差异。取得存货时，实际成本高于计划成本的超支差异，登记在该科目的借方，实际成本低于计划成本的节约差异，登记在该科目的贷方；发出存货并分摊差异时，从相反方向转出。

（3）设置“材料采购”科目，核算购入材料的采购成本，其借方登记已经付款的外购材料等存货的实际成本；贷方登记已经付款并验收入库的材料等存货的实际成本。期末余额在借方，表示已经付款但尚未入库的材料等存货（即在途物资）的实际成本。“材料采购”科目应按供应单位和物资品种设置明细账，进行明细核算。

（4）存货的日常收发均按计划成本进行计价，月末，通过存货成本差异的分摊将本月发出存货的计划成本和月末结存存货的计划成本调整为实际成本。

（二）取得存货的核算

由于原材料的核算具有代表性，所以这里主要以原材料为例来阐述计划成本法的核算方法，其他类型存货的核算，可以参照原材料核算的方法进行。

与按实际成本核算的情况相同，材料入库和货款的支付时间往往不一致，主要有以下三种情况：

1. 付款同时收料，即结算凭证与材料同时到达

（1）记录材料的采购成本。

借：材料采购（实际成本）

　　应交税费——应交增值税（进项税额）

　　贷：银行存款/应付账款

（2）按计划成本入账。

借：原材料（计划成本）

贷：材料采购（实际成本）

材料成本差异（计划成本 > 实际成本）[㊀]

【例 4-25】 甲企业购入一批 A 材料，买价为 200 000 元，进项税额为 34 000 元，该批材料的计划成本为 180 000 元，款项通过银行转账支付，材料已验收入库。应作会计分录如下：

借：材料采购	200 000	
应交税费——应交增值税（进项税额）	34 000	
贷：银行存款		234 000

材料验收入库时：

借：原材料	180 000	
材料成本差异	20 000	
贷：材料采购		200 000

2. 货款已结算支付，但货物尚未收到

以例 4-25 中的业务为例，如果材料的有关款项通过银行转账支付，材料尚在途中，只需作第一笔付款分录。待物资到达企业，验收入库时，再作入库与结转差异的分录。如果期末还未到达，则该项业务的金额，在"材料采购"账户的借方余额反映，表示在途物资的实际采购成本。

3. 货物已到但尚未收到发票账单

期末应按计划成本暂估入账，借记"原材料"等科目，贷记"应付账款——暂估应付账款"科目。下期期初作相反分录予以冲回。下期收到发票账单的收料凭证时，账务处理同第一种情况。

（三）存货发出核算

采用计划成本计价的企业，原材料发出的核算程序与实际成本计价基本相同。区别主要是在月末要计算原材料的成本差异率，并根据成本差异率将材料成本差异在发出存货与结存存货之间分摊，将计划成本调整为实际成本，实际成本等于计划成本加超支差异或减节约差异。

1. 材料成本差异率的计算

发出材料应负担的材料成本差异应当按期（月）分摊，不得在季末或年末一次计算。发出材料应负担的材料成本差异，除委托外部加工发出材料可按期初材料成本差异率计算外，应使用当期的实际材料成本差异率；期初材料成本差异率与本期材料成本差异率相差不大的，也可按期初材料成本差异率计算。计算方法一经确定，不得随意变更。材料成本差异率的计算公式如下：

$$期初材料成本差异率=\frac{期初结存材料成本差异}{期初结存材料计划成本}\times 100\%$$

$$本期材料成本差异率=\frac{期初结存材料成本差异+本月验收入库材料成本差异}{期初结存材料计划成本+本月验收入库材料计划成本}\times 100\%$$

本月发出材料应负担的成本差异 = 本月发出材料的计划成本 × 材料成本差异率

㊀ 若计划成本小于实际成本，则材料成本差异应反映在借方。

发出材料的实际成本 = 发出材料的计划成本 ± 发出材料应负担的成本差异

结存材料应负担的成本差异 = 期末结存材料的计划成本 × 材料成本差异率

结存材料的实际成本 = 结存材料的计划成本 ± 结存材料应负担的成本差异

【例 4-26】 甲公司的"发料凭证汇总表"记录了 6 月份领用 A 材料的情况为：基本生产车间领用 200 000 元，辅助生产车间领用 50 000 元，车间管理部门领用 30 000 元，企业管理部门领用 20 000 元。甲企业 6 月初结存材料的计划成本为 80 000 元，本月收入材料的计划成本为 320 000 元。材料成本差异的月初数为 10 000 元（节约），本月收入材料成本差异为 4 000 元（超支），材料成本差异率及发出材料应负担的成本差异计算如下：

$$材料成本差异率 = \frac{-10\ 000 + 4\ 000}{80\ 000 + 320\ 000} \times 100\% = -1.5\%$$

$$发出材料应负担的成本差异 = 300\ 000 \times (-1.5\%) = -4\ 500（元）$$

$$发出材料的实际成本 = 300\ 000 - 4\ 500 = 295\ 500（元）$$

$$结存材料应负担的成本差异 = (320\ 000 + 80\ 000 - 300\ 000) \times (-1.5\%) = -1\ 500（元）$$

$$结存材料的实际成本 = 100\ 000 - 1\ 500 = 98\ 500（元）$$

2. 账务处理

结转发出材料应负担的材料成本差异，按实际成本大于计划成本的差异，借记"生产成本"、"管理费用"、"销售费用"、"委托加工物资"、"其他业务成本"等科目，贷记"材料成本差异"科目；实际成本小于计划成本的差异作相反的会计分录。

【例 4-27】 沿用例 4-26 的资料，相关的账务处理如下：

（1）发出材料。

	借方	贷方
借：生产成本——基本生产成本	200 000	
——辅助生产成本	50 000	
制造费用	30 000	
管理费用	20 000	
贷：原材料——A 材料		300 000

（2）结转发出材料的成本差异。

	借方	贷方
借：材料成本差异	4 500	
贷：生产成本——基本生产成本		3 000
——辅助生产成本		750
制造费用		450
管理费用		300

（四）计划成本法的优缺点

1. 计划成本法的优点

（1）简化日常计算发出材料成本的工作量。由于事先制定了材料的计划单位成本，平时领用材料时，根据领料数量，再乘以预先制定的材料计划单位成本，就可以计算发出材料的成本，大大简化了发出材料成本计算的工作量。

（2）有利于分析材料消耗的节约或超支情况，考核材料领用部门的工作成果。计划成本法使用单位计划成本来核算发出存货的成本，这样可以剔除材料价格的变动影响，有利于分析材料消耗的节约或超支情况，考核材料领用部门的工作成果。

(3) 通过“材料采购”和“材料成本差异”两个账户进行核算，有利于考核采购工作的业绩，分析各种材料采购成本超支或节约的原因，利于改进材料采购的管理工作。

2. 计划成本法的缺点

按计划成本计价进行材料收发日常核算的缺点是其核算结果不是很准确。

注意： 计划成本实际上是预先制定的一种标准，日常工作按标准执行，月末，根据标准与实际的差异，将计划数据调整为实际数据。月末编制资产负债表时，存货项目中的原材料存货，应以实际成本列示。

二、毛利率法

毛利率法是商品流通企业特别是商品批发企业常用的一种存货计价方法。企业首先应根据前期实际或本月估计的毛利率估算出本期的销售毛利，然后计算出本期销售成本和期末存货成本，具体计算程序如下：

1. 确定前期实际（或本期估计）毛利率

$$毛利率 = 销售毛利 \div 销售净额 \times 100\%$$

2. 从本期销售净额中减除估计的销售毛利，估算本期的销售成本

$$销售净额 = 商品销售收入 - 销售退回与折让$$

$$销售毛利 = 商品销售净额 \times 毛利率$$

$$销售成本 = 销售净额 - 销售毛利$$

3. 从本期可供销售存货总额中减除本期估计销售成本，估算期末结存存货成本

可供销售存货总额是指可用来销售的存货总额，等于期初存货成本加上本期购货成本。

$$期末存货成本 = 期初存货成本 + 本期购货成本 - 本期销售成本$$

【例 4-28】 乙商品批发企业，月初结存存货成本为 648 000 元，本月购货 4 120 000 元，销售收入为 5 650 000 元，销售退回与折让合计为 10 000 元，上季度该类商品毛利率为 20%。计算本月已销存货和月末存货的成本。

$$本月销售净额 = 5\ 650\ 000 - 10\ 000 = 5\ 640\ 000（元）$$

$$销售毛利 = 5\ 640\ 000 \times 20\% = 1\ 128\ 000（元）$$

$$销售成本 = 5\ 640\ 000 - 1\ 128\ 000 = 4\ 512\ 000（元）$$

$$月末存货成本 = 648\ 000 + 4\ 120\ 000 - 4\ 512\ 000 = 256\ 000（元）$$

采用这种计价方法，商品销售成本按大类销售额计算，并按大类商品结转成本。商品明细账平时只登记数量不登记金额，计算手续简便。

为了保证商品存货成本计算的正确性，每个季度末应采用先进先出法、加权平均法等计价方法，对结存存货的成本进行一次准确的计量，然后根据本季度期初结存存货的成本和本期购进存货的成本倒挤出本季度发出存货的实际成本，据以调整采用毛利率法的发出存货成本。商品流通企业由于商品种类多，一般来讲，其同类商品的毛利率大致相同，采用毛利率法能减轻工作量。

三、售价金额核算法

从事商品零售业务的企业，如百货公司、超市等，由于经营的商品种类规格繁多，而且要求按商品零售价格标价，采用上述成本结转方法均较困难。目前我国商品零售企业广泛采

用的是售价金额核算法，设置“商品进销差价”科目，单独核算商品售价与进价的差额。

1. 售价金额核算法的具体程序

（1）平时商品存货明细账的进销存均按售价记账，售价与进价的差额记入“商品进销差价”科目。

（2）期末，计算商品进销差价率，其计算公式如下：

$$商品进销差价率=\frac{期末商品进销差价余额}{期初库存商品售价+本期购入商品售价}\times 100\%$$

注意：企业的商品进销差价率各期之间比较均衡的，也可以采用上期商品进销差价率计算分摊本期的商品进销差价。年度终了，应对商品进销差价进行核实调整。

（3）根据商品进销差价率计算本期已销商品应分摊的商品进销差价，其计算公式如下：

$$本期已销商品应分摊的商品进销差价=本期商品销售收入\times 商品进销差价率$$

（4）调整本期已销商品实际成本。

本期已销商品实际成本＝本期商品销售收入－本期已销商品应分摊的商品进销差价

（5）计算期末库存商品实际成本。

期末库存商品实际成本＝库存商品期末余额－期末商品进销差价余额

2. 账务处理

在商品到达验收入库后，按商品售价，借记“库存商品”科目，按商品进价，贷记“银行存款”、“在途物资”等科目，按商品售价与进价的差额，贷记“商品进销差价”科目。对外销售商品结转销售成本时，按库存商品售价，借记“主营业务成本”科目，贷记“库存商品”科目，同时还应结转应分摊的商品进销差价。

【例 4-29】 乙商城采用售价金额核算法对存货进行核算，2011 年 6 月初库存商品的进价成本为 100 万元，售价金额为 110 万元，本月购进该商品的进价成本为 75 万元，售价总额为 90 万元，本月销售收入为 120 万元（暂不考虑相关税费）。

（1）购买商品入库。

借：库存商品　　900 000

　　贷：银行存款　　750 000

　　　　商品进销差价　　150 000

（2）本期销售商品。

借：银行存款　　1 200 000

　　贷：主营业务收入　　1 200 000

（3）平时结转商品销售成本。

借：主营业务成本　　1 200 000

　　贷：库存商品　　1 200 000

（4）计算商品进销差价率。

$$商品进销差价率=\frac{100\ 000+150\ 000}{1\ 100\ 000+900\ 000}\times 100\%=12.5\%$$

已销商品应分摊的商品进销差价＝1 200 000×12.5%＝150 000（元）

（5）根据已销商品应分摊的商品进销差价冲转销售成本。

借：商品进销差价　　150 000

　　贷：主营业务成本　　150 000

经过商品进销差价的调整，本期商品销售成本调整为实际成本。

注意：商品零售企业在期末编制资产负债表时，存货项目中的库存商品存货部分，应根据“库存商品”、“商品进销差价”两个账户的期末余额的差额列示。

第五节　存货的期末计量

一、存货期末计价原则

《企业会计准则第 1 号——存货》规定：“资产负债表日，存货应当按照成本与可变现净值孰低计量”。成本与可变现净值孰低是指期末存货按照成本与可变现净值两者之中较低者计价。在资产负债表日，当成本低于可变现净值时，期末存货按历史成本计价；当成本高于可变现净值时，期末存货则按可变现净值计价。

（一）成本与可变现净值的含义

“成本”是指存货的实际成本，即采用存货的计价方法（如先进先出法、加权平均法等）计算出的期末存货的账面成本。

注意：如果存货日常核算采用计划成本法、售价金额核算法等简化方法，则期末存货的实际成本是指通过差异调整而确定的存货实际成本。

“可变现净值”是指企业在正常经营过程中，以存货的估计售价减去至完工估计将要发生的成本、估计的销售费用以及相关税金后的金额。可变现净值为存货的预计未来净现金流量，一般情况下，是以售价或合同价为基础计算得出的，而不是存货的售价或合同价。

采用“成本与可变现净值孰低”进行期末存货的计价符合会计的稳健性原则，而且使存货符合资产的定义。当某项存货的可变现净值跌至成本以下时，表明该项存货为企业带来的未来经济利益低于账面成本，存货发生了减值，企业应按可变现净值低于成本的差额确认存货跌价损失，并将其从存货价值中抵减，否则，就会虚增当期利润和期末存货价值；当可变现净值高于成本时，差额属于尚未实现的存货增值收益，不予确认，存货按成本计价。

（二）存货减值迹象的判断

实务中，并不是所有的存货都需要在期末计算其可变现净值，企业应当在期末对存货进行全面的清查，如由于存货毁损，全部或部分陈旧过时或销售价格低于成本等原因，使存货成本高于可变现净值而发生减值的，才计算其可变现净值，按可变现净值低于存货成本部分，计提存货跌价准备。存货存在下列情况之一的，表明存货的可变现净值低于成本：

（1）该存货的市场价格持续下跌，并且在可预见的未来无回升的希望。

（2）企业使用该项原材料生产产品的成本大于产品的销售价格。

（3）企业因产品更新换代，原有库存原材料已不适应新产品的需要，而该原材料的市场价格又低于其账面成本。

（4）因企业所提供的商品或劳务过时或消费者偏好改变而使市场的需求发生变化，导致市场价格逐渐下跌。

（5）其他足以证明该项存货实质上已经发生减值的情形。

存货存在下列情况之一的，表明存货的可变现净值为零：

(1) 霉烂变质的存货。

(2) 已过期且无转让价值的存货。

(3) 生产中已不再需要，并且已无使用价值和转让价值的存货。

(4) 其他足以证明已无使用价值和转让价值的存货。

当存货可变现净值为零时，应全额计提存货跌价准备。

(三) 确定可变现净值应考虑的主要因素

1. 应当以取得确凿证据为基础

存货可变现净值的确凿证据是指对确定存货的可变现净值有直接影响的确凿证明，如产成品或商品的市场销售价格、与产成品或商品相同或类似商品的市场销售价格、销货方提供的有关资料和生产成本资料等。

2. 应当考虑持有存货的目的

由于企业持有存货的目的不同，确定存货可变现净值的计算方法也不同。例如，用于出售的存货与用于继续加工的存货，其可变现净值的计算方法就不相同，因此，企业在确定存货的可变现净值时，应考虑持有存货的目的。企业持有存货的目的通常可以分为如下几种：

(1) 持有以备出售的存货，如商品、产成品。其中又分为有合同约定的存货和没有合同约定的存货。

(2) 将在生产过程或提供劳务过程中耗用的存货，如材料等。

3. 应当考虑资产负债表日后事项的影响

确定存货可变现净值时，应当以资产负债表日取得的最可靠证据估计的售价为基础并考虑持有存货的目的。资产负债表日至财务报告批准报出日之间存货售价发生波动的，如有确凿证据表明其对资产负债表日存货已经存在的情况提供了新的或进一步的证据，则在确定存货可变现净值时应当予以考虑，否则，不应予以考虑。

二、不同存货可变现净值的确定

在估计存货的可变现净值时，应合理确定估计售价、至完工将要发生的成本、估计的销售费用及相关税费。不同存货的可变现净值的确定有所差异。

(1) 产成品、商品和直接用于出售的材料等为出售而持有的商品存货，在正常生产经营过程中，应当以该存货的估计售价减去估计的销售费用和相关税费后的金额，确定其可变现净值。其中，存货售价的确定对计算可变现净值至关重要，企业应当根据存货是否有约定销售的合同，按照以下原则估计售价：

1) 为执行销售合同或者劳务而持有的存货，通常应当以产成品或商品的合同价格作为其可变现净值的计算基础，也就是将合同价作为存货的估计售价。

2) 没有销售合同约定的存货，其可变现净值应以存货的一般销售价格作为计算基础。

3) 同一项存货中一部分有合同价格约定、其他部分不存在合同价格的，应当分别确定其可变现净值。也就是说，将该货物分成两部分，有合同约定的部分按约定价为基础计算其可变现净值；没有合同约定的部分，以其一般销售价格作为存货可变现净值的计算基础。计算出各部分的可变现净值后，与其相对应的成本进行比较，分别确认存货跌价损失，分别进行存货跌价准备的计提和转回，二者不予相互抵销。

(2) 需要经过加工的材料存货，在正常生产经营过程中，应当以所生产的产成品的估计售价减去至完工时估计将要发生的成本、估计的销售费用和相关税费后的金额，确定其可变现净值。

注意：对于用于生产而持有的材料（包括原材料、在产品、委托加工材料）等，如果用其生产的产成品可变现净值预计高于成本（即产成品生产成本），则该材料应当按照成本计量。

【例4-30】 2011年6月30日，甲公司的库存原材料——A材料的账面价值为60万元，市场价为51万元，假设不发生其他购买费用；继续加工成C产品还需投入人工及制造费用40万元，用A材料生产的C产品成本为100万元。由于A材料价格的下降，C产品的价格从115万元降为105万元，销售税费为3万元，其可变现净值为102万元（105－3）。

根据上述资料可知，2011年6月30日，A材料的市场价格低于账面成本，但是由于用其生产的C产品的可变现净值高于成本，也就是用该原材料生产的最终产品此时并没有发生价值减损，因而，A材料即使其市场价格已低于账面成本，也不应计提存货跌价准备，仍应按60万元列示在2011年6月30日的资产负债表的存货项目之中。

如果材料价格的下降表明产成品的可变现净值低于成本，则该材料应当按可变现净值计量。

【例4-31】 接上例，假定C产品的价格降为95万元，低于成本。则A材料按可变现净值计量。根据上述资料，可按照以下步骤进行确定：

(1) 计算该材料所生产的产成品的可变现净值。

C产品的可变现净值＝C产品估计售价－估计销售税费＝95－3＝92（万元）

(2) 将用该原材料所生产的产成品的可变现净值与其成本进行比较。

C产品可变现净值92万元＜其成本100万元，即材料价格下降使得C产品可变现净值低于成本，因此，材料应当按可变现净值计量。

(3) 计算该原材料的可变现净值，并确定其期末价值。[⊖]

A材料的可变现净值＝C产品售价总额－估计销售费用及税金－将材料加工成C产品尚需投入的成本＝95－3－40＝52（万元）

A材料的可变现净值52万元＜其成本60万元，因此，其期末价值应为其可变现净值52万元，按52万元列示在2011年6月30日的资产负债表的存货项目之中。

三、存货跌价准备的计提与转回

1. 存货跌价准备的提取方法

(1) 企业通常应当按照单个存货项目计提存货跌价准备。

(2) 对于数量繁多、单价较低的存货，可以按照存货类别计提存货跌价准备。

(3) 与在同一地区生产和销售的产品系列相关、具有相同或类似最终用途或目的，且难以与其他项目分开计量的存货，可以合并计提存货跌价准备。

【例4-32】 甲公司2010年年末采用“成本与可变现净值孰低”计价，有A、B、C、D四种存货，分属一、二两大类，各种存货的成本和可变现净值等有关资料如表4-4所示。

⊖ 前两步是通过产成品是否减值来判断该材料是否应该计提减值准备。

如表4-4最后一行总计数所示，甲公司分别采用单项计提、分类计提和合并计提存货跌价准备，计提的金额有可能是不相同的。

2. 存货跌价准备计提与转回的账务处理

如果期末存货的成本低于可变现净值，则不需要作账务处理，资产负债表中的存货仍按账面价值列示；如果期末可变现净值低于成本，则必须确认当期的期末存货跌价损失，进行相应的账务处理。其具体处理程序如下：

表4-4 期末存货情况表 单位：元

商品	数量/件	成本		可变现净值		单项计提存货跌价准备	分类计提存货跌价准备	合并计提存货跌价准备
		单价	金额	单价	金额			
A材料	1 000	10	10 000	9	9 000	1 000		
B材料	400	6	2 400	8	3 200	0		
合计			12 400		12 200	1 000	200	
C商品	400	50	20 000	47	18 800	1 200		
D商品	200	45	9 000	42	8 400	600		
合计			29 000		27 200	1 800	1 800	
总计			41 400		39 400	2 800	2 000	2 000

（1）设置“存货跌价准备”账户，该账户是存货的备抵账户。

（2）每一会计期末，首先确定本期期末存货的减值金额，即可变现净值低于成本的差额，然后将其与“存货跌价准备”账户的余额进行比较，按下列公式计提存货跌价准备：

本期应计提的存货跌价准备＝本期期末可变现净值低于存货成本的差额－“存货跌价准备”原有余额

当提取和补提存货跌价准备时，借记“资产减值损失”科目，贷记“存货跌价准备”科目；冲回或转销存货跌价损失时，则作相反分录。但是，当已计提跌价准备的存货价值以后又得以恢复，其冲减的跌价准备金额，应以“存货跌价准备”账户的余额冲减至零为限。

（3）期末，存货项目应以账面价值（即各存货账户余额减去“存货跌价准备”账户余额）在资产负债表中列示。

【例4-33】 沿用例4-32中C商品的相关资料，采用单项计提法进行账务处理。

借：资产减值损失　　1 200

　　贷：存货跌价准备　　1 200

假设，2011年年末该存货的预计可变现净值为17 500元，应补提存货跌价准备1 300元，作如下会计处理：

借：资产减值损失　　1 300

　　贷：存货跌价准备　　1 300

假设2012年年末，该存货的可变现净值有所恢复，预计可变现净值为19 000元，则应冲减存货跌价准备1 500元，作如下会计处理：

借：存货跌价准备　　1 500

贷：资产减值损失 1 500

假设，2013 年年末，该存货预计可变现净值为 22 000 元，则应冲减计提的存货跌价准备为 1 000 元（以以前已入账的减少数为限）即

借：存货跌价准备 1 000

贷：资产减值损失 1 000

3. 存货跌价准备结转的账务处理

对于发出的存货，计提有存货跌价准备的，相应的存货跌价准备也应当进行适当的会计处理。

（1）生产领用的存货，领用时一般不结转相应的存货跌价准备，待期末计提存货跌价准备时一并调整。

（2）销售的存货，或以债务重组、非货币性资产交换等方式发出的存货，应在结转销售成本的同时，结转相应的存货跌价准备。存货按类别计提存货跌价准备的，应按比例相应结转存货跌价准备。

【例 4-34】 2011 年 7 月，甲公司将其库存的 200 件 D 产品出售，价款为 10 000 元。该批产品成本为 9 000 元，已计提存货跌价准备 600 元。增值税税率为 17%。货款已收。其会计处理如下：

借：银行存款 11 700

贷：主营业务收入 10 000

应交税费——应交增值税（销项税额） 1 700

借：主营业务成本 8 400

存货跌价准备 600

贷：库存商品 9 000

第六节 存货的清查

一、存货清查概述

为了加强对存货的控制，维护存货的安全完整，企业应当定期或不定期对存货的实物进行盘点和抽查，以确定存货的实有数量，并与账面记录进行核对，从而确定存货实有数与账面结存数是否相符。

存货清查的内容一般包括：①核对存货的账存数和实存数，查明盘盈、盘亏存货的品种、规格和数量。②查明变质、毁损、积压存货的品种、规格和数量。

存货应当定期盘点，每年至少盘点一次。在盘点之前，应全面结账，并把账存数量登入存货盘点表。在盘点时将存货实际盘存的数量也登记到存货盘点表中，以便与账存数进行核对。

盘点结果如果与账面记录不符，应于期末前查明原因，并根据企业的管理权限，经相关机构批准后，在期末结账前处理完毕。如在期末结账前尚未经批准的，应在对外提供财务报告时先按规定进行处理。如果其后批准处理的金额与已处理的金额不一致，再按相关规定进行调整。

二、存货数量的盘存方法

企业存货数量的盘存方法主要有永续盘存制和实地盘存制两种。

1. 永续盘存制

永续盘存制也称账面盘存制，是指对存货项目设置经常性的库存记录，分别按品名、规格设置存货明细账，逐笔或逐日地登记收入和发出的存货，并随时列记结存数。

永续盘存制可以完整地反映存货的收入、发出和结存情况，但是为了加强对存货的管理，每年至少应对存货进行一次全面盘点，以保证账实相符。具体盘点次数视企业内部控制要求而定。

采用永续盘存制能够及时地反映每种存货的增减变动和结存情况，并在数量和金额两方面对存货进行控制；存货各明细账的结存数量又可以通过实地盘点与实存数量相核对，有利于加强存货物资管理。其缺点是日常核算的工作量较大。

2. 实地盘存制

实地盘存制也称定期盘存制，是指会计期末通过对全部存货进行实地盘点，以确定期末存货的结存数量和金额，倒轧本期已耗用或已销售存货的成本。这种方法的特点就是对各项物资平时只登记收入，不登记发出；每到期末，则根据实地盘点的结存数量，来倒挤存货发出数，并据以登记入账。其计算公式如下：

本期耗用或销货成本 =期初存货成本+本期购货成本-期末存货成本（实地盘存数）

在这种方法下，所谓账存数实际上也就是实存数，它们之间无法相互控制和相互核对。虽然在核算上比较简单，但很不严密，企业一般不宜采用。

三、存货盘盈（或盘亏）的账务处理

为了反映在财产清查中查明的各种存货的盘盈、盘亏和毁损情况，企业应设置“待处理财产损溢”账户，“待处理财产损溢”账户借方登记存货清查时盘亏毁损金额和报批后冲转的盘盈数额，贷方登记存货清查时盘盈金额和报批后冲转的盘亏毁损金额。余额可能在借方，也可能在贷方。借方余额表示待处理的财产净损失，贷方余额表示待处理的财产净利得。期末处理后本账户应无余额。

1. 盘盈

企业发生存货盘盈时，借记“原材料”、“库存商品”等科目，贷记“待处理财产损溢”科目；在按管理权限报经批准后，冲减管理费用，借记“待处理财产损溢”科目，贷记“管理费用”科目。

【例4-35】 甲企业在财产清查盘点中发现C库存商品盘盈20件，金额为1 000元。经有关部门批准后，上项盘盈的存货，属于收发错误，冲减管理费用。

(1) 盘盈时：

借：库存商品　　1 000

　　贷：待处理财产损溢——待处理流动资产损溢　　1 000

(2) 报经批准时：

借：待处理财产损溢——待处理流动资产损溢　　1 000

　　贷：管理费用　　1 000

2. 盘亏

(1) 属于计量收发差错和管理不善等原因造成的存货短缺，应先扣除残料价值、可以收回的保险赔偿和过失人赔偿，将净损失计入管理费用。

(2) 属于自然灾害等非正常原因造成的存货毁损，应先扣除处置收入（如残料价值）、可以收回的保险赔偿和过失人赔偿，将净损失计入营业外支出。

【例 4-36】 甲企业在年终财产清查盘点中发现 A 材料少了 50kg，金额为 500 元，查明原因属于管理不善造成，D 库存商品少了 20 件，金额为 1 000 元，属于由自然灾害所导致的损失。

(1) 发现盘亏时：

借：待处理财产损溢——待处理流动资产损溢　　1 500
　　贷：库存商品——D 商品　　1 000
　　　　原材料——A 材料　　500

(2) 批准后：

借：管理费用　　500
　　营业外支出　　1 000
　　贷：待处理财产损溢——待处理流动资产损溢　　1 500

注意：

(1) 存货清查分两步走：第一步是发现问题，发现账实不符，要将此事实在账上反映，调整账面金额使其与实物相符；第二步是解决问题，即查找账实不符的原因，然后报管理层批准，根据结果进行会计处理。

(2) 上例中没有考虑增值税，实务中，与非正常损失存货相关的增值税不得抵扣，应从进项税额转出。

本章小结

存货是指企业在日常活动中持有以备出售的产成品或商品、处在生产过程中的在产品、在生产过程或提供劳务过程中耗用的材料和物料等。主要包括购入尚未加工的材料物资、正在加工过程的在产品、已经加工完成入库的产成品等。

存货以其取得成本作为入账价值。

企业发出的存货可以采用实际成本核算，也可以采用计划成本核算。实际成本法下有先进先出法、加权平均法、移动加权平均法、个别计价法。计划成本法下，存货的日常收发都按计划成本核算，期末用材料成本差异将计划成本调整为实际成本。对于各种计价方法，企业可以根据实际需要选用，但一经确定不得随意变更，以保持会计数据的一致性和可比性。

存货期末应当按照成本与可变现净值孰低计量。可变现净值是指在日常活动中，存货的估计售价减去至完工时估计将要发生的成本、估计的销售费用以及相关税费后的金额。在资产负债表日，当成本低于可变现净值时，期末存货按历史成本计价；当成本高于可变现净值时，期末存货则按可变现净值计价。

存货清查是对存货的数量与质量所进行的盘点与核对，以确定存货的实存数，使账实相符。存货盘盈、盘亏的发生及处理情况通过“待处理财产损溢”账户进行监督和核算。

练习题

一、单项选择题

1. 下列各项目中，不属于存货范围的是（　　）。

A. 委托外单位加工的材料　　B. 已付货款正在运输途中的外购材料

C. 委托代销的商品　　D. 已开出发票售出但购货方尚未运走的商品

2. 下列存货发出计价的各种方法中，存货的成本流转与实物流转完全一致，最能准确反映销售成本和期末存货成本的是（　　）。

A. 先进先出法　　B. 实际成本法

C. 加权平均法　　D. 个别计价法

3. 下列各项中，不应计入存货实际成本中的是（　　）。

A. 用于继续加工的委托加工应税消费品收回时支付的消费税

B. 小规模纳税企业委托加工物资收回时所支付的增值税

C. 发出用于委托加工的物资在运输途中发生的合理损耗

D. 商品流通企业外购商品时所发生的合理损耗

4. 某企业为一般纳税人，从外地购入原材料一批，取得的增值税专用发票上注明：材料价格为10 000元，增值税为1 700元，另支付运费800元，支付装卸费200元。该材料的采购成本为（　　）元（运费可抵扣7%的增值税）。

A. 12 700　　B. 11 000　　C. 10 944　　D. 10 930

5. 企业采购过程中发生的存货短缺，应计入有关存货采购成本的是（　　）。

A. 运输途中的合理损耗　　B. 供货单位责任造成的存货短缺

C. 运输单位的责任造成的存货短缺　　D. 意外事故等非正常原因造成的存货短缺

6. 某企业为增值税小规模纳税企业，本期购入材料，取得增值税专用发票，原材料价款为50万元，增值税为8.5万元，商品在验收时发现短缺，5%的短缺属于途中合理损耗，10%的短缺尚待查明原因。则该材料入库的实际成本是（　　）万元。

A. 48.6　　B. 49.73　　C. 52.65　　D. 58.5

7. 某企业月初结存材料的计划成本为30 000元，材料成本差异为超支200元，本月入库材料的计划成本为70 000元，材料成本差异为节约700元。当月生产车间领用材料的计划成本为60 000元，当月生产车间领用材料应负担的材料成本差异为（　　）元。

A. −300　　B. 300　　C. −540　　D. 540

8. 下列各项中，应记入“其他业务成本”科目的是（　　）。

A. 出借包装物成本的摊销　　B. 出租包装物成本的摊销

C. 随同产品出售不单独计价的包装物成本　　D. 低值易耗品的摊销

9. 存货期末计价采用成本与可变现净值孰低法，体现的会计核算信息质量要求是（　　）。

A. 谨慎性　　B. 重要性　　C. 可比性　　D. 客观性

10. 某企业采用成本与可变现净值孰低法的个别比较法确定期末存货的价值。期初“存货跌价准备”科目的余额为4 400元。假设2009年12月31日三种存货的成本和可变现净值分别为：A存货成本为30 000元，可变现净值为30 000元；B存货成本为15 000元，可变现净值为 14 000 元；C 存货成本为 50 000 元，可变现净值为 48 000 元。该企业 12 月 31 日记入“资产减值损失”科目的金额为（　　）元。

A. 借方 3 000　B. 借方 1 400　C. 贷方 1 400　D. 贷方 3 000

二、多项选择题

1. 下列选项中属于企业存货确认条件的有（　　）。

A. 与该存货有关的经济利益很可能流入企业

B. 该存货的成本能够可靠计量

C. 存货未来的经济利益可以预计

D. 存货必须存放在企业内部

2. 下列属于存货的组成部分的有（　　）。

A. 委托外单位加工的物资

B. 企业的周转材料

C. 企业外购用于建造厂房的工程物资

D. 企业生产产品发生的制造费用

E. 企业已经支付购买价款，尚在运输途中的材料

3. 在我国会计实务中，下列构成存货的历史成本的有（　　）。

A. 小规模纳税企业购入货物支付的增值税

B. 支付的进口货物的关税

C. 购入货物支付价款中包含的资源税

D. 加工货物收回后直接用于销售的由委托方代收代缴的消费税

4. 一般不计入外购存货成本的费用有（　　）。

A. 运输途中的合理损耗　B. 采购人员的差旅费

C. 入库前的整理挑选费用　D. 企业供应部门和仓库的经费

5. 可以计入存货成本相关税费的有（　　）。

A. 资源税　B. 消费税

C. 可以抵扣的增值税进项税额　D. 不能抵扣的增值税进项税额

6. 下列各项中，期末应反映在企业资产负债表“存货”项目的有（　　）。

A. 生产成本　B. 委托代销商品　C. 发出商品　D. 材料成本差异

7. 下列有关存货会计处理的表述中正确的有（　　）。

A. 因自然灾害造成的存货净损失计入营业外支出

B. 由于收发计量差错引起的存货盈亏，计入管理费用

C. 一般纳税人进口原材料交纳的增值税计入相关原材料的成本

D. 由相关责任人承担的存货亏损，计入其他应收款

8. 直接出售的存货的可变现净值的影响因素有（　　）。

A. 生产成本　B. 预计售价　C. 预计销售费用　D. 预计销售税金

E. 仓储费用

9. 下列各项业务中，会引起期末存货账面价值发生增减变动的有（　　）。

A. 计提存货跌价准备　B. 已确认销售但尚未发出商品

C. 已发出商品但尚未确认销售　D. 已收到发票账单并付款，但尚未收到材料

10. 2010 年 12 月 31 日，公司库存甲材料的账面价值（成本）为 780 万元，市场购买价格总额为 740 万元，假设不发生其他购买费用，用甲材料生产的 A 产品的可变现净值为 1 250 万元，A 产品的成本为 1 150 万元。则 2010 年 12 月 31 日该公司的下列会计处理正确的有（　　）。

A. 计提存货跌价准备 40 万元

B. 不应计提存货跌价准备

C. 计提存货跌价准备后材料的账面价值为 740 万元

D. 甲材料期末应按成本计价

三、业务题

1. 甲企业为增值税一般纳税人，原材料采用实际成本计价核算，2011 年 1 月 1 日有关账户的期初余额如下：原材料 60 万元；在途物资 20 万元；委托加工物资——B 企业 10 万元；预付账款——D 企业 5 万元。

2011 年 1 月份发生如下经济业务事项：

（1）1 日，冲回上月月末暂估入账的原材料 8 万元。

（2）5 日，在途物资全部收到，验收入库。

（3）8 日，从 A 企业购入材料一批，增值税专用发票上注明的货款为 100 万元，增值税为 17 万元，另外甲企业还代垫运费 1 万元，已将运费发票转交对方，全部货款已用转账支票付清，材料验收入库。

（4）10 日，上月委托 B 企业加工的包装物（非应税消费品）加工完毕，收回并验收入库，支付加工费 2.34 万元（含税）。

（5）13 日，持银行汇票 30 万元从 C 企业购入材料一批，增值税专用发票上注明的货款为 20 万元，增值税为 3.4 万元，另支付运费 1 万元，运费中可抵扣的增值税为 0.07 万元，材料已验收入库，甲企业收回剩余票款并存入银行。

（6）18 日，收到上月月末估价入账的材料发票账单，增值税专用发票上注明的货款为 8 万元，增值税为 1.36 万元，开出银行承兑汇票承付。

（7）22 日，收到 D 企业发来的材料并验收入库。增值税专用发票上注明的货款为 30 万元，增值税为 5.1 万元，对方代垫运费 1 万元，可抵扣的增值税为 0.07 万元。为购买该批材料上月预付货款 5 万元，收到材料后用银行存款补付余额。

（8）25 日，接受某企业捐赠的 C 材料，增值税专用发票注明的价款为 10 万元，增值税为 1.7 万元。

（9）30 日，盘盈 C 材料，估计市场价格为 1 万元，经批准冲减管理费用。

（10）30 日，结转本月随同产品出售单独计价的包装物的成本 4 万元。

（11）30 日，根据“发料凭证汇总表”，1 月份基本生产车间生产领用材料 80 万元，辅助生产车间领用材料 12 万元，车间管理部门领用材料 2 万元，企业行政管理部门领用材料 3 万元。

要求（答案中的金额单位为万元）：编制甲企业上述经济业务事项的会计分录（“应交税费”科目要求写出明细科目）。

2. 甲公司 2011 年 6 月 1 日结存 A 材料 400kg，单位实际成本为 50 元。本月发生如下有关业务：

(1) 7 日，购入 A 材料 1 000kg，单位实际成本为 60 元，材料已验收入库。

(2) 15 日，发出 A 材料 800kg。

(3) 22 日，购入 A 材料 800kg，单位实际成本为 70 元，材料已验收入库。

(4) 27 日，发出 A 材料 1 100kg。

要求：根据上述资料，分别采用先进先出法、加权平均法、移动加权平均法计算 A 材料发出成本和期末结存的成本。

3. 甲企业属于增值税一般纳税人，采用计划成本法对原材料进行日常核算，材料成本差异随着每笔购入业务逐笔结转。2011 年 6 月初原材料计划成本为 100 万元，材料成本差异为贷方余额 1.88 万元，甲企业 6 月份发生以下经济业务：

(1) 3 日购入原材料一批，增值税专用发票上记载的价款为 80 万元，增值税为 13.6 万元。企业开出面额为 93.6 万元的商业承兑汇票，付款期为 3 个月，材料尚未到达。

(2) 7 日上述材料到达，验收入库，计划成本为 84 万元。

(3) 18 日用银行存款购入原材料一批，增值税专用发票上记载的价款为 120 万元，增值税为 20.4 万元，材料已验收入库，另外用银行存款支付运杂费（假设不考虑运费增值税的进项税额抵扣）、保险费 3.8 万元，原材料的计划成本为 112 万元。

(4) 29 日，购入原材料一批，已验收入库，月末发票账单未到，计划成本为 40 万元。

(5) 30 日，汇总本月领用原材料计划成本共计 130 万元，其中生产部门领用 125 万元，管理部门领用 2 万元，车间管理部门领用 3 万元。

要求（答案中的金额单位为万元）：对甲企业上述有关材料业务进行账务处理。

4. 2011 年 6 月甲公司委托丁公司加工一批应税消费品 20 万件，有关经济业务如下：

(1) 5 日，发出加工材料一批，计划成本为 600 万元，材料成本差异率为 -3%。

(2) 20 日，支付商品加工费及相关税费，加工费为 120 万元，消费税税率为 10%，该商品收回后用于连续生产应税消费品，消费税可抵扣。丁公司为一般纳税人，适用的增值税税率为 17%。

(3) 22 日，用银行存款支付往返运杂费 50 000 元。

(4) 28 日，上述商品 20 万件（每件计划成本为 35 元）加工完毕，公司已办理验收入库手续。

要求（答案中的金额单位为万元）：进行相关会计处理。

5. 甲公司对存货进行清查，清查结果及批准处理情况如下：

(1) 发现盘盈甲材料 15 件，重置成本为 40 元/件。

(2) 发现盘亏乙材料 200kg，单位实际成本为 20 元，其购进时的增值税为 680 元。

(3) 发现毁损丙产成品 6 件，每件实际成本为 100 元，其耗用的外购材料应负担的增值税税额为 102 元。

(4) 上述原因已查明，甲材料盘盈是收发计量差错造成；乙材料短缺是管理制度不健全造成；丙产成品毁损是意外事故造成，处理残料收到现金 100 元，可获保险公司赔偿 500 元，其余 102 元列为非正常损失。经股东大会批准后，对上述清查结果作出处理。

要求：对以上经济业务编制会计分录。

6. 甲公司对存货按照单项计提存货跌价准备，2011 年年末关于计提存货跌价准备的资料如下：

(1) A 商品账面余额为 240 万元，已计提存货跌价准备 20 万元。预计市场售价为 300 万元，预计销售费用和相关税金为 15 万元。

(2) B 商品账面余额为 1 000 万元，未计提存货跌价准备。库存商品 B 中，有 70% 已签订销售合同，合同价款为 730 万元；另 30% 未签订合同，预计市场销售价格为 290 万元。库存商品 B 的预计销售费用和税金共 30 万元。

(3) C 材料因生产不再需要而准备对外销售。其账面余额为 60 万元，预计销售价格为 50 万元，预计销售费用及相关税金为 5 万元，未计提跌价准备。

(4) D 材料 32 万元。全部用于生产，可生产 E 产品 100 件，E 产品每件加工成本为 2 000 元，每件一般售价为 5 000 元，假定销售税费均为销售价格的 10%。D 材料未计提存货跌价准备。

要求（答案中的金额单位为万元）：计算上述存货的期末可变现净值和应计提的跌价准备，并进行相应的账务处理。

第五章　投　资

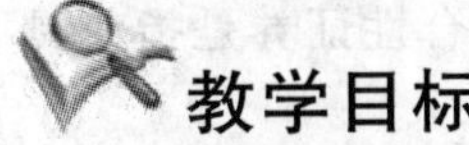

教学目标

- 了解投资的分类。
- 掌握交易性金融资产的会计处理。
- 掌握持有至到期投资的会计处理。
- 掌握实际利率法确定摊余成本的计算。
- 掌握可供出售金融资产的会计处理。
- 掌握长期股权投资的初始计量、后续计量和处置核算。
- 掌握长期股权投资的成本法和权益法核算及其转换。

第一节　投资概述

一、投资的概念

市场经济条件下，企业在正常的生产经营活动以外，还可以将资金以购买股票、债券等方式投资到其他企业，以提高获利能力。

财务会计中的投资有广义和狭义之分。广义的投资包括两大类：一是对内投资，如固定资产投资、无形资产投资等；二是对外投资，如股票投资、债券投资等。狭义的投资一般仅包括对外的权益性投资、债权性投资。本章所述的投资也仅指狭义的投资。它是企业为了获得收益或实现资本增值向被投资企业投放资金的经济行为。

企业通过证券买卖获取的投资收益包括资本利得和持有利得，资本利得主要表现为价差收入，即通过证券市场买卖证券所取得的高于原投入资金的增值部分，以使资本增值；持有利得指的是持有期间被投资方进行的股利分配或利息支付。

注意：房地产投资也属于对外投资，由《企业会计准则第 3 号——投资性房地产》对其进行规范。

二、投资的分类

企业对外进行的投资，可以有以下不同的分类：

（1）按性质划分，可以分为股权性投资、债权性投资和混合性投资。

股权性投资，是企业购买其他企业的股票或以货币资金、无形资产和其他实物资产直接投资于其他单位而获取另一企业的净资产所有权的投资，如购买上市公司的股票、兼并投资、联营投资等。股权性投资形成被投资企业的资本金，而投资企业则拥有被投资企业的股权。权益性证券的持有者即股东，一般拥有在股东大会上的表决权和领取股利的权利，但此类证券一般无还本日期，股东若无意继续持有，可依法转让给他人而收回投资。

债权性投资是指企业以购买债券等方式，取得被投资企业债权而形成的对外投资，如购买公司债券、购买国库券等均属于债权性投资。债权性投资形成被投资企业的负债，而投资企业是被投资企业的债权人。企业进行这种投资不是为了获得其他企业的剩余资产，而是为了获取高于银行存款利率的利息，并保证按期收回本息。债权性投资与对外股权投资相比，具有投资权利小、风险小等特点。

混合性投资是指企业通过购买混合性证券的方式形成的对外投资。混合性证券是指兼具股权和债权双重性质的有价证券，如优先股股票、可转换债券等。

（2）按管理层持有意图划分，可以分为交易性投资、持有至到期投资、可供出售投资、长期股权投资等。

交易性投资是指以交易为目的不准备长期持有的投资，在《企业会计准则》中称其为以公允价值计量且其变动计入当期损益的金融资产，包括交易性金融资产和出于某种需要直接指定为该类别的金融资产。

持有至到期投资是指到期日固定、回收金额固定或可确定，且企业有明确意图和能力持有至到期的投资。因为债权性投资有到期日而股权性投资无到期日，所以持有至到期投资范围限定于债权性投资。

可供出售投资是指初始确认时即被指定为可供出售以及没有划分为其他类别的金融资产投资。其他类别指的是持有至到期投资、贷款和应收款项、以公允价值计量且其变动计入当期损益的金融资产等。

长期股权投资是指企业准备长期持有的股权性投资，包括对子公司、合营企业、联营企业的投资和市场上没有报价且公允价值不能可靠计量的权益性投资。

其中，交易性投资、持有至到期投资、可供出售投资适用《企业会计准则第22号——金融工具确认和计量》等相关准则，长期股权投资则由《企业会计准则第2号——长期股权投资》规范其确认、计量和相关信息的披露。

对上述两种分类进行综合分类，如图5-1所示。

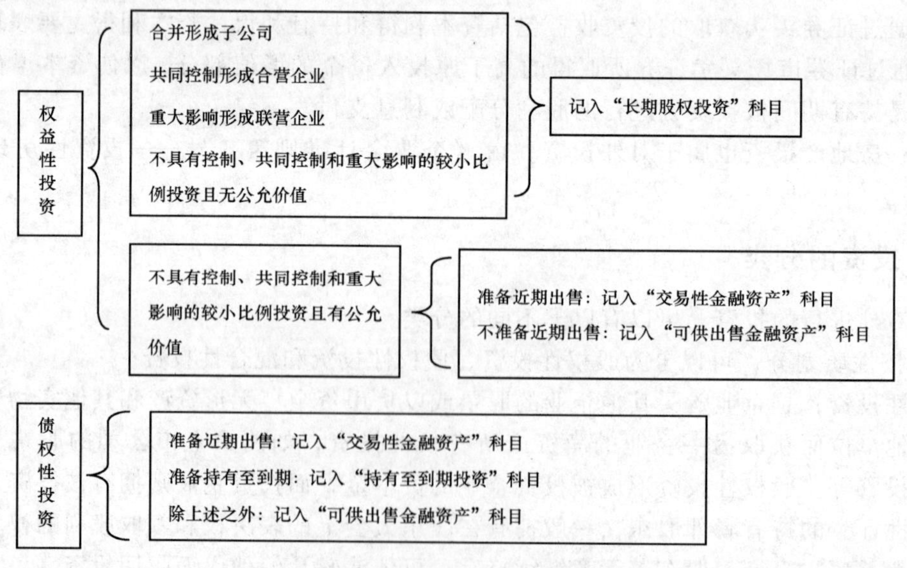

图5-1 投资的分类

第二节　以公允价值计量且其变动计入当期损益的金融资产

公允价值是指在公平交易中，熟悉情况的交易双方自愿进行资产交换或者债务清偿的金额。对于存在活跃市场的金融资产投资，应当用活跃市场中的报价确定其公允价值。活跃市场中的报价是指定期从交易所、经纪商、行业协会、定价服务机构等获得的价格，且代表了在公平交易中实际发生的市场交易的价格。金融资产不存在活跃市场的，企业应当采用估值技术确定其公允价值。

一、以公允价值计量且其变动计入当期损益的金融资产概述

以公允价值计量且其变动计入当期损益的金融资产，包括交易性金融资产和直接指定为以公允价值计量且其变动计入当期损益的金融资产。

（1）交易性金融资产主要是指企业为了近期内出售而持有的金融资产，例如，企业以赚取差价为目的从二级市场购入的股票、债券和基金等。

（2）直接指定为以公允价值计量且其变动计入当期损益的金融资产，主要是指因企业的风险管理或投资策略的需要所作的指定。在某些情况下，该指定可以消除或明显减少由于该金融资产的计量基础不同而导致的相关利得或损失在确认和计量方面不一致的情况。例如，一项金融工具可能需要一方面确认为金融资产，而另一方面引起金融负债的变化，如果金融资产划分为可供出售金融资产以公允价值计量，变动计入资本公积，而负债以摊余成本计量，这就导致计量基础不一致，最好的办法就是将二者都按照公允价值计量，变动计入当期损益，从而消除会计上的不配比。而有时是基于管理的需要，企业的风险管理或投资策略的正式书面文件已载明该金融资产组合以公允价值为基础进行管理、评价并向关键管理人员报告。例如，风险投资机构、证券投资基金或类似会计主体，其经营活动的主要目的在于从投资工具的公允价值变动中获取回报，它们在风险管理或投资策略的正式书面文件中对此也有清楚的说明。

另外，不作为有效套期的衍生金融资产也划分为该类别（有效套期保值的衍生金融资产由《企业会计准则第 24 号——套期保值》进行规范）。

注意：

（1）在活跃市场中没有报价、公允价值不能可靠计量的权益性投资，不得指定为以公允价值计量且其变动计入当期损益的金融资产，而是将其作为长期股权投资进行处理。

（2）企业在初始确认时将某金融资产划分为以公允价值计量且其变动计入当期损益的金融资产后，不能重分类为其他类金融资产；其他类金融资产也不能重分类为以公允价值计量且其变动计入当期损益的金融资产。

二、以公允价值计量且其变动计入当期损益的金融资产的会计处理

会计准则规定，交易性金融资产和直接指定为以公允价值计量且其变动计入当期损益的金融资产都通过“交易性金融资产”科目进行核算。

注意：不作为有效套期的衍生金融资产单独设置“衍生工具”科目进行核算。

（1）初始确认时，应当按照公允价值计量，相关交易费用应当直接计入当期损益。

借：交易性金融资产——成本（公允价值）

投资收益（发生的交易费用）

应收利息（已到付息期但尚未领取的利息）/应收股利（已宣告但尚未发放的现金股利）

贷：银行存款（实际支付的金额）

收到利息或股利时：

借：银行存款

贷：应收利息/应收股利

（2）交易性金融资产持有期间被投资企业宣告发放现金股利，或分期付息一次还本的债券投资在资产负债表日的应计利息。

借：应收股利/应收利息

贷：投资收益

（3）资产负债表日，交易性金融资产的公允价值高于账面余额，则

借：交易性金融资产——公允价值变动（公允价值高于账面余额的差额）

贷：公允价值变动损益

若公允价值低于其账面余额，则

借：公允价值变动损益

贷：交易性金融资产——公允价值变动（公允价值低于账面余额的差额）

（4）出售交易性金融资产。

借：银行存款（实际收到的金额）

贷：交易性金融资产——成本/公允价值变动（金融资产的账面余额）

投资收益（差额）

同时，将原计入该金融资产的公允价值变动损益转入投资收益，借记或贷记“公允价值变动损益”科目，贷记或借记“投资收益”科目。

【例5-1】 2011年6月1日，甲公司以840万元（含已宣告但尚未领取的现金股利40万元）购入乙公司股票200万股作为交易性金融资产，另支付手续费6万元，6月15日，甲公司收到现金股利40万元。2011年6月30日该股票每股市价为4.5元，2011年8月10日，乙公司宣告分派现金股利，每股0.30元，8月20日，甲公司收到分派的现金股利。至2011年12月31日，甲公司仍持有该交易性金融资产，期末每股市价为4.4元，2012年1月3日以940万元出售该交易性金融资产。假定甲公司每年6月30日和12月31日对外提供财务报告。

（1）2011年6月1日购入时：

借：交易性金融资产——成本	8 000 000	
应收股利	400 000	
投资收益	60 000	
贷：银行存款		8 460 000

（2）2011年6月15日收到股利时：

借：银行存款	400 000	

贷：应收股利　　400 000

(3) 2011 年 6 月 30 日：

借：交易性金融资产——公允价值变动　　1 000 000

贷：公允价值变动损益　　1 000 000

公允价值变动 =2 000 000 ×4.5 -8 000 000 =1 000 000（元）

(4) 2011 年 8 月 10 日宣告分派股利时：

借：应收股利　　600 000

贷：投资收益　　600 000

投资收益 =0.30 ×2 000 000 =600 000（元）

(5) 2011 年 8 月 20 日收到股利时：

借：银行存款　　600 000

贷：应收股利　　600 000

(6) 2011 年 12 月 31 日：

借：公允价值变动损益　　200 000

贷：交易性金融资产——公允价值变动　　200 000

公允价值变动 =2 000 000 ×4.5 -2 000 000 ×4.4 =200 000（元）

(7) 2012 年 1 月 3 日处置时：

借：银行存款　　9 400 000

贷：交易性金融资产——成本　　8 000 000

——公允价值变动　　800 000

投资收益　　600 000

借：公允价值变动损益　　800 000

贷：投资收益　　800 000

【例 5-2】 2011 年 1 月 1 日，甲公司从二级市场购入丙公司债券，支付价款合计为 522 万元，其中，已到付息期但尚未领取的利息为 20 万元，交易费用为 2 万元。该债券面值为 500 万元，剩余期限为 3 年，票面年利率为 8%，每半年末付息一次。甲公司将其划分为交易性金融资产。其他资料如下：

(1) 2011 年 1 月 10 日，收到丙公司债券 2010 年下半年利息 20 万元。

(2) 2011 年 6 月 30 日，丙公司债券的公允价值为 530 万元（不含利息）。

(3) 2011 年 7 月 10 日，收到丙公司债券 2011 年上半年利息。

(4) 2011 年 8 月 20 日，通过二级市场出售丙公司债券，取得价款 560 万元。

假定不考虑其他因素。甲公司的账务处理如下：

(1) 2011 年 1 月 1 日，从二级市场购入丙公司债券。

借：交易性金融资产——丙公司债券——成本　　5 000 000

应收利息——丙公司　　200 000

投资收益　　20 000

贷：银行存款　　5 220 000

(2) 2011 年 1 月 10 日，收到该债券 2010 年下半年利息 200 000 元。

借：银行存款　　200 000

贷：应收利息——丙公司 200 000

(3) 2011 年 6 月 30 日，确认丙公司债券公允价值变动 300 000 元（5 300 000 - 5 000 000）和投资收益 200 000 元（5 000 000 × 8% ÷ 2）。

借：交易性金融资产——丙公司债券——公允价值变动 300 000

贷：公允价值变动损益——丙公司债券 300 000

借：应收利息——丙公司 200 000

贷：投资收益——丙公司债券 200 000

(4) 2011 年 7 月 10 日，收到丙公司债券 2011 年上半年的利息。

借：银行存款 200 000

贷：应收利息——丙公司 200 000

(5) 2011 年 8 月 20 日，通过二级市场出售丙公司债券。

借：银行存款 5 600 000

贷：交易性金融资产——丙公司债券——成本 5 000 000

——公允价值变动 300 000

投资收益——丙公司债券 300 000

同时：

借：公允价值变动损益——丙公司债券 300 000

贷：投资收益——丙公司债券 300 000

第三节 持有至到期投资

一、持有至到期投资概述

（一）含义

持有至到期投资是指到期日固定、回收金额固定或可确定，且企业有明确意图和能力持有至到期的非衍生金融资产。例如，企业从二级市场上购入的国库券或企业债券等，准备持有至到期，符合持有至到期投资条件的，可以划分为持有至到期投资。

注意：企业购入的股权投资，因为没有固定的到期日，不能划分为持有至到期投资。

将投资划分为持有至到期投资必须具备以下三个条件：

1. 到期日固定、回收金额固定或可确定

该条件要求投资合约中必须明确投资者在确定期间内会获得或应收取的现金流量（如投资利息和本金等）。

2. 有明确意图持有至到期

该条件要求投资者在取得投资时持有至到期的意图就是明确的。如果投资者准备持有该金融资产的期限不确定或者可能会随着市场利率、替代投资机会、外汇风险等环境的变化而改变持有期间，则表明企业没有明确意图将金融资产投资持有至到期。

注意：

(1) 当该金融资产的发行方可以按照明显低于其摊余成本的金额清偿时，投资者也不能将其划分为持有至到期投资。

（2）对于发行方可以赎回的债务工具，例如，可赎回债券，如果发行方即使行使赎回权，投资者仍可收回其几乎所有初始净投资（含支付的溢价和交易费用），那么投资者可以将此类投资划分为持有至到期；对于投资者有权要求发行方赎回的债务工具投资，投资者不能将其划分为持有至到期投资。

（3）对投资者持有意图判断时，不考虑企业所不能控制、预期不会重复发生且难以合理预计的独立事件。

3. 有能力持有至到期

该条件要求企业有足够的财力资源，能够不受外部因素影响将投资持有至到期。

注意：当受法律、行政法规的限制，企业难以将该金融资产持有至到期时，不得将其划分为持有至到期投资。

企业应当于每个资产负债表日对持有至到期投资的意图和能力进行评价。发生变化的，应当将其重分类为可供出售金融资产进行处理。

（二）计量原则

一般情况下，企业购入债券的买价和面值不一致，当买价高于面值时，其差额称为溢价，实际上是由于票面利率高于市场实际利率，企业以后多获得利息而支付的代价；当买价低于面值时，其差额称为折价，实际上是由于票面利率低于市场实际利率，企业以后少获得利息而预先得到的补偿。溢折价是对利息的一种调整，在持有期间应对其进行分摊。《企业会计准则》规定，持有至到期投资应当采用实际利率法，按摊余成本计量其实际利息收入。

1. 实际利率法

实际利率法是按照摊余成本和实际利率计算确定利息收入，并以该利息收入与当期按票面利率计算的应收未收利息的差额对期末摊余成本进行调整的一种方法。

实际利率是指将金融资产在预期存续期间或适用的更短期间内的未来现金流量，折现为该金融资产当前账面价值所使用的利率，即折现率，也是内含报酬率。企业在初始确认以摊余成本计量的金融资产时，就应当计算确定实际利率，并在相关金融资产预期存续期间或适用的更短期间内保持不变。

注意：当实际利率与票面利率差别很小时，也可以按票面利率计算利息收入，计入投资收益。

2. 摊余成本

金融资产的摊余成本，是指该金融资产的初始确认金额经下列调整后的结果：

（1）扣除已偿还的本金。

（2）加上或减去采用实际利率法将该初始确认金额与到期日金额之间的差额进行摊销形成的累计摊销额。

（3）扣除已发生的减值损失。

注意：对持有至到期投资而言，摊余成本与其账面价值一致。对于可供出售金融资产而言，当公允价值发生变化时，摊余成本和账面价值有可能会出现不一致的情况。

二、持有至到期投资的会计处理

1. 初始计量

持有至到期投资应按取得时的公允价值和相关交易费用之和作为初始确认金额。如果支付的价款中包含已到付息期但尚未领取的利息，则应单独作为应收项目。

借：持有至到期投资——成本（面值）

　　应收利息（已到付息期但尚未领取的利息）

　　贷：银行存款（实际支付的金额）

　　　　持有至到期投资——利息调整（差额）

若实际支付的金额小于面值和应收利息，则“持有至到期投资——利息调整”应在借方反映。

2. 资产负债表日利息收入的确认

持有至到期投资最常见的有两类：一是分期付息、一次还本债券；二是到期一次还本付息债券。不同种类的债券会影响到利息收入的确认。

分期付息、一次还本的债券，应按票面利率乘以面值计算确定的应收未收利息，借记“应收利息”科目，按摊余成本和实际利率确定的利息收入，贷记“投资收益”科目，按其差额，借记或贷记“持有至到期投资——利息调整”科目。

到期一次还本付息的债券，应按票面利率乘以面值计算确定的应收未收利息，借记“持有至到期投资——应计利息”科目，按摊余成本和实际利率计算确定的利息收入，贷记“投资收益”科目，按其差额，借记或贷记“持有至到期投资——利息调整”科目。

3. 持有至到期投资的处置

处置持有至到期投资时，应将所取得的价款与该投资账面价值之间的差额计入投资收益。出售持有至到期投资，应按实际收到的金额，借记“银行存款”等科目，按其账面余额，贷记“持有至到期投资——成本、利息调整、应计利息”科目，按其差额，贷记或借记“投资收益”科目。已计提减值准备的，还应同时结转减值准备。

【例 5-3】 甲公司于 2011 年 1 月 2 日从证券市场上购入 A 公司于 2011 年 1 月 1 日发行的 4 年期分期付息债券，购入债券的面值为 2 000 万元，实际支付价款为 1 905.54 万元，另支付相关费用 20 万元，该债券票面年利率为 4%，经计算，实际年利率为 5.05%，到期日为 2015 年 1 月 1 日。甲企业购入后将其划分为持有至到期投资。假定该债券为分期付息，每年 1 月 5 日支付上年利息，到期日一次归还本金和最后一次利息，按年计提利息。假定不考虑所得税、减值损失等因素。实际利率法下持有至到期投资摊余成本及利息收入计算如表 5-1 所示。

表 5-1　实际利率法下持有至到期投资摊余成本及利息收入计算　　单位：元

日　期	利息现金流入 a	实际利息收入 b = 期初 $d \times 5.05\%$	本期增加的本金 $c = b - a$	摊余成本余额 d = 期初 $d + c$
2011. 1. 2				19 255 400
2011. 12. 31	800 000	972 397. 70	172 397. 70	19 427 797. 70
2012. 12. 31	800 000	981 103. 78	181 103. 78	19 608 901. 48
2013. 12. 31	800 000	990 249. 52	190 249. 52	19 799 151. 00
2014. 12. 31	800 000	1 000 849. 00	200 849. 00	20 000 000
合　计	3 200 000	3 944 600	744 600	

(1) 2011年1月2日:

借: 持有至到期投资——成本 20 000 000

　　贷: 银行存款 19 255 400

　　　　持有至到期投资——利息调整 744 600

(2) 2011年12月31日:

借: 应收利息 800 000

　　持有至到期投资——利息调整 172 397.70

　　贷: 投资收益 972 397.70

(3) 2012年1月5日:

借: 银行存款 800 000

　　贷: 应收利息 800 000

(4) 2012年12月31日:

借: 应收利息 800 000

　　持有至到期投资——利息调整 181 103.78

　　贷: 投资收益 981 103.78

(5) 2013年1月5日:

借: 银行存款 800 000

　　贷: 应收利息 800 000

(6) 2013年12月31日:

借: 应收利息 800 000

　　持有至到期投资——利息调整 190 249.52

　　贷: 投资收益 990 249.52

(7) 2014年1月5日:

借: 银行存款 800 000

　　贷: 应收利息 800 000

(8) 2014年12月31日:

借: 应收利息 800 000

　　持有至到期投资——利息调整 200 849

　　贷: 投资收益 1 000 849

(9) 2015年1月1日:

借: 银行存款 20 800 000

　　贷: 持有至到期投资——成本 20 000 000

　　　　应收利息 800 000

本例中实际利率为5.05%，计算过程如下:

$80/(1+r)+80/(1+r)^2+80/(1+r)^3+80/(1+r)^4+2\,000/(1+r)^4=1\,925.54$(万元)

由此计算得出，$r=5.05\%$。

假定该债券为到期一次还本付息。计算该债券的实际利率:

持有至到期投资的成本 $=1\,905.54+20=1\,925.54$ (万元)

$(2\,000\times4\%\times4+2\,000)\times(1+r)^{-4}=1\,925.54$(万元)

由此计算得出，$r=4.77\%$。实际利率法下持有至到期投资摊余成本及利息收入计算如表5-2所示。

表5-2 实际利率法下持有至到期投资摊余成本及利息收入计算 单位：元

日期	利息现金流入 a	实际利息收入 b = 期初 $d\times4.77\%$	本期增加的本金 $c=b-a$	摊余成本余额 d = 期初 $d+c$
2011.1.2				19 255 400
2011.12.31	0	918 482.58	918 482.58	20 173 882.58
2012.12.31	0	962 294.20	962 294.20	21 136 176.78
2013.12.31	0	1 008 195.63	1 008 195.63	22 144 372.41
2014.12.31	3 200 000	1 055 627.59①	-2 144 372.41	20 000 000
合计		3 944 600	744 600	

① 尾数调整：20 000 000 + 3 200 000 - 22 144 372.41 = 1 055 627.59（元）

根据表5-2中的数据，甲公司的有关账务处理如下：

(1) 2011年1月2日，购入A公司债券。

借：持有至到期投资——成本 20 000 000
　　贷：银行存款 19 255 400
　　　　持有至到期投资——利息调整 744 600

(2) 2011年12月31日，确认A公司债券实际利息收入。

借：持有至到期投资——应计利息 800 000
　　　　　　　　　——利息调整 118 482.58
　　贷：投资收益——A公司债券 918 482.58

(3) 2012年12月31日，确认A公司债券实际利息收入。

借：持有至到期投资——应计利息 800 000
　　　　　　　　　——利息调整 162 294.20
　　贷：投资收益——A公司债券 962 294.20

(4) 2013年12月31日，确认A公司债券实际利息收入。

借：持有至到期投资——A公司债券——应计利息 800 000
　　　　　　　　　　　　　　　——利息调整 208 195.63
　　贷：投资收益——A公司债券 1 008 195.63

(5) 2014年12月31日，确认A公司债券实际利息收入。

借：持有至到期投资——A公司债券——应计利息 800 000
　　　　　　　　　　　　　　　——利息调整 255 627.59
　　贷：投资收益——A公司债券 1 055 627.59

(6) 2014年12月31日，收回债券本金和票面利息。

借：银行存款 23 200 000
　　贷：持有至到期投资——成本 20 000 000
　　　　　　　　　　　——应计利息 3 200 000

三、持有至到期投资减值

(1) 持有至到期投资以摊余成本进行后续计量，有客观证据表明其发生减值时，应当将该金融资产的账面价值与预计未来现金流量现值之间的差额，确认为减值损失，计入当期损益。

注意：在计算未来现金流量现值时，应当按照初始确认时的实际利率折现。

(2) 对于存在大量性质类似且以摊余成本后续计量金融资产的企业，在考虑金融资产减值测试时，应当先将单项金额重大的金融资产区分开，单独进行减值测试。如有客观证据表明其已发生减值，应当确认减值损失，计入当期损益。

对单项金额不重大的金融资产，可以单独进行减值测试，或包括在具有类似信用风险特征的金融资产组合中进行减值测试。单独测试未发现减值的金融资产（包括单项金额重大和不重大的金融资产）应当包括在具有类似信用风险特征的金融资产组合中再进行减值测试。已单项确认减值损失的金融资产，不应包括在具有类似信用风险特征的金融资产组合中进行减值测试。

实务中，企业可以根据具体情况确定单项金额重大的标准。该项标准一经确定，不得随意变更。

(3) 对持有至到期投资确认减值损失后，如有客观证据表明该金融资产价值已恢复，且客观上与确认该损失发生的事项有关（如债务人的信用评级已提高等），应在原确认的减值损失范围内按已恢复的金额予以转回，计入当期损益。

但是，转回后的账面价值不应当超过假定不计提减值准备情况下该金融资产在转回日的摊余成本。

(4) 持有至到期投资确认减值损失后，利息收入应当按照减值损失时对未来现金流量进行折现采用的折现率作为利率计算确认。

(5) 账务处理。持有至到期投资发生减值的，按应减记的金额，借记“资产减值损失”科目，贷记“持有至到期投资减值准备”科目。如有客观证据表明该金融资产价值已恢复，应在原确认的减值损失范围内按已恢复的金额，借记“持有至到期投资减值准备”等科目，贷记“资产减值损失”等科目。

【例5-4】 甲公司2011年年末对持有至到期投资进行减值测试，发现一项面值为2 000 000元的持有至到期投资发生减值，只能收回60%的本金和以后各期的利息，该债券还有2年到期，票面年利率为4%，初始确认时实际利率为5%，2011年年末其摊余成本为1 950 000元。

该债券预计收回本金 = 2 000 000 × 60% = 1 200 000（元）

该债券预计每期收回的利息 = 2 000 000 × 4% = 80 000（元）

该债券预计未来现金流量现值 $= 80\ 000/(1+5\%) + 80\ 000/(1+5\%)^2 + 1\ 200\ 000/(1+5\%)^2 = 1\ 237\ 188.21$（元）

该债券减值损失 = 1 950 000 − 1 237 188.21 = 712 811.79（元）

借：资产减值损失　　712 811.79

　贷：持有至到期投资减值准备　　712 811.79

第四节 可供出售金融资产

一、可供出售金融资产概述

1. 含义

可供出售金融资产是指初始确认时即被指定为可供出售的非衍生金融资产，以及没有划分为持有至到期投资、贷款和应收款项、以公允价值计量且其变动计入当期损益的金融资产。

注意：

(1) 对于公允价值能够可靠计量的金融资产，企业可以将其直接指定为可供出售金融资产。例如，在活跃市场上有报价的股票投资、债券投资等。

(2) 如企业没有将其划分为其他三类金融资产，则应将其作为可供出售金融资产处理。

(3) 相对于交易性金融资产而言，可供出售金融资产的持有意图不明确。

2. 计量原则

可供出售金融资产应当按照公允价值计量，可供出售金融资产公允价值变动形成的利得或损失，除减值损失和外币货币性金融资产形成的汇兑差额需分析处理外，应当直接计入所有者权益（资本公积），在该金融资产终止确认时转出，计入当期损益。

二、可供出售金融资产会计处理

（一）初始计量

1. 企业取得的可供出售金融资产为权益工具

借：可供出售金融资产——成本（公允价值与交易费用之和）

　　应收股利（支付价款中包含的已宣告但尚未发放的现金股利）

　　贷：银行存款

2. 企业取得的可供出售金融资产为债券投资

借：可供出售金融资产——成本

　　应收利息（支付价款中包含的已到付息期但尚未领取的利息）

　　贷：银行存款（实际支付的金额）

　　　　可供出售金融资产——利息调整（差额）[㊀]

注意：可供出售金融资产与以公允价值计量且其变动计入当期损益的金融资产的会计处理存在类似之处，例如，均要求按公允价值进行后续计量。但是，也有一些不同之处，例如，可供出售金融资产取得时发生的交易费用应当计入初始入账金额、可供出售金融资产后续计量时公允价值变动计入所有者权益、可供出售外币股权投资因资产负债表日汇率变动形成的汇兑损益计入所有者权益等。

（二）后续计量

1. 可供出售金融资产持有收益的确认

㊀ 若实际支付的金额小于成本与应收利息之和，“可供出售金融资产——利息调整”科目则在借方反映。

可供出售金融资产为权益工具时，持有期间被投资企业宣告发放现金股利，按应享有的份额，借记“应收股利”科目，贷记“投资收益”科目。

可供出售金融资产为债券时，与持有至到期投资的会计处理相同，债券为分期付息、一次还本的，应按票面利率计算确定应收未收利息，借记“应收利息”科目，按可供出售债券的摊余成本和实际利率计算确定利息收入，贷记“投资收益”科目，按其差额，借记或贷记“可供出售金融资产——利息调整”科目。

可供出售金融资产为一次还本付息债券投资的，应按票面利率计算确定应收未收利息，借记“可供出售金融资产——应计利息”科目，按可供出售债券的摊余成本和实际利率计算确定利息收入，贷记“投资收益”科目，按其差额，借记或贷记“可供出售金融资产——利息调整”科目。

2. 可供出售金融资产期末计量

资产负债表日，可供出售金融资产的公允价值高于其账面余额的差额，借记“可供出售金融资产——公允价值变动”科目，贷记“资本公积——其他资本公积”科目；公允价值低于其账面余额的差额作相反的会计分录。

注意：由于公允价值变动的存在，可供出售金融资产的账面价值与摊余成本不再一致。

（三）处置

出售可供出售金融资产，应按实际收到的金额，借记“银行存款”等科目，按其账面余额，贷记“可供出售金融资产——成本、公允价值变动、利息调整、应计利息”科目，按应从所有者权益中转出的公允价值累计变动额，借记或贷记“资本公积——其他资本公积”科目，按其差额，贷记或借记“投资收益”科目。

【例5-5】 2011年5月9日，甲公司以1 000万元通过证券交易所购入乙公司股票125万股作为可供出售金融资产，占被投资企业股份的3%，不具有重大影响，另支付相关手续费5万元，2011年6月30日该股票每股市价为7.5元，2011年7月2日，乙公司宣告分派现金股利，每股0.3元，7月20日，甲公司收到分配的现金股利，至12月31日，甲公司仍持有该投资，期末每股市价为8.5元，2012年1月10日以1 100万元出售该投资。假定甲公司对外提供半年报和年报。

(1) 2011年5月9日，购入乙公司股票。

借：可供出售金融资产——成本　　10 050 000

　　贷：银行存款　　10 050 000

(2) 2011年6月30日，公允价值变动为-675 000元（1 250 000×7.5-10 050 000）。

借：资本公积——其他资本公积　　675 000

　　贷：可供出售金融资产——公允价值变动　　675 000

(3) 2011年7月2日，确认投资收益375 000元（1 250 000×0.3）。

借：应收股利　　375 000

　　贷：投资收益　　375 000

(4) 2011年7月20日，收到乙公司发放的现金股利。

借：银行存款　　375 000

　　贷：应收股利　　375 000

(5) 2011年12月31日，股票公允价值变动为1 250 000元((8.5-7.5)×1 250 000)。

借：可供出售金融资产——公允价值变动 1 250 000

贷：资本公积——其他资本公积 1 250 000

（6）2012 年 1 月 10 日，出售乙公司股票。

借：银行存款 11 000 000

贷：可供出售金融资产——成本 10 050 000

可供出售金融资产——公允价值变动 575 000

投资收益——乙公司股票 375 000

同时：

借：资本公积——其他资本公积 575 000

贷：投资收益——乙公司股票 575 000

应从所有者权益中转出的公允价值累计变动额 = 1 250 000 - 675 000 = 575 000（元）

【例 5-6】 甲企业于 2011 年 1 月 2 日从证券市场上购入 A 企业于 2011 年 1 月 1 日发行的 4 年期分期付息债券，该债券票面年利率为 4%，经计算，实际年利率为 5.05%，甲企业购入债券的面值为 2 000 万元，实际支付价款为 1 905.54 万元，另支付相关费用 20 万元。甲企业购入后将其划分为可供出售金融资产。假定该债券为分期付息，每年 1 月 5 日支付上年利息，到期日一次归还本金和最后一次利息，按年计提利息。2011 年 12 月 31 日其公允价值为 19 500 000 元。2012 年 1 月 10 日将该债券出售，收到款项 19 600 000 元存入银行。假定不考虑所得税、减值损失等因素。

（1）2011 年 1 月 2 日：

借：可供出售金融资产——成本 20 000 000

贷：银行存款 19 255 400

可供出售金融资产——利息调整 744 600

（2）2011 年 12 月 31 日：

借：应收利息 800 000

可供出售金融资产——利息调整 172 397.7

贷：投资收益 972 397.7

借：可供出售金融资产——公允价值变动 72 202.3

贷：资本公积——其他资本公积 72 202.3

公允价值变动 = 19 500 000 -（20 000 000 - 744 600 + 172 397.7）= 72 202.3（元）

（3）2012 年 1 月 5 日：

借：银行存款 800 000

贷：应收利息 800 000

（4）2012 年 1 月 10 日：

借：银行存款 19 600 000

可供出售金融资产——利息调整 572 202.3

贷：可供出售金融资产——成本 20 000 000

——公允价值变动 72 202.3

投资收益 100 000

借：资本公积——其他资本公积 72 202.3

贷：投资收益 72 202.3

三、可供出售金融资产减值

判断可供出售金融资产是否发生减值，应当注重该金融资产公允价值是否持续下降。如果其公允价值较大幅度下降，而且预期这种下降趋势是非暂时性的，则应该认定该投资已经发生减值，确认减值损失。

在确认减值损失时，应将原来直接计入所有者权益的公允价值下降形成的累计损失一并转出，计入减值损失。按应减记的金额，借记“资产减值损失”科目，按应从所有者权益中转出原计入资本公积的累计损失金额，贷记“资本公积——其他资本公积”科目，按其差额，贷记“可供出售金融资产减值准备”或“可供出售金融资产——公允价值变动”科目。

对于已确认减值损失的可供出售债务工具，在随后的会计期间公允价值上升，且客观上与确认原减值损失后发生的事项有关的，原确认的减值损失应当予以转回，计入当期损益，应按原确认的减值损失范围内已恢复的金额，借记“可供出售金融资产减值准备”或“可供出售金融资产——公允价值变动”等科目，贷记“资产减值损失”科目。

对于可供出售权益工具投资发生的减值损失，在该权益工具价值回升时，应通过权益转回，不得通过损益转回，借记“可供出售金融资产减值准备”等科目，贷记“资本公积——其他资本公积”科目。

注意：在活跃市场中没有报价且其公允价值不能可靠计量的权益工具投资（股票），已计提的减值损失不得转回，与长期股权投资减值的会计处理一致。

【例 5-7】 2009 年 1 月 1 日，甲公司按面值购入乙公司公开发行的债券 3 万张，每张面值 100 元，票面年利率为 3%，划为可供出售金融资产。

2009 年 12 月 31 日，该债券的市场价格为每张 99 元。

2010 年，乙公司发生严重财务困难，但仍可支付该债券当年的票面利息。2010 年 12 月 31 日，该债券的公允价值下降为每张 80 元。甲公司预计，如乙公司不采取措施，该债券的公允价值预计会持续下跌。

2011 年，乙公司调整产品结构并整合其他资源，致使上年发生的财务困难大为好转。2011 年 12 月 31 日，该债券的公允价值已上升至每张 95 元。

假定甲公司初始确认该债券时计算确定的债券实际利率为 3%，且不考虑其他因素，则甲公司有关的账务处理如下：

（1）2009 年 1 月 1 日购入债券。

借：可供出售金融资产——成本 3 000 000

　贷：银行存款 3 000 000

（2）2009 年 12 月 31 日确认利息、公允价值变动。

借：应收利息 90 000

　贷：投资收益 90 000

借：银行存款 90 000

　贷：应收利息 90 000

借：资本公积——其他资本公积 30 000

贷：可供出售金融资产——公允价值变动 30 000

(3) 2010 年 12 月 31 日确认利息收入及减值损失。

借：应收利息 90 000

贷：投资收益 90 000

借：银行存款 90 000

贷：应收利息 90 000

借：资产减值损失 600 000

贷：可供出售金融资产——公允价值变动 570 000

资本公积——其他资本公积 30 000

由于该债券的公允价值预期会持续下跌，甲公司应确认减值损失。

(4) 2011 年 12 月 31 日确认利息收入及减值损失回转。

应确认的利息收入 =（期初摊余成本 3 000 000 - 发生的减值损失 600 000）×3%
=72 000（元）

借：应收利息 90 000

贷：投资收益 72 000

可供出售金融资产——利息调整 18 000

借：银行存款 90 000

贷：应收利息 90 000

减值损失回转前，该债券的摊余成本 =3 000 000 - 600 000 - 18 000 =2 382 000（元）

2011 年 12 月 31 日，该债券的公允价值 =2 850 000（元）

应转回的金额 =2 850 000 - 2 382 000 =468 000（元）

借：可供出售金融资产——公允价值变动 468 000

贷：资产减值损失 468 000

四、金融资产之间重分类的处理

1. 重分类的相关规定

企业在金融资产初始确认时对其进行分类后，不得随意变更，具体应按如下规定处理：

(1) 企业在初始确认时将某金融资产划分为以公允价值计量且其变动计入当期损益的金融资产后，不能重分类为其他类金融资产；其他类金融资产也不能重分类为以公允价值计量且其变动计入当期损益的金融资产。

(2) 企业因持有意图或能力的改变，使某项投资不再适合划分为持有至到期投资的，应当将其重分类为可供出售金融资产。

若企业在到期前处置或重分类持有至到期投资的比重较大（相对于该类投资而言），则应在处置或重分类后立即将其剩余部分（即全部持有至到期投资扣除已处置或重分类部分）重分类为可供出售金融资产。但是，下列情况除外：

1) 出售日或重分类日距该项投资到期日或赎回日较近（如 3 个月内到期），且市场利率变化对该项投资的公允价值没有显著影响。

2) 根据合同约定的偿付方式，企业已收回几乎所有的初始本金。

3) 出售或重分类是由于企业无法控制、预期不会重复发生且难以合理预计的独立事件所引起的。

2. 重分类的会计处理

不再适合划分为持有至到期投资，将其重分类为可供出售金融资产的，应以公允价值进行后续计量。重分类日，该投资的账面价值与其公允价值之间的差额计入所有者权益，在该可供出售金融资产发生减值或终止确认时转出，计入当期损益。

应在重分类日，按持有至到期投资的公允价值，借记“可供出售金融资产——成本”科目，按其账面余额，贷记“持有至到期投资——成本、利息调整、应计利息”科目，按其差额，贷记或借记“资本公积——其他资本公积”科目。已计提减值准备的，还应同时结转减值准备，借记“持有至到期投资减值准备”科目，贷记“资本公积——其他资本公积”科目。

【例 5-8】 2012 年 7 月 1 日，甲公司为缓解资金紧张，通过深圳证券交易所将其拥有的 100 000 张 B 公司债券按每张债券 101 元出售 60%。当日，每份 B 公司债券的公允价值为 101 元、摊余成本为 100 元。

(1) 2012 年 7 月 1 日，出售 B 公司债券 60 000 份。

借：银行存款　　6 060 000

　　贷：持有至到期投资——B 公司债券——成本、利息调整　　6 000 000

　　　　投资收益——B 公司债券　　60 000

(2) 2012 年 7 月 1 日，将剩余的 40 000 份 B 公司债券重分类为可供出售金融资产。

借：可供出售金融资产——B 公司债券——成本　　4 040 000

　　贷：持有至到期投资——B 公司债券——成本、利息调整　　4 000 000

　　　　资本公积——其他资本公积——B 公司债券——公允价值变动　　40 000

第五节 长期股权投资

一、长期股权投资概述

长期股权投资是指企业准备长期持有的权益性投资。

本章涉及的长期股权投资是指应当按照《企业会计准则第 2 号——长期股权投资》进行核算的权益性投资，具体包括以下几个方面：

一是投资企业能够对被投资企业实施控制的权益性投资，即对子公司投资。控制是指有权决定一个企业的财务和经营政策，并能据以从该企业的经营活动中获取利益。

二是投资企业与其他合营方一同对被投资企业实施共同控制的权益性投资，即对合营企业投资。共同控制是指按照合同约定对某项经济活动共有的控制。合营企业的特点是，合营各方均受到合营合同的限制和约束。一般在合营企业设立时，合营各方在投资合同或协议中约定在所设立合营企业的重要财务和生产经营决策制定过程中，必须由合营各方均同意才能通过。

三是投资企业对被投资企业具有重大影响的权益性投资，即对联营企业投资。重大影响是指对一个企业的财务和经营政策有参与决策的权力，但并不能够控制或者与其他方共同控制这些政策的制定。实务中，较为常见的重大影响体现为在被投资企业的董事会或类似权力机构中派有代表，通过在被投资企业生产经营决策制定过程中的发言权实施重大影响。

四是投资企业持有的对被投资企业不具有控制、共同控制或重大影响，并且在活跃市场中没有报价、公允价值不能可靠计量的权益性投资。

除以上四类权益性投资以外，其他的权益性投资，包括为交易目的持有的权益性投资及投资企业对被投资企业不具有控制、共同控制或重大影响、在活跃市场中有报价、公允价值能够可靠计量的权益性投资等，应当按照《企业会计准则第 22 号——金融工具确认和计量》的规定核算。

根据取得长期股权投资的不同方式，也可以将其分为两类：一是合并形成的长期股权投资，指的是一个企业投资于另一个企业，投资企业控制被投资企业，形成母子公司的股权投资；二是除企业合并以外其他方式取得的长期股权投资，即形成合营企业、联营企业和不具有控制、共同控制和重大影响的较小比例投资，也就是不形成母子公司的一般性的长期股权投资。下面以此分类阐述长期股权投资的确认和计量。

二、长期股权投资的初始计量

（一）除企业合并外以其他方式取得的长期股权投资

除企业合并形成的长期股权投资外，其他方式取得的长期股权投资，应当按照以下要求确定初始投资成本：

1. 以支付现金取得的长期股权投资

应当按照实际支付的购买价款作为初始投资成本，包括购买过程中支付的手续费等必要支出，但所支付价款中包含的被投资企业已宣告但尚未发放的现金股利或利润不构成取得长期股权投资的成本，应作为应收项目核算。

【例 5-9】 甲公司于 2011 年 5 月 10 日，自公开市场中买入乙公司 20% 的股份，实际支付价款 8 000 万元，其中 200 万元为已宣告尚未支付的股利。在购买过程中另支付手续费等相关费用 10 万元。该股份取得后能够对乙公司施加重大影响。

借：长期股权投资——乙公司——成本	78 100 000	
应收股利	2 000 000	
贷：银行存款		80 100 000

2. 以发行权益性证券方式取得的长期股权投资

以发行权益性证券方式取得的长期股权投资成本为所发行权益性证券的公允价值。但不包括应自被投资企业收取的已宣告但尚未发放的现金股利或利润。

为发行权益性证券支付给有关证券承销机构等的手续费、佣金等与权益性证券发行直接相关的费用，不构成取得长期股权投资的成本。该部分费用属于融资费用，应自权益性证券的溢价发行收入中扣除，权益性证券的溢价收入不足冲减的，应冲减盈余公积和未分配利润。

【例 5-10】 2011 年 5 月，甲公司通过增发 1 000 万股本企业普通股作为对价从乙公司的股东手里取得对乙公司 20% 的股权。该 1 000 万股普通股每股面值 1 元，每股市价 5 元。为增发该部分普通股，甲公司支付了 200 万元的佣金和手续费。取得乙公司该部分股权后，甲公司能够对乙公司施加重大影响。

本例中甲公司应当以所发行股份的公允价值作为取得长期股权投资的成本。

借：长期股权投资——乙公司——成本　　50 000 000

　　贷：股本　　10 000 000

　　　　资本公积——股本溢价　　40 000 000

借：资本公积——股本溢价　　2 000 000

　　贷：银行存款　　2 000 000

3. 投资者投入的长期股权投资

投资者投入的长期股权投资是指投资者以其持有的对第三方的股权投资作为出资投入企业。

接受投资的企业在确定所接受的长期股权投资的成本时，原则上应按照投资各方在投资合同或协议中约定的价值作为其初始投资成本。如果合同或协议中约定的价值明显高于或低于该项投资公允价值的，应以公允价值作为长期股权投资的初始投资成本，由该项出资构成实收资本（或股本）的部分与确认的长期股权投资初始投资成本之间的差额，相应调整资本公积（资本溢价）。

【例5-11】 甲公司以其持有的对A公司的长期股权投资作为出资，在乙公司增资扩股的过程中投入乙公司，取得乙公司1 000万股普通股（每股面值为1元），占其股本的5%，不能对其产生重大影响。协议约定该项长期股权投资价值为5 000万元，该项投资没有市价，经估值，该价格公允。

乙公司的账务处理为：

借：长期股权投资——A公司　　50 000 000

　　贷：股本　　10 000 000

　　　　资本公积——股本溢价　　40 000 000

（二）企业合并形成的长期股权投资

企业合并形成的长期股权投资，应区分企业合并的类型，区分同一控制下控股合并与非同一控制下控股合并确定长期股权投资的成本。

1. 同一控制下的企业合并

同一控制下的企业合并是指参与合并的企业在合并前后均受同一方或相同的多方最终控制。由于受同一方控制，合并双方属于同一利益集团，其合并行为属于集团内权益整合，因此，同一控制下的企业合并以账面价值为计量基础。

合并方应当在合并日按照取得被合并方所有者权益账面价值的份额作为长期股权投资的初始投资成本。

合并方以支付现金、转让非现金资产或承担债务方式作为合并对价的，长期股权投资的初始投资成本与支付的现金、转让的非现金资产与所承担债务账面价值之间的差额，应当调整资本公积；资本公积不足冲减的，调整留存收益。

合并方以发行权益性证券作为合并对价的，应按发行股份的面值总额作为股本，长期股权投资初始投资成本与所发行股份面值总额之间的差额，应当调整资本公积；资本公积不足冲减的，调整留存收益。合并方发生的审计、法律服务、评估咨询等中介费用以及其他相关管理费用，于发生时计入当期损益。

合并方在合并日按取得被合并方所有者权益账面价值的份额，借记“长期股权投资”科目，按应享有被投资企业已宣告但尚未发放的现金股利或利润，借记“应收股利”科目，按支付的合并对价的账面价值，贷记有关资产或负债科目，按其差额，贷记“资本公积——资本溢价或股本溢价”科目；如为借方差额，应借记“资本公积——资本溢价或股本溢价”科目，资本公积（资本溢价或股本溢价）不足冲减的，借记“盈余公积”、“利润分配——未分配利润”科目。上述业务如以发行权益性证券方式进行，应按发行权益性证券的面值总额，贷记“股本”科目。

确定同一控制下企业合并形成的长期股权投资时，若合并方与被合并方适用的会计政策不同，应首先统一合并方与被合并方的会计政策。在按照合并方的会计政策对被合并方资产、负债的账面价值进行调整的基础上，计算确定长期股权投资的初始投资成本。

【例 5-12】 2011 年 6 月 20 日，甲公司以银行存款 2 500 万元及一项土地使用权取得其母公司控制的乙公司 80% 的股权，并于当日起能够对乙公司实施控制。合并日，该土地使用权的账面原值为 4 000 万元，公允价值为 6 500 万元；乙公司净资产的账面价值为 8 000 万元，公允价值为 9 500 万元。假定甲公司与乙公司的会计年度和采用的会计政策相同，不考虑其他因素。

借：长期股权投资——乙公司　　64 000 000
　　资本公积——股本溢价　　1 000 000
　贷：无形资产　　40 000 000
　　　银行存款　　25 000 000

【例 5-13】 甲公司以定向增发股票的方式购买同一集团内另一企业持有的 A 公司 80% 的股权。为取得该股权，甲公司增发 3 500 万股普通股，每股面值为 1 元，每股公允价值为 3 元，支付承销商佣金 50 万元。取得该股权时，A 公司净资产账面价值为 10 000 万元，公允价值为 13 000 万元。假定甲公司和 A 公司采用的会计政策相同。

借：长期股权投资——A 公司　　80 000 000
　贷：股本　　35 000 000
　　　资本公积——股本溢价　　45 000 000
借：资本公积——股本溢价　　500 000
　贷：银行存款　　500 000

2. 非同一控制下的企业合并

非同一控制下的企业合并是指参与合并的各方在合并前后不受同一方或相同的多方最终控制的合并交易，即同一控制下企业合并以外的其他企业合并。非同一控制下的企业合并，由于合并方和被合并方分属不同的利益主体，双方的合并具有商业实质，可以将合并行为看做是一方购买另一方的交易，交易价格公允，因此，非同一控制下的企业合并原则上以公允价值作为计量基础。

购买方为了取得对被购买方的控制权而放弃的资产、发生或承担的负债、发行的权益性证券等均应按其在购买日的公允价值计量，所有为进行企业合并而支付对价的公允价值之和作为合并中形成长期股权投资的成本。其中，支付非货币性资产为对价的，所支付非货币性资产在购买日的公允价值与其账面价值的差额应作为资产处置损益，计入企业合并当期的利润表。

购买方为企业合并发生的审计、法律服务、评估咨询等中介费用以及其他相关管理费用，应于发生时计入当期损益；购买方作为合并对价发行的权益性证券或债务性证券的交易费用，应当计入权益性证券或债务性证券的初始确认金额，即企业合并发行的债券或承担其他债务支付的手续费、佣金计入负债初始确认金额；发行权益性证券发生的手续费、佣金等费用冲减资本公积（股本溢价），资本公积（股本溢价）不足冲减的，冲减留存收益。

非同一控制下的企业合并，投出资产为非货币性资产时，投出资产公允价值与其账面价值的差额应分不同资产进行会计处理：投出资产为固定资产或无形资产，其差额计入营业外收入或营业外支出；投出资产为存货，按其公允价值确认主营业务收入或其他业务收入，按其成本结转主营业务成本或其他业务成本；投出资产为可供出售金融资产等投资的，其差额计入投资收益。可供出售金融资产持有期间公允价值变动形成的“资本公积——其他资本公积”应一并转入投资收益。

【例5-14】 甲公司2011年4月1日与乙公司原投资者A公司签订协议（甲公司和乙公司不属于同一控制下的公司），甲公司以存货和承担A公司的短期还贷义务换取A公司持有的乙公司股权，2011年7月1日购买日乙公司可辨认净资产公允价值为1 000万元，甲公司取得70%的份额。甲公司投出存货的公允价值为500万元，增值税税额为85万元，账面成本为400万元，承担归还短期贷款义务200万元。

借：长期股权投资　7 850 000
　贷：短期借款　2 000 000
　　主营业务收入　5 000 000
　　应交税费——应交增值税（销项税额）　850 000
借：主营业务成本　4 000 000
　贷：库存商品　4 000 000

合并成本 = 500 + 85 + 200 = 785（万元）

除了通过一次性的交换交易实现的企业合并外，企业还有可能通过多次交换交易，分步取得股权最终形成企业合并，在达到企业合并时的合并成本为每一单项交换交易的成本之和。

注意：无论是同一控制下的企业合并还是非同一控制下的企业合并形成的长期股权投资，实际支付的价款或对价中包含的已宣告但尚未发放的现金股利或利润，均应作为应收项目处理。

三、长期股权投资的后续计量

投资企业确认长期股权投资后的持有期间，根据对被投资企业的影响程度及是否存在活跃市场、公允价值能否可靠计量等情况，分别采用成本法及权益法进行核算。

（一）成本法

成本法是指长期股权投资的价值通常按照初始成本计量，除追加和收回投资外，一般不对长期股权投资的账面价值进行调整。

1. 成本法的适用范围

长期股权投资应当采用成本法核算的有以下两类：一是企业持有的对子公司投资；二是对被投资企业不具有共同控制或重大影响，且在活跃市场中没有报价、公允价值不能可靠计量的长期股权投资。

2. 成本法下长期股权投资的核算程序

（1）采用成本法核算的长期股权投资，初始投资或追加投资时，按照初始投资或追加投资的成本增加长期股权投资的账面价值。

（2）被投资企业宣告分派的现金股利或利润中，投资企业享有的部分，应确认为当期投资收益。需要注意的是取得投资时实际支付的价款或对价中包含的已宣告但尚未发放的现金股利或利润应计入应收项目。

【例 5-15】 甲公司于 2011 年 4 月 1 日取得乙公司 5% 的股权，成本为 600 万元。2012 年 2 月 1 日，乙公司宣告分派利润，甲公司按照持股比例可取得 20 万元。假定甲公司在取得乙公司股权后，对乙公司的财务和经营决策不具有控制、共同控制或重大影响，且该投资不存在活跃的交易市场、公允价值无法可靠计量。乙公司于 2012 年 2 月 1 日实际分派利润。

	借方	贷方
借：长期股权投资——乙公司	6 000 000	
贷：银行存款		6 000 000
借：应收股利	200 000	
贷：投资收益		200 000
借：银行存款	200 000	
贷：应收股利		200 000

投资企业在确认应从被投资企业分得的现金股利或利润后，应当考虑长期股权投资是否发生了减值。如相关长期股权投资存在减值迹象的，应当进行减值测试，收回金额低于长期股权投资账面价值的，应当计提减值准备。

（二）权益法

权益法是指长期股权投资最初以成本计量，以后则要根据投资企业应享有被投资企业所有者权益变动的份额，对长期股权投资的账面价值进行相应调整。

由于长期股权投资的账面价值要随着被投资企业所有者权益的变动而变动，因此，采用权益法核算时，需要在“长期股权投资”科目下设置“成本”、“损益调整”、“其他权益变动”等明细科目，分别反映长期股权投资的初始投资成本以及由于损益或其他原因导致被投资企业所有者权益变动而对长期股权投资账面价值进行调整的金额。

1. 权益法的适用范围

《企业会计准则第 2 号——长期股权投资》规定，应当采用权益法核算的长期股权投资包括两类：一是对合营企业投资；二是对联营企业投资。

2. 权益法下长期股权投资的核算程序

（1）初始投资或追加投资时，按照初始投资或追加投资的投资成本，增加长期股权投资的账面价值。

（2）比较初始投资成本与投资时应享有被投资企业可辨认净资产公允价值的份额对初始投资成本进行调整。

对于初始投资成本小于应享有被投资企业可辨认净资产公允价值份额的，两者之间的差额体现为交易双方在作价过程中被投资方对投资企业给予的让步，或是出于其他方面的考虑给予投资企业的无偿经济利益流入，应计入取得投资当期的损益，并对长期股权投资的账面价值进行调整，按其差额，借记“长期股权投资”科目，贷记“营业外收入”科目。

初始投资成本大于取得投资时应享有被投资企业可辨认净资产公允价值份额的，该部分差额体现为投资企业在购入该项投资过程中通过作价体现出的与取得股权份额相对应的商誉。该部分差额不要求调整长期股权投资的成本。

【例 5-16】 甲企业于 2011 年 1 月取得乙公司 30% 的股权，支付价款 6 000 万元。取得投资时被投资企业净资产账面价值为 15 000 万元（假定被投资企业各项可辨认资产、负债的公允价值与其账面价值相同）。甲企业在取得乙公司的股权后，能够对乙公司施加重大影响，对该投资采用权益法核算。取得投资时，甲企业应进行以下账务处理：

借：长期股权投资——成本 60 000 000

贷：银行存款 60 000 000

长期股权投资的初始投资成本 6 000 万元大于取得投资时应享有被投资企业可辨认净资产公允价值的份额 4 500 万元（15 000 × 30%），该差额不调整长期股权投资的账面价值。

假定本例中取得投资时被投资企业可辨认净资产的公允价值为 24 000 万元，甲企业按持股比例 30% 计算确定应享有 7 200 万元，则初始投资成本与应享有被投资企业可辨认净资产公允价值份额之间的差额 1 200 万元应计入取得投资当期的营业外收入。有关账务处理如下：

借：长期股权投资——成本 72 000 000

贷：银行存款 60 000 000

营业外收入 12 000 000

（3）持有投资期间投资损益的确认

1）若初始投资时，被投资企业所有者权益与可辨认净资产公允价值一致，则在持有投资期间对属于因被投资企业实现净损益产生的所有者权益的变动，投资企业应按照持股比例计算应享有的份额，增加或减少长期股权投资的账面价值，同时确认为当期投资损益，被投资企业盈利时，借记“长期股权投资”科目，贷记“投资收益”科目，亏损时作相反分录。

【例 5-17】 甲企业 2007 年 1 月 1 日对丙企业投资按权益法核算，其投资占丙企业表决权资本的 20%，并对丙企业具有重大影响。甲企业对丙企业的投资成本为 2 000 万元，投资时丙企业的所有者权益为 9 500 万元，投资第一年，丙企业实现净利润 1 000 万元，第二年丙企业发生净亏损 15 000 万元，第三年丙企业实现净利润 6 000 万元。假定丙企业所有者权益账面价值与公允价值一致。

（1）甲企业投出资金。

借：长期股权投资——成本 20 000 000

贷：银行存款 20 000 000

由于初始投资成本 20 000 000 元大于其按比例占丙企业的所有者权益的份额，无需进行投资成本的调整。

（2）第一年年末对丙企业投资的账面价值为 22 000 000 元（20 000 000 + 10 000 000 × 20%），确认投资收益 2 000 000 元（10 000 000 × 20%）。

借：长期股权投资——损益调整 2 000 000

贷：投资收益 2 000 000

（3）第二年年末对丙企业投资的账面价值为 0（22 000 000 − 150 000 000 × 20% = −8 000 000 < 0），长期股权投资减记为零，确认投资损失 22 000 000 元。

借：投资收益 22 000 000

贷：长期股权投资——损益调整　　22 000 000

（4）第三年年末恢复增加对丙企业投资的账面价值4 000 000元（60 000 000×20% - 8 000 000）。

借：长期股权投资——损益调整　　4 000 000

贷：投资收益　　4 000 000

注意：权益法下，投资企业确认应分担被投资企业发生的损失，原则上应以长期股权投资及其他实质上构成长期权益的项目减记至零为限，投资企业负有承担额外损失义务的除外。

这里所讲的“其他实质上构成长期权益的项目”主要是指长期性的应收项目等，应收被投资企业的长期债权从目前来看没有明确的清偿计划并且在可预见的未来期间也不可能进行清偿的，从实质上来看，即构成长期权益。

采用权益法核算的情况下，投资企业在确认应分担被投资企业发生的亏损时，应按照以下顺序处理：

首先，减记长期股权投资的账面价值。

其次，在长期股权投资的账面价值减记至零的情况下，考虑是否有其他构成长期权益的项目，如果有，则以其他实质上构成对被投资企业长期权益的账面价值为限，继续减记。

最后，在有关其他实质上构成对被投资企业长期权益的价值也减记至零的情况下，如果按照投资合同或协议约定，投资企业需要承担额外义务的，则需按预计将承担责任的金额确认相关的损失。

除按上述顺序已确认的损失以外仍有额外损失的，应在账外作备查登记，不再予以确认。

在确认了有关投资损失以后，被投资企业于以后期间实现盈利的，应按以上相反顺序恢复其他实质上构成对被投资企业净投资的长期权益及长期股权投资的账面价值。

2）若初始投资时，被投资企业所有者权益与可辨认净资产公允价值不一致，如共同控制和重大影响方式下，投资企业在取得投资时，是以被投资企业有关资产、负债的公允价值为基础确定投资成本的。

这种情况下，取得投资后应确认的投资收益代表的是被投资企业资产、负债在公允价值计量的情况下在未来期间通过经营产生的损益中归属于投资企业的部分。因此，投资企业在确认投资收益时，应当以取得投资时被投资企业各项可辨认净资产的公允价值为基础，对被投资企业的净利润进行调整后加以确定。在被投资企业账面净利润的基础上，应考虑以下因素的影响进行适当调整：

一是被投资企业采用的会计政策及会计期间与投资企业不一致的，应按投资企业的会计政策及会计期间对被投资企业的财务报表进行调整，在此基础上确定被投资企业的损益。

二是以取得投资时被投资企业固定资产、无形资产的公允价值为基础计提的折旧额或摊销额，以及有关资产减值准备金额等对被投资企业净利润的影响。

【例5-18】 甲公司于2011年1月10日购入乙公司30%的股份，购买价款为2 200万元，并自取得投资之日起派人参与乙公司的生产经营决策。取得投资当日，乙公司可辨认净资产公允价值为6 000万元，除表5-3所列项目外，乙公司其他资产、负债的公允价值与账面价值相同。

表 5-3 净利润调整项目 单位：万元

项目	账面原价	已提折旧或摊销	公允价值	乙公司预计使用年限	甲公司取得投资后剩余使用年限
存货	500		700		
固定资产	1 200	240	1 600	20	16
无形资产	700	140	800	10	8
小计	2 400	380	3 100		

假定乙公司于2011年实现净利润600万元，其中在甲公司取得投资时的账面存货有80%对外出售。甲公司与乙公司的会计年度及采用的会计政策相同。固定资产、无形资产均按直线法计提折旧或摊销，预计净残值均为0。假定甲、乙公司间未发生任何内部交易。

甲公司在确定其应享有的投资收益时，应在乙公司实现净利润的基础上，根据取得投资时乙公司有关资产的账面价值与其公允价值差额的影响进行调整（假定不考虑所得税影响）。

存货账面价值与公允价值的差额应调减的利润 = （700 - 500） ×80% = 160（万元）

固定资产公允价值与账面价值差额应调整增加的折旧额 = 1 600 ÷ 16 - 1 200 ÷ 20 = 40（万元）

无形资产公允价值与账面价值差额应调整增加的摊销额 = 800 ÷ 8 - 700 ÷ 10 = 30（万元）

调整后的净利润 = 600 - 160 - 40 - 30 = 370（万元）

甲公司应享有份额 = 370 × 30% = 111（万元）

确认投资收益的账务处理为：

借：长期股权投资——损益调整 1 110 000

  贷：投资收益 1 110 000

如果投资企业无法合理确定取得投资时被投资企业各项可辨认资产公允价值的，或者投资时被投资企业可辨认资产的公允价值与账面价值相比，两者之间的差额不具重要性的，或是无法取得对被投资企业净利润进行调整所需资料的，可以按照被投资企业的账面净利润与持股比例计算的结果直接确认为投资损益。

（4）被投资企业除净损益外所有者权益的其他变动。权益法下，对被投资企业除净损益以外其他因素导致的所有者权益变动，在持股比例不变的情况下，应按照持股比例确定归属于本企业的部分，增加或减少长期股权投资的账面价值，同时确认为资本公积（其他资本公积）。借记“长期股权投资”科目，贷记“资本公积”科目，或作相反分录。

【例 5-19】 甲公司持有乙公司25%的股份，当期乙公司持有的可供出售金融资产公允价值由500万元上升至600万元。假定甲公司与乙公司采用的会计政策、会计期间相同，投资时乙公司有关资产的公允价值与其账面价值亦相同，无其他内部交易。

甲公司应按持股比例确认享有乙公司的所有者权益变动。

借：长期股权投资——乙公司——其他权益变动 250 000

  贷：资本公积——其他资本公积 250 000

（5）被投资企业宣告分派利润或现金股利。采用权益法核算的长期股权投资，投资企业自被投资企业取得现金股利或利润（按持股比例计算应分得的部分），应冲减长期股权投资的账面价值。

在被投资企业宣告分派现金股利或利润时，借记“应收股利”科目，贷记“长期股权投资——损益调整”科目；自被投资企业取得的现金股利或利润超过已确认损益调整的部分应视同投资成本的收回，冲减长期股权投资的账面价值，贷记“长期股权投资——成本”科目。

【例 5-20】 甲公司于2010年7月1日取得乙公司30%的股权，乙公司2011年实现净利润2 000万元，分配现金股利400万元（股利当年收到），假定不考虑所得税和其他因素的影响。

借：长期股权投资——损益调整　　　　6 000 000

　　贷：投资收益　　　　6 000 000

借：应收股利　　　　1 200 000

　　贷：长期股权投资——损益调整　　　　1 200 000

借：银行存款　　　　1 200 000

　　贷：应收股利　　　　1 200 000

注意：对于被投资企业分配的股票股利，不进行账务处理，只需在备查簿中登记增加的股份。

四、长期股权投资核算方法的转换

长期股权投资在持有期间，因持股比例发生变化可能导致其核算需要由一种方法转换为另一种方法。

（一）成本法转换为权益法

长期股权投资的核算由成本法转为权益法时，应区分不同的情况进行处理。

1. 因持股比例上升，由成本法改为权益法

原持有的对被投资企业不具有控制、共同控制或重大影响、在活跃市场中没有报价、公允价值不能可靠计量的长期股权投资，因追加投资导致持股比例上升，能够对被投资企业施加重大影响或是实施共同控制的，由成本法改为权益法。在转换时，应区分原持有的长期股权投资以及追加的长期股权投资两部分分别处理。

（1）对原持有的长期股权投资，应将原持有投资追溯调整为权益法。

首先，调整原投资时的状况。将原持有长期股权投资的账面余额与按照原持股比例计算确定应享有原取得投资时被投资企业可辨认净资产公允价值进行比较，前者大于后者的，不调整长期股权投资的账面价值；前者小于后者的，根据其差额分别调整长期股权投资的账面价值和留存收益。

其次，调整从原投资时到再投资这一段时间的变化情况。对于原取得投资后至追加投资的交易日之间被投资企业可辨认净资产公允价值的变动相对于原持股比例的部分，属于在此期间被投资企业实现的净损益中应享有份额的，应调整长期股权投资的账面价值，同时对于原取得投资时至追加投资当期期初被投资企业实现的净损益，按照原持股比例计算应享有的份额，调整留存收益，对于追加投资当期期初至追加投资交易日之间享有被投资企业的净损益，应计入当期损益；属于其他原因导致的被投资企业可辨认净资产公允价值变动中应享有的份额，在调整长期股权投资账面价值的同时，应当记入“资本公积——其他资本公积”

科目。

（2）对于新取得的股权部分，应比较追加投资的成本与取得该部分投资时应享有被投资企业可辨认净资产公允价值的份额，前者大于后者的，不调整长期股权投资的成本；前者小于后者的，根据其差额分别调增长期股权投资成本和当期的营业外收入。进行上述调整时，应当综合考虑与原持有投资和追加投资相关的商誉或计入损益的金额。

【例 5-21】 甲公司于 2009 年 1 月取得 A 公司 10% 的股权，成本为 1 200 万元，取得投资时 A 公司可辨认净资产公允价值总额为 11 000 万元（假定公允价值与账面价值相同）。因对被投资企业不具有重大影响且无法可靠确定该项投资的公允价值，A 公司对其采用成本法核算。本例中甲公司按照净利润的 10% 提取盈余公积。

2011 年 1 月 2 日，甲公司又以 1 200 万元的价格取得 A 公司 12% 的股权，当日 A 公司可辨认净资产公允价值总额为 15 000 万元。取得该部分股权后，按照 A 公司章程规定，甲公司能够派人参与 A 公司的生产经营决策，对该项长期股权投资转为采用权益法核算。本例中假定甲公司在取得对 A 公司 10% 股权后至新增投资日，双方未发生任何内部交易，A 公司通过生产经营活动实现的净利润为 1 400 万元，未派发现金股利或利润。A 公司未发生其他计入资本公积的交易或事项。

对于原 10% 股权的成本 1 200 万元与原投资时应享有被投资企业可辨认净资产公允价值份额 1 100 万元（11 000 × 10%）之间的差额 100 万元，属于原投资时体现的商誉，该部分差额不调整长期股权投资的账面价值。

对于被投资企业可辨认净资产在原投资时至新增投资交易日之间公允价值的变动 4 000 万元（15 000 − 11 000）相对于原持股比例的部分 400 万元，其中属于投资后被投资企业实现净利润部分 140 万元（1 400 × 10%），应调整增加长期股权投资的账面余额，同时调整留存收益；除实现净损益外其他原因导致的被投资企业可辨认净资产公允价值的变动 260 万元，应当调整追加长期股权投资的账面余额，同时计入资本公积（其他资本公积）。针对该部分投资的账务处理如下：

借：长期股权投资	4 000 000	
贷：资本公积——其他资本公积		2 340 000
盈余公积		260 000
利润分配——未分配利润		1 400 000

2011 年 1 月 2 日，甲公司应确认对 A 公司的长期股权投资。

借：长期股权投资	12 000 000	
贷：银行存款		12 000 000
借：长期股权投资	5 000 000	
贷：营业外收入		5 000 000

商誉、留存收益和营业外收入的确定应与投资整体相关，对于新取得的股权，其成本为 1 200 万元，小于取得该投资时按照持股比例计算确定应享有被投资企业可辨认净资产公允价值的份额 1 800 万元（15 000 × 12%）之间的差额再减去原投资时 100 万元的商誉作为营业外收入。

2. 因持股比例下降由成本法改为权益法

因处置投资导致对被投资企业的影响能力由控制转为具有重大影响或者与其他投资方一

起实施共同控制的情况下，将长期股权投资分成处置的部分和剩余的部分。

（1）对于处置的部分，按正常处置资产进行处理。按处置或收回投资的比例结转应终止确认的长期股权投资成本，出售价款高于成本的部分，计入投资收益。

（2）对于剩余的部分，由成本法追溯调整成权益法。

首先，调整原投资时的状况，比较剩余的长期股权投资成本与按照剩余持股比例计算原投资时应享有被投资企业可辨认净资产公允价值的份额，属于投资作价中体现的商誉部分不调整长期股权投资的账面价值；属于投资成本小于原投资时应享有被投资企业可辨认净资产公允价值份额的，在调整长期股权投资成本的同时，应调整留存收益。

其次，调整从原投资时到再投资这一段时间的变化情况，对于原取得投资后至处置投资导致转变为权益法核算之间被投资企业实现的净损益中应享有的份额，一方面应调整长期股权投资的账面价值，另一方面，对于原取得投资时至处置投资当期期初被投资企业实现的净损益（扣除已发放及已宣告但尚未发放的现金股利及利润）中应享有的份额，调整留存收益。对于处置投资当期期初至处置投资之日被投资企业实现的净损益中享有的份额，调整当期损益；其他原因导致被投资企业所有者权益变动中应享有的份额，在调整长期股权投资账面价值的同时，应当记入"资本公积——其他资本公积"科目。长期股权投资自成本法转为权益法后，未来期间应当按照《企业会计准则第 2 号——长期股权投资》规定计算确定应享有被投资企业实现的净损益及所有者权益其他变动的份额。

【例 5-22】 甲公司原持有 B 公司 80% 的股权，其账面余额为 6 000 万元，采用成本法核算，未计提减值准备。2011 年 6 月 1 日，甲公司将其持有的对 B 公司长期股权投资中的一半出售给其他企业。出售取得价款 3 800 万元，当日被投资企业可辨认净资产公允价值总额为 9 000 万元。甲公司取得 B 公司 80% 的股权时，B 公司可辨认净资产公允价值总额为 7 500万元（假定公允价值与账面价值相同）。自甲公司取得对 B 公司长期股权投资后至部分处置投资前，B 公司实现净利润 1 200 万元，其中，自甲公司取得投资日至 2011 年年初实现净利润 1 000 万元。假定 B 公司一直未进行利润分配。除所实现净利润外，B 公司未发生其他计入资本公积的交易或事项。本例中甲公司按净利润的 10% 提取盈余公积。

在出售 40% 的股权后，甲公司对 B 公司的持股比例为 40%，在被投资企业董事会中派有代表，但不能对 B 公司生产经营决策实施控制。对 B 公司长期股权投资应由成本法改为权益法核算。

（1）长期股权投资处置部分的会计处理。

借：银行存款　　38 000 000

　　贷：长期股权投资——B 公司　　30 000 000

　　　　投资收益　　8 000 000

（2）对剩余部分进行调整。调整长期股权投资账面价值：剩余长期股权投资的账面价值为 30 000 000 元，与原投资时应享有被投资企业可辨认净资产公允价值份额之间的差额为 0 元（30 000 000 - 75 000 000 ×40%），不需要对长期股权投资的成本进行调整。

处置投资以后按照持股比例计算享有被投资企业自购买日至处置投资日期间实现的净利润为 4 800 000 元（12 000 000 ×40%），应调整增加长期股权投资的账面价值，其中，调整留存收益 4 000 000 元和当期损益 800 000 元。

借：长期股权投资——B 公司——损益调整　　4 800 000

贷：盈余公积　　400 000

利润分配——未分配利润　　3 600 000

投资收益　　800 000

（二）权益法转换为成本法

1. 因持股比例上升，由权益法改为成本法

因追加投资等原因导致原持有的对联营企业或合营企业的投资转变为对子公司投资的，长期股权投资账面价值的调整应当按照分步实现企业合并的原则处理。即应当以购买日之前所持被购买方的股权投资的账面价值与购买日新增投资成本之和，作为该项投资的初始投资成本；购买日之前持有的被购买方的股权涉及其他综合收益的，应当在处置该项投资时将与其相关的其他综合收益（如可供出售金融资产公允价值变动计入资本公积的部分，下同）转入当期投资收益。

2. 因持股比例下降由权益法改为成本法

因减少投资导致长期股权投资的核算由权益法转换为成本法（投资企业对被投资企业不具有控制、共同控制或重大影响的，并且在活跃市场中没有报价，公允价值不能可靠计量的长期股权投资）的：对于处置的部分，按照正常处置资产进行会计处理；对于剩余的部分，应以转换时长期股权投资的账面价值作为按照成本法核算的基础。

【例 5-23】 甲公司持有乙公司 30% 的有表决权股份，能够对乙公司的生产经营决策施加重大影响，采用权益法核算。2011 年 10 月，甲公司将该项投资中的 50% 对外出售。出售以后，无法再对乙公司施加重大影响，且该项投资不存在活跃市场，公允价值无法可靠计量，转为采用成本法核算。出售时，该项长期股权投资的账面价值为 2 000 万元，其中投资成本为 1 700 万元，损益调整为 300 万元，出售取得价款为 1 200 万元。

甲公司确认处置部分投资相关的账务处理如下：

（1）处置部分的会计处理。

借：银行存款　　12 000 000

贷：长期股权投资——乙公司——成本　　8 500 000

——损益调整　　1 500 000

投资收益　　2 000 000

（2）剩余部分的会计处理。

借：长期股权投资——乙公司——成本　　10 000 000

贷：长期股权投资——乙公司——成本　　8 500 000

——损益调整　　1 500 000

五、长期股权投资的减值

作为长期股权投资核算的权益性投资，在按照《企业会计准则第 2 号——长期股权投资》规定进行核算确定的账面价值基础上，如果存在减值迹象的，应当按照相关准则的规定计提减值准备。其中：对子公司、联营企业及合营企业的投资，应当按照《企业会计准则第 8 号——资产减值》的规定计提减值准备；企业持有的对被投资企业不具有控制、共同控制或重大影响，在活跃市场中没有报价，公允价值不能可靠计量的长期股权投资，应当按照相关规定计提减值准备，并且在价值回升时减值准备不得冲回。

六、长期股权投资的处置

企业处置长期股权投资时，应相应结转与所售股权相对应的长期股权投资的账面价值，出售所得价款与处置长期股权投资账面价值之间的差额，应确认为处置损益。

采用权益法核算的长期股权投资，原计入资本公积的金额，在处置时亦应进行结转，将与所出售股权相对应的部分在处置时自资本公积转入当期损益。

【例5-24】 甲公司原持有B公司30%的股权，2011年11月30日，甲公司将其全部出售，出售时甲公司该项长期股权投资的账面价值为2 200万元，其中投资成本为1 500万元，损益调整为500万元，其他权益变动为200万元。出售取得价款为2 800万元。

借：银行存款	28 000 000	
贷：长期股权投资——B公司——成本		15 000 000
——损益调整		5 000 000
——其他权益变动		2 000 000
投资收益		6 000 000

除应将实际取得价款与出售长期股权投资的账面价值进行结转，确认为处置当期损益外，还应将原计入资本公积的部分按比例转入当期损益。

借：资本公积——其他资本公积——B公司	2 000 000	
贷：投资收益		2 000 000

七、共同控制经营和共同控制资产

某些情况下，企业可能与其他方约定，各自投入一定的资产进行某项经营活动，而不是通过出资设立一个被投资企业的方式来实现，即为共同控制经营；或者是不同的企业按照合同或协议约定对若干项资产实施共同控制，构成共同控制资产。

1. 共同控制经营

企业使用本企业的资产或其他经济资源与其他合营方共同进行某项经济活动（该经济活动不构成独立的会计主体），并且按照合同或协议约定对该项经济活动实施共同控制。在共同经营方式下，每一合营者负担合营活动中本企业发生的费用，并按照合同约定确认本企业在合营产品销售收入中享有的份额。

在共同控制经营的情况下，合营方应作如下处理：

（1）确认其所控制的用于共同控制经营的资产及发生的负债。

（2）确认与共同控制经营有关的成本费用及共同控制经营产生的收入中本企业享有的份额。

例如，在各合营方一起进行飞机制造的情况下，合营方应在生产成本中归集合营中发生的费用支出，借记"生产成本——共同控制经营"科目，贷记"库存现金"或"银行存款"等科目，对于合营中发生的某些支出需要各合营方共同负担的，合营方应将本企业应承担的份额计入生产成本。共同控制经营对外出售产品时，所产生的收入中应由本企业享有的部分，应借记"库存现金"或"银行存款"等科目，贷记"主营业务收入"、"其他业务收入"等科目，同时应结转售出产品的成本，借记"主营业务成本"、"其他业务成本"等科目，贷记"库存商品"等科目。

2. 共同控制资产

共同控制资产是指企业与其他合营方共同投入或出资购买一项或多项资产，按照合同或协议约定对有关的资产实施共同控制的情况。在此方式下，每一合营者按照合营合同的约定享有共同控制资产中的一定份额并据此确认为本企业的资产，享有该部分资产带来的未来经济利益。

存在共同控制资产的情况下，作为合营方的企业应在自身的账簿及报表中确认共同控制资产中本企业享有的份额，同时确认发生的负债、费用，或与有关合营方共同承担的负债、费用中应由本企业负担的份额。

（1）按合同或协议中所约定的份额将本企业享有的部分确认为固定资产或无形资产等。

（2）确认与其他合营方共同承担的负债中应由本企业负担的部分以及本企业直接承担的与共同控制资产相关的负债。

（3）确认共同控制资产产生的收入中应由本企业享有的部分。

（4）确认与其他合营方共同发生的费用中应由本企业负担的部分以及本企业直接发生的与共同控制资产相关的费用。

本章小结

从管理层持有意图划分，投资可以分为交易性投资、可供出售投资、持有至到期投资、长期股权投资等。

交易性投资指的是以公允价值计量且其变动计入当期损益的金融资产。《企业会计准则》规定，交易性金融资产和直接指定为以公允价值计量且其变动计入当期损益的金融资产都通过“交易性金融资产”科目进行核算。

持有至到期投资是指到期日固定、回收金额固定或可确定，且企业有明确意图和能力持有至到期的非衍生金融资产。持有至到期投资按摊余成本进行后续计量。

可供出售金融资产应当按照公允价值计量，可供出售金融资产公允价值变动形成的利得或损失一般应当直接计入所有者权益（资本公积）。

企业在初始确认时将某金融资产划分为以公允价值计量且其变动计入当期损益的金融资产后，不能重分类为其他类金融资产；其他类金融资产也不能重分类为以公允价值计量且其变动计入当期损益的金融资产。企业因持有意图或能力的改变，使某项投资不再适合划分为持有至到期投资的，应当将其重分类为可供出售金融资产。

长期股权投资可以分为两类：一是合并形成的长期股权投资；二是合并以外其他方式形成的长期股权投资。非同一控制下的企业合并以公允价值为计量基础，而同一控制下的企业合并以账面价值为计量基础。

长期股权投资的后续计量有成本法和权益法。成本法的适用范围是控制和“三无”（无控制、无共同控制和无重大影响）的较小比例投资。权益法的适用范围是合营企业投资和联营企业投资。权益法的特点是长期股权投资账面价值随着被投资企业净资产公允价值的变动而变动。

企业处置长期股权投资时，应相应结转与所售股权相对应的长期股权投资的账面价值，出售所得价款与处置长期股权投资账面价值之间的差额，应确认为处置损益。采用权益法核算的长期股权投资，原计入资本公积的金额，在处置时亦应进行结转，将与所出售股权相对应的部分在处置时自资本公积转入当期损益。

练习题

一、单项选择题

1. 关于金融资产的重分类，下列说法中正确的是（　　）。

A. 交易性金融资产和持有至到期投资之间不能进行重分类

B. 交易性金融资产在符合一定条件时可以和贷款进行重分类

C. 交易性金融资产和可供出售金融资产之间可以进行重分类

D. 可供出售金融资产可以随意和持有至到期投资进行重分类

2. 根据《企业会计准则第22号——金融工具确认和计量》的规定，下列对交易性金融资产表述不正确的是（　　）。

A. 交易性金融资产，初始计量为公允价值，交易费用计入初始入账金额，构成成本组成部分

B. 以公允价值计量且其变动计入当期损益的金融资产，初始计量为公允价值，交易费用计入当期损益

C. 交易性金融资产持有期间，被投资单位宣告发放现金股利或在资产负债表日按债券票面利率计算利息时，借记"应收股利"或"应收利息"科目；贷记"投资收益"科目

D. 期末交易性金融资产的金额与公允价值的差额在"公允价值变动损益"科目核算

3. 2012年2月2日，甲公司支付830万元取得一项股权投资作为交易性金融资产核算，支付价款中包括已宣告尚未领取的现金股利20万元，另支付交易费用5万元。甲公司该项交易性金融资产的入账价值为（　　）万元。

A. 810　　B. 815　　C. 830　　D. 835

4. 甲公司于2010年5月20日从证券市场购入A公司股票60 000股，划分为交易性金融资产，每股买价为8元（其中包含已宣告发放但尚未领取的现金股利0.5元），另外支付印花税及佣金5 000元。2010年12月31日，甲公司持有的该股票的市价总额（公允价值）为510 000元。2011年2月10日，甲公司出售A公司股票60 000股，收入现金540 000元。甲公司出售该项金融资产时应确认的投资收益为（　　）元。

A. 30 000　　B. 60 000　　C. 85 000　　D. 90 000

5. 下列各项中，不应计入持有至到期投资初始成本的是（　　）。

A. 已到期尚未领取的利息　　B. 购买的价款

C. 购买时支付的佣金　　D. 购买时支付的税款

6. 未发生减值的持有至到期投资如为一次还本付息债券投资，则应于资产负债表日按票面利率计算确定的利息，借记"持有至到期投资——应计利息"科目，按持有至到期投资期初摊余成本和实际利率计算确定的利息收入，贷记"投资收益"科目，按其差额，借记或贷记（　　）科目。

A. "公允价值变动损益"　　B. "持有至到期投资——成本"

C. "持有至到期投资——应计利息"　　D. "持有至到期投资——利息调整"

7. 资产负债表日，企业按规定确认持有至到期投资减值准备时应借记的科目是（　　）。

A. 资产减值损失　　B. 持有至到期投资减值准备

C. 公允价值变动损益　　D. 持有至到期投资——利息调整

8. 出售持有至到期投资时，应按实际收到的金额，借记“银行存款”科目，已计提减值准备的，借记“持有至到期投资减值准备”科目，按其账面余额，贷记“持有至到期投资（成本、利息调整、应计利息）”科目，按其差额，贷记或借记（　　）科目。

A. “投资收益”　B. “营业外收入”　C. “资本公积”　D. “资产减值损失”

9. 下列金融资产中，应作为可供出售金融资产的是（　　）。

A. 企业从二级市场购入准备随时出售套利的普通股票

B. 企业购入有意图和能力持有至到期的公司债券

C. 企业购入没有公开报价且不准备随时变现的 A 公司 5% 的股权

D. 企业购入有公开报价但不准备随时变现的 A 公司 5% 的流通股票

10. 在资产负债表日，当可供出售金融资产的公允价值高于其账面价值时，企业应按两者的差额，借记“可供出售金融资产——公允价值变动”科目，贷记（　　）科目。

A. “应收股利”　　B. “资本公积——其他资本公积”

C. “应收利息”　　D. “投资收益”

11. 下列各项中，不应计入相关金融资产或金融负债初始入账价值的是（　　）。

A. 发行长期债券发生的交易费用

B. 取得交易性金融资产发生的交易费用

C. 取得持有至到期投资发生的交易费用

D. 取得可供出售金融资产发生的交易费用

12. 下列投资中，不应作为长期股权投资核算的是（　　）。

A. 对子公司的投资

B. 对联营企业和合营企业的投资

C. 在活跃市场中没有报价，公允价值无法可靠计量的，没有控制、共同控制或重大影响的权益性投资

D. 在活跃市场中有报价，公允价值能可靠计量的，没有控制、共同控制或重大影响的权益性投资

13. 在长期股权投资采用权益法核算时，下列各项中，应当确认投资收益的是（　　）。

A. 被投资企业实现净利润　　B. 被投资企业提取盈余公积

C. 收到被投资企业分配的现金股利　　D. 收到被投资企业分配的股票股利

14. 非企业合并中以发行权益性证券取得的长期股权投资，应当按照发行权益性证券的（　　）作为初始投资成本。

A. 账面价值　　B. 公允价值

C. 支付的相关税费　　D. 市场价格

二、多项选择题

1. 下列各项中属于金融资产的有（　　）。

A. 衍生金融资产　　B. 持有的其他单位的权益工具

C. 应收利息　　D. 贷款

2. 下列各项中，应计入当期损益的事项有（　　）。

A. 交易性金融资产在持有期间获得的债券利息

B. 交易性金融资产在资产负债表日的公允价值小于账面价值的差额
C. 持有至到期债券投资发生的减值损失
D. 可供出售金融资产在资产负债表日的公允价值大于账面价值的差额

3. 下列金融资产中，应按摊余成本进行后续计量的有（　　）。
A. 交易性金融资产　　B. 持有至到期投资
C. 可供出售债务工具　　D. 贷款

4. 持有至到期投资应具有的特征主要有（　　）。
A. 到期日固定　　B. 回收金额固定或可确定
C. 企业有明显意图和能力持有至到期　　D. 有活跃市场
E. 价值公允

5. 企业核算持有至到期投资时，应设置的明细账有（　　）。
A. 应收利息
B. 持有至到期投资——成本
C. 持有至到期投资——应计利息
D. 持有至到期投资——公允价值变动
E. 持有至到期投资——利息调整

6. 下列关于可供出售金融资产的表述中，正确的有（　　）。
A. 可供出售债务工具发生的减值损失应计入当期损益
B. 可供出售权益工具发生的减值损失应计入所有者权益
C. 取得可供出售金融资产发生的交易费用应直接计入当期损益
D. 处置可供出售金融资产时，以前期间因公允价值变动计入资本公积的金额应转入投资收益

7. 企业取得可供出售金融资产时的会计分录为（　　）。
A. 按可供出售金融资产的公允价值和交易费用之和，借记“可供出售金融资产”科目
B. 按已宣告尚未收取的股利，借记“应收股利”科目
C. 按已到期尚未领取的利息，借记“应收利息”科目
D. 按交易费用，借记“投资收益”科目
E. 按实际支付的款项，贷记“银行存款”等科目

8. 下列长期股权投资中，投资企业应采用权益法核算的有（　　）。
A. 对子公司投资
B. 对联营企业投资
C. 对合营企业投资
D. 对被投资单位不具有共同控制或重大影响，并且在活跃市场中没有报价、公允价值不能可靠计量的投资

9. 下列各项中，能引起权益法核算的长期股权投资账面价值发生变动的有（　　）。
A. 被投资单位实现净利润
B. 被投资单位宣告发放股票股利
C. 被投资单位宣告发放现金股利
D. 被投资单位除净损益外的其他所有者权益变动

10. 下列项目中，投资企业不应确认为投资收益的有（ ）。
A. 成本法核算的被投资企业接受实物资产捐赠
B. 成本法核算的被投资企业宣告发放的现金股利
C. 权益法核算的被投资企业宣告发放股票股利
D. 权益法核算被投资单位实现净利润

三、业务题

1. 甲上市公司发生的交易性金融资产业务如下：

（1）6月1日，以银行存款购入A上市公司股票50万股，每股10元，另发生相关的交易费用2万元，并将该股票划分为交易性金融资产。

（2）6月30日，该股票在证券交易所的收盘价格为每股10.70元。

（3）7月31日，该股票在证券交易所的收盘价格为每股10.20元。

（4）8月10日，将所持有的该股票全部出售，所得价款490万元，已存入银行。假定不考虑相关税费。

要求：作出相关账务处理。

2. 甲公司于2011年1月1日在二级市场购入2年期债券，支付价款41 486万元，债券面值40 000万元，每半年付息一次，到期还本。合同约定债券发行方在遇到特定情况下可以将债券赎回，且不需要为赎回支付额外款项。甲公司在购买时预计发行方不会提前赎回，并将其划分为持有至到期投资。该债券票面利率为8%，实际利率为6%，采用实际利率法摊销。

要求（答案中的金额单位为万元）：作出相关账务处理。

3. 2009年1月1日，甲公司从二级市场以每股8元的价格购入乙公司发行的股票40万股，另支付交易费用2万元，占乙公司有表决权股份的1%，对乙公司无重大影响，划分为可供出售金融资产。

（1）2009年5月20日，甲公司收到乙公司5月5日宣告发放的上年现金股利10万元。

（2）2009年12月31日，该股票的市场价格为每股8.5元。甲公司预计该股票的价格变动是暂时的。

（3）2010年，乙公司因违规经营，部分业务停止经营，股票的价格下跌。至2010年12月31日，该股票的市场价格下跌到每股5元。

（4）2011年，乙公司整改完成，股票价格有所回升，至12月31日，该股票的市场价格上升到每股7元。

（5）2012年1月15日，甲公司将该股票全部出售，实际收到价款350万元。

要求（答案中的金额单位为万元）：作出甲公司的相关账务处理。

4. 甲公司于2011年1月1日从二级市场购入A公司2010年1月1日发行的债券，债券为5年期，票面年利率为3%，每年1月5日支付上年度的利息，到期日为2015年1月1日，到期日一次归还本金和最后一期的利息。甲公司购入债券的面值为2 000万元，实际支付价款1 719.02万元（不包括60万元到期未付的利息），另外，支付相关费用10万元，甲公司购入以后将其划分为持有至到期投资，购入债券实际年利率为7%，假定按年计提利息，2011年12月31日，A公司发生财务困难，该债券的预计未来现金流量现值为1 750万元（不属于暂时性的公允价值变动）。2012年1月2日，甲公司将该持有至到期投资重分类为可供出售金融资产，且其公允价值为1 730万元。2012年2月20日甲公司以1 700万元的价格出售所持有的甲公司的债券。

要求（答案中的金额单位为万元）：

（1）编制2011年1月1日购入A公司债券时的会计分录。

（2）编制2011年1月5日收到利息时的会计分录。

（3）编制2011年12月31日确认投资收益的会计分录。

（4）计算2011年12月31日应计提的减值准备的金额，并编制相应的会计分录。

（5）编制2012年1月2日持有至到期投资重分类为可供出售金融资产的会计分录。

（6）编制2012年2月20日出售该债券的会计分录。

5. 2011年1月1日，甲公司以货币资金取得乙公司40%的股权，初始投资成本为6 000万元；当日，乙公司可辨认净资产公允价值为18 000万元，与其账面价值相同。甲公司取得投资后即派人参与乙公司的生产经营决策，但未能对乙公司形成控制。乙公司2011年实现净利润2 500万元。假定不考虑所得税等其他因素。

要求（答案中的金额单位为万元）：作出甲公司的相关账务处理。

6. 甲公司为增值税一般纳税人，甲公司2011～2012年有关长期股权投资的资料如下：

（1）2011年1月1日，甲公司以发行权益性证券与一批存货作为对价，取得乙公司60%的股权。发行证券300万股，每股面值1元，公允价值为1 500万元，手续费为20万元；存货的成本为500万元，公允价值（等于计税价格）为600万元。合并日乙公司所有者权益账面价值总额为5 000万元，可辨认净资产的公允价值为5 400万元。在企业合并过程中，甲公司支付审计、评估、法律咨询费用40万元，相关手续均已办理完毕。

（2）2011年5月15日，乙公司宣告分派2010年度的现金股利300万元。

（3）2011年5月30日，甲公司收到乙公司分派的2010年度现金股利。

（4）2011年度，乙公司实现净利润600万元。

（5）2012年1月20日，甲公司处置该项股权投资，取得价款3 500万元。

要求（答案中的金额单位为万元）：

（1）假定合并前，甲公司与乙公司属于同一集团，编制甲公司2011～2012年与该项长期股权投资有关的会计分录。

（2）假定合并前，甲公司与乙公司不具有关联方关系，编制甲公司取得该项长期股权投资时的会计分录。

7. 甲公司于2011年1月2日购入乙公司40%的股份，购买价款为5 000万元，对乙公司产生重大影响，取得投资日乙公司净资产公允价值为11 000万元，除表5-4中项目，其他资产、负债的公允价值与账面价值相同。

表5-4 净利润调整项目 单位：万元

项目	账面原值	已提折旧	公允价值	预计使用年限
存货	800		1 000	
固定资产	2 000	500	1 900	10
合计	2 800	500	2 900	

乙公司2011年实现净利润1 000万元，其中，年初的存货对外销售80%，甲公司与乙公司会计政策一致。不考虑所得税影响。

要求（答案中的金额单位为万元）：编制甲公司与该投资相关的会计处理。

8. 甲公司2010~2012年有关投资业务如下：

（1）2010年1月1日，甲公司以1 170万元购入A公司10%的股权，其中包括已宣告尚未发放的现金股利20万元和相关手续费2万元，A公司的股权不存在活跃市场。A公司当日可辨认净资产公允价值为11 000万元（假定A公司可辨认资产、负债的公允价值与其账面价值相等）。甲公司对A公司没有重大影响，甲公司采用成本法核算此项投资。甲公司按照净利润的10%提取盈余公积。

（2）2010年1月20日，甲公司收到A公司支付的现金股利20万元。

（3）2010年A公司实现净利润800万元。

（4）2011年1月1日，甲公司又从A公司的另一投资者处取得A公司20%的股份，实际支付价款2 100万元。此次购买完成后，持股比例达到30%，对A公司有重大影响，改用权益法核算此项投资。2011年1月1日A公司可辨认净资产公允价值为12 000万元。

（5）2011年A公司实现净利润1 000万元。

（6）2011年年末A公司因持有的可供出售金融资产公允价值变动增加资本公积200万元。

（7）2012年1月5日，甲公司将持有的A公司的15%股权对外转让，实得款项2 200万元，从而对A公司不再具有重大影响，甲公司将对A公司的长期股权投资由权益法改为成本法核算。

（8）2012年4月2日，A公司宣告分派现金股利800万元。

要求（答案中的金额单位为万元）：根据上述资料，编制甲公司与上述投资业务有关的会计分录。

第六章　固定资产

教学目标

- 掌握固定资产初始计量的核算。
- 掌握固定资产后续支出的核算。
- 掌握固定资产处置的核算。
- 熟悉并掌握固定资产折旧方法。

第一节　固定资产概述

一、固定资产的概念及特征

固定资产是指为生产产品、提供劳务、出租或经营管理而持有的，使用寿命超过一个会计年度，单位价值较高的有形资产。从定义中我们可以看出固定资产具有以下三个特征：

1. 不以投资和销售为目的

企业持有固定资产的目的是服务企业生产经营活动的。如果购置资产的目的是为了投资或出售，则不应列为固定资产。

【例 6-1】 C 公司是一家生产轿车的企业，于 2011 年 1 月 16 日购入 100 辆越野车准备于下月出售给 N 公司，则该批越野车只能作为 C 公司的存货处理，而不是固定资产。若 C 公司于 2011 年 3 月 24 日向某房地产商购入一间 $100m^2$ 的店面，准备出租，则该店面只能作为 C 公司的投资性房地产处理，而不能划分为固定资产。

2. 使用寿命超过一个会计年度

固定资产的使用年限超过一年或一个营业周期，它能以实物形态连续参与企业的生产经营活动，为企业带来经济效益。

3. 固定资产是有形资产

固定资产具有实物特征，这一特征将固定资产与无形资产区别开。有些无形资产可能同时符合固定资产的其他特征，如无形资产为生产产品、提供劳务而持有，使用寿命超过一个会计年度，但是，由于其没有实物形态，所以，不属于固定资产。

注意：《企业会计准则第 4 号——固定资产》中去掉了单位价值较高的要求，扩大了固定资产的范围。因此，企业可以把一些价值不高但又长期使用的设备确认为固定资产，如防盗报警设施、排污处理装置等安全、环保设备。

二、固定资产的确认条件及分类

（一）固定资产的确认条件

一般而言，固定资产在符合定义的前提下，还应当同时满足以下两个条件才能加以确认：

1. 与该固定资产有关的经济利益很可能流入企业

企业在确认固定资产时，需要判断与该固定资产有关的经济利益是否很可能流入企业。这里的“很可能”是指经济利益流入企业的可能性在50%以上（不含50%）。这里的“经济利益”既包括直接经济利益，也包括间接经济利益。

在实务中，判断与固定资产有关的经济利益是否很可能流入企业的重要标志是该固定资产的法定所有权是否转移到了企业。一般来说，如果企业对某项固定资产拥有所有权，则说明与该项资产所有权相关的风险和报酬已经转移，该固定资产在未来带来的经济利益应该流入企业。

但是，法定所有权是否转移，不是判断与固定资产所有权相关的风险和报酬转移到企业的唯一标志，在有些情况下，某项固定资产的所有权虽然不属于企业，但是，企业能够控制与该项固定资产有关的经济利益流入企业，这就意味着与该固定资产所有权相关的风险和报酬实质上已转移到企业，在这种情况下，企业应对该项固定资产予以确认。

【例6-2】 甲公司租入一台机器设备，价值100万元，该设备的使用寿命为10年，甲公司的租期为9年，符合融资租赁的判断标准，在这里，虽然甲公司不拥有固定资产的所有权，但与固定资产所有权相关的风险和报酬实质上已转移到了企业（承租人），因此应确认为甲公司的固定资产。

对于有些固定资产，其使用不能直接为企业带来经济利益，但是有助于企业从相关资产获得经济利益，或者将减少企业未来经济利益的流出，也就是说，会给企业带来间接的经济利益，因此，企业应将其确认为固定资产。

【例6-3】 甲公司为净化环境，减少废水、废气、废渣的排放，于2011年4月5日购置了一批环保设备，支付银行存款50万元。这些设备的使用虽然不会为企业带来直接的经济利益，却有助于企业提高对废水的处理能力，有利于净化环境，企业为此将减少未来由于污染环境而需要支付的环境净化费或者罚款，因此，应作为甲公司的固定资产予以确认。

注意：如果固定资产的各组成部分具有不同的使用寿命或者以不同的方式为企业提供经济利益，从而适用不同的折旧率或折旧方法的，应按固定资产的各组成部分分别确认为固定资产。

【例6-4】 为遵守国家有关环保的法律规定，2011年1月5日，甲公司对生产设备进行停工改造，安装环保装置。3月25日，新安装的环保装置达到预定可使用状态并交付使用。生产设备预计使用20年，已使用8年；环保装置预计使用10年。则环保装置应作为单项固定资产单独确认，并按环保装置的预计使用年限10年计提折旧。

2. 该固定资产的成本能够可靠计量

企业在确定固定资产成本时必须取得确凿证据。但是，有时需要根据所获得的最新资料，对固定资产的成本进行合理的估计。

【例6-5】 甲公司于2010年7月自营建造一幢办公楼，建造期为一年，已于2011年6月达到预定可使用状态，但是尚未办理竣工决算。甲公司根据工程预算、工程造价或者工程实际发生的成本等资料，估计该办公楼的成本为2 100万元。因此，应以2 100万元暂时入账，并开始计提折旧。若2011年12月31日办理了竣工决算手续，确定该办公楼成本为2 090万元，则应将原已确认的2 100万元调减10万元，但无需调整2010年7月~2011年12月已计提的折旧。

（二）固定资产的分类

1. 按经济用途分类

固定资产按经济用途可分为生产经营用固定资产和非生产经营用固定资产两类。

生产经营用固定资产是指直接参加或服务于生产经营全过程的各种固定资产，如厂房、机器设备、仓库、销售场所、运输车辆等。

非生产经营用固定资产是指不直接服务于生产经营，而是为了满足职工物质文化、生活福利需要而使用的各种固定资产，如职工宿舍、食堂、托儿所、幼儿园、浴室、医务室、图书馆以及科研等其他方面使用的房屋、设备等固定资产。

2. 按使用情况分类

固定资产按使用情况可分为使用中固定资产、未使用固定资产和不需用固定资产三类。

使用中固定资产是指企业正在使用的各种固定资产。

注意：由于季节性和大修理等原因暂时停用、以经营租赁方式出租给其他企业、存放在使用部门以备替换使用的机器设备也属于使用中的固定资产。

未使用固定资产是指已购建完成但尚未达到预定可使用状态的新增固定资产以及因改建、扩建等原因暂时停用的固定资产。

不需用固定资产是指企业多余或不适用、准备处理的固定资产。

3. 按所有权分类

固定资产按所有权可分为自有固定资产和租入固定资产两类。

三、固定资产的计价

《企业会计准则第4号——固定资产》规定：固定资产应当按照成本计量。这里的成本是历史成本，固定资产的成本又称为固定资产的原值，包括企业为购建某项固定资产达到预定可使用状态前所发生的一切合理的、必要的支出。

除了历史成本计价外，固定资产在日常持有和发生盘盈、盘亏、毁损等情况下，会按照固定资产的净值计价。固定资产的净值是指固定资产原值或重置价值减去已提折旧后的余额，又称为折余价值。

若企业无法确定固定资产的原值，如盘盈固定资产或接受捐赠固定资产时，应以重置价值为基准对固定资产进行计价。

【例6-6】 甲公司2010年年末对固定资产进行盘点，发现多出一台机器设备，该设备已无原始资料可查，目前在市场上重新购置同样的机器设备需要240万元，经估计，该设备有六成新，因此，甲公司应将该盘盈的机器设备以144万元的成本入账。

第二节　固定资产的取得和计价

企业取得固定资产的方式不同，其构成成本的内容也有所不同。

一、外购固定资产的初始计量

（一）企业外购固定资产的成本

企业外购固定资产的成本包括购买价款、相关税费、使固定资产达到预定可使用状态前所发生的可归属于该项资产的运输费、装卸费、安装费和专业人员服务费等。

所购建的固定资产达到预定可使用状态是指资产已经达到购买方或建造方预定的可使用状态。具体可从以下两个方面判断：

（1）固定资产的实体建造（包括安装）工作已经全部完成或者实质上已经完成。

（2）继续发生在所购建固定资产上的支出金额很少或几乎不再发生。

（二）不同外购情况的处理

1. 不需要安装的固定资产

企业购入不需要安装的固定资产，可按其取得成本，借记“固定资产”科目，贷记“银行存款”、“其他应付款”、“应付票据”等科目。

【例 6-7】 2011 年 1 月 1 日，甲公司购入一台不需要安装的生产用设备，取得的增值税专用发票上注明的设备价款为 200 万元，增值税进项税额为 34 万元，发生运输费 5 000 元，款项全部付清。假定不考虑其他相关税费。

借：固定资产——生产用设备　2 004 650
　　应交税费——应交增值税（进项税额）　340 350
　　（340 000 + 5 000 × 7%）
　　贷：银行存款　2 345 000

甲公司购置设备的成本 = 2 000 000 + 5 000 − 5 000 × 7% = 2 004 650（元）

注意：企业购入生产经营设备时的增值税进项税额可以抵扣。

2. 需要安装的固定资产

企业可在需要安装固定资产取得成本的基础上，加上安装调试成本等作为固定资产的入账价值。按应计入固定资产成本的金额，先记入“在建工程”科目，安装完毕交付使用时再转入“固定资产”科目。

【例 6-8】 2011 年 8 月 1 日，甲公司购入一台需要安装的生产用机器设备，取得的增值税专用发票上注明的设备价款为 100 万元，支付的运输费为 5 000 元，已开具商业承兑汇票。安装设备时，领用本公司原材料一批，价值 3 万元；支付安装工人的工资为 4 900 元。增值税税率为 17%，假定不考虑其他相关税费。

甲公司的账务处理如下：

（1）支付设备价款、增值税、运输费合计为 1 004 650 元。

借：在建工程——生产用设备　1 004 650
　　应交税费——应交增值税（进项税额）　170 350
　　（170 000 + 5 000 × 7%）
　　贷：应付票据　1 175 000

（2）领用本公司原材料、支付安装工人工资等费用合计为 34 900 元。

借：在建工程——生产用设备　34 900
　　贷：原材料　30 000
　　　　应付职工薪酬　4 900

（3）设备安装完毕达到预定可使用状态。

借：固定资产——生产用设备　1 039 550
　　贷：在建工程——生产用设备　1 039 550

3. 以一笔款项同时购入多项没有单独标价的资产

企业应按各项固定资产公允价值的比例对总成本进行分配，分别确定各项固定资产的成本。如果以一笔款项购入的多项资产中还包括固定资产以外的其他资产，也应按类似的方法予以处理。

【例6-9】 甲公司2011年4月1日，为降低采购成本，向乙公司一次购进了三套不同型号且有不同生产能力的设备A、B和C。甲公司以银行存款支付货款9 126 000元、增值税税额1 551 420元、包装费42 000元。假定设备A、B和C分别满足固定资产的定义及其确认条件，公允价值分别为2 926 000元、3 594 800元、1 839 200元。假设不考虑其他相关税费。

首先，确定应计入固定资产成本的买价、运费等款项为9 168 000元（9 126 000 + 42 000）。

然后，确定设备A、B和C的价值分配比例。

设备A分配的比例 = 2 926 000/（2 926 000 + 3 594 800 + 1 839 200）×100% = 35%

设备B分配的比例 = 3 594 800/（2 926 000 + 3 594 800 + 1 839 200）×100% = 43%

设备C分配的比例 = 1 839 200/（2 926 000 + 3 594 800 + 1 839 200）×100% = 22%

最后，确定设备A、B和C各自的入账价值。

设备A的入账价值 = 9 168 000 × 35% = 3 208 800（元）

设备B的入账价值 = 9 168 000 × 43% = 3 942 240（元）

设备C的入账价值 = 9 168 000 × 22% = 2 016 960（元）

作会计分录：

借：固定资产——A	3 208 800	
——B	3 942 240	
——C	2 016 960	
应交税费——应交增值税（进项税额）	1 551 420	
贷：银行存款		10 719 420

4. 分期付款方式购买固定资产

在这种情况下，该项购货合同实质上具有融资性质，购入固定资产的成本应以各期付款额的现值之和确定。各期实际支付的价款之和与其现值之间的差额，在达到预定可使用状态之前符合资本化条件的，应当记入“在建工程”科目，其余部分确认为财务费用，计入当期损益。

购入固定资产时，按购买价款的现值，借记“固定资产”或“在建工程”等科目，按应支付的金额，贷记“长期应付款”科目，按其差额，借记“未确认融资费用”科目。

【例6-10】 假定甲公司2010年1月1日购入的固定资产已到货，购货合同约定，该机器的总价款为2 000万元，分3年支付，2010年12月31日支付1 000万元，2011年12月31日支付600万元，2012年12月31日支付400万元。甲公司收到该设备并投入安装，发生安装费用50万元，用银行存款支付，2010年12月31日，该设备安装完毕达到预定可使用状态，假定甲公司按照3年期银行借款年利率6%为折现率。

（1）购入时：

总价款的现值 = $1\,000/(1+6\%) + 600/(1+6\%)^2 + 400/(1+6\%)^3$ = 1 813.24（万元）

总价款与现值的差额 = 2 000 − 1 813.24 = 186.76（万元）

借：在建工程　　1 8 132 400（现值，即本金）

　　未确认融资费用　　1 867 600（利息）

　　贷：长期应付款　　20 000 000（本金 + 利息）

未确认融资费用的分摊如表 6-1 所示。

表 6-1 未确认融资费用的分摊　　单位：万元

项目	每期租金 ①	确认的融资费用 ② = ④ × 6%	应付本金的减少 ③ = ① - ②	应付本金余额 ④
2010. 1. 1				1 813. 24
2010. 12. 31	1 000	1 813. 24 × 6% = 108. 79	891. 21	922. 03
2011. 12. 31	600	922. 03 × 6% = 55. 32	544. 68	377. 35
2012. 12. 31	400	377. 35 × 6% = 22. 65	377. 35	0

（2）2010 年度发生安装费用 50 万元。

借：在建工程　　500 000

　　贷：银行存款　　500 000

（3）2010 年年末分摊未确认融资费用。

借：在建工程　　1 087 900（1 813. 24 × 6%）

　　贷：未确认融资费用　　1 087 900

支付款项：

借：长期应付款　　10 000 000

　　贷：银行存款　　10 000 000

设备安装完毕达到预定可使用状态。

借：固定资产　　19 720 300

　　贷：在建工程　　19 720 300

（4）2011 年年末支付价款，摊销未确认融资费用。

2011 年摊销未确认融资费用 = ［（2 000 - 1 000） -（186. 76 - 108. 79）］ × 6%
= 55. 32（万元）

借：财务费用　　553 200

　　贷：未确认融资费用　　553 200

支付款项：

借：长期应付款　　6 000 000

　　贷：银行存款　　6 000 000

（5）2012 年年末支付价款，摊销未确认融资费用。

2012 年摊销未确认融资费用 = 186. 76 - 108. 79 - 55. 32 = 22. 65（万元）

借：财务费用　　226 500

　　贷：未确认融资费用　　226 500

支付款项：

借：长期应付款　　4 000 000

　　贷：银行存款　　4 000 000

二、自行建造固定资产

企业自行建造固定资产，应以该项固定资产达到预计可使用状态前所发生的全部支出作为入账价值。按照营建方式的不同，自行建造固定资产可分为自营建造固定资产和出包建造固定资产两种。

1. 自营建造固定资产

自营建造固定资产是指企业利用自身的生产能力建造固定资产。

企业自营建造固定资产，发生的工程成本通过“在建工程”科目核算，工程完工达到可使用状态时，从“在建工程”科目转入“固定资产”科目。

注意：如果企业自营建造的是生产经营用动产，如机器设备，则工程所领用的原材料的进项税额允许抵扣；若建造的是生产经营用不动产或非生产经营用固定资产，则领用原材料的进项税额不允许抵扣，直接记入“在建工程”科目。

盘盈、盘亏、报废、毁损的工程物资，减去残料价值以及保险公司、过失人赔偿部分后的差额，工程项目尚未完工的，计入或冲减所建工程项目的成本；工程已经完工的，计入当期营业外收支。

【例6-11】 2011年8月1日，甲公司自行建造一仓库，有关资料如下：

(1) 8月2日，购入为工程准备的各种物资，价款为1 000 000元，增值税进项税额为170 000元，用银行存款支付。

(2) 8月3日，领用生产用B材料一批，实际成本为90 000元。

(3) 该工程负担工程人员工资300 000元；企业辅助生产车间为工程提供有关劳务支出35 000元；用银行存款支付工程其他费用50 000元。

(4) 8月2日~12月31日，工程先后领用工程物资1 070 000元（含增值税）。

(5) 工程尾期，退回B材料的余额3 510元（含增值税）。

(6) 12月31日，对工程物资进行清查，发现工程物资减少41 500元，经调查属保管员过失造成，根据企业管理的规定，保管员应赔偿20 000元。剩余工程物资转入企业原材料，该原材料的计划成本为47 000元。

(7) 12月31日，工程完工交付使用。

上述业务的账务处理如下：

(1) 购入为工程准备的物资时：

借：工程物资——专用材料	1 170 000	
贷：银行存款		1 170 000

(2) 工程领用材料时：

借：在建工程——仓库	105 300	
贷：原材料——B材料		90 000
应交税费——应交增值税（进项税额转出）		15 300

(3) 结转工程人员工资时：

借：在建工程——仓库	300 000	
贷：应付职工薪酬		300 000

辅助生产车间为工程提供劳务支出：

借：在建工程——仓库 35 000

贷：生产成本——辅助生产成本 35 000

支付其他工程费用时：

借：在建工程——仓库 50 000

贷：银行存款 50 000

(4) 工程领用物资时：

借：在建工程——仓库 1 070 000

贷：工程物资——专用材料 1 070 000

(5) 工程尾期退回剩余 B 材料时：

借：原材料——B 材料 3 000

应交税费——应交增值税（进项税额） 510

贷：在建工程——仓库 3 510

(6) 建设期间发生工程物资盘亏、报废及毁损净损失时：

借：在建工程——仓库 21 500

其他应收款 20 000

贷：工程物资——专用材料 41 500

剩余工程物资的实际成本 = 1 170 000 - 1 070 000 - 41 500 = 58 500（元），计划成本为 47 000 元。

借：原材料 47 000

应交税费——应交增值税（进项税额） 8 500

材料成本差异 3 000

贷：工程物资 58 500

(7) 工程完工交付使用时：

固定资产的入账价值 = 105 300 + 300 000 + 35 000 + 50 000 + 1 070 000 - 3 510 + 21 500
= 1 578 290（元）

借：固定资产——仓库 1 578 290

贷：在建工程——仓库 1 578 290

2. 出包建造固定资产

在出包方式下，企业通过招标方式将工程项目发包给建造承包商，由建造承包商（即施工企业）组织工程项目施工。企业以出包方式建造固定资产，其成本由建造该项固定资产达到预定可使用状态前所发生的必要支出构成，包括发生的建筑工程支出、安装工程支出，以及需分摊计入各固定资产价值的待摊支出。

待摊支出是指在建设期间发生的，不能直接计入某项固定资产价值，而应由所建造固定资产共同负担的相关费用，包括为建造工程发生的管理费、可行性研究费、临时设施费、公证费、监理费、应负担的税金、符合资本化条件的借款费用和建设期间发生的工程物资盘亏、报废及毁损净损失，以及负荷联合试车费等。

【例 6-12】 甲公司 2010 年 2 月经批准启动碳酸钠项目建设工程，甲公司将该项目出包给乙公司承建。整个工程包括建造新厂房和冷却循环系统以及安装生产设备等 3 个单项工程。根据双方签订的合同，建造新厂房的价款为 5 000 000 元，建造冷却循环系统的价款为

3 000 000 元，安装生产设备需支付安装费用 500 000 元。建造期间发生的有关经济业务如下：

（1）2 月 10 日，甲公司按合同约定向乙公司预付 20% 的备料款 1 000 000 元，其中厂房 600 000 元，冷却循环系统 400 000 元。

（2）6 月 2 日，建造厂房和冷却循环系统的工程进度达到 50%，甲公司与乙公司办理工程价款结算 4 000 000 元，其中厂房 2 500 000 元，冷却循环系统 1 500 000 元。甲公司抵扣了预付备料款后，将余款通过银行转账付讫。

（3）10 月 8 日，甲公司购入需安装的设备，取得的增值税专用发票上注明的价款为 1 000 000元，增值税税额为 170 000 元，已开具商业汇票。

（4）12 月 10 日，建筑工程主体已完工，甲公司与乙公司办理工程价款结算 4 000 000 元，其中，厂房 2 500 000 元，冷却循环系统 1 500 000 元，款项已通过银行转账支付。

（5）12 月 11 日，甲公司将生产设备运抵现场，交乙公司安装。

（6）12 月 25 日，生产设备安装到位，甲公司与乙公司办理设备安装价款结算 500 000 元，款项已通过银行转账支付。

（7）整个工程项目发生管理费、可行性研究费、监理费共计 190 000 元，已通过银行转账支付。

（8）12 月 31 日，完成验收，各项指标达到设计要求。

假定不考虑其他相关税费，甲公司的财务处理如下：

（1）2 月 10 日，预付备料款。

借：预付账款——乙公司　　1 000 000
　　贷：银行存款　　1 000 000

（2）6 月 2 日，办理工程价款结算。

借：在建工程——乙公司——建筑工程——厂房　　2 500 000
　　　　　　　　　　　　　　　　——冷却循环系统　　1 500 000
　　贷：银行存款　　3 000 000
　　　　预付账款——乙公司　　1 000 000

（3）10 月 8 日，购入需安装的设备。

借：工程物资——××设备　　1 000 000
　　应交税费——应交增值税（进项税额）　　170 000
　　贷：应付票据　　1 170 000

（4）12 月 10 日，办理建筑工程价款结算。

借：在建工程——乙公司——建筑工程——厂房　　2 500 000
　　　　　　　　　　　　　　　　——冷却循环系统　　1 500 000
　　贷：银行存款　　4 000 000

（5）12 月 11 日，将生产设备交乙公司安装。

借：在建工程——乙公司——安装工程——××设备　　1 000 000
　　贷：工程物资——××设备　　1 000 000

（6）12 月 25 日，办理安装工程价款结算。

借：在建工程——乙公司——安装工程——××设备　　500 000

贷：银行存款 500 000

(7) 支付工程发生的管理费、可行性研究费、监理费。

借：在建工程——乙公司——待摊支出 190 000

贷：银行存款 190 000

(8) 结转固定资产成本

1) 摊销待摊支出。

待摊支出分摊率 = 190 000 ÷ (5 000 000 + 3 000 000 + 1 000 000 + 500 000) × 100% = 2%

厂房应分摊的待摊支出 = 5 000 000 × 2% = 100 000（元）

冷却循环系统应分摊的待摊支出 = 3 000 000 × 2% = 60 000（元）

安装工程应分摊的待摊支出 = (1 000 000 + 500 000) × 2% = 30 000（元）

借：在建工程——乙公司——建筑工程——厂房 100 000

——冷却循环系统 60 000

——安装工程——××设备 30 000

贷：在建工程——乙公司——待摊支出 190 000

2) 计算完工固定资产的成本。

厂房的成本 = 5 000 000 + 100 000 = 5 100 000（元）

冷却循环系统的成本 = 3 000 000 + 60 000 = 3 060 000（元）

生产设备的成本 = (1 000 000 + 500 000) + 30 000 = 1 530 000（元）

借：固定资产——厂房 5 100 000

——冷却循环系统 3 060 000

——××设备 1 530 000

贷：在建工程——乙公司——建筑工程——厂房 5 100 000

——冷却循环系统 3 060 000

——安装工程——××设备 1 530 000

三、投资者投入的固定资产

投资者投入固定资产的成本，应当按照投资合同或协议约定的价值确定，但是如果合同或协议约定的价值不公允，则应按照公允价值确定该项固定资产的入账价值。

【例 6-13】 甲公司收到 B 公司投入的一套生产线设备，经双方确定生产线设备的价值为 270 万元，另支付 5 万元安装费用，生产线设备已交付车间使用。

借：固定资产——生产线设备 2 750 000

贷：实收资本 2 750 000

四、接受捐赠的固定资产

捐赠方提供有关原始凭据的，按凭据上标明的金额加上应支付的相关税费，作为入账价值。捐赠方没有提供有关凭据的，应按同类或类似固定资产市场价格的估计金额，或预计未来现金流量现值，作为其入账价值。

企业接受捐赠时，按确定的入账价值借记“固定资产”科目，贷记“营业外收入”科目。

【例 6-14】 甲公司 2011 年 6 月 5 日接受乙公司捐赠的汽车一辆，当天办妥有关手续，发生手续费 5 000 元。乙公司提供的增值税专用发票上的价款为 120 000 元，增值税税额为 20 400元。甲公司适用的所得税税率为 25%，不考虑其他相关税费。

借：固定资产　　145 400
　　贷：营业外收入——捐赠利得　　140 400
　　　　银行存款　　5 000

五、盘盈的固定资产

企业盘盈固定资产，可按同类或类似固定资产的市场价格减去估计的价值损耗后的余额，或按该项固定资产的预计未来现金流量的现值，作为入账价值。

盘盈的固定资产，应作为前期差错处理，在报批处理之前，先通过“以前年度损益调整”科目核算。

【例 6-15】 甲公司于 2011 年 5 月 8 日对企业的全部固定资产进行盘查，盘盈一台 6 成新的机器设备，该设备同类产品市场价格为 100 000 元，企业所得税税率为 25%。

该设备重置价格为 100 000 元，估计折旧额为 40 000 元（100 000 ×（1 − 60%））。

（1）盘盈处理。

借：固定资产　　100 000
　　贷：累计折旧　　40 000
　　　　以前年度损益调整　　60 000

（2）调整企业所得税。

借：以前年度损益调整　　15 000
　　贷：应交税费——应交企业所得税　　15 000

（3）按 10% 计提法定盈余公积。

借：以前年度损益调整　　4 500
　　贷：盈余公积——法定盈余公积　　4 500

（4）将“以前年度损益调整”科目余额结转到“利润分配”科目。

借：以前年度损益调整　　40 500
　　贷：利润分配——未分配利润　　40 500

六、融资租入的固定资产

融资租入固定资产是指承租人通过融资租赁的方式租入固定资产。融资租赁是指实质上转移与资产所有权有关的全部或绝大部分风险和报酬的租赁。资产的所有权最终可以转移，也可以不转移。

承租人以融资租赁方式租入固定资产时，应当在租赁开始日，将该租赁资产原账面价值与最低租赁付款额现值相比中的较低者，作为融资租入固定资产的入账价值；将最低租赁付款额作为长期应付款的入账价值；并将两者的差额计入未确认融资费用。

【例 6-16】 甲企业采用融资租赁方式租入生产设备一台，按照租赁合同的规定，双方确定的租赁资产公允价值为 200 万元，租赁期限为 5 年，最低租赁付款额现值为 240 万元。作会计分录如下：

借：固定资产　　　　　　　　　　　　　　　2 000 000
　　未确认融资费用　　　　　　　　　　　　　400 000
　　贷：长期应付款　　　　　　　　　　　　　　2 400 000

七、其他方式取得的固定资产

企业通过非货币性资产交换、债务重组、企业合并等方式取得固定资产的，其成本应当分别按照《企业会计准则第 7 号——非货币性资产交换》、《企业会计准则第 12 号——债务重组》、《企业会计准则第 20 号——企业合并》等的规定来确定。但是，其后续计量和披露应当执行《企业会计准则第 4 号——固定资产》的规定。

八、存在弃置费用的固定资产

对于特殊行业的特定固定资产，确定其初始成本时，还应考虑弃置费用。

1. 弃置费用的定义

弃置费用通常是指根据国家法律和行政法规、国际公约等的规定，企业承担的环境保护和生态恢复等义务所确定的支出，如核电站核设施等的弃置和恢复环境义务。

2. 处理方法

弃置费用的金额与其现值比较通常较大，需要考虑货币时间价值，对于这些特殊行业的特定固定资产，企业应当根据《企业会计准则第 13 号——或有事项》，按照现值计算确定应计入固定资产成本的金额和相应的预计负债。

在固定资产的使用寿命内，按照预计负债的摊余成本和实际利率计算确定的利息费用应当在发生时计入财务费用。

【例 6-17】 乙公司经国家批准于 2007 年 1 月 1 日建造完成核电站核反应堆并交付使用，建造成本为 2 500 000 万元，预计使用寿命为 40 年。该核反应堆将会对当地的生态环境产生一定的影响，根据法律规定，企业应在该项设施使用期满后将其拆除，并对造成的污染进行整治，预计发生弃置费用 250 000 万元。假定适用的折现率为 10%。

其账务处理为：

(1) 2007 年 1 月 1 日，弃置费用的现值 = 250 000 × （P/F，10%，40） = 250 000 × 0.0221 = 5 525（万元）。

固定资产的成本 = 2 500 000 + 5 525 = 2 505 525（万元）

借：固定资产　　　　　　　　　　　　　　25 055 250 000
　　贷：在建工程　　　　　　　　　　　　　　25 000 000 000
　　　　预计负债　　　　　　　　　　　　　　　　55 250 000

(2) 计算第 1 年应负担的利息费用 = 55 250 000 × 10% = 5 525 000（元）。

借：财务费用　　　　　　　　　　　　　　　5 525 000
　　贷：预计负债　　　　　　　　　　　　　　　5 525 000

以后年度，企业应当按照实际利率法计算确定每年的财务费用，账务处理略。

第三节 固定资产的折旧

一、固定资产折旧概述

固定资产能够在未来给企业带来一定的经济利益流入，但是随着固定资产在生产经营过程中的不断使用，这种服务潜能会逐渐衰减直至消逝。造成固定资产服务潜能下降的原因可以归纳为有形损耗和无形损耗两种。有形损耗是指固定资产由于使用和自然力的影响而引起的价值减损，它主要是由物质磨损、时间侵蚀以及外部事故、破坏等原因造成的。无形损耗则是指技术进步、消费偏好的变化等原因而引起的损耗。这些损耗就是折旧。

（一）固定资产折旧的定义

《企业会计准则第 4 号——固定资产》中规定，折旧是指在固定资产的使用寿命内，按照确定的方法对应计折旧额进行的系统分摊。应计折旧额是指固定资产原值扣除其预计净残值后的金额。如果对固定资产已经计提了减值准备，还应当扣除已计提的固定资产减值准备的累计金额。

注意：计提折旧的过程，实际上是一个持续的成本分配过程，折旧就是企业采用合理而系统的分配方法将固定资产的取得成本在其经济使用年限内进行合理分配。

（二）影响折旧的因素

（1）固定资产原值。固定资产原值是指固定资产的实际取得成本，也称折旧基数。

（2）预计净残值。预计净残值是指假定固定资产预计使用寿命已满并处于使用寿命终了时的预期状态，企业目前从该项资产处置中获得的扣除预计处置费用后的金额。

该定义说明，净残值是估计的数额，一般来说通过在报废清理时预计净残值收入扣除预计清理费用后的净额来确定。其中，预计净残值收入是在报废清理时预计可收回的器材、零件、材料等残料价值收入；预计清理费用是预计发生的拆卸、整理、搬运等费用。确定预计净残值时其金额应为折现值。企业应当根据固定资产的性质和使用情况，合理确定固定资产的预计净残值。固定资产的预计净残值一经确定，不得变更。

（3）固定资产的使用寿命。固定资产的使用寿命也称为折旧年限，是指企业使用固定资产的预计期间，或者该固定资产所能生产产品或提供劳务的数量。企业确定固定资产使用寿命时，应当考虑下列因素：

1）该项资产预计生产能力或实物产量。

2）该项资产预计有形损耗。

3）该项资产预计无形损耗。

4）法律或者类似规定对该项资产使用的限制。

（三）固定资产折旧范围

1. 时间范围

企业一般应按月计提固定资产折旧。企业在实际计提固定资产折旧时，当月增加的固定资产，当月不提折旧，从下月起计提折旧；当月减少的固定资产，当月照提折旧，从下月起不提折旧。

2. 空间范围

除以下情况外，企业应对所有固定资产计提折旧：

（1）固定资产提足折旧后，不论能否继续使用，均不再计提折旧。

（2）提前报废的固定资产，也不再补提折旧。

（3）按规定单独估价作为固定资产入账的土地不提折旧。

注意：

（1）已达到预定可使用状态但尚未办理竣工决算的固定资产，应当按照估计价值确定其成本，并计提折旧；待办理竣工决算后，再按照实际成本调整原来的暂估价值，但不需要调整原已计提的折旧额。

（2）处于更新改造过程停止使用的固定资产，应将其账面价值转入在建工程，不再计提折旧。更新改造项目达到预定可使用状态转为固定资产后，再按照重新确定的折旧方法和该项固定资产尚可使用寿命计提折旧。

（3）因进行大修理而停用的固定资产，应当照提折旧，计提的折旧额应计入相关资产成本或当期损益。

二、固定资产折旧方法

《企业会计准则》规定："企业应当根据固定资产所包含的经济利益预期实现方式，合理选择固定资产折旧方法"。可选择的折旧方法包括年限平均法、工作量法、双倍余额递减法、年数总和法等。双倍余额递减法和年数总和法属于加速折旧法。固定资产的折旧方法一经确定，不得随意变更。

1. 年限平均法

年限平均法又称直线法，是指将固定资产的应计折旧额平均分摊到固定资产预计使用寿命内的一种方法。采用这种方法计算的每期折旧额均相等。其计算公式如下：

年折旧率 =（原值 - 预计净残值）/预计使用年限 ×100% =（1 - 预计残值率）/预计使用年限 ×100%

预计残值率 = 预计净残值/原值 ×100%

月折旧率 = 年折旧率 ÷12

月折旧额 = 固定资产原值 × 月折旧率

【例 6-18】 甲公司于 2011 年 12 月 5 日以 30 000 元购入设备一台，当月投入使用，预计净残值为 3 000 元，预计使用 5 年，采用年限平均法计提折旧。

该设备是 2011 年 12 月购入的，因此从 2012 年 1 月开始计提折旧。

预计残值率 =3 000/30 000 ×100% =10%

年折旧率 =（1 -10%）/5 ×100% =18%

年折旧额 =30 000 ×18% =5 400（元）

月折旧率 =18%/12 =1.5%

月折旧额 =30 000 ×1.5% =450（元）

2. 工作量法

工作量法是根据各期实际工作量计算每期应提折旧额的一种方法。其计算公式如下：

单位工作量折旧额 = 固定资产原值 ×（1 - 预计净残值率）/预计总工作量

某项固定资产月折旧额 = 该项固定资产当月工作量 × 单位工作量折旧额

【例 6-19】 甲企业于2011 年8 月购入一辆货车，价值为54 000 元，预计净残值为6 000 元，预计总行驶里程数为50 万 km。9 月份行驶了5 000km。

单位行驶里程的折旧额 = （54 000 - 6 000）/500 000 = 0.096（元/km）

9 月份应提折旧额 = 0.096 × 5 000 = 480（元）

3. 双倍余额递减法

双倍余额递减法是指在不考虑固定资产预计净残值的情况下，根据每期期初固定资产原值减去累计折旧后的金额（即固定资产净值）和双倍的直线法折旧率计算固定资产折旧的一种方法。其计算公式如下：

年折旧率 = 2 ÷ 预计使用寿命（年）×100%

月折旧率 = 年折旧率 ÷ 12

月折旧额 = 固定资产净值 × 月折旧率

【例 6-20】 甲公司某项机器设备原值为 100 万元，预计使用寿命为 5 年，预计净残值率为 4%；假设甲公司没有对该机器设备计提减值准备。甲公司按双倍余额递减法计提折旧，每年折旧额计算如下：

年折旧率 = 2/5 ×100% = 40%

第一年应提的折旧额 = 100 ×40% = 40（万元）

第二年应提的折旧额 = （100 - 40）×40% = 24（万元）

第三年应提的折旧额 = （100 - 40 - 24）×40% = 14.4（万元）

从第四年起改按年限平均法（直线法）计提折旧。

第四年、第五年应提的折旧额 = （100 - 40 - 24 - 14.4 - 100 ×4%）÷2 = 8.8（万元）

注意：由于每年年初固定资产净值没有扣除预计净残值，因此，在应用这种方法计算折旧额时必须注意不能使固定资产的净值降低到其预计净残值以下，即采用双倍余额递减法计提折旧的固定资产，通常在其折旧年限到期前两年，将固定资产净值扣除预计净残值后的余额平均摊销。

4. 年数总和法

年数总和法又称年限合计法，是将固定资产的原值减去预计净残值的余额乘以一个以固定资产尚可使用寿命为分子、以预计使用寿命逐年数字之和为分母的逐年递减的分数计算每年的折旧额。其计算公式如下：

年折旧率 = 尚可使用寿命/预计使用寿命的年数总和 ×100%

月折旧率 = 年折旧率 ÷ 12

月折旧额 = （固定资产原值 - 预计净残值）× 月折旧率

【例 6-21】 沿用例 6-20 的资料，采用年数总和法计算的各年折旧额，如表 6-2 所示。

表 6-2 年数总和法下各年折旧的计算 单位：元

年份	尚可使用寿命	原值 - 预计净残值	年折旧率	每年折旧额	累计折旧
第 1 年	5	960 000	5/15	320 000	320 000
第 2 年	4	960 000	4/15	256 000	576 000
第 3 年	3	960 000	3/15	192 000	768 000
第 4 年	2	960 000	2/15	128 000	896 000
第 5 年	1	960 000	1/15	64 000	960 000

注意：在加速折旧法下，如果要计算各个月份的折旧额，则直接用年折旧额除以 12 即可。也就是说，加速折旧法是用来计算各年折旧额的各年度内的折旧额适用于年限平均法。

5. 各种折旧方法的比较

各种折旧方法的比较分析如表 6-3 所示。

表 6-3 各种折旧方法的比较分析

项目	直线法	工作量法	加速折旧法	
			双倍余额递减法	年数总和法
优点	简单明了，易于掌握	考虑了固定资产的使用强度	在固定资产使用的早期多提折旧，后期少提折旧，收入与费用合理配比	
缺点	忽略了固定资产使用磨损程度及工作效能的差异	忽略了自然损耗和无形损耗对固定资产的影响	年折旧率不变，计提折旧的基础逐年减少	年折旧率逐年降低，计提折旧的基础不变
适用情况	各期提供的服务效能大致相同、耗费使用成本较为均衡的固定资产	运输单位或其他企业专业车队的客、货运汽车等固定资产	维修费用逐年增加、工作效率逐年递减、后期所创造的收益具有较大不确定性的固定资产	

三、固定资产折旧的会计处理

固定资产应当按月计提折旧，计提的折旧应通过“累计折旧”科目核算，并根据固定资产的受益对象分配计入相关资产的成本或者当期损益。

（1）企业基本生产车间所使用的固定资产，其计提的折旧应计入制造费用。

（2）管理部门所使用的固定资产，其计提的折旧应计入管理费用。

（3）销售部门所使用的固定资产，其计提的折旧应计入销售费用。

（4）自行建造固定资产过程中使用的固定资产，其计提的折旧应计入在建工程成本。

（5）经营租出的固定资产，其计提的折旧应计入其他业务成本。

（6）未使用的固定资产，其计提的折旧应计入管理费用。

【例 6-22】 甲公司 2012 年 1 月份固定资产计提折旧的情况如下：

第一生产车间厂房计提折旧 7.6 万元，机器设备计提折旧 9 万元。

管理部门房屋建筑物计提折旧 13 万元，运输工具计提折旧 4.8 万元。

销售部门房屋建筑物计提折旧 6.4 万元，运输工具计提折旧 5.26 万元。

此外，本月第一生产车间新购置一台设备，原价为 122 万元，预计使用寿命为 10 年，预计净残值为 1 万元，按年限平均法计提折旧。

本例中，新购置的设备本月不提折旧，应从 2012 年 2 月开始计提折旧。

甲公司 2012 年 1 月份计提折旧的账务处理如下：

借：制造费用——第一生产车间	166 000	
管理费用	178 000	
销售费用	116 600	
贷：累计折旧		460 600

第四节 固定资产的后续支出

一、定义与处理原则

固定资产的后续支出是指企业为了维护或提高固定资产的使用效率，而对资产进行维护、改建、扩建或者改良所发生的开支，如生产设备的日常维修、定期大修，房屋进行装修等。具体的支出形式有增置、改良与改善、换新、修理和重安装等。

后续支出应分情况对之资本化或费用化。资本化就是将符合固定资产确认条件的支出，计入固定资产成本，同时将被替换部分的账面价值扣除。不符合固定资产确认条件的应当费用化，计入当期损益。

具体而言，如果该项支出增强了固定资产未来的获利能力，提高了固定资产的性能，如延长了固定资产的使用寿命、使产品质量实质性提高或使产品成本实质性降低，则应把这些支出计入固定资产成本。如果该项支出没能增强固定资产的未来获利能力，而只是维持其现有的服务潜能，则应予费用化。

二、资本化的后续支出

固定资产发生可资本化的后续支出时，企业一般应将该固定资产的原值、已计提的累计折旧和减值准备转销，将固定资产的账面价值转入在建工程，并在此基础上重新确定固定资产原值。在固定资产发生的后续支出完工并达到预定可使用状态时，再从在建工程转为固定资产，并按重新确定的固定资产原值、使用寿命、预计净残值和折旧方法计提折旧。

1. 增置

增置是指固定资产总体数量的增加，包括添置全新的资产项目和对原有资产项目进行改建、扩建、添加等，如在办公楼增置中央空调系统等。

注意：增置区别于重置，重置是用新固定资产替换原有相同的旧固定资产，不增加固定资产的总体数量。

添置全新的资产项目属于一项资本性支出。

对于改扩建的支出而言，应当全部资本化，并加计于原固定资产的成本中，如有被替换的部分，应终止确认，扣除其账面价值。

【例6-23】 甲公司由于生产产品的需要，决定对现有生产线进行改扩建，以提高其生产能力。该生产线原值为600 000元，累计折旧为194 000元。改扩建过程中共发生支出280 000元，全部以银行存款支付。改扩建中有残料作价30 000元。有关会计处理如下：

（1）固定资产转入改扩建时，注销原值、累计折旧。

	借方	贷方
借：在建工程	406 000	
累计折旧	194 000	
贷：固定资产		600 000

（2）发生改扩建工程支出。

	借方	贷方
借：在建工程	280 000	
贷：银行存款		280 000

(3) 残料作价入库，冲减成本。

借：原材料 30 000

贷：在建工程 30 000

(4) 扩建完工，达到可使用状态。

借：固定资产 656 000

贷：在建工程 656 000

2. 换新

换新是指以新的资产单元或部件替换废弃的资产单元或部件。资产单元是指附属于一个固定资产项目，但具有相对独立性并具有可单独辨认其成本的某些结构、装置，如成套设备附属的电机、仪表等。

替换原固定资产的某组成部分时，当发生的后续支出符合固定资产确认条件时，应将其计入固定资产成本，同时将被替换部分的账面价值扣除。

【例6-24】 某航空公司2006年12月购入一架飞机，总计花费8 000万元（含发动机），发动机当时的购买价为500万元。公司未将发动机作为一项单独的固定资产进行核算。2012年年初，公司开辟新航线，航程增加。为延长飞机的空中飞行时间，公司决定更换一部性能更为先进的发动机。新发动机购买价为700万元，另需支付安装费用51 000元。假定飞机的年折旧率为3%，不考虑相关税费的影响，公司的账务处理为：

(1) 2012年年初飞机的累计折旧金额为12 000 000元（80 000 000×3%×5）。

固定资产转入在建工程。

借：在建工程——××飞机 68 000 000

累计折旧 12 000 000

贷：固定资产——××飞机 80 000 000

(2) 安装新发动机。

借：在建工程——××飞机 7 051 000

贷：工程物资——××发动机 7 000 000

银行存款 51 000

(3) 2012年年初老发动机的账面价值为4 250 000元（5 000 000－5 000 000×3%×5），终止确认老发动机的账面价值。假定报废处理，无残值。

借：营业外支出 4 250 000

贷：在建工程——××飞机 4 250 000

(4) 发动机安装完毕，投入使用。固定资产的入账价值为70 801 000元（68 000 000＋7 051 000－4 250 000）。

借：固定资产——××飞机 70 801 000

贷：在建工程——××飞机 70 801 000

三、费用化的后续支出

与固定资产有关的修理费用等后续支出，不符合固定资产确认条件的，应当根据不同的情况分别在发生时计入当期管理费用或销售费用。

企业生产车间和行政管理部门等发生的固定资产修理费用等后续支出计入管理费用；企

业发生的与专设销售机构相关的固定资产修理费用等后续支出，计入销售费用。

企业固定资产更新改造支出不满足固定资产确认条件的，在发生时应直接计入当期损益。

【例 6-25】 甲企业对现有的一台生产用设备进行修理维护，修理过程中发生如下支出：领用库存原材料一批，价值5 000元，为购买该原材料支付的增值税进项税额为850元；维修人员工资2 000元。假定不考虑其他因素，其会计处理如下：

借：管理费用　　7 000
　　贷：原材料　　5 000
　　　　应付职工薪酬——工资　　2 000

第五节　固定资产的处置

固定资产的处置是指固定资产的出售、转让、报废和毁损、对外投资、非货币性资产交换、债务重组等事项引起的固定资产的减少。处于处置状态的固定资产不再用于生产产品、提供劳务、出租或经营管理，因此不再符合固定资产的定义，应予终止确认。

一、固定资产处置的账务处理

固定资产处置一般通过“固定资产清理”科目核算，其会计处理步骤如下：

（1）固定资产转入清理。

借：固定资产清理（差额）
　　累计折旧（已提累计折旧）
　　固定资产减值准备（已计提的减值准备）
　　贷：固定资产（准备处置的固定资产原值）

（2）发生的清理费用。

借：固定资产清理
　　贷：银行存款
　　　　应交税费

（3）出售收入和残料等的处理。

借：银行存款（变价收入）
　　原材料（残料价值）
　　贷：固定资产清理

（4）保险赔偿的处理。

借：其他应收款（应收保险公司或过失人的款项）
　　银行存款
　　贷：固定资产清理

（5）清理净损益的处理。

借：营业外支出——处置非流动资产损失
　　贷：固定资产清理

或

借：固定资产清理

贷：营业外收入——处置非流动资产利得

【例 6-26】 甲公司有一台设备，因使用期满经批准报废。该设备原值为 180 000 元，已提累计折旧 160 000 元、减值准备 2 000 元。在清理过程中，以银行存款支付清理费用 4 000 元，收到残料变卖收入 5 000 元，应支付相关税费 200 元。有关账务处理如下：

（1）固定资产转入清理。

借：固定资产清理——××设备　　18 000

累计折旧　　160 000

固定资产减值准备——××设备　　2 000

贷：固定资产——××设备　　180 000

（2）发生清理费用和相关税费。

借：固定资产清理——××设备　　4 200

贷：银行存款　　4 000

应交税费　　200

（3）收到残料变价收入。

借：银行存款　　5 000

贷：固定资产清理——××设备　　5 000

（4）结转固定资产净损益。

借：营业外支出——处置非流动资产损失　　17 200

贷：固定资产清理——××设备　　17 200

二、固定资产盘亏

（1）企业在财产清查中盘亏固定资产，应按盘亏固定资产的账面价值借记“待处理财产损溢——待处理非流动资产损溢”科目，按已计提的累计折旧，借记“累计折旧”科目，按已计提的减值准备，借记“固定资产减值准备”科目，按固定资产原值，贷记“固定资产”科目。

（2）按管理权限报批处理时，按可收回的保险赔偿或过失人赔偿，借记“其他应收款”科目，按应计入营业外支出的金额，借记“营业外支出——盘亏损失”科目，贷记“待处理财产损溢——待处理非流动资产损溢”科目。

【例 6-27】 甲公司年末对固定资产进行清查时，发现丢失一台冷冻设备。该设备原值为 52 000 元，已计提折旧 20 000 元，并已计提减值准备 12 000 元。经查，冷冻设备丢失的原因在于保管员看守不当。经批准，由保管员赔偿 5 000 元。有关账务处理如下（不考虑增值税）：

（1）发现冷冻设备丢失时：

借：待处理财产损溢——待处理非流动资产损溢——冷冻设备　　20 000

累计折旧　　20 000

固定资产减值准备——冷冻设备　　12 000

贷：固定资产——冷冻设备　　52 000

（2）报经批准后：

借：其他应收款——×××　　5 000
　　营业外支出——盘亏损失　　15 000
　　贷：待处理财产损溢——待处理非流动资产损溢——冷冻设备　　20 000

本章小结

固定资产是为生产产品、提供劳务、出租或经营管理而持有的，使用寿命超过一个会计年度，单位价值较高，在使用期间保持原有实物形态的资产。固定资产包括房屋建筑物、机器、设备、器具、工具等。

固定资产的取得应按照实际成本进行计量。

固定资产在使用过程中会不断地损耗，因此应计提折旧。计提折旧的方法有年限平均法、工作量法、双倍余额递减法、年数总和法等。双倍余额递减法和年数总和法属于加速折旧法。固定资产的折旧方法一经确定，不得随意变更。

固定资产的后续支出应分情况对之资本化或费用化。如果该项后续支出增强了固定资产未来的获利能力，提高了固定资产的性能，则应把这些支出计入固定资产成本；否则应予以费用化。

练习题

一、单项选择题

1. 某设备账面原值为80 000元，预计使用年限为5年，预计净残值为5 000元，按年数总和法计提折旧，该设备在第3年应计提的折旧额为（　　）。

A. 15 000　　B. 30 000　　C. 10 000　　D. 5 000

2. 2009年1月1日以后，新增的用于生产的不需安装机器设备，支付的增值税应记入（　　）科目。

A. “在建工程”　　B. “固定资产”　　C. “应交税费”　　D. “营业外支出”

3. 用于购置固定资产的专门借款的利息，在固定资产达到预定可使用状态前应记入（　　）账户。

A. “在建工程”　　B. “固定资产”　　C. “财务费用”　　D. “管理费用”

4. 投资者投入的固定资产，以（　　）作为固定资产入账价值。

A. 投资各方确认价值（不公允的除外）　　B. 投资单位账面价值
C. 固定资产市场价值　　D. 固定资产净值

5. 某项固定资产原值为16 500元，预计使用年限为5年，预计净残值为500元，按双倍余额递减法计提折旧，则该固定资产第四年应计提的折旧额为（　　）元。

A. 3 960　　B. 2 376　　C. 1 532　　D. 1 425.6

6. 下列各项中，应计提折旧的固定资产是（　　）。

A. 当月购入的设备　　B. 当月报废的设备
C. 超龄使用的设备　　D. 经营租入的设备

7. 某企业5月初固定资产原值为100 000元，5月份增加固定资产12 000元，减少固定资产10 000元，若月折旧率为2%，则5月份应计提的固定资产折旧额为（　　）元。

A. 2 000　　B. 240　　C. 2 040　　D. 2 240

8. 某固定资产使用年限为5年，在采用年数总和法计提折旧的情况下，第一年的年折旧率为（　　）。

A. 20%　　B. 33.33%　　C. 40%　　D. 50%

9. 某企业对一座建筑物进行改建。该建筑物的原值为1 200 000元，已提折旧为700 000元。改建过程中发生支出400 000元，取得变价收入60 000元。该建筑物改建后的入账价值为（　　）元。

A. 1 700 000　　B. 60 000　　C. 300 000　　D. 840 000

10. 某企业对账面原值为110万元，累计折旧为70万元的某一项固定资产进行清理。清理时发生清理费用5万元，清理收入80万元（按5%的营业税税率缴纳营业税，其他税费略）。该固定资产的清理净收入为（　　）万元。

A. 31　　B. 35　　C. 41　　D. 45

二、多项选择题

1. 企业结转固定资产清理净损益时，可能涉及的会计科目有（　　）。

A. "管理费用"　　B. "营业外收入"

C. "营业外支出"　　D. "长期待摊费用"

2. 影响固定资产折旧的因素主要有（　　）。

A. 固定资产原值　　B. 预计净残值

C. 固定资产减值准备　　D. 固定资产使用寿命

3. 企业固定资产按使用情况分为（　　）。

A. 使用中固定资产　　B. 未使用固定资产

C. 生产经营用固定资产　　D. 不需用固定资产

4. 购入的生产设备，其入账价值包括（　　）。

A. 买价　　B. 运杂费及途中保险费

C. 进口关税　　D. 增值税进项税额

5. 下列固定资产中，不计提折旧的固定资产有（　　）。

A. 单独估价入账的土地　　B. 当月减少的固定资产

C. 未提足折旧提前报废的固定资产　　D. 经营租入的固定资产

6. 双倍余额递减法和年数总和法这两种计算固定资产折旧的方法的共同点有（　　）。

A. 属于加速折旧法　　B. 每期折旧率固定

C. 前期折旧高，后期折旧低　　D. 不考虑净残值

7. 下列各项中，应通过"固定资产清理"科目核算的有（　　）。

A. 固定资产的出售、报废、毁损　　B. 固定资产投资转出

C. 固定资产的盘亏　　D. 固定资产的捐赠

8. "固定资产清理"账户借方的核算内容包括（　　）。

A. 转入清理的固定资产的净值　　B. 发生的清理费用

C. 结转的固定资产清理净损失　　D. 结转的固定资产清理净收益

9. 下列项目中，不会引起固定资产账面价值发生变化的有（　　）。

A. 经营租入固定资产的改良支出　　B. 固定资产的修理支出

C. 固定资产的改扩建支出　　D. 固定资产的增置

10. 下列各项中，应计入营业外支出的有（　　）。

A. 建造过程中的在建工程项目由于正常原因发生的某一单项工程毁损损失

B. 企业对外捐赠固定资产

C. 出售固定资产净损失

D. 固定资产盘亏净损失

三、业务题

1. 某企业为增值税一般纳税企业，适用的增值税税率为17%。该企业于2008年年初自行建造一厂房。有关的业务如下：

（1）购入为建造厂房所需工程的各种物资，增值税专用发票上注明价款220万元，增值税37.4万元。

（2）建造工程领用工程物资234万元，剩余物资转做企业生产用原材料。

（3）建造工程领用企业生产的产品一批，实际成本为60万元，计税价为80万元。

（4）分配工程人员工资30万元。

（5）用银行存款支付其他费用5万元。

（6）工程于2008年3月达到预定可使用状态并交付使用。

（7）企业对该项固定资产采用直线法计提折旧，预计使用年限为6年，预计净残值为6万元。

（8）2011年年底企业将上述固定资产出售，收到款项140万元存入银行，转让时用银行存款支付清理费用2万元，假定不考虑相关税费。

要求（答案中的金额单位为万元）：

（1）计算工程完工交付使用时固定资产的入账价值。

（2）编制2008年与固定资产建造有关的会计分录。

（3）计算2008年、2009年、2010年该项固定资产的折旧额。

（4）编制2011年与出售固定资产有关的会计分录。

2. 某企业于2010年9月5日对一条生产线进行改扩建。改扩建前该生产线账面原值为300 000元，已提折旧190 000元。在扩建过程中以银行存款支付拆除费用60 000元，残料变价收入50 000元，价款存入银行，另外领用工程用物资20 000元和生产用原材料5 000元，原材料的进项税额为850元，应付该扩建工程人员工资12 000元。该生产线于2011年11月20日完工交付使用。该企业对改扩建后的生产线采用平均年限法计提折旧，预计尚可使用10年，预计净残值为30 000元。

要求：

（1）编制上述与固定资产改扩建有关的会计分录。

（2）计算改扩建后的固定资产每年应计提的折旧额。

3. 某企业为增值税一般纳税人。2009年12月购入一台需安装的生产设备，增值税专用发票上注明的买价为500 000元，增值税为85 000元，发生运费15 000元，上述款项以银行存款支付。安装工程中领用工程物资46 800元（不含增值税），应付工程人员工资32 000元，设备当月完工并交付使用。该设备预计净残值率为5%，预计使用年限为5年，采用双倍余额递减法计提折旧。

要求：

(1) 计算该设备的入账价值并编制有关会计分录。

(2) 计算该设备各年应计提的折旧额并编制2010年计提折旧时的会计分录。

4. 某企业为增值税一般纳税人，适用增值税税率为17%，所得税税率为25%，假定不考虑其他相关税费。2009~2011年有关固定资产业务的资料如下：

(1) 2009年12月10日，收到捐赠的需安装的设备一台，捐赠方提供的有关凭据表明，该设备价款为400 000元，增值税进项税额为6 800元。企业以银行存款支付运杂费5 300元将该设备运回。在安装过程中，领用生产用材料10 000元，购进该批材料时支付的增值税税额为1 700元，应付安装工程人员工资5 000元。12月31日安装工程完工，设备交付使用。

该设备预计使用5年，净残值率为5%，企业采用年数总和法计提折旧。

(2) 2011年4月11日将该设备出售，售价180 000元，支付清理费2 000元，款项全部以银行存款收支。

要求：

(1) 编制企业接受捐赠、设备安装及交付使用的会计分录。

(2) 计算该设备2010年、2011年应计提的折旧额。

(3) 计算出售该设备所产生的净损益并编制出售该设备的会计分录。

第七章　无形资产

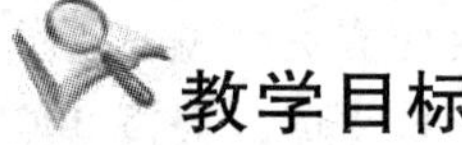

教学目标

- 了解无形资产的概念、性质、分类。
- 理解和掌握不同取得方式下无形资产的计价。
- 掌握无形资产的摊销及处置。
- 掌握研发成本的相关处理。

第一节　无形资产概述

《企业会计准则第 6 号——无形资产》的定义为：无形资产是指企业拥有或者控制的没有实物形态的可辨认非货币性资产。

一、无形资产的特征

1. 超额盈利性

通常情况下，企业拥有或者控制的无形资产能为企业带来超过一般企业的盈利水平，这也是无形资产存在的前提，这种超额盈利是由其垄断优势带来的。

2. 无实体性

这一特征主要是相对于具有实物形态的资产（如固定资产）而言的。

无形资产通常表现为某种权利、某项技术或是某种获取超额利润的综合能力，它们不具有实物形态。但是，无形资产的无实体性是相对的。除商誉以外，无形资产必须依附于一定的载体而存在，如专利权是以专利证书形式存在，商标权是以注册的商品或服务标记形式存在，而商誉是由于地理环境、产品质量、管理思想等多种因素影响而形成的超额收益能力，难以用某种有形载体来表示。可见无形资产与有形资产的区别在于其物质形态的载体表现形式不同。

3. 可辨认性

无形资产能够从企业中分离（划分）出来或者源自合同性权利（其他法定权利），即具有可辨认性，如企业特有的专利权、非专利技术、商标权、土地使用权、特许权等。

商誉通常是与企业整体价值联系在一起的，其存在无法与企业自身相分离，不具有可辨认性，不属于本章所指无形资产。

4. 不确定性

无形资产能为企业带来的经济效益具有较大的不确定性。外界环境的变化（如科学技术的迅猛发展）导致无形资产的使用寿命难以准确预计，因而也使得无形资产为企业带来的经济利益难以准确地预计。

二、无形资产的内容

无形资产通常包括专利权、非专利技术、商标权、著作权、特许权、土地使用权等。

1. 专利权

专利权是指国家专利主管机关审定并依法授予发明者在一定年限内对其成果的制造、使用和出售的专门权利。一般包括发明专利权、实用新型专利权和外观设计专利权。发明专利权的期限为20年，实用新型专利权和外观设计专利权的期限为10年，均自申请之日起计算。

2. 非专利技术

非专利技术也称专有技术，是指不为外界所知、在生产经营活动中已采用了的、不享有法律保护的、可以带来经济效益的各种技术和诀窍，包括先进的生产经验、技术设计资料与原料配方等。非专利技术具有保密性和专门性，在没有向外界泄露之前，企业可以长期持有。

3. 商标权

商标权是指专门在某类指定的商品或产品上使用特定的名称或图案的权利，是用来辨认特定的商品或劳务的标记。商标经管理机关核准后，成为注册商标，受法律保护。注册商标的有效期为10年，自核准注册之日起计算。

4. 著作权

著作权又称版权，是指政府依法赋予某项作品（文学、科学和艺术作品等）享有的署名权、发表权、修改权、获得报酬权和保护作品完整权等权利。著作权受法律保护，未经著作权所有者许可或转让，他人不得占有和使用。作者的署名权、修改权、保护作品完整权的保护期不受限制；公民的作品，其发表权、财产权的保护期为作者终生及其死亡后50年。

5. 特许权

特许权又称经营特许权、专营权，是指企业在某一地区经营或销售某种特定商品的权利或是一家企业授予另一家企业使用其商标、商号、技术秘密等的权利。

特许权通常有两种形式。一种是政府机构授权准许特定企业使用或在一定地区享有经营某种业务的特权，如水、电、邮电通信等专营权，烟草专卖权等；另一种是企业间依照签订的合同，有限期或无限期使用另一家企业的某些权利，如美国的麦当劳快餐公司、肯德基炸鸡快餐公司等。

6. 土地使用权

土地使用权是指国家准许某企业在一定期间内对国有土地享有开发、利用、经营的权利。企业可以通过行政划拨、外购、投资者投入等方式取得土地使用权，作为无形资产核算。

第二节 无形资产的初始计量

无形资产通常是按实际成本计量，即以取得无形资产并使之达到预定用途而发生的全部支出，作为无形资产的成本。对于不同来源的无形资产，其初始成本构成也不尽相同。

一、外购的无形资产成本

1. 成本构成

外购的无形资产，其成本包括购买价款、相关税费以及直接归属于使该项资产达到预定用途所发生的其他支出。其中，直接归属于使该项资产达到预定用途所发生的其他支出包括使无形资产达到预定用途所发生的专业服务费用、测试无形资产是否能够正常发挥作用的费用等。

注意：无形资产的初始成本不包括：

（1）为引入新产品进行宣传发生的广告费、管理费用及其他间接费用。

（2）无形资产已经达到预定用途以后发生的费用。

【例 7-1】 甲公司购买一项专利权，价款为 120 000 元，发生业务洽谈、技术考察等相关费用 20 000 元，价款已通过银行转账支付。

无形资产初始计量的成本 = 120 000 + 20 000 = 140 000（元）

甲公司的账务处理如下：

借：无形资产——专利权　　140 000

　　贷：银行存款　　140 000

【例 7-2】 甲公司以 2 000 万元的价格从产权交易中心竞价获得一项专利权，另支付相关税费 90 万元。为推广由该专利权生产的产品，甲公司发生宣传广告费 25 万元、展览费 15 万元，上述款项均用银行存款支付。

无形资产的初始计量成本为 2 090 万元（2 000 + 90），不包括发生的广告费、展览费。

借：无形资产——专利权　　20 900 000

　　贷：银行存款　　20 900 000

2. 超过正常信用条件延期支付价款的确认

购入的无形资产超过正常信用条件延期支付价款的，实质上具有融资性质，应按所取得无形资产购买价款的现值计量其成本，现值与应付价款之间的差额作为未确认的融资费用，在付款期间内按照实际利率法确认为利息费用，计入财务费用。

【例 7-3】 2009 年年初甲公司购入一项商标权，总价款为 6 000 000 元，由于甲公司资金周转比较紧张，采用分期付款方式支付款项。每年年末付款 2 000 000 元，三年付清。假定银行同期贷款利率为 10%，未确认融资费用采用实际利率法摊销，不考虑其他相关税费。

（1）无形资产购买价款的现值 $= 2\,000\,000 \div (1+10\%) + 2\,000\,000 \div (1+10\%)^2 + 2\,000\,000 \div (1+10\%)^3 = 4\,973\,704$（元）

（2）未确认融资费用 = 6 000 000 − 4 973 704 = 1 026 296（元）

（3）未确认融资费用的摊销，如表 7-1 所示。

表 7-1　未确认融资费用分摊表　　单位：万元

年份	融资余额	利率	本年利息	付款	偿还本金	未确认融资费用
			融资余额 × 利率		付款 − 利息	上年余额 − 本年利息
2009 年年初	4 973 704					1 026 296
2009 年年末	3 471 074.4	10%	497 370.4	2 000 000	1 502 629.6	528 925.6
2010 年年末	1 818 181.84	10%	347 107.44	2 000 000	1 652 892.56	181 818.16

（续）

年份	融资余额	利率	本年利息	付款	偿还本金	未确认融资费用
			融资余额×利率		付款－利息	上年余额－本年利息
2011年年末	0	10%	181 818.16	2 000 000	1 818 181.84	0
合计			1 026 296	6 000 000	4 973 704	

（1）2009年年初购入时：

借：无形资产——商标权　4 973 704

　　未确认融资费用　1 026 296

　　贷：长期应付款　6 000 000

2009年年末付款时：

借：长期应付款　2 000 000

　　贷：银行存款　2 000 000

2009年年末摊销未确认的融资费用时：

借：财务费用　497 370.4

　　贷：未确认融资费用　497 370.4

（2）2010年年末付款时：

借：长期应付款　2 000 000

　　贷：银行存款　2 000 000

2010年年末摊销未确认的融资费用时：

借：财务费用　347 107.44

　　贷：未确认融资费用　347 107.44

（3）2011年年末付款、摊销未确认的融资费用时：

借：长期应付款　2 000 000

　　贷：银行存款　2 000 000

借：财务费用　181 818.16

　　贷：未确认融资费用　181 818.16

二、投资者投入的无形资产成本

投资者投入的无形资产，其成本应当按照投资合同或协议约定的价值确定。如果投资合同或协议约定价值不公允的，应按无形资产的公允价值作为无形资产初始成本入账。

【例7-4】 甲公司与乙公司协议商定，以商标权投资于甲公司，甲公司使用其商标后可使未来利润增长30%。双方协议价格（等于公允价值）为600万元，甲公司另支付印花税等相关税费5万元，款项已通过银行转账支付。

无形资产的成本＝600＋5＝605（万元）

其账务处理如下：

借：无形资产——商标权　6 050 000

　　贷：实收资本（或股本）　6 000 000

　　　　银行存款　50 000

三、通过非货币性资产交换、债务重组取得的无形资产成本

企业通过非货币性资产交换取得的无形资产，包括以投资、存货、固定资产或无形资产换入的无形资产等。其成本的确定参见《企业会计准则第 7 号——非货币性资产交换》。

通过债务重组取得的无形资产是指企业作为债权人取得的债务人用于偿还债务的非现金资产，且企业作为无形资产管理的资产。其成本的确定参见《企业会计准则第 12 号——债务重组》。

四、通过政府补助取得的无形资产成本

通过政府补助取得的无形资产成本，应当按照公允价值计量。不能可靠取得公允价值的按照名义金额计量。

五、土地使用权

企业取得的土地使用权，通常应当按照取得时所支付的价款及相关税费确认为无形资产。土地使用权用于自行开发建造厂房等地上建筑物时，土地使用权的账面价值不与地上建筑物合并计算其成本，而仍作为无形资产进行核算。但是下列情况除外：

（1）房地产开发企业取得的土地使用权用于建造对外出售的房屋建筑物，相关的土地使用权应当计入所建造的房屋建筑物成本。

（2）企业外购的房屋建筑物，实际支付的价款中包括土地以及建筑物的价值，则应按照合理的方法（如采用公允价值比例）在土地和地上建筑物之间进行分配；如果确实无法进行合理分配的，应当全部作为固定资产，按照固定资产确认和计量的规定进行处理。

注意：企业改变土地使用权的用途，将其用于出租或增值目的时，应将其转为投资性房地产。

【例 7-5】 2011 年 1 月 1 日，甲公司购入一项土地使用权，并计划在该块土地上自行建造厂房。甲公司以银行存款转账支付 5 000 万元取得该项土地使用权，并于 4 月 1 日开工建造厂房。建造期间发生材料支出 12 000 万元，其他相关费用 6 000 万元等。12 月 31 日该厂房已经完工并达到预定可使用状态。假定土地使用权的使用年限为 50 年，该厂房的使用年限为 20 年，两者都没有净残值，都采用直线法进行摊销和计提折旧。为简化核算，不考虑其他相关税费。

甲公司的账务处理如下：

（1）支付转让价款。

	借方	贷方
借：无形资产——土地使用权	50 000 000	
贷：银行存款		50 000 000

（2）在土地上自行建造厂房。

	借方	贷方
借：在建工程	180 000 000	
贷：工程物资		120 000 000
银行存款		60 000 000

（3）厂房达到预定可使用状态。

借：固定资产　　180 000 000
　贷：在建工程　　180 000 000

（4）每年分期摊销土地使用权和对厂房计提折旧。

借：管理费用　　1 000 000
　制造费用　　9 000 000
　贷：累计摊销　　1 000 000
　　累计折旧　　9 000 000

第三节 内部研究开发费用的确认和计量

除了上节介绍的无形资产增加的途径，对于发展到一定程度的企业，特别是自主创新企业往往会自行研发无形资产，对于企业自行进行的研究开发项目，应当区分研究阶段与开发阶段分别进行核算。

一、研究阶段和开发阶段的划分

（一）研究阶段

研究阶段是指为获取新的技术和知识等进行的有计划的调查。例如，新的或经改进的材料、设备、产品、工序、系统或服务的可能替代品的配制、设计、评价和最终选择；研究成果或其他知识的应用研究、评价和最终选择；材料、设备、产品、工序、系统或服务替代品的研究等。

研究阶段的特点如下：

（1）计划性。研究阶段建立在有计划的调查基础上，即研发项目已经通过董事会或者相关管理层的批准，并着手收集相关资料、进行市场调查等。例如，某药品公司为研究开发某药品，经董事会或者相关管理层的批准，进行有计划的收集相关资料、进行市场调查、比较市场中相关药品的药性效用等活动。

（2）探索性。研究阶段基本上是探索性的，为进一步的开发活动进行资料及相关方面的准备，在这一阶段不会形成阶段性成果。

从研究活动的特点看，其研究是否能在未来形成成果，即通过开发后是否会形成无形资产均具有很大的不确定性，企业也无法证明其研究活动一定能够形成带来未来经济利益的无形资产，因此，研究阶段的有关支出在发生时，应当予以费用化计入当期损益。

（二）开发阶段

开发阶段是指在进行商业性生产或使用前，将研究成果或其他知识应用于某项计划或设计，以生产出新的或具有实质性改进的材料、装置、产品等。例如，生产前或使用前的原型和模型的设计、建造和测试；含新技术的工具、夹具、模具和冲模的设计；不具有商业性生产经济规模的试生产设施的设计、建造和运营；新的或经改造的材料、设备、产品、工序、系统或服务所选定的替代品的设计、建造和测试等。

1. 开发阶段的特点

（1）具有针对性。开发阶段建立在研究阶段的基础上，因而，对项目的开发具有针对性。

（2）形成成果的可能性较大。进入开发阶段的研发项目往往形成成果的可能性较大。

进入开发阶段，表明形成一项新产品或新技术的基本条件在很大程度上都已经具备，此时如果企业能够证明满足无形资产的定义及相关确认条件，则所发生的开发支出可资本化，确认为无形资产的成本。

2. 开发阶段有关支出资本化的条件

（1）从技术上讲，完成该无形资产使其能够使用或出售具有可行性。在目前阶段性成果的基础上，企业进一步进行开发所需的技术条件等已经具备，基本上不存在技术上的障碍或其他不确定性。

（2）具有完成该无形资产并使用或出售的意图。

（3）无形资产产生经济利益的方式。企业应当能够证明该无形资产会给企业带来经济利益的流入，包括出售该项无形资产或者出售运用该无形资产生产的产品。

（4）有足够的技术、财务资源和其他资源支持，以完成该无形资产的开发，并有能力使用或出售该无形资产。

（5）归属于该无形资产开发阶段的支出能够可靠地计量。

（三）研究阶段与开发阶段的比较

研究阶段与开发阶段的比较，如表 7-2 所示。

表 7-2 研究阶段与开发阶段的比较

项目	研究阶段	开发阶段
目标	不具体、不具有针对性	针对具体目标（产品、工艺）
对象	很难具体化	往往形成对象化的成果
风险	成功率低、风险大	成功率高、风险小
结果	研究报告	新产品、新技术

二、内部研究开发费用的会计处理

1. 基本原则

企业内部研究和开发无形资产，在研究阶段的支出全部费用化，计入当期损益（管理费用）；开发阶段的支出符合条件的资本化，不符合资本化条件的计入当期损益（管理费用）。如果确实无法区分研究阶段的支出和开发阶段的支出，则应将其所发生的研发支出全部费用化，计入当期损益。

2. 账务处理

（1）企业自行开发无形资产发生的研发支出，不满足资本化条件的：

借：研发支出——费用化支出（不满足资本化支出条件）

　　研发支出——资本化支出（满足资本化支出条件）

　　贷：原材料

　　　　银行存款

　　　　应付职工薪酬

（2）研究开发项目达到预定用途形成无形资产的：

借：无形资产

　　贷：研发支出——资本化支出

【例 7-6】 2011 年 1 月 1 日，甲公司经董事会批准研发某项专利技术，该项目一旦研发成功将会降低该公司生产产品的成本，而且该项研发活动具有可靠的技术和财务等资源的支持。该公司在研发过程中发生材料费 7 000 万元、人工工资 2 500 万元，以及其他费用 3 100 万元，总计 12 600 万元，其中，符合资本化条件的支出为 6 600 万元。2011 年 12 月 31 日，该专利技术已经达到预定用途。

甲公司的账务处理如下：

（1）发生研发支出。

借：研发支出——费用化支出	60 000 000	
——资本化支出	66 000 000	
贷：原材料		70 000 000
应付职工薪酬		25 000 000
银行存款		31 000 000

（2）2011 年 12 月 31 日，该专利技术已经达到预定用途。

借：管理费用	60 000 000	
无形资产	66 000 000	
贷：研发支出——费用化支出		60 000 000
——资本化支出		66 000 000

第四节　无形资产的后续计量

无形资产的后续计量主要涉及无形资产的摊销。企业应当在取得无形资产时分析判断其使用寿命是否有限，以决定无形资产的取得成本是否需要摊销。

一、无形资产使用寿命的确定

无形资产的使用寿命包括法定寿命和经济寿命。无形资产受法律、规章或合同限制的使用寿命，称为法定寿命。例如，我国法律规定发明专利权有效期为 20 年，商标权的有效期为 10 年。经济寿命则是指无形资产可以为企业带来经济利益的年限。

无形资产使用寿命有限的，应当估计该使用寿命的年限或者构成使用寿命的产量等类似计量单位数量；无法预见无形资产为企业带来经济利益期限的，应当视为使用寿命不确定的无形资产。

1. 估计无形资产使用寿命应考虑的因素

在估计无形资产的使用寿命时，通常应当考虑下列因素：

（1）该资产的产品寿命周期或类似资产的信息。

（2）技术、工艺等方面的现实情况及对未来发展的估计。

（3）该资产运用的稳定性和生产的产品或服务的市场需求情况。

（4）现在或潜在竞争者预期的行动。

（5）为维持该资产获利能力的维护支出。

（6）对该资产的控制期限。

（7）与其他资产使用寿命的关联性等。

2. 无形资产使用寿命的确定

（1）源自合同性权利或其他法定权利的无形资产，其使用寿命不应超过合同性权利或其他法定权利的期限。但如果企业使用资产的预期的期限短于合同性权利或其他法定权利规定的期限的，则应当按照企业预期使用的期限确定其使用寿命。

【例 7-7】 企业取得一项专利技术，法律保护期间为 20 年。企业打算 6 年之后将其出售，而且已有第三方向企业承诺在 6 年期满时以当时公允价值的 70% 购买该专利权，因此，该项专利权的实际使用寿命为 6 年。

（2）没有明确的合同或法律规定无形资产使用寿命的，企业应当聘请相关专家进行论证，与同行业的情况进行比较以及参考企业的历史经验等，综合各方面情况来确定无形资产为企业带来未来经济利益的期限。

（3）如果无法合理确定无形资产为企业带来经济利益的期限，则应将该无形资产作为使用寿命不确定的无形资产。

3. 无形资产使用寿命的复核

企业至少应当于每年年度终了，对无形资产的使用寿命及摊销方法进行复核，如果有证据表明不同于以前的估计，由于合同的续约或无形资产应用条件的改善，延长了无形资产的使用寿命，对于使用寿命有限的无形资产，应改变其摊销年限及摊销方法，并按照会计估计变更进行处理。

对于使用寿命不确定的无形资产，如果有证据表明其使用寿命是有限的，则应视为会计估计变更，进行估计并按照使用寿命有限的无形资产的处理原则进行处理。

二、使用寿命有限的无形资产的摊销

（一）摊销期和摊销方法

1. 摊销原则

对于使用寿命有限的无形资产：当月增加的无形资产，当月开始摊销；当月减少的无形资产，当月不再摊销。

对于使用寿命不确定的无形资产则不应摊销。

2. 摊销方法

无形资产的摊销是指在无形资产的使用寿命内系统地分摊其应摊销金额。应摊销金额是指无形资产的成本扣除残值后的金额。已计提减值准备的无形资产，还应扣除已计提的无形资产减值准备累计金额。

无形资产的摊销方法，应当反映与该项无形资产有关的经济利益的预期实现方式。企业可采用直线法、产量法、双倍余额递减法和年数总和法等。无法可靠确定其预期实现方式的，应当采用直线法进行摊销。

（二）残值的确定

除下列情况外，无形资产的残值一般为零：

（1）有第三方承诺在无形资产使用寿命结束时购买该项无形资产。

（2）可以根据活跃市场得到预计残值信息，而且该市场在该项无形资产使用寿命结束时可能存在。

注意：估计无形资产的残值应以资产处置时的可收回金额为基础。

残值确定以后，在持有无形资产的期间，至少应于每年年末进行复核，预计其残值与原估计金额不同的，应按照会计估计变更进行处理。如果无形资产的残值重新估计高于其账面价值的，则无形资产不再摊销，直至残值降至低于账面价值时再恢复摊销。

（三）摊销额计入原则

（1）一般应计入当期损益。

（2）如果某项无形资产是专门用于生产某种产品或者其他资产，其所包含的经济利益是通过转入到所生产的产品或其他资产中实现的，则无形资产的摊销费用应当计入相关资产的成本。

【例 7-8】 甲公司取得一项专门用于生产产品的专利技术，其摊销费用构成所生产产品成本的一部分，应计入该产品的制造费用。

（四）账务处理

企业应设置“累计摊销”账户，用来核算对寿命有限的无形资产计提的累计摊销，贷方登记企业计提的摊销额，借方登记处置或报废无形资产结转的累计摊销额。期末余额反映企业无形资产的累计摊销额。

【例 7-9】 2011 年 1 月 1 日，甲公司从外单位购得一项新专利技术用于产品生产，支付价款 750 000 元，款项已支付。该项专利技术的法律保护期间为 15 年，公司预计运用该专利生产的产品在未来 10 年内会为公司带来经济利益。假定这项无形资产的净残值为零，并按年采用直线法摊销。

甲公司外购的专利技术的预计使用期限（10 年）短于法律保护期间（15 年），则应当按照企业预期使用期限确定其使用寿命，且该无形资产用于产品生产，因此，应当将其摊销金额计入相关产品的成本。

甲公司的账务处理如下：

（1）取得无形资产时：

	借方	贷方
借：无形资产——专利权	750 000	
贷：银行存款		750 000

（2）按年摊销时：

	借方	贷方
借：制造费用——专利权摊销	75 000	
贷：累计摊销		75 000

三、使用寿命不确定的无形资产

对于使用寿命不确定的无形资产，虽然在持有期间内不需要摊销，但应当在每个会计期间进行减值测试。其减值测试的方法按照资产减值的原则进行处理，如经减值测试表明已发生减值，则需要计提相应的减值准备，其相关的账务处理为：借记“资产减值损失”科目，贷记“无形资产减值准备”科目。

【例 7-10】 接例 7-9，假定 2011 年年底，甲公司对该专利技术进行减值测试，该专利技术的公允价值为 500 000 元。

甲公司 2011 年年底的账务处理如下：

	借方	贷方
借：资产减值损失	250 000	
贷：无形资产减值准备——专利权		250 000

第五节 无形资产的处置

无形资产的处置，主要是指无形资产转让、对外出租、对外捐赠，或者是无法为企业带来未来经济利益时，终止确认并转销。

一、无形资产的转让

无形资产的转让方式有两种：出售（转让所有权）和出租（转让使用权）。

1. 出售

企业出售无形资产后，应将所得价款与该无形资产账面价值的差额作为资产处置利得或损失，计入当期损益（营业外收入或营业外支出）。

账务处理如下：

借：银行存款（实际收到的金额）
　　累计摊销（已计提的累计摊销）
　　无形资产减值准备（已计提的减值准备）
　　贷：无形资产（账面原值）
　　　　应交税费（应支付的相关税费）
　　　　营业外收入——处置非流动资产利得（差额）

注意：若借贷方差额在借方，则应记入“营业外支出——处置非流动资产损失”科目。

【例 7-11】 2011 年 7 月 1 日，甲公司出售一项专利技术，收取价款 90 000 元，应缴纳的营业税为 4 500 元。该项专利技术的原始价值为 120 000 元，已摊销金额为 12 000 元，计提减值准备为 20 000 万元。

甲公司的账务处理为：

	借方	贷方
借：银行存款	90 000	
累计摊销	12 000	
无形资产减值准备	20 000	
营业外支出——处置非流动资产损失	2 500	
贷：无形资产		120 000
应交税费——应交营业税		4 500

如果该公司出售该项专利技术取得的收入为 110 000 元，应缴纳的营业税为 5 500 元，则甲公司的账务处理为：

	借方	贷方
借：银行存款	110 000	
累计摊销	12 000	
无形资产减值准备	20 000	
贷：无形资产		120 000
应交税费——应交营业税		5 500
营业外收入——处置非流动资产利得		16 500

2. 出租

企业出租无形资产给他人并收取租金，属于与企业日常活动相关的其他经营活动取得的收入，在满足收入确认条件的情况下，应确认相关的收入及成本，并通过其他业务收支科目进行核算。

账务处理如下：

借：银行存款（取得的租金收入）

  贷：其他业务收入

借：其他业务支出（摊销出租无形资产的成本、与出租有关的费用支出）

  贷：累计摊销（摊销出租无形资产的成本）

    银行存款（与出租有关的费用支出）

【例 7-12】 2011 年 1 月 1 日，甲企业将一项专利技术出租，租赁合同规定，承租方每销售一件用该专利生产的产品必须向出租方支付 1 元专利技术使用费。该专利技术账面余额为 60 万元，摊销期限为 10 年。假定承租方 2011 年度销售 1 万件产品。

甲企业的账务处理如下：

（1）收到专利技术使用费。

	借方	贷方
借：银行存款	10 000	
贷：其他业务收入		10 000

（2）按年对专利技术进行摊销并计算应交的营业税。

	借方	贷方
借：其他业务成本	60 000	
贷：累计摊销		60 000
借：营业税金及附加	500	
贷：应交税费——应交营业税		500

二、无形资产的报废

当无形资产预期不能为企业带来未来经济利益时，应将其报废并予以转销。

账务处理为：

借：累计摊销（已摊销的金额）

  无形资产减值准备（已计提的减值准备）

  贷：无形资产（账面原值）

    营业外收入——处置非流动资产利得（差额）

注意：若借贷方差额在借方，则应记入“营业外支出——处置非流动资产损失”科目。

【例 7-13】 甲企业于 2009 年 4 月 1 日购买一项专利技术，价值 30 万元，估计的使用寿命为 6 年，经调查，该专利技术已经被新的技术所代替，因此决定于 2011 年 4 月 1 日予以转销。假定该项专利权的残值为零，甲企业采用直线法进行摊销，已累计计提的减值准备为 5 万元。

甲公司的账务处理如下：

	借方	贷方
借：累计摊销	100 000	
无形资产减值准备	50 000	
营业外支出——处置非流动资产损失	150 000	
贷：无形资产——专利权		300 000

本章小结

无形资产是指企业拥有或者控制的没有实物形态的可辨认非货币性资产。

无形资产包括专利权、非专利技术、商标权、著作权、特许权、土地使用权等。

无形资产通常按实际成本计量。

企业自行进行的研究开发项目，应当区分研究阶段与开发阶段两个阶段分别进行核算。对研究阶段的费用应费用化，开发阶段的费用符合资本化条件的应资本化，否则应予以费用化。若无法准确区分研究阶段与开发阶段的费用，则应全部费用化，计入当期费用。

使用寿命有限的无形资产应在使用寿命内系统摊销。一般采用直线法摊销。使用寿命无限的无形资产在持有期间内不需要摊销，但应当在每个会计期间进行减值测试。

无形资产的转让有两种方式：出售和出租。出售时，应将所得价款与该无形资产账面价值的差额作为资产处置利得或损失，计入当期损益（营业外收入或营业外支出）。企业出租无形资产应确认相关的收入及成本，并通过其他业务收支科目进行核算。

练习题

一、单项选择题

1. 无形资产是指企业拥有或控制的没有实物形态的可辨认的（　　）。

A. 资产　　B. 非流动性资产　　C. 货币性资产　　D. 非货币性资产

2. 企业自创的专利权与非专利技术，其研究开发过程中发生的支出，应当区分研究阶段支出与开发阶段支出分别处理。无法区分研究阶段支出和开发阶段支出的，应当将其所发生的研发支出全部费用化，计入当期损益中的（　　）。

A. 管理费用　　B. 财务费用　　C. 营业外支出　　D. 销售费用

3. 购买无形资产的价款超过正常信用条件延期支付，实质上具有融资性质，无形资产的成本以购买价款的现值为基础确定。实际支付的价款与购买价款的现值之间的差额，作为（　　）处理。

A. 当期损益　　B. 待摊费用　　C. 应付账款　　D. 未确认融资费用

4. 企业出租无形资产，其租金收入在（　　）账户中计量。

A. “主营业务收入”　　B. “其他业务收入”

C. “营业外收入”　　D. “投资收益”

5. 关于企业内部研究开发项目的支出，下列说法中错误的是（　　）。

A. 企业内部研究开发项目的支出，应当区分研究阶段支出与开发阶段支出

B. 企业内部研究开发项目研究阶段的支出，应当于发生时计入当期损益

C. 企业内部研究开发项目开发阶段的支出，应确认为无形资产

D. 企业内部研究开发项目开发阶段的支出，可能确认为无形资产，也可能确认为费用

6. 关于无形资产的后续计量，下列说法中正确的是（　　）。

A. 使用寿命不确定的无形资产，应该按系统合理的方法摊销

B. 使用寿命不确定的无形资产，应按10年摊销

C. 企业无形资产的摊销方法，应当反映与该项无形资产有关的经济利益的预期实现方式

D. 无形资产的摊销方法只有直线法

7. 企业摊销无形资产时，借记“管理费用”等账户，贷记（　　）账户。

A. “投资收益”　B. “累计摊销”　C. “营业外收入”　D. “无形资产”

8. 某企业自创一项专利，并经过有关部门审核注册获得其专利权。该项专利权的研究开发费为15万元，其中开发阶段符合资本化条件的支出为8万元；发生的注册登记费为2万元，律师费为1万元。该项专利权的入账价值为（　　）。

A. 15万元　B. 21万元　C. 11万元　D. 18万元

9. 某企业出售一项3年前取得的专利权，该专利权取得时的成本为20万元，按10年摊销，出售时取得收入40万元，营业税税率为5%。不考虑城市维护建设税和教育费附加，则出售该项专利时影响当期的损益为（　　）。

A. 24万元　B. 26万元　C. 15万元　D. 16万元

10. 作为无形资产的土地使用权是指（　　）。

A. 通过行政划拨获得的土地使用权

B. 按期缴纳的土地使用费

C. 将通过行政划拨获得的土地使用权有偿转让，按规定补交的土地出让价款

D. 国有土地依法确定给国有企业使用

二、多项选择题

1. 无形资产具有的特征有（　　）。

A. 无实体性　B. 可辨认性　C. 非货币性　D. 长期性

2. 企业自创商标权过程中发生的相关支出应全部计入当期损益，其中应计入销售费用的有（　　）。

A. 宣传广告费　B. 产品保修费　C. 注册登记费　D. 法律咨询费

3. 无形资产出售时，应贷记的账户有（　　）。

A. “营业外支出”　B. “应交税费”

C. “无形资产”　D. “营业外收入”

4. 关于无形资产的摊销，下列说法中正确的有（　　）。

A. 使用寿命有限的无形资产，其应摊销额应当在使用寿命内系统合理摊销

B. 企业摊销无形资产，应当自无形资产可供使用时起，至不再作为无形资产确认时为止

C. 无形资产的摊销期限不超过10年

D. 使用寿命有限的无形资产一定无残值

5. 下列关于无形资产的会计处理中，不正确的有（　　）。

A. 转让无形资产使用权所取得的收入应计入其他业务收入

B. 使用寿命确定的无形资产摊销只能采用直线法

C. 转让无形资产所有权所发生的支出应计入营业外支出

D. 使用寿命不确定的无形资产不应摊销

E. 使用寿命不确定的无形资产，既不应摊销又不应考虑减值

三、业务题

1. A公司2010年1月1日从B公司购入一项专利权，以银行存款支付买价和有关费用共计100万元。该专利权自可供使用时起至不再作为无形资产确认时止的年限为10年，假定A公司于年末一次计提全年无形资产摊销。2012年1月1日A公司将上项专利出售给C

公司，取得收入90万元存入银行，该项收入适用的营业税税率为5%（不考虑其他税费）。

要求：

（1）编制A公司购买专利权的会计分录。

（2）计算该项专利权的年摊销额并编制有关会计分录。

（3）编制与该专利权转让有关的会计分录并计算转让的净损益。

2. M公司2010年10月起自行研究开发一项专利。当年主要从事调查、评价，发生费用30 000元；根据研究结果，2011年正式进行专利技术开发，当年发生费用200 000元，在申请专利权过程中，又发生注册费、律师费等相关费用15 000元。

要求：

（1）计算无形资产的入账成本。

（2）编制研究开发该项专利权的相关会计分录。

第八章　投资性房地产

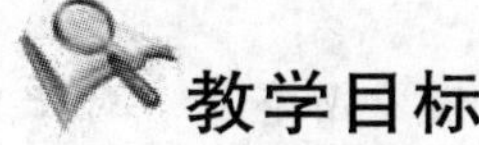

教学目标

- 了解投资性房地产的范围。
- 掌握投资性房地产的成本模式计量。
- 掌握投资性房地产的公允价值计量。
- 掌握投资性房地产的后续计量模式变更。

第一节　投资性房地产概述

房地产通常是土地和房屋及其权属的总称。在市场经济条件下，房地产市场日益活跃，企业持有的房地产除了用作自身管理、生产经营活动场所和对外销售之外，出现了将房地产用于赚取租金或增值收益的活动，甚至成为个别企业的主营业务。

一、投资性房地产的概念

投资性房地产是指为赚取租金或资本增值，或者两者兼有而持有的房地产。在我国，土地归国家或集体所有，企业只能取得土地使用权。因此，准则中的房地产指的是土地使用权和建筑物。

投资性房地产的主要形式是出租建筑物及土地使用权，这实质上属于让渡资产使用权的行为。房地产租金就是让渡资产使用权取得的使用费收入。

投资性房地产的另一种形式是持有并准备增值后转让的土地使用权，其目的是为了增值后转让以赚取增值收益。在我国会计实务中，持有并准备增值后转让的土地使用权的情况比较少。

注意：根据税法规定，企业出租房地产、转让土地使用权均视为一种经营活动，其取得的房地产租金收入或土地使用权转让收益应当缴纳营业税，土地使用权转让增值额达到法定标准的还应缴纳土地增值税。

二、投资性房地产的范围

投资性房地产的范围限定为已出租的建筑物、已出租的土地使用权、持有并准备增值后转让的土地使用权。

1. 已出租的建筑物

已出租的建筑物是指企业拥有产权的、以经营租赁方式出租的建筑物，包括外购用于出租的建筑物，也包括自行建造或开发后用于出租的建筑物以及正在建造或开发过程中将来用于出租的建筑物。

企业在判断和确认已出租的建筑物时，应当把握以下要点：

(1) 用于出租的建筑物是指企业拥有产权的建筑物。企业以经营租赁方式租入再转租的建筑物不属于投资性房地产。

【例8-1】 甲企业与乙企业签订了一项经营租赁合同，乙企业将其持有产权的一栋办公楼出租给甲企业，为期5年，每年租金为120万元。甲企业一开始将该办公楼装修后用于自行经营餐馆。2年后，由于连续亏损，甲企业将餐馆转租给丙公司，每年租金为125万元，以赚取租金差价。

该例中，对于甲企业而言，该栋楼不属于投资性房地产，因为甲企业没有所有权。对于乙企业而言，则属于投资性房地产。

（2）企业已经与其他方就该建筑物签订了租赁协议，并约定以经营租赁方式出租。一般应自租赁协议规定的租赁期开始日起计算。

注意：企业有明确意图用于出租的建筑物并在短期内不再发生变化的，即使尚未签订租赁协议，也应视为投资性房地产。

（3）企业按租赁协议向承租人提供的相关辅助服务在整个协议中不重大。

【例8-2】 A企业将其办公楼出租，每年租金为100万元，租期为4年，同时向承租人提供维护、保安等日常辅助服务。

该例中，由于该服务在整个协议中不重大，所以企业应当将其确认为投资性房地产。

2. 已出租的土地使用权

已出租的土地使用权是指企业通过出让或转让方式取得的、以经营租赁方式出租的土地使用权。

【例8-3】 甲公司与乙公司于2012年1月1日签署了土地使用权租赁协议，甲公司以年租金720万元将其拥有的40万m^2土地使用权出租给乙企业使用6年。

该例中，自租赁协议约定的租赁期开始日（2012年1月1日）起，甲公司应将该土地使用权从无形资产转为投资性房地产进行核算。

出让方式指的是企业在一级市场上以交纳土地出让金的方式取得的土地使用权，即国家将土地使用权出让给企业；转让方式指的是企业在二级市场上接受其他单位转让的土地使用权。

注意：对于以经营租赁方式租入土地使用权再转租给其他单位的，不能确认为投资性房地产。

3. 持有并准备增值后转让的土地使用权

持有并准备增值后转让的土地使用权是指企业取得的、准备增值后转让的土地使用权。

注意：按照国家有关规定认定的闲置土地，不属于持有并准备增值后转让的土地使用权。闲置土地是指土地使用者依法取得土地使用权后，未经原批准用地的人民政府同意，超过规定的期限未动工开发建设的建设用地。

三、不属于投资性房地产的项目

1. 自用房地产

自用房地产是指为生产商品、提供劳务或者经营管理而持有的房地产，如企业生产经营用的厂房、办公楼；企业拥有并自行经营的旅馆、饭店；企业出租给本企业职工居住的宿舍等。

2. 作为存货的房地产

作为存货的房地产是指房地产开发企业销售的或为销售而正在开发的商品房和土地。这部分房地产属于房地产开发企业的存货，不属于投资性房地产。

从事房地产经营开发的企业依法取得的、用于开发后出售的土地使用权，属于房地产开发企业的存货，即使房地产开发企业决定待增值后再转让其开发的土地，也不得将其确认为投资性房地产。

当某一项房地产，部分用于赚取租金或资本增值，部分用于生产商品、提供劳务或经营管理，能够单独计量和出售的、用于赚取租金或资本增值的部分，应当确认为投资性房地产；不能够单独计量和出售的、用于赚取租金或资本增值的部分，不确认为投资性房地产，应当确认为固定资产或无形资产。

【例 8-4】　某酒店拥有的饭店共有 12 层，酒店决定将一层、二层出租给某公司，租金总额为 1 500 万元，租期为 10 年，其余楼层作为酒店自己经营。

该例中，如果出租的部分能够单独计量和出售，则酒店的一层和二层应确认为投资性房地产，其余的楼层确认为固定资产。

四、投资性房地产的确认和计量原则

将某个项目确认为投资性房地产，首先应当符合投资性房地产的概念，其次要同时满足投资性房地产的两个确认条件：

（1）与该资产相关的经济利益很可能流入企业。

（2）该投资性房地产的成本能够可靠地计量。

根据《企业会计准则第 3 号——投资性房地产》的规定，投资性房地产应当按照成本进行初始确认和计量。在后续计量时，通常应当采用成本模式，满足特定条件的情况下也可以采用公允价值模式。但是，同一企业只能采用一种模式对所有投资性房地产进行后续计量，不得同时采用两种计量模式。

第二节　成本模式计量下投资性房地产的会计处理

所谓成本模式，就是按照资产的账面价值、使用年限等因素，计提资产的折旧（折耗）费用，期末还要进行资产的减值测试，如果资产发生减值，则需要计提减值准备。

成本模式的会计处理比较简单，主要涉及“投资性房地产”、“投资性房地产累计折旧（摊销）”、“投资性房地产减值准备”等科目，可比照“固定资产”、“无形资产”、“累计折旧”、“累计摊销”、“固定资产减值准备”、“无形资产减值准备”等相关科目进行处理。

一、投资性房地产的初始计量

（一）外购的投资性房地产

对于企业外购的房地产，只有在购入房地产的同时开始对外出租或用于资本增值，才能称之为外购的投资性房地产。

注意：如果外购房地产自用一段时间再改为出租或用于资本增值，则应当先将外购的房地产确认为固定资产或无形资产，自租赁开始日或用于资本增值之日起，才能转换为投资性房地产。

外购的投资性房地产应当按照取得时的实际成本进行初始计量。外购投资性房地产的成本，包括购买价款、相关税费和可直接归属于该资产的其他支出。

注意：企业购入的房地产，部分用于出租（或资本增值）、部分自用，用于出租（或资本增值）的部分应当予以单独确认的，应按照不同部分的公允价值占公允价值总额的比例将成本在不同部分之间进行合理分配。

购入房地产的同时开始对外出租或用于资本增值的，应按计入投资性房地产成本的金额，借记“投资性房地产”科目，贷记“银行存款”等科目。

【例 8-5】 2012 年 3 月，甲企业购入一栋写字楼对外出租，为期 5 年。支付价款共计 1 500 万元（假设不考虑其他因素，甲企业采用成本模式进行后续计量，下同）。

借：投资性房地产——写字楼　　15 000 000

　　贷：银行存款　　15 000 000

（二）自行建造的投资性房地产

企业自行建造（或开发，下同）的房地产，只有在自行建造或开发活动完成（即达到预定可使用状态）的同时开始对外出租或用于资本增值，才能将自行建造的房地产确认为投资性房地产。

自行建造投资性房地产的成本，由建造该项房地产达到预定可使用状态前发生的必要支出构成，包括土地开发费、建安成本、应予资本化的借款费用、支付的其他费用和分摊的间接费用等。建造过程中发生的非正常损失直接计入当期损益，不计入建造成本。

【例 8-6】 2011 年 3 月，甲企业从其他单位购入一块土地 1 000 万元，先确认为无形资产，用来建造办公楼。2012 年 6 月，在工程即将完工时，与乙企业签订租赁合同，将办公楼的一、二层租给乙企业，占整体的 1/4。租赁合同约定，该办公楼于完工（达到预定可使用状态）时开始起租。办公楼造价为 3 000 万元。

工程完工时及租赁开始日，甲企业的账务处理如下：

办公楼中的对应部分应转换为投资性房地产 750 万元（3 000 × 1/4）。

土地使用权中的对应部分同时转换为投资性房地产 250 万元（10 000 000 × 1/4）。

借：投资性房地产——厂房　　7 500 000

　　贷：在建工程　　7 500 000

借：投资性房地产——土地使用权　　2 500 000

　　贷：无形资产——土地使用权　　2 500 000

（三）投资者投入的投资性房地产

企业接受投资者投入的投资性房地产，应当按照投资合同或协议约定的价值确定，但合同或协议约定价值不公允的除外。按房地产的协议约定价，借记“投资性房地产”科目，并按认缴的注册资本，贷记“股本”或“实收资本”科目，差额记入“资本公积”科目。

【例 8-7】 甲公司接受股东 A 公司以其所拥有的土地使用权作为出资，双方协议约定的价值为 1 400 万元，与市场价一致，已办妥相关手续。甲公司接受投资后的注册资本为 10 000 万元，A 公司投资持股比例为 10%。该土地使用权投资后即用于对外出租。

借：投资性房地产——土地使用权　　14 000 000

　　贷：股本　　10 000 000

　　　　资本公积——股本溢价　　4 000 000

（四）非投资性房地产转换为投资性房地产

将非投资性房地产转换为投资性房地产必须有确凿证据表明房地产用途发生改变。这里的确凿证据包括两个方面：①是企业董事会或类似机构应当就改变房地产用途形成正式的书面决议。②是房地产因用途改变而发生实际状态上的改变，从自用状态改为出租状态。

1. 作为存货的房地产转换为投资性房地产

作为存货的房地产转换为投资性房地产，通常是指房地产开发企业将其持有的开发产品以经营租赁的方式出租，存货相应地转换为投资性房地产。

这种情况下，转换日通常为房地产的租赁期开始日。如果企业董事会或类似机构作出正式书面决议，明确表明其自行建造或开发的产品用于经营租出，则转换日为董事会或类似机构作出书面决议的日期。

企业将作为存货的房地产转换为采用成本模式计量的投资性房地产，应当按该项存货在转换日的账面价值，借记“投资性房地产”科目，原已计提跌价准备的，借记“存货跌价准备”科目，按其账面余额，贷记“开发产品”等科目。

【例 8-8】　甲房地产开发企业，于 2012 年 3 月 10 日与乙企业签订了租赁协议，从 4 月 1 日起，将其开发的一栋写字楼出租给乙企业使用，该写字楼的账面余额为 13 000 万元，未计提存货跌价准备。则甲房地产开发企业的账务处理如下：

借：投资性房地产——写字楼	130 000 000	
贷：开发产品		130 000 000

2. 自用房地产转换为投资性房地产

企业将原本用于生产商品、提供劳务或者经营管理的房地产改用于出租，通常应于租赁期开始日，将相应的固定资产或无形资产转换为投资性房地产。

对不再用于日常生产经营活动且经整理后达到可经营出租状态的建筑物，如董事会或类似机构作出书面决议，明确表明其自用房地产用于经营租出，应视为自用房地产转换为投资性房地产，转换日为董事会或类似机构作出书面决议的日期。

企业将自用土地使用权或建筑物转换为以成本模式计量的投资性房地产时，应当按该项建筑物或土地使用权在转换日的账面余额，借记“投资性房地产”科目，贷记“固定资产”或“无形资产”科目，按已计提的折旧或摊销，借记“累计折旧”或“累计摊销”科目，贷记“投资性房地产累计折旧（摊销）”科目，原已计提减值准备的，借记“固定资产减值准备”或“无形资产减值准备”科目，贷记“投资性房地产减值准备”科目。

【例 8-9】　2012 年 3 月 10 日，甲企业与乙企业签订了经营租赁协议，将拥有的一栋办公楼整体出租给乙企业使用，租赁期开始日为 2012 年 4 月 1 日，为期 5 年。租赁期开始日这栋办公楼的账面余额为 110 000 000 元。已计提折旧 25 000 000 元，已计提减值准备 6 000 000 元。

甲企业 2012 年 4 月 1 日的账务处理如下：

借：投资性房地产——办公楼	110 000 000	
累计折旧	25 000 000	
固定资产减值准备	6 000 000	
贷：固定资产		110 000 000
投资性房地产累计折旧		25 000 000

投资性房地产减值准备 6 000 000

二、投资性房地产的后续计量

采用成本模式进行后续计量的投资性房地产，应当按照固定资产或无形资产的有关规定进行处理：

（1）按期（月）计提折旧或摊销。

借：其他业务成本

贷：投资性房地产累计折旧（摊销）

（2）取得的租金收入。

借：银行存款/其他应收款

贷：其他业务收入

（3）投资性房地产发生减值。

借：资产减值损失

贷：投资性房地产减值准备

注意：若已计提减值准备的投资性房地产的价值又得以恢复，不得转回。

【例8-10】 甲企业于2010年12月31日，将一自用的写字楼对外出租，并采用成本模式计量，租赁期为3年，每年年末收取一次租金150万元，出租时建筑物成本为2 000万元，已提折旧600万元，已提减值准备200万元，尚可使用20年，甲企业采用平均年限法提取折旧。2011年年末经过测试，该建筑物减值100万元。

（1）2010年12月31日出租建筑物。

借：投资性房地产——写字楼 20 000 000

累计折旧 6 000 000

固定资产减值准备 2 000 000

贷：固定资产 2 0 000 000

投资性房地产累计折旧 6 000 000

投资性房地产减值准备 2 000 000

（2）2011年12月31日计提折旧。

每年计提折旧＝（20 000 000－6 000 000－2 000 000）÷20＝600 000（元）

借：其他业务成本 600 000

贷：投资性房地产累计折旧 600 000

（3）2011年12月31日确认租金收入。

借：银行存款（或其他应收款） 1 500 000

贷：其他业务收入 1 500 000

（4）2011年12月31日计提减值准备。

借：资产减值损失 1 000 000

贷：投资性房地产减值准备 1 000 000

三、与投资性房地产有关的后续支出

1. 资本化的后续支出

与投资性房地产有关的后续支出，满足投资性房地产确认条件的应当计入投资性房地产成本。

【例8-11】　乙企业有一栋办公楼用于出租，账面价值为1 000万元。因为出租时间较长，办公楼内部装饰已经过时，为此，乙企业投入50万元对其进行改建并重新装修。

该例中，乙企业扩建并装修的行为提高了该办公楼的使用效能，满足投资性房地产的确认条件，因此应将50万元予以资本化，增加该办公楼的账面价值。

（1）采用成本模式计量的投资性房地产，在进入改扩建或装修阶段后，应当将其账面价值转入改扩建工程。

借：投资性房地产——在建
　　投资性房地产累计折旧
　　贷：投资性房地产

（2）发生资本化的改良或装修支出。

借：投资性房地产——在建
　　贷：银行存款/应付账款

（3）改扩建或装修完成。

借：投资性房地产
　　贷：投资性房地产——在建

注意：企业对某项投资性房地产进行改扩建等再开发活动且将来仍作为投资性房地产的，再开发期间应继续将其视为投资性房地产，再开发期间不计提折旧或摊销。

【例8-12】　2011年12月31日，甲企业某项投资性房地产（厂房）租赁合同到期。该投资性房地产原价为3 000万元，已提折旧1 200万元。为了提高该投资性房地产的租金收入，甲企业决定对该投资性房地产进行改扩建，改扩建完成后，继续出租。2012年3月31日，改扩建工程完工，共发生支出800万元，该后续支出符合资本化的确认条件。甲企业对该投资性房地产按成本模式计量。

（1）2011年12月31日，投资性房地产转入改扩建工程。

借：投资性房地产——厂房（在建）　　18 000 000
　　投资性房地产累计折旧　　12 000 000
　　贷：投资性房地产——厂房　　30 000 000

（2）2011年12月31日~2012年3月31日发生各项支出。

借：投资性房地产——厂房（在建）　　8 000 000
　　贷：银行存款等　　8 000 000

（3）2012年3月31日，改扩建工程完工。

借：投资性房地产——厂房　　26 000 000
　　贷：投资性房地产——厂房（在建）　　26 000 000

2. 费用化的后续支出

与投资性房地产有关的后续支出，不满足投资性房地产确认条件的应当在发生时计入当期损益。例如，企业对投资性房地产进行日常维护所发生的支出，应当在发生时，借记“其他业务成本”等科目，贷记“银行存款”等科目。

四、投资性房地产的转换或处置

当投资性房地产转换为非投资性房地产，或者被处置、清理时，应当减少投资性房地产，从“投资性房地产”科目贷方转出。

（一）投资性房地产转换为非投资性房地产

1. 投资性房地产转换为自用房地产

投资性房地产转换为自用房地产是指企业将原本用于赚取租金或资本增值的房地产改用于生产商品、提供劳务或者经营管理。此时，转换日为房地产达到自用状态，企业开始将房地产用于生产商品、提供劳务或者经营管理的日期。

企业将采用成本模式计量的投资性房地产转换为自用房地产时，应按该项投资性房地产在转换日的账面余额，借记“固定资产”或“无形资产”科目，贷记“投资性房地产”科目，按已计提的折旧或摊销，借记“投资性房地产累计折旧（摊销）”科目，贷记“累计折旧”或“累计摊销”科目，原已计提减值准备的，借记“投资性房地产减值准备”科目，贷记“固定资产减值准备”或“无形资产减值准备”科目。

【例 8-13】 2012 年 7 月末，甲企业将出租在外的写字楼收回作为办公楼使用。该项房地产在转换前采用成本模式计量，截至 2012 年 7 月 31 日，其账面价值为 30 000 000 元，其中，原价 45 000 000 元，累计已提折旧 15 000 000 元。

甲企业 2011 年 7 月 31 日的账务处理如下：

借：固定资产	45 000 000	
投资性房地产累计折旧	15 000 000	
贷：投资性房地产——写字楼		45 000 000
累计折旧		15 000 000

2. 投资性房地产转换为存货

投资性房地产转换为存货是指房地产开发企业将用于经营出租的房地产重新开发用于对外销售的，从投资性房地产转换为存货。

企业将成本模式计量的投资性房地产转换为存货时，应当按照该项投资性房地产在转换日的账面价值，借记“开发产品”科目，按照已计提的折旧或摊销，借记“投资性房地产累计折旧（摊销）”科目，原已计提减值准备的，借记“投资性房地产减值准备”科目，按其账面余额，贷记“投资性房地产”科目。

（二）投资性房地产的处置

企业出售、转让、报废投资性房地产或者发生投资性房地产毁损的，应当将处置收入扣除其账面价值和相关税费后的金额计入当期损益。

（1）处置采用成本模式计量的投资性房地产时，按实际收到的金额，作会计分录如下：

借：银行存款（实际收到的金额）

　　贷：其他业务收入

（2）结转投资性房地产的账面价值。

借：其他业务成本

　　投资性房地产累计折旧（摊销）

　　投资性房地产减值准备

贷：投资性房地产（账面余额）

【例 8-14】　甲公司将其出租届满的一栋写字楼出售，合同价款为 4 000 万元，乙公司已用银行存款付清。出售时，该栋写字楼的成本为 3 000 万元，已计提折旧 800 万元。甲企业出售前对其以成本模式计量。

借：银行存款　　40 000 000

　　贷：其他业务收入　　40 000 000

借：其他业务成本　　22 000 000

　　投资性房地产累计折旧　　8 000 000

　　贷：投资性房地产——写字楼　　30 000 000

第三节　公允价值模式计量下投资性房地产的会计处理

投资性房地产的公允价值是指在公平交易中，熟悉情况的当事人之间自愿进行房地产交换的价格。若有确凿证据表明投资性房地产的公允价值能够持续可靠取得，则企业可以采用公允价值计量模式。

注意：企业选择公允价值模式，就应当对其所有的投资性房地产都采用公允价值模式进行后续计量，不得对一部分投资性房地产采用成本模式进行后续计量，对另一部分投资性房地产采用公允价值模式进行后续计量。

采用公允价值模式进行计量的投资性房地产，应当同时满足下列条件：

（1）投资性房地产所在地有活跃的房地产交易市场。

所在地，通常是指投资性房地产所在的城市。对于大中型城市，应当为投资性房地产所在的城区。

（2）企业能够从活跃的房地产交易市场上取得同类或类似房地产的市场价格及其他相关信息，从而对投资性房地产的公允价值作出合理的估计。

上述所说“同类或类似”的房地产，对建筑物而言，是指所处地理位置和地理环境相同、性质相同、结构类型相同或相近、新旧程度相同或相近，可使用状况相同或相近的建筑物；对土地使用权而言，是指同一位置区域、所处地理环境相同或相近、可使用状况相同或相近的土地。

一、投资性房地产的初始计量

（一）外购或自行建造的投资性房地产

外购或自行建造的采用公允价值模式计量的投资性房地产，应当按照取得时的实际成本进行初始计量。其实际成本的确定与外购或自行建造的采用成本模式计量的投资性房地产一致。

企业应当在“投资性房地产”科目下设置“成本”和“公允价值变动”两个明细科目。

（二）非投资性房地产转换为投资性房地产

1. 作为存货的房地产转换为投资性房地产

企业将作为存货的房地产转换为采用公允价值模式计量的投资性房地产时，应当按该项房地产在转换日的公允价值，借记“投资性房地产——成本”科目；原已计提跌价准备的，借记“存货跌价准备”科目，按其账面余额，贷记“开发产品”等科目。

同时，转换日的公允价值小于账面价值的，按其差额，借记“公允价值变动损益”科目；转换日的公允价值大于账面价值的，按其差额，贷记“资本公积——其他资本公积”科目。待该项投资性房地产处理时，因转换计入资本公积的部分应转入当期损益。

【例 8-15】 甲房地产开发企业，于 2012 年 3 月 10 日与乙企业签订了租赁协议，从 4 月 1 日起，将其开发的一栋写字楼出租给乙企业使用，该写字楼的账面余额为 13 000 万元，公允价值为 18 000 万元，未计提存货跌价准备。甲房地产开发企业的账务处理如下：

借：投资性房地产——写字楼（成本）　　180 000 000

　贷：开发产品　　130 000 000

　　资本公积——其他资本公积　　500 000 000

假定租赁开始日该写字楼的公允价值为 11 000 万元，则甲房地产开发企业的账务处理如下：

借：投资性房地产——写字楼（成本）　　110 000 000

　公允价值变动损益　　20 000 000

　贷：开发产品　　130 000 000

注意：对于公允价值与账面价值的差额，准则对其会计处理的规定是不对称的，将公允价值低于账面价值的差额计入当期损益，将公允价值高于账面价值的差额直接计入所有者权益，一方面体现了谨慎性原则，另一方面减少了企业人为粉饰财务报表的可能性。

2. 自用房地产转换为投资性房地产

企业将自用房地产转换为采用公允价值模式计量的投资性房地产时，应当按该项土地使用权或建筑物在转换日的公允价值，借记“投资性房地产——成本”科目；按已计提的累计摊销或累计折旧，借记“累计摊销”或“累计折旧”科目；原已计提减值准备的，借记“无形资产减值准备”、“固定资产减值准备”科目；按其账面余额，贷记“固定资产”或“无形资产”科目。

同时，转换日的公允价值小于账面价值的，按其差额，借记“公允价值变动损益”科目；转换日的公允价值大于账面价值的，按其差额，贷记“资本公积——其他资本公积”科目。待该项投资性房地产处置时，因转换计入资本公积的部分应转入当期损益。

【例 8-16】 丁公司 2012 年 3 月 31 日将自用的办公楼用于出租，出租日该办公楼的账面原值为 8 000 万元，已提折旧 3 000 万元，公允价值为 6 500 万元。丁公司对投资性房地产采用公允价值模式计量。

借：投资性房地产——办公楼（成本）　　65 000 000

　累计折旧　　30 000 000

　贷：固定资产　　80 000 000

　　资本公积——其他资本公积　　15 000 000

假设丁公司办公楼 2012 年 3 月 31 日公允价值为 4 500 万元，则丁公司在出租日的账务处理为：

借：投资性房地产——办公楼（成本）　　45 000 000

　公允价值变动损益　　5 000 000

　累计折旧　　30 000 000

贷：固定资产　80 000 000

二、投资性房地产的后续计量

投资性房地产采用公允价值模式计量的，不计提折旧或摊销，应当以资产负债表日的公允价值计量。资产负债表日，投资性房地产的公允价值高于其账面余额的差额，借记“投资性房地产——公允价值变动”科目，贷记“公允价值变动损益”科目；公允价值低于其账面余额的差额作相反的分录。

【例 8-17】　2011 年 1 月 1 日，甲公司支付 5 000 万元购买一栋写字楼用于出租，每半年租金为 200 万元，在每半年末收取租金。2011 年 6 月 30 日，该写字楼的公允价值为 5 300 万元，2011 年 12 月 31 日，该写字楼的公允价值为 4 900 万元，该投资性房地产采用公允价值模式核算。

(1) 2011 年 1 月 1 日取得时：

借：投资性房地产——成本　50 000 000

　　贷：银行存款　50 000 000

(2) 2011 年 6 月末确认租金收入时：

借：银行存款　2 000 000

　　贷：其他业务收入　2 000 000

(3) 2011 年 6 月末公允价值变动时：

借：投资性房地产——公允价值变动　3 000 000

　　贷：公允价值变动损益　3 000 000

(4) 2011 年 12 月末确认租金收入同 (2)。

(5) 2011 年年末公允价值变动时：

借：公允价值变动损益　4 000 000

　　贷：投资性房地产——公允价值变动　4 000 000

三、投资性房地产的后续支出

1. 资本化的后续支出

与投资性房地产有关的后续支出，满足投资性房地产确认条件的应当计入投资性房地产成本。

【例 8-18】　2011 年 12 月 31 日，甲企业某项投资性房地产（厂房）租赁合同到期。其账面价值为 4 200 万元，其中成本 3 000 万元，公允价值变动借方 1 200 万元。为了提高该投资性房地产的租金收入，甲企业决定对该投资性房地产进行改扩建，改扩建完成后，继续出租。2012 年 3 月 31 日，改扩建工程完工，共发生支出 800 万元。该后续支出符合资本化的确认条件。甲企业对该投资性房地产按公允价值模式计量。

(1) 2011 年 12 月 31 日，投资性房地产转入改扩建工程。

借：投资性房地产——厂房（在建）　42 000 000

　　贷：投资性房地产——成本　30 000 000

　　　　　　　　　　——公允价值变动　12 000 000

(2) 2011 年 12 月 31 日 ~2012 年 3 月 31 日工程建设阶段。

借：投资性房地产——厂房（在建） 8 000 000

贷：银行存款 8 000 000

（3）2012 年 3 月 31 日，改扩建工程完工。

借：投资性房地产——成本 50 000 000

贷：投资性房地产——厂房（在建） 50 000 000

2. 费用化的后续支出

与投资性房地产有关的后续支出，不满足投资性房地产确认条件的应当在发生时计入其他业务成本等当期损益。

四、投资性房地产的转换以及处置

（一）投资性房地产转换为非投资性房地产

1. 投资性房地产转换为自用房地产

企业将采用公允价值模式计量的投资性房地产转换为自用房地产时，应当以其转换当日的公允价值作为自用房地产的账面价值，公允价值与原账面价值的差额计入当期损益。

转换日，按该项投资性房地产的公允价值，借记“固定资产”或“无形资产”科目，按该项投资性房地产的成本，贷记“投资性房地产——成本”科目；按该项投资性房地产的累计公允价值变动，贷记或借记“投资性房地产——公允价值变动”科目；按其差额，贷记或借记“公允价值变动损益”科目。

【例 8-19】 2011 年 12 月 1 日，租赁期满，甲公司将出租的写字楼收回开始自用，当日的公允价值为 48 000 000 元。该项房地产在转换前采用公允价值模式计量，原账面价值为 40 000 000 元，其中，成本为 35 000 000 元，公允价值变动为 5 000 000 元。

甲公司的账务处理如下：

借：固定资产——写字楼 48 000 000

贷：投资性房地产——写字楼——成本 35 000 000

——公允价值变动 5 000 000

公允价值变动损益——投资性房地产 8 000 000

2. 投资性房地产转换为存货

企业将采用公允价值模式计量的投资性房地产转换为存货时，应当以其转换当日的公允价值作为存货的账面价值，公允价值与原账面价值的差额计入当期损益。

转换日，按该项投资性房地产的公允价值，借记“开发产品”科目，按该项投资性房地产的成本，贷记“投资性房地产——成本”科目；按该项投资性房地产的累计公允价值变动，贷记或借记“投资性房地产——公允价值变动”科目；按其差额，贷记或借记“公允价值变动损益”科目。

（二）投资性房地产的处置

处置采用公允价值模式计量的投资性房地产时，应当按实际收到的金额，借记“银行存款”等科目，贷记“其他业务收入”科目；按该项投资性房地产的账面余额，借记“其他业务成本”科目；按其成本，贷记“投资性房地产——成本”科目；按其累计公允价值变动，贷记或借记“投资性房地产——公允价值变动”科目。同时结转投资性房地产累计公允价值变动。若存在原转换日计入资本公积的金额，也一并结转。

【例 8-20】　甲企业 2011 年 7 月将一幢商品楼出租，该幢商品楼的成本为 3 000 万元，出租时公允价值为 5 000 万元。2011 年 12 月 31 日，该幢商品房的公允价值为 6 600 万元。2012 年 12 月 20 日租赁期届满，甲企业将其对外出售，出售时，该幢写字楼以公允价成交，其公允价值为 7 200 万元，甲企业收到款项存入银行。甲企业对投资性房地产采用公允价值模式计量。

甲企业的账务处理如下：

借：银行存款	72 000 000	
贷：其他业务收入		72 000 000
借：其他业务成本	30 000 000	
资本公积——其他资本公积	20 000 000	
公允价值变动损益		16 000 000
贷：投资性房地产——成本		50 000 000
——公允价值变动		16 000 000

第四节　投资性房地产后续计量模式的变更

为保证会计信息的可比性，企业对投资性房地产的计量模式一经确定，不得随意变更。只有在房地产市场比较成熟、能够满足采用公允价值模式条件的情况下，才允许企业对投资性房地产从成本模式计量变更为公允价值模式计量。但是，已采用公允价值模式计量的投资性房地产，不得从公允价值模式转为成本模式。

由成本模式转为公允价值模式的，应当作为会计政策变更处理，将计量模式变更时公允价值与账面价值的差额，调整为期初留存收益（未分配利润）。

企业变更投资性房地产计量模式时，应当按照模式变更日投资性房地产的公允价值，借记“投资性房地产——成本”科目，按已计提的折旧或摊销，借记“投资性房地产累计折旧（摊销）”科目，原已计提减值准备的，借记“投资性房地产减值准备”科目，按原账面余额，贷记“投资性房地产”科目，按照公允价值与账面价值的差额，借记或贷记“利润分配——未分配利润”、“盈余公积”等科目。

【例 8-21】　甲公司将某一栋写字楼租给乙公司使用，并一直采用成本模式进行后续计量。2012 年 1 月 1 日，甲企业认为，出租给乙公司使用的写字楼，其所在地的房地产交易市场比较成熟，具备了采用公允价值模式计量的条件，决定对该项投资性房地产从成本模式转换为公允价值模式计量。该写字楼的原造价为 10 000 万元，已计提折旧 2 000 万元，账面价值为 8 000 万元。2012 年 1 月 1 日，该写字楼的公允价值为 9 000 万元。假设甲企业按净利润的 10% 计提盈余公积。

借：投资性房地产——写字楼（成本）	90 000 000	
投资性房地产累计折旧	20 000 000	
贷：投资性房地产——写字楼		100 000 000
盈余公积		1 000 000
利润分配——未分配利润		9 000 000

本章小结

投资性房地产是指为赚取租金或资本增值，或者两者兼有而持有的房地产，包括已出租的土地使用权、持有并准备增值后转让的土地使用权和已出租的建筑物。企业的自用房地产以及作为存货的房地产不属于投资性房地产。

投资性房地产应按照取得时的实际成本进行初始计量。企业外购时，按买价和相关税费作为其入账成本；自行建造时，按建造该资产达到预定可使用状态前所发生的必要支出，作为入账价值。

采用成本模式，就是按照资产的账面价值、使用年限等因素，计提资产的折旧（折耗）费用，期末还要进行资产的减值测试，如果资产发生减值，需要计提减值准备。后续支出中满足投资性房地产确认条件的应增加投资性房地产的价值，否则应予以费用化。

采用公允价值模式，以公允价值调整其账面价值，公允价值与账面价值的差额计入公允价值变动损益。

企业可以采用成本模式进行后续计量，也可以采用公允价值模式计量。但是，同一企业只能采用一种模式。企业对投资性房地产的计量模式一经确定，不得随意变更。以成本模式转为公允价值模式的，应当作为会计政策变更处理。

练习题

一、单项选择题

1. 按照《企业会计准则第 3 号——投资性房地产》的规定，下列属于投资性房地产的是（　　）。

A. 房地产开发企业为销售而正在开发的商品房和土地

B. 企业以经营租赁方式租入的建筑物

C. 企业融资租赁出租的建筑物

D. 企业已出租的土地使用权

2. 关于投资性房地产，下列说法中正确的是（　　）。

A. 投资性房地产是指为赚取租金或资本增值，或者两者兼有而持有的房产、地产和机器设备等

B. 认定的闲置土地不属于投资性房地产

C. 一项房地产，部分用于赚取租金或资本增值，部分用于生产商品、提供劳务或经营管理，即使用于赚取租金或资本增值的部分能够单独计量和出售的，也不可以确认为投资性房地产

D. 企业计划用于出租但尚未出租的建筑物，属于投资性房地产

3. 下列有关投资性房地产初始计量的说法中不正确的是（　　）。

A. 无论采用公允价值模式还是成本模式对投资性房地产进行后续计量，均应按照实际成本对投资性房地产进行初始计量

B. 只有采用公允价值模式进行后续计量的投资性房地产，取得时才应按照公允价值进行初始计量

C. 自行建造投资性房地产的成本，由建造该项资产达到预定可使用状态前所发生的必

要支出构成

D. 外购投资性房地产的成本，包括购买价款、相关税费和可直接归属于该资产的其他支出

4. 下列有关投资性房地产计量模式的说法中正确的是（ ）。

A. 企业只能采用成本模式对投资性房地产进行后续计量

B. 企业采用公允价值模式计量投资性房地产时，如某项房地产的公允价值无法持续可靠取得，则不得将其划分为投资性房地产

C. 企业有确凿证据表明投资性房地产满足采用公允价值模式计量的条件的，可将成本模式变更为公允价值模式，并作为会计政策变更处理

D. 企业对投资性房地产采用公允价值模式的也可转为成本模式，并作为会计政策变更处理

5. 下列关于投资性房地产核算的表述中，正确的是（ ）。

A. 采用成本模式计量的投资性房地产不需要确认减值损失

B. 采用公允价值模式计量的投资性房地产可转换为成本模式计量

C. 采用公允价值模式计量的投资性房地产，公允价值的变动金额应计入资本公积

D. 采用成本模式计量的投资性房地产，符合条件时可转换为公允价值模式计量

6. 关于投资性房地产采用成本模式进行后续计量时，下列说法中错误的是（ ）。

A. 投资性房地产采用成本模式进行后续计量时，计提的折旧或摊销计入管理费用

B. 投资性房地产采用成本模式进行后续计量时，按照固定资产或无形资产的有关规定计提折旧或进行摊销

C. 投资性房地产存在减值迹象的，要对其进行减值测试，计提减值准备

D. 投资性房地产计提的折旧或摊销，计入其他业务成本

7. 企业对采用公允价值模式进行后续计量的投资性房地产取得的租金收入，应该贷记（ ）科目。

A. 投资收益　　B. 管理费用　　C. 营业外收入　　D. 其他业务收入

8. 自用房地产转换为采用公允价值模式计量的投资性房地产，投资性房地产应当按照转换当日的公允价值计量。转换当日的公允价值小于原账面价值的，其差额通过（ ）科目核算。

A. 营业外收入　　B. 资本公积　　C. 公允价值变动损益　　D. 其他业务收入

9. 企业将自用的房地产或存货转换为采用公允价值模式计量的投资性房地产时，转换当日的公允价值大于原账面价值的差额应计入（ ）。

A. 公允价值变动损益　B. 营业外收入　　C. 其他业务收入　　D. 资本公积

10. 2009 年 3 月 1 日，企业将一项采用成本模式计量的投资性房地产转换为固定资产。该投资性房地产的账面余额为 150 万元，已计提折旧 50 万元，计提减值准备 20 万元。该房地产的公允价值为 120 万元。3 月 1 日固定资产的入账价值为（ ）万元。

A. 150　　B. 80　　C. 120　　D. 100

11. 企业处置投资性房地产时，应当将处置收入计入（ ）。

A. 投资收益　　B. 公允价值变动损益

C. 其他业务收入　　D. 营业外收入

12. 企业出售、转让、报废投资性房地产时，应当将所处置投资性房地产的账面价值计入（　　）。

A. 其他业务成本　　B. 公允价值变动损益

C. 营业外支出　　D. 资本公积

二、多项选择题

1. 下列情况下，企业可将其他资产转换为投资性房地产的有（　　）。

A. 房地产企业将开发的原准备对外出售的商品房改为对外经营出租

B. 投资性房地产由成本模式改按公允价值模式进行计量

C. 原自用土地使用权停止自用改为对外经营出租

D. 自用的厂房停止自用并以融资租赁方式对外出租

E. 拟对外经营出租且已经停止自用但尚未达到可出租状态的建筑物

2. 关于投资性房地产的计量模式，下列说法中正确的有（　　）。

A. 一般情况下，已经采用公允价值模式计量的同一项投资性房地产，不得从公允价值模式转为成本模式

B. 已经采用成本模式计量的投资性房地产，不得从成本模式转为公允价值模式

C. 采用公允价值模式计量的，不对投资性房地产计提折旧或进行摊销

D. 企业对投资性房地产计量模式一经确定不得随意变更

E. 采用成本模式计量的投资性房地产，在一定条件下可以转为按照公允价值模式来计量

3. 下列有关投资性房地产后续计量会计处理的表述中，正确的有（　　）。

A. 不同企业可以分别采用成本模式或公允价值模式

B. 满足特定条件时可以采用公允价值模式

C. 同一企业可以分别采用成本模式和公允价值模式

D. 同一企业不得同时采用成本模式和公允价值模式

4. 企业对投资性房地产，满足下列（　　）条件时，可以采用公允价值模式进行后续计量。

A. 与该投资性房地产有关的经济利益很可能流入企业

B. 投资性房地产所在地有活跃的房地产交易市场

C. 企业能够从房地产交易市场上取得同类或类似房地产的市场价格及其他相关信息，从而对投资性房地产的公允价值作出合理的估计

D. 该投资性房地产的成本能够可靠地计量

E. 投资性房地产取得的租金收入能够可靠计量

5. 下列各项中，应该记入“其他业务成本”或“其他业务收入”科目的有（　　）。

A. 转让投资性房地产收到价款

B. 因投资性房地产经营租赁而缴纳的营业税

C. 投资性房地产的日常维修费用

D. 投资性房地产的折旧费用或摊销费用

E. 采用公允价值模式计量的投资性房地产的期末公允价值变动

6. 关于投资性房地产转换后的入账价值的确定，下列说法中正确的有（　　）。

A. 在成本模式下，应当将房地产转换前的账面价值作为转换后的入账价值

B. 采用公允价值模式计量的投资性房地产转换为自用房地产时，应当以其转换当日的公允价值作为自用房地产的账面价值

C. 采用公允价值模式计量的投资性房地产转换为自用房地产时，应当以其转换当日的账面价值作为自用房地产的账面价值

D. 自用房地产或存货转换为采用公允价值模式计量的投资性房地产时，投资性房地产按照转换当日的账面价值计价

E. 自用房地产或存货转换为采用公允价值模式计量的投资性房地产时，投资性房地产按照转换当日的公允价值计价

7. 下列各项中，影响企业当期损益的有（　　）。

A. 投资性房地产企业每年的租金收入

B. 采用公允价值模式计量的投资性房地产期末公允价值高于或低于账面价值的差额

C. 采用成本模式计量的投资性房地产期末市价高于或低于账面价值的差额

D. 将自用的土地使用权转换为采用公允价值模式计量的投资性房地产，转换日公允价值低于账面价值

三、业务题

1. 甲股份有限公司（以下简称甲公司）为华北地区的一家上市公司，甲公司2010～2012年与投资性房地产有关的业务资料如下：

（1）2010年1月，甲公司购入一幢建筑物，取得的发票上注明的价款为9 360 000元，款项以银行存款转账支付。不考虑其他相关税费。

（2）甲公司购入的上述用于出租的建筑物预计使用寿命为15年，预计净残值为36万元，采用年限平均法按年计提折旧。

（3）甲公司将取得的该项建筑物自当月起用于对外经营租赁，甲公司对该房地产采用成本模式进行后续计量。

（4）甲公司该项房地产2010年取得租金收入为900 000元，已存入银行。假定不考虑其他相关税费。

（5）2012年1月，甲公司将原用于出租的建筑物收回，作为企业经营管理用固定资产处理。

要求（答案中的金额单位为万元）：

（1）编制甲公司2010年1月取得该项建筑物的会计分录。

（2）计算2010年度甲公司对该项建筑物计提的折旧额，并编制相应的会计分录。

（3）编制甲公司2010年取得该项建筑物租金收入的会计分录。

（4）计算甲公司该项房地产2011年年末的账面价值。

（5）编制甲公司2012年收回该项建筑物的会计分录。

2. 甲房地产公司于2009年12月31日将其一栋写字楼对外出租并采用成本模式计量，租期为2年，每年12月31日收取租金550万元，出租时，该写字楼的成本为8 500万元，已提折旧2 000万元，已提减值准备500万元，尚可使用年限为15年，公允价值为3 600万元，甲房地产公司对该建筑物采用年限平均法计提折旧，无残值。2010年12月31日该写字楼的公允价值减去处置费用后的净额为4 900万元，预计未来现金流量现值为3 900万元，

可收回金额取二者较高者。2011 年 12 月 31 日该写字楼的公允价值减去处置费用后的净额为 4 600 万元，预计未来现金流量现值为 3 600 万元。2012 年 1 月 10 日将其出售，价款为 4 200 万元。假定不考虑相关税费。

要求（答案中的金额单位为万元）：编制甲房地产公司上述经济业务的会计分录。

3. 甲公司对投资性房地产采用公允价值模式进行后续计量，2011 ~ 2012 年发生如下业务：

（1）2011 年 6 月，甲公司打算搬迁至新建办公楼，由于原办公楼处于商业繁华地段，甲公司准备将其出租，以赚取租金收入。2011 年 10 月，甲公司完成了搬迁工作，原办公楼停止自用。2011 年 12 月，甲公司与丁公司签订了租赁协议，将其原办公楼租赁给丁公司使用，租赁期开始日为 2012 年 1 月 1 日，租赁期限为 3 年。2012 年 1 月 1 日，该办公楼原价为 850 万元，已计提折旧 140 万元，公允价值为 700 万元。甲公司采用公允价值模式计量其投资性房地产。

（2）2011 年 3 月 10 日，甲公司与 A 公司签订了租赁协议，将其开发的一栋写字楼出租给 A 公司使用，租赁期开始日为 2011 年 4 月 15 日。2011 年 4 月 15 日，该写字楼的账面余额为 560 万元，无减值，公允价值为 720 万元。2011 年 12 月 31 日，该项投资性房地产的公允价值为 780 万元。2012 年 6 月租赁期满，企业收回该项投资性房地产并以 850 万元出售，出售款项已收讫。甲公司采用公允价值模式对投资性房地产作后续计量。

（3）2011 年 3 月，甲公司与乙公司的一项厂房经营租赁合同即将到期，为了提高厂房的租金收入，甲公司决定在租赁期满后对厂房进行改扩建，并与丙企业签订了经营租赁合同，约定自改扩建完工时将厂房出租给丙企业。3 月 15 日，与乙公司的租赁合同到期，厂房即进入改扩建工程。11 月 10 日，厂房改扩建工程完工，共发生支出 360 万元，即日按租赁合同出租给丙企业。3 月 15 日厂房账面余额为 2 300 万元，其中成本 1 800 万元，累计公允价值变动 500 万元。

要求（答案中的金额单位为万元）：编制甲公司关于厂房作为投资性房地产的会计分录。

4. 甲公司主要从事房地产开发业务，按净利润的 10% 提取盈余公积。有关业务如下：

（1）2010 年 1 月 1 日，甲公司与乙公司签订了经营租赁协议，将其开发的一栋写字楼整体出租给乙企业使用，租赁期开始日为 2010 年 1 月 1 日，租赁期为 3 年，每年年末收取租金 320 万元。甲公司此前将该项房地产作为存货管理，账面余额为 5 400 万元，已计提存货跌价准备 600 万元。甲公司对该投资性房地产采用成本模式进行后续计量，预计使用年限为 20 年，预计净残值为 0，采用直线法计提折旧。

（2）2011 年 1 月 1 日，甲公司认为该项房地产所在地的房地产交易市场比较成熟，具备了采用公允价值模式计量的条件，决定对该项投资性房地产从成本模式转换为公允价值模式计量。当日，该项房地产的公允价值为 4 600 万元。

2011 年 12 月 31 日，该项投资性房地产的公允价值为 4 700 万元。

（3）假定各期租金均按期收到，不考虑所得税、营业税等因素。

要求（答案中的金额单位为万元）：根据上述材料逐笔编制会计分录。

第九章 资产减值

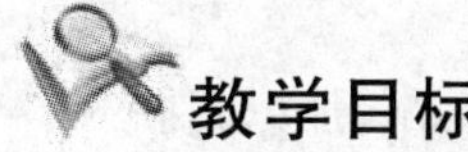

教学目标

- 理解资产减值的含义。
- 理解减值迹象判断的标准及资产减值的范围。
- 理解和掌握资产可收回金额的确定方法。
- 掌握资产减值损失的确认和会计处理。
- 理解资产组的概念、认定、测试的方法及资产组减值损失的会计处理。
- 了解商誉的减值测试方法及会计处理。

第一节 资产减值概述

一、资产减值的含义

《企业会计准则第8号——资产减值》规定，资产减值是指资产的可收回金额低于其账面价值。资产的主要特征之一是它必须能够为企业带来经济利益的流入，如果资产不能够为企业带来经济利益或者带来的经济利益低于其账面价值，那么，该资产就不能再予以确认，或者不能再以原账面价值予以确认，否则会导致企业资产虚增和利润虚增。因此，当企业资产的可收回金额低于其账面价值时（表明资产发生了减值），企业应当确认资产减值损失，并把资产的账面价值减记至可收回金额。

二、资产减值的范围

企业所有的资产在发生减值时，都应当对所发生的减值损失及时加以确认和计量。但是，由于有关资产特性不同，其减值的会计处理也有所差别，因而所适用的具体准则也不尽相同。本章内容仅限于《企业会计准则第8号——资产减值》规定的范围。具体包括以下资产减值：

（1）对子公司、联营企业和合营企业的长期股权投资。

（2）采用成本模式进行后续计量的投资性房地产。

（3）固定资产。

（4）生产性生物资产。

（5）无形资产。

（6）商誉。

（7）探明石油天然气矿区权益和井及相关设施。

注意：

（1）对被投资企业不具有控制、共同控制和重大影响且在活跃市场中有报价的股权性投资，在《企业会计准则第22号——金融工具确认和计量》中规范。

(2) 采用以公允价值模式计量的投资性房地产不计提减值。

(3) 递延所得税资产的减值根据《企业会计准则第 18 号——所得税》确认和计量。

三、资产减值迹象的判断

(一) 资产可能发生减值的迹象

资产可能发生减值的迹象，主要可从外部信息来源和内部信息来源两方面加以判断。

(1) 从企业外部信息来源来看，以下情况均属于资产可能发生减值的迹象：

1) 资产的市价在当期大幅度下跌，其跌幅明显高于因时间的推移或者正常使用而预计的下跌。

2) 企业经营所处的经济、技术或者法律等环境以及资产所处的市场在当期或者将在近期发生重大变化，从而对企业产生不利影响。

3) 市场利率或者其他市场投资报酬率在当期已经提高，从而影响企业计算资产预计未来现金流量现值的折现率，导致资产可收回金额大幅度降低。

4) 企业所有者权益（净资产）的账面价值远高于其市值等。

(2) 从企业内部信息来源来看，以下情况均属于资产可能发生减值的迹象：

1) 有证据表明资产已经陈旧过时或者其实体已经损坏。

2) 资产已经或者将被闲置、终止使用或者计划提前处置。

3) 企业内部报告的证据表明资产的经济绩效已经低于或者将低于预期，如资产所创造的净现金流量或者实现的营业利润远远低于原来的预算或者预计金额、资产发生的营业损失远远高于原来的预算或者预计金额、资产在建造或者收购时所需的现金支出远远高于最初的预算、资产在经营或者维护中所需的现金支出远远高于最初的预算等。

如果有确凿证据表明资产存在减值迹象的，应当在资产负债表日进行减值测试，估计资产的可收回金额。可收回金额低于账面价值的，应当按照可收回金额低于账面价值的差额，计提减值准备，确认减值损失。

注意：资产存在减值迹象是资产需要进行减值测试的前提，但是，以下资产除外：

(1) 因企业合并所形成的商誉和使用寿命不确定的无形资产。对于这两项资产，无论是否存在减值迹象，至少应当每年进行减值测试。

(2) 对于尚未达到可使用状态的无形资产，因其价值通常具有较大的不确定性，也应至少每年进行减值测试。

(3) 采用成本法核算的长期股权投资，被投资企业宣告发放的现金股利或利润，投资企业确认投资收益后，应当考虑长期股权投资是否发生了减值。在判断该类长期股权投资是否存在减值迹象时，应当关注长期股权投资的账面价值是否大于享有被投资企业净资产（包括相关商誉）账面价值的份额等类似情况。

(二) 资产减值损失确认的标准

资产减值损失确认的标准主要有以下三种：

1. 永久性标准

永久性标准是指只有永久性的（在可预见的未来期间不可能恢复）资产减值损失才能予以确认。这可以避免确认暂时性减值损失。但要明确地判断什么是永久性减值、什么是暂时性减值是很困难的。由于这种标准主观性很强，有可能导致管理当局为了盈余管理的目的人为地延迟减值损失的确认。

2. 可能性标准

可能性标准是指对可能发生的减值损失予以确认。使用该标准将在资产的账面价值有可能不能足额收回时确认减值损失，其目的是要与历史成本框架保持一致和避免对不必要的减值损失的确认。具体方法是用未来现金流量总额来判断资产是否减值。如果现金流量总额超出资产的账面价值，资产就没有减值；反之，资产就已经减值，要对减值资产以公允价值为基础进行计量。

采用可能性标准时，其确认和计量的基础不同。确认时以未来现金流量的贴现值作为基础，而计量时采用公允价值为基础。如果未来现金流量的贴现值大于账面价值，即使公允价值小于账面价值，也不能确认资产价值损失。

3. 经济性标准

经济性标准是指只要资产发生减值，就应当予以确认。在这种标准下，资产被定义为"预期的未来经济利益"，而资产减值损失是可收回金额小于账面价值的差额，二者确认和计量的基础相同。

由于经济环境具有很大的不确定性，这将导致会计专业人员很难判断哪些是永久性的资产减值，哪些是可能性的资产减值。采用永久性标准可能导致管理当局为了管理的目的人为延迟减值损失的确认；采用可能性标准时会导致其确认和计量的基础不同，有可能高估资产。而经济性标准可以减少确认时的主观判断和人为操纵，在实务中更具有可操作性，再加上其确认和计量的基础一致，使其具有比较广泛的应用。

注意：我国准则趋同于国际惯例，采用的是经济性标准，即"当资产的可收回金额低于其账面价值"时就要确认减值准备。

第二节 资产可收回金额的计量

一、估计资产可收回金额的基本方法

资产的可收回金额是指资产的公允价值减去处置费用后的净额与资产预计未来现金流量的现值两者之间较高者。

根据《企业会计准则第 8 号——资产减值》的规定，企业资产存在减值迹象的，应当估计其可收回金额，然后将所估计的资产可收回金额与其账面价值相比较，以确定资产是否发生了减值，以及是否需要计提资产减值准备并确认相应的减值损失。

在估计资产可收回金额时，原则上应当以单项资产为基础，如果企业难以对单项资产的可收回金额进行估计，则应当以该资产所属的资产组为基础确定资产组的可收回金额。有关资产组的认定及其会计处理将在本章第四节中阐述。

确定资产可收回金额的基本步骤如下：

第一步，计算确定资产的公允价值减去处置费用后的净额。

第二步，计算确定资产预计未来现金流量的现值。

第三步，取前两步金额较高者作为资产的可收回金额。

针对下列情况，可以有例外或者作特殊考虑：

（1）资产的公允价值减去处置费用后的净额与资产预计未来现金流量的现值，只要有一项超过了资产的账面价值，就表明资产没有发生减值，不需要再估计另一项金额。

（2）没有确凿证据或者理由表明，资产预计未来现金流量现值显著高于其公允价值减去处置费用后的净额的，可以将资产的公允价值减去处置费用后的净额视为资产的可收回金额。例如，企业持有待售的资产，在持有期间（处置前）所产生的现金流量可能很少，其最终取得的未来现金流量往往就是资产的处置净收入。

（3）以前报告期间的计算结果表明，资产可收回金额显著高于其账面价值，之后又没有发生消除这一差异的交易或者事项的，资产负债表日可以不重新估计该资产的可收回金额。

（4）以前报告期间的计算与分析表明，资产可收回金额相对于某种减值迹象反应不敏感，在本报告期间又发生了该减值迹象的，可以不因该减值迹象的出现而重新估计该资产的可收回金额。例如，当期市场利率或市场投资报酬率虽然上升，但是对计算资产未来现金流量现值采用的折现率影响不大的，可以不重新估计资产的可收回金额。

二、资产的公允价值减去处置费用后的净额的估计

资产的公允价值减去处置费用后的净额，通常反映的是资产如果被出售或者处置时可以收回的净现金收入。其中，资产的公允价值是指在公平交易中，熟悉情况的交易双方自愿进行资产交换的金额；处置费用是指可以直接归属于资产处置的增量成本，包括与资产处置有关的法律费用、相关税费、搬运费以及为使资产达到可销售状态所发生的直接费用等，但是，财务费用和所得税费用等不包括在内。企业在估计资产的公允价值减去处置费用后的净额时，应当按照下列顺序进行确定：

1. 以销售协议价格作为公允价值

在这种情况下，应当根据公平交易中资产的销售协议价格减去可直接归属于该资产处置费用的金额确定资产的公允价值减去处置费用后的净额。企业应当优先采用这一方法。

【例 9-1】 假设甲公司的资产 A 在公平交易中的销售协议价格为 2 000 万元，可直接归属于该资产的处置费用为 280 万元。

据此，甲公司应当确定该资产的公允价值减去处置费用后的净额为 1 720 万元。

但是，在实务中，企业的资产往往都是内部持续使用的，取得资产的销售协议价格并不容易，为此，需要采用其他方法估计资产的公允价值减去处置费用后的净额。

2. 以资产的市场价格（买方出价）作为公允价值

如果资产不存在销售协议但存在活跃市场，则应当根据该资产的市场价格减去处置费用后的金额确定。资产的市场价格通常应当按照资产的买方出价确定。对于难以获得资产在估计日的买方出价的，如果资产的交易日和估计日之间，有关经济、市场环境等没有发生重大变化，则企业可以以资产最近的交易价格作为其公允价值减去处置费用后的净额作为估计的基础。

【例 9-2】 假设甲公司的资产 A 不存在销售协议但存在活跃市场，活跃市场的价格为 2 500 万元，估计的处置费用为 300 万元。

据此，甲公司应当确定该资产的公允价值减去处置费用后的净额为 2 200 万元。

3. 以熟悉情况的交易双方自愿进行公平交易愿意提供的交易价格作为公允价值

如果既不存在销售协议又不存在活跃市场，则企业应当以可获取的最佳信息为基础，根

据在资产负债表日假定处置该资产，熟悉情况的交易双方自愿进行公平交易愿意提供的交易价格减去处置费用后的净额，估计资产的公允价值减去处置费用后的净额。在实务中，该净额可以参考同行业类似资产的最近交易价格或者结果进行估计。

【例 9-3】 假设甲公司的资产 A 不存在销售协议，也不存在活跃市场。但同行业类似资产的最近交易价格为 500 万元，可直接归属于该资产的处置费用为 80 万元。

据此，甲公司应当确定该资产的公允价值减去处置费用后的净额为 420 万元。

如果企业按照上述要求仍然无法可靠估计资产的公允价值减去处置费用后的净额，则应当以该资产预计未来现金流量的现值作为其可收回金额。

注意：确认公允价值的顺序：协议价→市价→公平交易价→现金流量现值。在处置费用中，不包括财务费用、所得税费用。

三、资产预计未来现金流量的现值的估计

资产预计未来现金流量的现值，应当按照资产在持续使用过程中和最终处置时所产生的预计未来现金流量，选择恰当的折现率对其进行折现后的金额加以确定。

预计资产未来现金流量的现值，主要应当综合考虑以下因素：①资产的预计未来现金流量；②资产的使用寿命；③折现率。其中，资产使用寿命的预计与前面固定资产和无形资产等的使用寿命预计方法相同。下面重点阐述资产未来现金流量和折现率的预计方法。

（一）资产未来现金流量的预计

1. 预计资产未来现金流量的基础

企业管理层应当合理地对资产剩余使用寿命内的整个经济状况进行最佳估计，并以企业管理层批准的最新财务预算或者预测数据为基础估计资产的预计未来现金流量。出于数据的可靠性和便于操作等方面的考虑，预计的未来现金流量最多涵盖 5 年，企业管理层如能证明更长的期间是合理的，可以涵盖更长的期间。

在经济环境经常变化的情况下，资产的实际现金流量与预计数往往会有出入，而且预计资产未来现金流量时的假设也有可能发生变化，因此，企业管理层在每次预计资产未来现金流量时，都应当分析以前期间现金流量预计数与现金流量实际数的差异情况，以评判预计当期现金流量所依据假设的合理性。通常情况下，企业管理层应当确保当期预计现金流量所依据的假设与前期实际结果相一致。

2. 预计资产未来现金流量的内容构成

预计的资产未来现金流量应当包括下列各项：

（1）资产持续使用过程中预计产生的现金流入。

（2）为实现资产持续使用所必需的预计现金流出，包括为使资产达到预定可使用状态所发生的现金流出。该现金流出应当是可直接归属于或者合理地分配到资产中的现金流出，后者通常是指那些与资产直接相关的间接费用。对于在建工程、开发过程中的无形资产等，企业在预计未来现金流量时，应当包括预期为使该类资产达到预定可使用（或可销售）状态而发生的全部现金流出数。

（3）资产使用寿命结束时，处置资产所收到或者支付的净现金流量。该现金流量应当是在公平交易中，熟悉情况的交易双方自愿进行交易时，企业预期可从资产的处置中获取或者支付的金额减去预计处置费用后的净额。

3. 预计资产未来现金流量应当考虑的因素

（1）资产的当前状况。在预计资产未来现金流量时，企业应当以资产的当前状况为基础，不应当包括与将来可能会发生的、尚未作出承诺的重组事项或者与资产改良有关的预计未来现金流量。但是，企业未来发生的现金流出，如果是为了维持资产正常运转或者资产正常产出水平而必要的支出或者属于资产维护支出，则应当在预计资产未来现金流量时将其考虑在内。

（2）筹资活动和所得税收付产生的现金流量不应包括在内。其原因主要有：①所筹集资金的货币时间价值已经通过折现因素予以考虑。②折现率要求是以税前基础计算确定的，因此，现金流量的预计也必须建立在税前基础之上，这样可以有效避免在资产未来现金流量现值的计算过程中可能出现的重复计算等问题，以保证现值计算的正确性。

（3）对通货膨胀因素的考虑应当和折现率相一致。如果折现率考虑了通货膨胀的影响，则预计资产未来现金流量也应当考虑；如果折现率没有考虑通货膨胀的影响，则预计资产未来现金流量也不应当考虑。

（4）对内部转移价格应当予以调整。在部分企业或企业集团，出于整体发展战略的考虑，某些产品的交易价格或者结算价格建立在内部转移价格的基础上，而内部转移价格很可能与市场交易价格不同。在这种情况下，为了如实估计资产的可收回金额，企业应当采用在公平交易中企业管理层能够达成的最佳未来价格估计数对未来现金流量进行估计。

4. 预计资产未来现金流量的方法

预计资产未来现金流量，通常可以根据资产未来每期最有可能产生的现金流量进行预测。这种方法通常叫做传统法。它使用单一的未来每期预计现金流量和单一的折现率计算资产未来现金流量的现值。

【例 9-4】 甲公司拥有固定资产 A，该固定资产剩余使用年限为 3 年。公司预计未来 3 年内，该资产正常的情况下每年可为企业产生的净现金流量分别为：第 1 年 300 万元、第 2 年 100 万元、第 3 年 50 万元。该现金流量通常即为最有可能产生的现金流量，企业应以该现金流量的预计数为基础计算资产的现值。

但在实务中，有时影响资产未来现金流量的因素较多，情况较为复杂，带有很大的不确定性。因此，使用单一的现金流量可能并不会如实反映资产创造现金流量的实际情况，这样，企业应当采用期望现金流量法预计资产未来现金流量，即资产未来现金流量应当根据每期现金流量期望值进行预计，每期现金流量期望值按照各种可能情况下的现金流量乘以相应的发生概率加总计算。

【例 9-5】 甲公司拥有固定资产 B，假定固定资产 B 生产的产品受市场行情波动影响较大，企业预计未来 5 年每年的现金流量情况如表 9-1 所示。

表 9-1 预计未来 5 年每年的现金流量情况 单位：万元

年份	产品行情好（30% 的可能性）	产品行情一般（60% 的可能性）	产品行情差（10% 的可能性）
第 1 年	120	100	80
第 2 年	100	80	60
第 3 年	80	60	40
第 4 年	60	40	20
第 5 年	40	20	0

在该例题中，采用期望现金流量法比传统法更为合理。在期望现金流量法下，资产未来现金流量应当根据每期现金流量期望值进行预计，每期现金流量期望值按照各种可能情况下的现金流量与其发生概率加权计算。按照表 9-1 提供的情况，企业应当计算资产每年的预计未来现金流量如下：

第 1 年的预计现金流量（期望现金流量）$=120\times30\%+100\times60\%+80\times10\%=104$（万元）

第 2 年的预计现金流量（期望现金流量）$=100\times30\%+80\times60\%+60\times10\%=84$（万元）

第 3 年的预计现金流量（期望现金流量）$=80\times30\%+60\times60\%+40\times10\%=64$（万元）

第 4 年的预计现金流量（期望现金流量）$=60\times30\%+40\times60\%+20\times10\%=44$（万元）

第 5 年的预计现金流量（期望现金流量）$=40\times30\%+20\times60\%+0\times10\%=24$（万元）

注意：如果企业资产未来现金流量的发生时间是不确定的，则企业应当根据资产在每一种可能情况下的现值及其发生概率直接加权计算资产未来现金流量的现值。

（二）折现率的预计

计算资产未来现金流量现值时所使用的折现率应当是反映当前市场货币时间价值和资产特定风险的税前利率。该折现率是企业在购置或者投资资产时所要求的必要报酬率。

企业在确定折现率时，通常应当以该资产的市场利率为依据。如果该资产的利率无法从市场获得，则可以使用替代利率估计折现率。替代利率的估计，可以根据企业的加权平均资金成本、增量借款利率或者其他相关市场借款利率作适当调整后确定。调整时，应当考虑与资产预计现金流量有关的特定风险以及其他有关的政治风险、货币风险和价格风险等。

企业在估计资产未来现金流量现值时，通常应当使用单一的折现率。但是，如果资产未来现金流量的现值对未来不同期间的风险差异或者利率的期限结构反应敏感，则企业应当在未来不同期间采用不同的折现率。

（三）资产未来现金流量现值的预计

在预计资产的未来现金流量和折现率的基础上，企业计算该资产未来现金流量的现值只需将该资产的预计未来现金流量按照预计折现率在预计期限内予以折现即可。其一般计算公式如下：

$$资产未来现金流量的现值=\sum\frac{第\ t\ 年预计资产未来现金流量\ (NCF_t)}{(1+折现率\ R)^t}$$

【例 9-6】 某运输公司于 2011 年年末对一艘远洋运输船只进行减值测试。该船舶账面价值为 40 000 万元，已提累计折旧 28 000 万元，2011 年年末账面价值为 12 000 万元，预计尚可使用年限为 6 年。假定该船舶的公允价值减去处置费用后的净额难以确定，所以该公司通过计算其未来现金流量的现值确定其可收回金额。

公司在考虑了与该船舶资产有关的货币时间价值和特定风险因素后，确定 10% 为该资产的最低必要报酬率，并将其作为计算未来现金流量现值时使用的折现率。

公司根据有关部门提供的该船舶历史营运记录、船舶性能状况和未来每年运输量发展趋势，预计未来每年营运收入和相关人工费用、安全费用、燃料费用、港口码头费用以及日常维护费用等支出后，预计的2012～2017年每年未来现金流量分别为：2 600万元、2 500万元、2 450万元、2 400万元、2 460万元、2 580万元。

根据上述预计未来现金流量和折现率，公司计算船舶预计未来现金流量的现值为10 893.37万元，具体计算如表9-2所示。

表9-2 预计现金流量现值计算 单位：万元

年份	预计未来现金流量	折现率为10%的折现系数	预计未来现金流量现值
2012	2 600	0.909 1	2 363.66
2013	2 500	0.826 4	2 066.00
2014	2 450	0.751 3	1 840.69
2015	2 400	0.683 0	1 639.20
2016	2 460	0.620 9	1 527.41
2017	2 580	0.564 5	1 456.41
合计			10 893.37

注：折现系数是直接查复利现值系数表取得的。

由于在2011年年末，船舶的账面价值（尚未确认减值损失时）为12 000万元，而其可收回金额为10 893.37万元，账面价值高于其可收回金额1 106.63万元。因此，该公司应当在2011年年末将账面价值高于其可收回金额的1 106.63万元确认为减值损失，并计提相应的资产减值准备。

（四）外币未来现金流量及其现值的预计

随着我国企业日益融入世界经济体系和国际贸易的大幅度增加，企业使用资产所收到的未来现金流量有可能为外币，在这种情况下，企业应当按照以下顺序确定资产未来现金流量的现值：

首先，应当以该资产所产生的未来现金流量的结算货币为基础预计其未来现金流量，并按照该货币适用的折现率计算资产的外币现值。

其次，按照资产未来现金流量现值当日的即期汇率，将外币现值折算成记账本位币表示的资产未来现金流量的现值。

最后，比较该现值与资产公允价值减去处置费用后的净额，确定可收回金额。再将可收回金额与资产的账面价值比较，以确定是否需要确认减值损失以及确认多少减值损失。

【例9-7】 甲公司为一物流企业，经营国内、国际货物运输业务。由于拥有的货轮出现了减值迹象，甲公司于2011年12月31日对其进行减值测试。相关资料如下：

（1）甲公司以人民币为记账本位币，国内货物运输采用人民币结算，国际货物运输采用美元结算。

（2）货轮采用年限平均法计提折旧，预计使用20年，预计净残值率为5%。2011年12月31日，货轮的账面原价为人民币38 000万元，已计提折旧为人民币27 075万元，账面价值为人民币10 925万元。货轮已使用15年，尚可使用5年，甲公司拟继续经营使用货轮直至报废。

（3）甲公司将货轮专门用于国际货物运输。由于国际货物运输业务受宏观经济形势的影响较大，甲公司预计货轮未来5年产生的净现金流量（假定使用寿命结束时处置货轮产生的净现金流量为零，有关现金流量均发生在年末）如表9-3所示。

表 9-3　预计未来 5 年每年的现金流量情况　单位：万美元

年份	业务好（20% 的可能性）	业务一般（60% 的可能性）	业务差（20% 的可能性）
第 1 年	500	400	200
第 2 年	480	360	150
第 3 年	450	350	120
第 4 年	480	380	150
第 5 年	480	400	180

（4）由于不存在活跃市场，甲公司无法可靠估计货轮的公允价值减去处置费用后的净额。

（5）在考虑了货币时间价值和货轮特定风险后，甲公司确定 10% 为人民币适用的折现率，12% 为美元适用的折现率。相关复利现值系数如下：

（P/F，10%，1）=0.909 1；（P/F，12%，1）=0.892 9

（P/F，10%，2）=0.826 4；（P/F，12%，2）=0.797 2

（P/F，10%，3）=0.751 3；（P/F，12%，3）=0.711 8

（P/F，10%，4）=0.683 0；（P/F，12%，4）=0.635 5

（P/F，10%，5）=0.620 9；（P/F，12%，5）=0.567 4

（6）2011 年 12 月 31 日的汇率为 1 美元 =6.85 元人民币。甲公司预测以后各年年末的美元汇率如下：第 1 年年末为 1 美元 =6.80 元人民币；第 2 年年末为 1 美元 =6.75 元人民币；第 3 年年末为 1 美元 =6.70 元人民币；第 4 年年末为 1 美元 =6.65 元人民币；第 5 年年末为 1 美元 =6.60 元人民币。

根据上述资料，首先应使用期望现金流量法计算货轮未来 5 年每年的现金流量。

第 1 年期望现金流量 =500×20% +400×60% +200×20% =380（万美元）

第 2 年期望现金流量 =480×20% +360×60% +150×20% = 342（万美元）

第 3 年期望现金流量 =450×20% +350×60% +120×20% = 324（万美元）

第 4 年期望现金流量 =480×20% +380×60% +150×20% = 354（万美元）

第 5 年期望现金流量 =480×20% +400×60% +180×20% = 372（万美元）

其次，按照结算货币适用的折现率计算资产的现值。

未来 5 年按结算货币计算的现金流量现值 =380×0.892 9 +342×0.797 2 +324×0.711 8 +354×0.635 5 +372×0.567 4 =1 278.61（万美元）

再次，按照记账本位币表示资产未来现金流量的现值：

未来 5 年按结算货币计算的现金流量现值 =1 278.61×6.85 =8 758.48（万元）

由于无法可靠估计货轮的公允价值减去处置费用后的净额，所以可收回金额为 8 758.48 万元。

最后，比较其可收回金额与账面价值，可知其可收回金额 8 758.48 万元小于其账面价值 10 925 万元，应提取 2 166.52 万元的减值损失。

注意：计算外币现值的顺序是先按折现率将外币折现，再将外币折算为本位币。

第三节　资产减值损失的确认与计量

一、资产减值损失确认与计量的一般原则

企业在对资产进行减值测试并计算确定资产的可收回金额后，如果资产的可收回金额低于账面价值，则应当将资产的账面价值减记至可收回金额，将减记的金额确认为资产减值损失，计入当期损益（“资产减值损失”科目），同时计提相应的资产减值准备。

注意：资产减值损失确认后，减值资产的折旧或者摊销费用应当在未来期间作相应调整。例如，固定资产计提了减值准备后，在以后会计期间对该固定资产计提折旧时，应当以抵减了固定资产减值准备后的账面价值（扣除净残值）为基础计提每期的折旧额。

考虑到固定资产、无形资产、商誉等资产发生减值后，一方面价值回升的可能性很小（通常属于永久性减值）；另一方面根据会计信息谨慎性的要求，为避免利用已计提资产减值损失的资产重估增值而操作利润，《企业会计准则第8号——资产减值》规定，资产减值损失一经确认，在以后会计期间不得转回。以前期间已计提的资产减值准备，在资产报废、出售、对外投资、以非货币性资产交换方式换出、通过债务重组抵偿债务等符合资产终止确认条件的，才予以转销。

二、资产减值损失的账务处理

为了正确核算企业确认的资产减值损失和计提的资产减值准备，企业应当设置“资产减值损失”科目，按照资产类别进行明细核算，反映各类资产在当期确认的资产减值损失金额；同时，企业还应当根据不同的资产类别，分别设置“固定资产减值准备”、“在建工程减值准备”、“投资性房地产减值准备”、“无形资产减值准备”、“商誉减值准备”、“长期股权投资减值准备”等科目。

当企业确定资产发生了减值时，应当根据所确认的资产减值金额，借记“资产减值损失”科目，贷记“固定资产减值准备”、“在建工程减值准备”、“投资性房地产减值准备”、“无形资产减值准备”、“商誉减值准备”、“长期股权投资减值准备”等科目。在期末，企业应当将“资产减值损失”科目余额转入“本年利润”科目。“资产减值损失”科目结转后没有余额。各资产减值准备科目累积每期计提的资产减值准备，在相关资产被处置、对外投资、以非货币性资产交换方式换出时予以转出。

【例9-8】 沿用例9-6的资料，根据测试和计算结果，运输公司在2011年对该艘远洋运输船应确认的减值损失为1 106.63万元。其账务处理如下：

借：资产减值损失——固定资产减值损失　　11 066 300

　　贷：固定资产减值准备　　11 066 300

计提资产减值准备后，船舶的账面价值变为10 893.37万元，在该船舶剩余使用寿命内，公司应当以此为基础计提折旧。如果以后再发生进一步的减值，就再作进一步的减值测试。

注意：不同类别的资产，计提减值的依据和标准不同，能否转回也不同。具体如表9-4

所示。

表 9-4　各项资产减值损失比较表

资产类别	适用的准则	计提标准	能否转回
存货	《企业会计准则第 1 号——存货》	成本大于可变现净值	可以转回
贷款和应收款项	《企业会计准则第 22 号——金融工具确认和计量》	账面价值大于未来现金流量现值	可以转回
固定资产、无形资产	《企业会计准则第 8 号——资产减值》	账面价值大于可回收金额	不得转回
长期股权投资	《企业会计准则第 8 号——资产减值》	账面价值大于可回收金额	不得转回
采用成本模式计量的投资性房地产	《企业会计准则第 8 号——资产减值》	账面价值大于可回收金额	不得转回
不具有重大影响，在活跃市场没有报价、公允价值不能可靠计量的长期股权投资	《企业会计准则第 22 号——金融工具确认和计量》	账面价值大于未来现金流量现值	不得转回
持有至到期投资	《企业会计准则第 22 号——金融工具确认和计量》	账面价值大于未来现金流量现值	可以转回

第四节　资产组的认定及减值处理

一、资产组的认定

企业在判断资产是否发生减值时，如果有迹象表明一项资产可能发生减值，则企业应当以单项资产为基础估计其可收回金额。如果企业难以对单项资产的可收回金额进行估计，则应当以该资产所属的资产组为基础确定资产组的可收回金额，并以此为基础判断资产是否发生减值。因此，资产组的认定十分重要。

（一）资产组的定义

资产组是企业可以认定的最小资产组合，其产生的现金流入应当基本上独立于其他资产或者资产组。资产组应当由创造现金流入相关的资产组成。

（二）认定资产组应当考虑的因素

1. 该资产组能否独立产生现金流入

这是认定资产组最为关键的因素。例如，企业的某一生产线、业务部门、营业网点等，如果能够独立于其他部门或者单位等创造收入、产生现金流入，或者其创造的收入和现金流入绝大部分独立于其他部门或者单位的，并且该生产线、业务部门、营业网点等属于可认定的最小的资产组合的，通常应将其认定为一个资产组。

【例 9-9】　某矿业公司拥有一个较大型煤矿，该煤矿建有一条专用铁路，用于公司煤炭的运输。该专用铁路在持续使用中，除非报废出售，难以脱离煤矿相关的其他资产而产生单独的现金流入。

由于该专用铁路难以脱离煤矿其他资产单独产生现金流入，因此，企业难以对该专用铁路的可收回金额进行单独估计，该专用铁路应该与煤矿其他相关资产结合在一起，成为一个资产组，以估计该资产组的可收回金额。

企业在认定资产组时，如果几项资产的组合生产的产品存在活跃市场的，即使部分或者所有这些产品均供内部使用，也表明这几项资产的组合能够独立创造现金流入。在符合其他相关条件的情况下，应当将这些资产的组合认定为资产组。

【例 9-10】 乙公司生产 M 产品，并且只拥有 A、B、C 三家企业。三家企业分别位于三个不同的地区。A 企业生产一种组件，由 B 企业或者 C 企业进行组装，最终产品 M 由 B 企业或者 C 企业销往各地。B 企业的产品可以在本地销售，也可以在 C 企业所在地销售。B 企业和 C 企业的生产能力合在一起尚有剩余，并没有被完全利用。B 企业和 C 企业生产能力的利用程度依赖于乙公司对于销售产品在两地之间的分配。

以下分别认定与 A、B、C 有关的资产组：

(1) 假定 A 企业生产的产品（即组件）存在活跃市场，则 A 企业很可能可以认定为一个单独的资产组。原因是尽管它生产的产品主要用于 B 企业或者 C 企业，但是由于该产品存在活跃市场，可以带来独立的现金流量，因此通常应当认定为一个单独的资产组。

B 企业和 C 企业的现金流入依赖于产品在两地之间的分配。即使两家企业组装的产品存在活跃市场，其未来现金流入也不可能单独地确定。因此，B 企业和 C 企业组合在一起是可以认定的、可产生基本上独立于其他资产或者资产组的现金流入的资产组合。B 企业和 C 企业应当认定为一个资产组。

(2) 假定 A 企业生产的产品不存在活跃市场。在这种情况下，它的现金流入依赖于 B 企业或者 C 企业生产的最终产品的销售。因此，A 企业很可能难以单独产生现金流入，其可收回金额很可能难以单独估计。

而对于 B 企业和 C 企业而言，其生产的产品虽然存在活跃市场，但是 B 企业和 C 企业的现金流入依赖于产品在两地之间的分配，B 企业和 C 企业在产能和销售上的管理是统一的。因此，B 企业和 C 企业也难以单独产生现金流量，因而也难以单独估计其可收回金额。

所以，只有 A、B、C 三个企业组合在一起，即将乙公司作为一个整体，才很可能是一个可以认定的、能够基本上独立产生现金流入的最小的资产组合。因此应将 A、B、C 企业的组合认定为一个资产组。

2. 企业管理层对生产经营活动的管理或者监控方式以及对资产持续使用或者处置的决策方式

这也是资产组认定应考虑的重要因素。如果一个企业各生产线都是独立生产、管理和监控的，那么这个企业的各个生产线很可能应当认定为单独的资产组；如果一个企业的某些机器设备是相互关联、相互依存的，其使用和处置也是一体化决策的，则在这种情况下，这些机器设备很可能应当认定为一个资产组。

【例 9-11】 某服装企业有童装、西装、衬衫三个工厂，每个工厂在生产、销售、核算、考核和管理等方面都相对独立。

这种情况下，每个工厂通常应认定为一个资产组。

【例 9-12】 某家具制造有限公司有 A 和 B 两个生产车间和一个销售部门 C，A 车间专门生产家具部件，生产完后由 B 车间负责组装，C 部门负责家具的对外销售，该企业对 A 车间、B 车间和 C 部门资产的使用和处置等决策是一体的。

这种情况下，A 车间、B 车间和 C 部门通常应当认定为一个资产组。

（三）资产组认定后不得随意变更

资产组一经确定，在各个会计期间应当保持一致，不得随意变更。换句话说，资产组的各项资产构成通常不能随意变更。比如，甲设备在 2011 年归属于 A 资产组，在无特殊情况下，该设备在 2012 年仍然应当归属于 A 资产组，而不能随意将其变更至其他资产组。

但是，如果由于企业重组、变更资产用途等原因导致资产组构成确需变更的，企业可以进行变更，但企业管理层应当证明该变更是合理的，并应当在附注中作相应说明。

二、资产组减值测试

资产组减值测试的原理和单项资产是一致的，即企业需要预计资产组的可收回金额、计算资产组的账面价值，并将两者进行比较，如果资产组的可收回金额低于其账面价值，则表明资产组发生了减值损失，应当予以确认。

1. 资产组账面价值和可收回金额的确定基础

资产组账面价值的确定基础应当与其可收回金额的确定基础一致。如果基础都不一致，二者之间的比较就没有意义了。

资产组的账面价值应当包括可直接归属于资产组且可以合理和一致地分摊至资产组的资产账面价值，通常不应当包括与该资产有关的、已确认负债的账面价值，但如不考虑该负债金额就无法确定资产组可收回金额的除外。

资产组在处置时如要求购买者承担一项负债（如环境恢复负债等），该负债金额已经确认并计入相关资产账面价值，而且企业只能取得包括上述资产和负债在内的单一公允价值减去处置费用后的净额的，为了比较资产组的账面价值和可收回金额，在确定资产组的账面价值及其预计未来现金流量的现值时，应当将已确认的负债金额从中扣除。

在确定资产组的可收回金额时，应当按照该资产组的公允价值减去处置费用后的净额与其预计未来现金流量的现值两者之间较高者确定。

【例 9-13】 甲公司是有色金属矿山开采企业。现取得一座有色金属矿山开采权。根据我国法律有关规定，开采矿产的企业在矿山完成开采后应当将该地区恢复原貌。恢复费用主要是山体表层复原费用（如恢复植被等），因为山体表层必须在矿山开发前挖走。因此，甲公司在挖走山体表层后，确认了一项金额为 1 500 万元的预计负债，并计入矿山成本。

2011 年 12 月 31 日，甲公司在开采过程中发现矿山中的有色金属储量远低于预期，有色金属矿山有可能发生了减值，因此，对该矿山进行了减值测试。甲公司根据实际情况，认定整座矿山为一个资产组。该资产组在 2011 年年末的账面价值为 4 200 万元（不包括确认的恢复山体原貌的预计负债）。

甲公司如果在 2011 年 12 月 31 日对外出售矿山（资产组），买方愿意出价 2 580 万元（包括恢复山体原貌成本，即已经扣减了这一成本因素），预计处置费用为 80 万元。甲公司估计矿山的未来现金流量现值为 3 700 万元，不包括恢复费用。

本例中，为了比较资产组的账面价值和可收回金额，甲公司在确定资产组的账面价值及其预计未来现金流量现值时，应当将已确认的预计负债金额从中扣除。

资产组的公允价值减去处置费用后的净额为 2 500 万元（2 580 - 80），该金额已经考虑了恢复费用。该资产组预计未来现金流量现值在考虑了恢复费用后为 2 200 万元（3 700 - 1 500）。因此，该资产组的可收回金额为 2 500 万元。

资产组的账面价值在扣除了已确认的恢复原貌预计负债后的金额为 2 700 万元（4 200 - 1 500）。

资产组的可收回金额小于其账面价值，证明发生了减值，甲公司应当确认资产减值损失200万元（2 700 - 2 500）。

2. 资产组减值的会计处理

根据减值测试的结果，资产组的可收回金额如低于其账面价值的，应当确认相应的减值损失。减值损失金额应当首先抵减分摊至资产组中商誉的账面价值，然后再根据资产组中除商誉之外的其他各项资产的账面价值所占比重，按比例抵减其他各项资产的账面价值。

以上资产账面价值的抵减，应当作为各单项资产（包括商誉）的减值损失处理，计入当期损益（资产减值损失）。抵减后的各资产的账面价值不得低于以下三者之中最高者：该资产的公允价值减去处置费用后的净额、该资产预计未来现金流量的现值和零。因此而导致的未能分摊的减值损失金额，应当按照相关资产组中其他各项资产的账面价值所占比重继续进行分摊。

【例9-14】 甲公司有一条生产某精密仪器的生产线。该生产线由A、B、C三部机器构成，成本分别为640 000元、960 000元和1 600 00元。使用年限均为10年，假定预计净残值为零，采用年限平均法计提折旧。三部机器均无法单独产生现金流量。整条生产线能独立完成精密仪器产销，可确定为一个资产组。2011年，该生产线生产的精密仪器有替代产品上市，导致公司精密仪器的销售锐减，该生产线可能发生了减值，需对该生产线进行减值测试。

在2011年12月31日，A、B、C三部机器的账面价值分别为320 000元、480 000元和800 000元。估计A机器的公允价值减去处置费用后的净额为240 000元，B和C机器都无法合理估计其公允价值减去处置费用后的净额以及未来现金流量的现值。

已知甲公司该条生产线已经使用5年，预计尚可使用5年，以前年度未计提固定资产减值准备。甲公司经估计整条生产线未来5年的现金流量及恰当的折现率后，得到该生产线预计未来现金流量现值为960 000元。由于该公司无法合理估计整条生产线的公允价值减去处置费用后的净额，所以甲公司以该生产线预计未来现金流量现值为其可收回金额。

经计算，该生产线在2011年12月31日的账面价值为1 600 000元，可收回金额为960 000元，生产线的账面价值高于其可收回金额，因此该生产线发生了减值。甲公司应当确认减值损失640 000元，并将该减值损失分摊到构成生产线的A、B、C三部机器中。由于A机器的公允价值减去处置费用后的净额为240 000元，因此，A机器分摊减值损失后的账面价值不应低于240 000元，具体分摊过程如表9-5所示。

表9-5 减值损失计算

单位：元

项目	机器A	机器B	机器C	整条生产线（资产组）
账面价值	320 000	480 000	800 000	1 600 000
可收回金额				960 000
减值损失				640 000
减值损失分摊比例	20%	30%	50%	
分摊减值损失	80 000①	192 000	320 000	592 000
分摊后账面价值	240 000	288 000	480 000	
尚未分摊的减值损失				48 000
二次分摊比例		37.5%	62.5%	
二次分摊减值损失		18 000	30 000	48 000
二次分摊后应确认减值损失总额	80 000	210 000	350 000	640 000
二次分摊后账面价值	240 000	270 000	450 000	

① 按照分摊比例，机器A应当分摊减值损失128 000元（640 000×20%），但由于机器A的公允价值减去处置费用后的净额为240 000元，因此机器A最多只能确认减值损失80 000元（320 000 - 240 000），未能分摊的减值损失48 000元（128 000 - 80 000），应当在机器B和机器C之间进行再分摊。

根据上述计算和分摊结果，构成生产线的机器A、机器B和机器C应当分别确认减值损失80 000元、210 000元和350 000元，账务处理如下：

借：资产减值损失——机器A　　80 000
　　　　　　　　——机器B　　210 000
　　　　　　　　——机器C　　350 000
　贷：固定资产减值准备——机器A　　80 000
　　　　　　　　　　　——机器B　　210 000
　　　　　　　　　　　——机器C　　350 000

三、总部资产的减值测试

企业总部资产包括企业集团或其事业部的办公楼、电子数据处理设备、研发中心等资产。总部资产的显著特征是难以脱离其他资产或者资产组产生独立的现金流入，并且其账面价值也难以完全归属于某一资产组。因此，总部资产通常难以单独进行减值测试，需要结合其他相关资产组或者资产组组合进行。资产组组合是指由若干个资产组组成的最小资产组组合，包括资产组或者资产组组合，以及按合理方法分摊的总部资产部分。

在资产负债表日，如果有迹象表明某项总部资产可能发生减值，则企业应当计算确定该总部资产所归属的资产组或者资产组组合的可收回金额，然后将其与相应的账面价值进行比较，据此判断是否需要确认资产减值损失。

企业在对某一资产组进行减值测试时，应当先认定所有与该资产组相关的总部资产，再根据相关总部资产能否按照合理和一致的基础分摊至该资产组。具体按下列情况分别进行处理：

（1）对于相关总部资产能够按照合理和一致的基础分摊至该资产组的部分，应当将该部分总部资产的账面价值分摊至该资产组，再据以比较该资产组的账面价值（包括已分摊的总部资产的账面价值部分）和可收回金额，并按照前述有关资产组减值损失处理顺序和方法处理。

【例9-15】 长江公司在A、B、C三地拥有三家分公司，这三家分公司的经营活动由一个总部负责运作。由于A、B、C三家分公司均能产生独立于其他分公司的现金流入，所以该公司将这三家分公司确定为三个资产组。2011年12月1日，企业经营所处的技术环境发生了重大不利变化，出现减值迹象，需要进行减值测试。假设总部资产的账面价值为200万元，能够按照各资产组账面价值的比例进行合理分摊，A、B、C分公司和总部资产的使用寿命均为20年。减值测试时，A、B、C三个资产组的账面价值分别为320万元、160万元和320万元。长江公司计算得出A分公司资产的可收回金额为420万元，B分公司资产的可收回金额为160万元，C分公司资产的可收回金额为380万元。

第一步，将总部资产向各资产组分配。

总部资产应分配给A资产组的数额 $=200\times320/800=80$（万元）

总部资产应分配给B资产组的数额 $=200\times160/800=40$（万元）

总部资产应分配给C资产组的数额 $=200\times320/800=80$（万元）

分配后的资产组A、B、C的账面价值分别为：

A资产组的账面价值 $=320+80=400$（万元）

B 资产组的账面价值 = 160 + 40 = 200（万元）

C 资产组的账面价值 = 320 + 80 = 400（万元）

第二步，各资产组分别进行减值损失的确认判断和计量。由于包含总部资产账面价值分配额的资产组 A、B、C 的账面价值分别为 400 万元、200 万元、400 万元，而其可收回金额分别为 420 万元、160 万元、380 万元，所以应对资产组 B、C 确认减值损失，将其账面价值分别减记至其各自的可收回金额。计算过程如表 9-6 所示。

表 9-6 资产减值计算表 单位：万元

项目	A	B	C	小计	总部资产	合计
账面价值	320	160	320	800	200	1 000
分配总部资产的价值	80	40	80	200	-200	0
分配后的账面价值	400	200	400	1 000		1 000
可收回金额	420	160	380			
减值损失		40	20	60		
各资产组减值处理后的账面价值	400	160	380	940		

第三步，按照确认减值损失前的账面价值，将包含总部资产账面价值分配额的资产组 B、C 应确认的减值损失分配到资产组和总部资产。

B 资产组减值额分配给总部资产的数额 = 40 × 40/200 = 8（万元）

B 资产组减值额分配给 B 资产组本身的数额 = 40 × 160/200 = 32（万元）

C 资产组减值额分配给总部资产的数额 = 20 × 80/400 = 4（万元）

C 资产组减值额分配给 C 资产组本身的数额 = 20 × 320/400 = 16（万元）

综上可知，A 资产组没有发生减值，B 资产组发生减值 32 万元，C 资产组发生减值 16 万元，总部资产发生减值 12 万元。

(2) 对于相关总部资产难以按照合理和一致的基础分摊至该资产组的，应当按照下列步骤进行处理：

首先，在不考虑相关总部资产的情况下，估计和比较资产组的账面价值和可收回金额，并按照前述有关资产组减值损失处理顺序和方法处理。

其次，认定由若干个资产组组成的最小资产组组合，该资产组组合应当包括所测试的资产组与可以按照合理和一致的基础将该总部资产的账面价值分摊其上的部分。

最后，比较所认定的资产组组合的账面价值（包括已分摊的总部资产的账面价值部分）和可收回金额，并按照前述有关资产组减值损失处理顺序和方法处理。

【例 9-16】 甲公司属于高科技企业，拥有 A、B、C 三条生产线，分别被认定为三个资产组。在 2011 年年末，A、B、C 三个资产组的账面价值分别为 200 万元、300 万元和 400 万元，假定不存在商誉；三条生产线预计剩余使用寿命分别为 10 年、20 年和 20 年，采用直线法计提折旧。由于甲公司的竞争对手通过技术创新向市场推出了技术含量更高的新产品，并且广受欢迎，这对甲公司生产的产品产生了重大不利影响。因此，甲公司于 2011 年年末对 A、B、C 生产线进行减值测试。

已知甲公司的生产经营管理活动由公司总部负责，总部资产包括一栋办公大楼和一个研发中心，办公大楼的账面价值为 200 万元，研发中心的账面价值为 400 万元。办公大楼的账面价值可以在合理和一致的基础上分摊至各资产组，但是研发中心的账面价值难以在合理和一致的基础上分摊至各相关资产组。假定甲公司根据各资产组的账面价值和剩余使用寿命加权平均计算的账面价值为基础分摊办公大楼的账面价值，具体如表9-7所示。

表9-7　资产减值计算表　　单位：万元

项目	资产组A	资产组B	资产组C	合计
各资产组账面价值	200	300	400	900
各资产组剩余使用寿命	10	20	20	
按使用寿命计算的权重	1	2	2	
加权计算后的账面价值	200	600	800	1 600
办公大楼的分摊比例（各资产组加权计算后的账面价值/各资产组加权计算后的账面价值合计）	12.5%	37.5%	50%	100%
办公大楼的账面价值分摊到各资产组的金额	25	75	100	200
包括分摊的办公大楼的账面价值部分的各资产组账面价值	225	375	500	1 100

假定甲公司各资产组和资产组组合的未来现金流量无法预计，公司根据公允价值减去处置费用后的净额确定其可收回金额。经估计，甲公司确定资产组A、B、C的可收回金额为250万元、335万元、475万元，资产组组合的可收回金额为1 450万元。资产组B、C的可收回金额均小于其账面价值，应当分别确认40万元和25万元的减值损失，并将该减值损失在办公大楼和资产组之间进行分配。

根据分摊结果，因资产组B发生减值损失40万元而导致办公大楼减值8万元（40×75/375），导致资产组B中所包括的资产发生减值32万元（40×300/375）；因资产组C发生减值损失25万元而导致办公大楼减值5万元（25×100/500），导致资产组C中所包括的资产发生减值20万元（25×400/500）。

经过上述减值测试后，资产组A、B、C和办公大楼的账面价值分别为200万元、268万元、380万元和187万元，研发中心的账面价值仍为400万元，由此包括研发中心在内的最小资产组组合（即甲公司）的账面价值总额为1 435万元（200+268+380+187+400）。而其可收回金额为1 450万元，高于其账面价值1 435万元，所以甲公司不必再进一步确认减值损失。

根据上述计算和分摊结果，甲公司的生产线B、生产线C、办公大楼应当分别确认减值损失32万元、20万元和13万元，账务处理如下：

借：资产减值损失——生产线B　　320 000
　　　　　　　——生产线C　　200 000
　　　　　　　——办公大楼　　130 000
　贷：固定资产减值准备——生产线B　　320 000
　　　　　　　　　　——生产线C　　200 000
　　　　　　　　　　——办公大楼　　130 000

注意：总部资产的减值分析步骤一般如下：

（1）按权重分配总部资产、商誉。

（2）比较Σ（资产组原账面价值+总部资产分配部分）和该资产组的可收回金额，计算减值损失。

（3）先抵减商誉，再将减值损失在资产组账面价值、总部资产分配部分按比例分摊。

（4）分摊后，账面价值不得低于公允价值减去处置费用后的净额、未来现金流量现值和零三者中的最高者。

（5）比较 Σ（资产组账面价值 + 可分总部资产账面价值 + 不可分总部资产账面价值）和与包括难以分摊的最小资产组组合的现金流量现值（整个资产组组合现值）。一般情况下，不会再有减值了。

第五节　商誉减值测试及处理

一、商誉减值测试的一般要求

企业合并所形成的商誉，至少应当在每年年度终了进行减值测试。由于商誉难以独立产生现金流量，因此，商誉应当结合与其相关的资产组或者资产组组合进行减值测试。这些相关的资产组应当是能够从企业合并的协同效应中受益的资产组或者资产组组合，代表企业基于内部管理目的对商誉进行监控的最低水平。

因企业合并形成的商誉的账面价值，应当自购买日起按照合理的方法分摊至相关的资产组；难以分摊至相关的资产组的，应当按照各资产组的公允价值占相关资产组公允价值总额的比例，将商誉分摊至相关的资产组组合。公允价值难以可靠计量的，可使用账面价值进行分摊。

对于已经分摊商誉的资产组或资产组组合，无论是否存在资产组或资产组组合可能发生减值的迹象，企业每年都应当通过比较包含商誉的资产组或资产组组合的账面价值与可收回金额进行减值测试。

企业因重组等原因改变了其报告结构，从而影响到已分摊商誉的一个或者若干个资产组构成的，应当按照合理的分摊方法，将商誉重新分摊至受影响的资产组。

二、商誉减值测试的方法及其会计处理

企业在对包含商誉的相关资产组进行减值测试时，如与商誉相关的资产组存在减值迹象的，应当按照以下步骤处理：

（1）对不包含商誉的资产组进行减值测试，计算可收回金额，并与相关账面价值进行比较，确认相应的减值损失。

（2）对包含商誉的资产组进行减值测试，比较这些已分摊了商誉账面价值的相关资产组的账面价值与其可收回金额。

（3）如果相关资产组的可收回金额低于其账面价值，应当按照其差额确认相应的减值损失。

（4）减值损失金额应当首先抵减分摊至资产组中商誉的账面价值，再根据资产组中除商誉之外的其他各项资产的账面价值所占比重，按比例抵减其他各项资产的账面价值。

与前述资产减值测试的会计处理一样，资产账面价值的抵减应当作为各单项资产（含商誉）的减值损失处理，计入当期损益（“资产减值损失”科目）。抵减后的各项资产的账面价值不得低于以下三者之中的最高者：该资产的公允价值减去处置费用后的净额、该资产

预计未来现金流量的现值和零。因此而导致的未能分摊的减值损失金额，应当按照相关资产组中其他各项资产的账面价值所占比重进行分摊。

本章小结

资产减值是指资产的可收回金额低于其账面价值的事项。企业判定资产是否发生减值主要从外部信息来源和内部信息来源两方面加以判断。

资产可收回金额是以公允价值减去处置费用后的净额和资产预计未来现金流量的现值之间的较高者确定的。资产的公允价值应当按照销售协议价、买方出价、最佳信息的估计数的顺序进行估计；预计资产未来现金流量应考虑资产的当前状况、通货膨胀、内部转移价格等影响因素；然后再根据情况采用传统法或者期望现金流量法计算预计的现金流量；最后在选定折现率的基础上计算其现值。

资产负债表日，企业应对单项资产进行减值测试，以可收回金额小于账面价值的数额确认资产减值损失，计入当期损益，同时计提相应的资产减值准备。资产减值损失确认后，资产折旧的计提或者费用的摊销都以调整后的账面价值为基础计算和确认。《企业会计准则》规定，资产减值损失一经确认，在以后会计期间不得转回。

在实务中，如果企业难以对单项资产的可收回金额进行估计，则应以该资产所属的资产组为基础进行估计。资产负债表日，企业应对资产组进行减值测试，比较其账面价值和可收回金额。如果资产组的可收回金额小于其账面价值，则应确认减值损失。确认的减值损失额首先抵减分摊至资产组中商誉的账面价值，然后再根据资产组中除商誉之外的其他各项资产的账面价值所占比重，按比例抵减其他各项资产的账面价值。确认的减值损失计入当期损益。

对于总部资产存在减值迹象的，如果总部资产能够分摊至资产组则先分摊，然后比较含总部资产价值的各资产组账面价值与其可收回金额，若减值就将减值损失分摊至总部资产和资产组本身，再计算资产组中各单项资产减值损失；如果总部资产不能够分摊至资产组，则在不考虑该相关总部资产的情况下，估计和比较资产组的账面价值和可收回金额，若减值就将减值损失分摊至总部资产和资产组，再计算资产组中各单项资产减值损失。

企业合并所形成的商誉，至少应当在每年年度终了进行减值测试。其测试的方法与会计处理的原则同资产组一样。

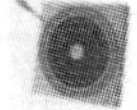

练习题

一、单项选择题

1. 按照《企业会计准则第 8 号——资产减值》的规定，下列表述不正确的是（　　）。

A. 折现率是反映当前市场货币时间价值和资产特定风险的税前利率。该折现率是企业在购置或者投资资产时所要求的必要报酬率

B. 资产组的可收回金额低于其账面价值的（总部资产和商誉分摊至某资产组的，该资产组的账面价值应当包括相关总部资产和商誉的分摊额），应当确认相应的减值损失。减值损失金额应当先抵减分摊至资产组中商誉的账面价值，再根据资产组中除商誉之外的其他各项资产的账面价值所占比重，按比例抵减其他各项资产的账面价值。资产账面价值的抵减，应当作为各单项资产（包括商誉）的减值损失处理，计入当期损益

C. 因企业合并所形成的商誉和使用寿命不确定的无形资产，无论是否存在减值迹象，每年都应当进行减值测试

D. 资产的公允价值减去处置费用后的净额，通常反映的是资产如果被出售或者处置时可以收回的净现金收入，其中资产的公允价值是指在公平交易中熟悉情况的交易双方自愿进行资产交换的金额，处置费用是指可以直接归属于资产处置的增量成本，包括与资产处置有关的法律费用、相关税费、搬运费、财务费用和所得税费用以及为使资产达到可销售状态所发生的直接费用

2. 甲公司采用期望现金流量法估计未来现金流量，2013 年 A 设备在不同的经营情况下产生的现金流量分别为：该公司经营好的可能性是 70%，产生的现金流量为 60 万元；经营一般的可能性是 20%，产生的现金流量是 50 万元；经营差的可能性是 10%，产生的现金流量是 40 万元。则该公司预计 A 设备 2013 年产生的现金流量是（　　）万元。

A. 60　　B. 56　　C. 150　　D. 42

3. 下列选项中关于资产预计未来现金流量现值的估计中对折现率的预计表述错误的是（　　）。

A. 折现率应反映当前市场货币时间价值和资产特定风险的税后利率

B. 折现率的确定应当首先以该资产的市场利率为依据

C. 估计资产未来现金流量既可以使用单一的折现率也可以在不同期间采用不同的折现率

D. 折现率可以是企业在购置资产或者投资资产时所要求的必要报酬率

4. 下列各项中，属于固定资产减值测试时预计其未来现金流量应考虑的因素是(　　)。

A. 与所得税收付有关的现金流量

B. 经营活动产生的现金流入或者流出

C. 与预计固定资产改良有关的未来现金流量

D. 与尚未作出承诺的重组事项有关的预计未来现金流量

5. 依据《企业会计准则第 8 号——资产减值》的规定，下列说法中不正确的是（　　）。

A. 当资产的可收回金额小于账面价值时应计提资产减值准备，同时确认资产减值损失

B. 资产减值损失确认后，减值资产的折旧或者摊销费用应当在未来期间作相应调整，以使该资产在剩余使用寿命内，系统地分摊调整后的资产账面价值（扣除预计净残值）

C. 资产减值损失一经确认，在以后会计期间不得转回

D. 确认的资产减值损失，在处置资产时也不可以转出

6. 甲公司于 2010 年 3 月用银行存款 6 000 万元购入不需安装的生产用固定资产。该固定资产预计使用寿命为 20 年，预计净残值为 0，按直线法计提折旧。2010 年 12 月 31 日，该固定资产公允价值为 5 544 万元，2011 年 12 月 31 日该固定资产公允价值为 5 475 万元，假设该公司其他固定资产无减值迹象，则 2012 年 1 月 1 日甲公司固定资产减值准备账面余额是（　　）万元。

A. 0　　B. 231　　C. 219　　D. 156

7. 2011 年 12 月 31 日，向阳公司对一条存在减值迹象的生产线进行减值测试，该生产线的资料如下：该生产线由 A、B、C 三台设备组成，被认定为一个资产组；A、B、C 三台

设备的账面价值分别为80万元、100万元、70万元，三台设备的使用寿命相等。减值测试表明，A设备的公允价值减去处置费用后的净额为50万元，B和C设备均无法合理估计其公允价值减去处置费用后的净额以及未来现金流量的现值；该生产线的可收回金额为200万元。不考虑其他因素，A设备应分摊的减值损失为（　　）万元。

A. 40　　B. 16　　C. 14　　D. 30

8. 甲公司2008年5月初增加一项无形资产，实际成本为360万元，预计受益年限为6年。2010年年末对该项无形资产进行减值测试后，估计其可收回金额为160万元。2010年年末该项无形资产的账面价值是（　　）万元。

A. 140　　B. 160　　C. 200　　D. 152

9. 华昌公司属于矿业生产企业，假定法律要求矿产的业主必须在完成开采后将该地区恢复原貌。恢复费用包括表土覆盖层的复原，因为表土覆盖层在矿山开发前必须搬走。表土覆盖层一旦移走，企业就应确认一项负债，有关费用计入矿山成本，并在矿山使用寿命内计提折旧。假定该公司为恢复费用确认的预计负债的账面金额为1 000万元。2010年12月31日，该公司对矿山进行减值测试，矿山的资产组是整座矿山。华昌公司已经收到愿意以4 000万元的价格购买该矿山的合同，这一价格已经考虑了复原表土覆盖层的成本。矿山预计未来现金流量的现值为5 500万元，不包括恢复费用；矿山的账面价值为5 600万元。假定不考虑矿山的处置费用。该资产组2010年12月31日应计提减值准备（　　）万元。

A. 600　　B. 100　　C. 200　　D. 500

10. 下列有关商誉减值的说法中，不正确的是（　　）。

A. 商誉不能够单独的产生现金流量

B. 商誉不能独立存在，商誉应分摊到相关资产组后进行减值测试

C. 测试商誉减值的资产组的账面价值应包括分摊的商誉的价值

D. 商誉应与资产组内的其他资产一样，按比例分摊减值损失

二、多项选择题

1. 依据《企业会计准则》的规定，下列情况中，可据以判断固定资产可能发生减值迹象的有（　　）。

A. 固定资产在经营中所需的现金支出远远高于最初的预算

B. 固定资产已经或者将被闲置、终止使用或者计划提前处置

C. 固定资产的市价在当期大幅度下跌，其跌幅明显高于因时间的推移或者正常使用而预计的下跌

D. 市场利率或者其他市场投资报酬率在当期已经下降，从而导致固定资产可收回金额大幅度降低

E. 同类固定资产市价巨幅下降，在短期内无法回升

2. 企业在计算确定资产可收回金额时需要的步骤有（　　）。

A. 计算确定资产的公允价值减去处置费用后的净额

B. 计算确定资产预计未来现金流量的现值

C. 计算确定资产预计未来现金流量

D. 比较资产的公允价值减去处置费用后的净额与预计未来现金流量的现值，取其较高者

3. 以下可以作为资产的公允价值减去处置费用后的净额的有（　　）。

A. 无其他相关处置费用时，资产的公允价值减去因处置而产生的所得税费用

B. 资产的市场价格减去处置费用后的金额

C. 如果不存在资产销售协议和资产活跃市场的，根据在资产负债表日处置资产，熟悉情况的交易双方自愿进行公平交易愿意提供的交易价格减去处置费用后的金额

D. 根据公平交易中资产的销售协议价格减去可直接归属于该资产处置费用后的金额

4. 关于《企业会计准则第8号——资产减值》中规范的资产减值损失的确定，下列说法中正确的有（　　）。

A. 可收回金额的计量结果表明，资产的可收回金额低于其账面价值的，应当将资产的账面价值减记至可收回金额，减记的金额确认为资产减值损失，计入当期损益，同时计提相应资产减值准备

B. 资产减值损失确认后，减值资产的折旧或者摊销费用应当在未来期间作相应调整，以使该资产在剩余使用寿命内，系统地分摊调整后的资产账面价值（扣除预计净残值）

C. 资产减值损失一经确认，在以后会计期间不得转回

D. 确认的资产减值损失，在以后会计期间可以转回

5. 企业确认的下列各项资产减值损失中，以后期间不得转回的有（　　）。

A. 存货跌价损失　　　　B. 无形资产减值损失

C. 商誉减值损失　　　　D. 持有至到期投资减值损失

6. 下列说法中正确的有（　　）。

A. 资产组的账面价值通常不应当包括已确认负债的账面价值，但如不考虑该负债金额就无法确定资产组可收回金额的除外

B. 资产产生的现金流量是外币的，应当以该资产所产生的未来现金流量的结算货币为基础预计其未来现金流量，并按照该货币适用的折现率计算资产的现值

C. 资产组组合是指由若干个资产组组成的任何资产组组合

D. 企业难以对单项资产的可收回金额进行估计的，应当以该资产所属的资产组为基础确定资产组的可收回金额

7. 下列有关资产组认定的说法中正确的有（　　）。

A. 资产组的认定，应当以资产组产生的主要现金流入是否独立于其他资产或者资产组的现金流入为依据

B. 资产组的认定，应当考虑企业管理层生产经营活动的方式

C. 资产组的认定，应当考虑企业对资产的持续使用或者处置的决策方式

D. 资产组一经确定，各个会计期间应当保持一致，不得随意变更

8. 下列有关资产减值的说法中正确的有（　　）。

A. 资产组的账面价值通常应当包括已确认负债的账面价值

B. 资产的可收回金额低于其账面价值，表明资产发生了减值损失，应当予以确认

C. 资产组的可收回金额低于其账面价值的，应当确认相应的减值损失，并将减值损失按照一定的顺序进行分摊

D. 在估计资产可收回金额时，只能以单项资产为基础加以确定

9. 对于相关总部资产中有部分资产难以按照合理和一致的基础分摊至该资产组的，应

当按照下列（ ）步骤处理。

A. 在不考虑相关总部资产的情况下，估计和比较资产组的账面价值和可收回金额，并按照资产组减值损失处理顺序和方法进行处理

B. 直接将减值分摊至资产组组合

C. 比较所认定的资产组组合的账面价值（包括已分摊的总部资产的账面价值部分）和可回收金额，并按照资产组减值损失处理顺序和方法进行处理

D. 直接将减值全部分摊至总部资产

三、业务题

1. 甲公司有关资产资料如下：

（1）甲公司有一条电子产品生产线，由A、B、C三项设备构成，初始成本分别为60万元，90万元和150万元，使用年限均为10年，预计净残值均为零，均采用年限平均法计提折旧，至2011年年末该生产线已使用5年。整条生产线构成完整的产销单位，属于一个资产组。

（2）2011年该生产线所生产的电子产品有替代产品上市，截至年底导致公司生产的电子产品销路锐减35%，因此，公司于年末对该条生产线进行减值测试。

（3）2011年年末，甲公司估计该生产线的公允价值为86万元，估计相关处置费用为3万元；预计未来现金流量的现值为90万元。另外，A设备的公允价值减去处置费用后的净额为22.5万元，B、C两项设备都无法合理估计其公允价值减去处置费用后的净额以及未来现金流量的现值。

（4）整条生产线预计尚可使用5年。

要求（答案中的金额单位为万元）：

（1）计算资产组和各项设备的减值损失。

（2）编制有关会计分录。

2. 东方高科技公司（以下简称东方公司）拥有A、B、C三个资产组，在2011年年末，这三个资产组的账面价值分别为100万元、150万元和200万元，没有商誉。这三个资产组为三条生产线，预计剩余使用寿命分别为10年、20年和20年，采用直线法计提折旧。由于东方公司的竞争对手通过技术创新推出了更高技术含量的产品，受到市场欢迎，从而对东方公司的产品产生了重大不利影响，为此，东方公司于2011年年末对各资产组进行减值测试。已知东方公司的经营管理活动由总部负责，总部资产包括一栋办公大楼和一个研发中心，其中办公大楼的账面价值为150万元，研发中心的账面价值为50万元。办公大楼的账面价值可以在合理和一致的基础上分摊至各资产组，但是研发中心的账面价值难以在合理和一致的基础上分摊至各相关资产组。对于办公大楼的账面价值，企业根据各资产组的账面价值和剩余使用寿命加权平均计算的账面价值分摊比例进行分摊。东方公司计算得到的资产组A的未来现金流量现值为199万元，资产组B的未来现金流量现值为164万元，资产组C的未来现金流量现值为271万元，包括研发中心在内的最小资产组组合（东方公司）的未来现金流量现值为720万元。假定各资产组的公允价值减去处置费用后的净额难以确定。

要求：判定资产组A、B、C和总部资产是否发生减值，如果发生减值，计算相应的减值损失金额（计算结果只保留整数，小数位四舍五入）。

第十章　负　　债

教学目标

- 掌握负债的定义、特征及其分类标准。
- 理解并掌握流动负债核算的内容及其账务处理。
- 理解并掌握非流动负债核算的内容及其账务处理。
- 掌握借款费用的内容及其确认标准。
- 理解借款费用资本化金额的计算方法和账务处理。

第一节　负债概述

一、负债的定义及特征

（一）负债的定义

负债是企业资金来源的一个重要渠道，同时也是资产负债表的一个重要组成部分。从本质上来讲，负债是一种负资产，因此它是与资产相对应的一种会计要素。《企业会计准则——基本准则》中对负债的定义为“负债是指企业过去的交易或者事项形成的、预期会导致经济利益流出企业的现时义务”。

（二）负债的特征

从以上定义可以看出，负债具有如下特征：

1. 负债是企业承担的现时义务

现时义务是指企业在现行条件下已承担的义务，而不是潜在的义务。义务可能是因为具有合同的约束力或者法定要求的法定义务（如应付职工薪酬、应付票据、长期借款和应付利息等），也可能是根据企业多年来形成的惯例公开作出的承诺或者公开宣布的政策而导致企业应承担的责任，有关各方都对企业履行这些责任形成了合理的预期（如企业已宣告但尚未发放的股利）。

2. 负债预期会导致经济利益流出企业

经济利益流出企业可以是支付现金或者其他资产的形式，也可以是提供劳务作为清偿手段，还可以是承担一项新的义务替代现有义务。有些负债，还可以通过转换为所有者权益的方式注销。

3. 负债是由过去交易或者事项形成的

只有在过去发生的交易或者事项才能形成负债。企业在未来发生的承诺、经营亏损或者签订的合同等，不构成企业的负债。

二、负债的分类及确认

（一）负债的分类

如同资产一样，负债主要按照其流动性进行分类和列报。以流动性作为标准的划分方法也就是根据负债偿还期限的长短进行的划分。一般将其划分为流动负债和非流动负债。

1. 流动负债

《企业会计准则第30号——财务报表列报》指出负债满足下列条件之一的，应当归类为流动负债：

（1）预计一个正常营业周期内清偿。

（2）主要为交易目的而持有。

（3）自资产负债表日起一年内到期应予以清偿。

（4）企业无权自主地将清偿推迟至资产负债表日后一年以上。

流动负债主要是为了筹集生产经营活动所需的资金，一般需要在1年或超过1年的一个营业周期内偿还。一般包括短期借款、交易性金融负债、应付票据、应付账款、预收账款、应付职工薪酬、应交税费、应付利息、应付股利、其他应付款、一年内到期的非流动负债等。

流动负债是企业广泛存在的负债形式，它具有偿还期限短、偿还方式灵活、筹资成本低的特点。

2. 非流动负债

非流动负债是指流动负债以外的负债，主要包括长期借款、应付债券、长期应付款等。由于非流动负债的结算期一般较长，企业可以有充裕的时间对偿债资金进行安排和调度，同时，非流动负债的金额一般较大，可以满足企业日常经营之外的资金需求，所以非流动负债是企业筹集长期资金的一种重要方式。

（二）负债的确认

企业要确认一项负债，除了要符合负债的定义以外，还应当同时满足以下两个条件：

1. 与该义务有关的经济利益很可能流出企业

履行负债所需流出的经济利益往往具有不确定性，特别是与推定义务相关的经济利益流出通常需要依赖大量的估计，因而有确凿证据表明预期的经济利益很可能流出企业才能确认为负债。若预期流出经济利益的可能性较小或者不存在，则不应予以确认。

2. 未来流出经济利益的金额能够可靠地计量

对于由法定义务形成的负债，通常可以根据合同或法律、法规标明的金额来确定未来流出的经济利益。如果未来经济利益流出的时间较长，还应考虑货币时间价值等因素。

对于推定义务形成的负债，应当根据履行相关义务所需支出的最佳估计数进行估计，并综合考虑货币时间价值、风险等因素予以确定。

第二节 流动负债

一、短期借款

（一）短期借款的核算内容

短期借款是指企业向银行或其他金融机构等借入的期限在一年以下的各种借款。短期借款往往需要按月或者按季支付利息，如果是到期还本付息，则企业还应按月预提利息。

（二）短期借款的会计处理

1. 取得短期借款

企业取得短期借款时，应按收到的金额，借记“银行存款”科目，贷记“短期借款”科目。

2. 短期借款的利息

每个资产负债表日，企业应计算确定应计利息。按照应计的金额，借记“财务费用”、“利息支出”（金融企业）等科目，贷记“应付利息”等科目。实际支付利息时，借记“应付利息”科目，贷记“银行存款”科目。

3. 到期偿还

企业应于借款到期日偿还本金以及尚未支付的利息，借记“短期借款”、“应付利息”等科目，贷记“银行存款”科目。

【例10-1】 甲公司2012年1月1日从A银行借入6个月期的短期借款800 000元，年利率为6%，按月支付利息。假定名义利率和实际利率无差异。

每个月的利息费用＝800 000×6%×1/12＝4 000（元）

相关会计分录如下：

（1）2012年1月1日实际取得短期借款时：

借：银行存款　　800 000

　　贷：短期借款　　800 000

（2）公司按月支付利息，每个月月底时：

借：财务费用　　4 000

　　贷：银行存款　　4 000

（3）公司2012年7月1日到期偿还时：

借：短期借款　　800 000

　　贷：银行存款　　800 000

注意：由于不再设“预提费用”科目，短期借款的利息一般通过“应付利息”科目核算。按月支付的可以直接通过“银行存款”科目核算。

二、交易性金融负债

（一）交易性金融负债的核算内容

《企业会计准则第22号——金融工具确认和计量》指出，金融负债满足以下条件之一的，应当划分为交易性金融负债：

（1）承担该金融负债的目的，主要是为了近期内出售或回购。

（2）属于进行集中管理的可辨认金融工具组合的一部分，且有客观证据表明企业近期采用短期获利方式对该组合进行管理。在这种情况下，即使组合中有某个组成项目持有的期限稍长也不受影响。

（3）属于衍生工具。由衍生工具形成的负债属于交易性金融负债，但是，被指定为有效套期工具的衍生工具、属于财务担保合同的衍生工具、与在活跃市场中没有报价且其公允价值不能可靠计量的权益工具投资挂钩并须通过交付该权益工具结算的衍生工具除外。

（二）交易性金融负债的会计处理

1. 企业承担交易性金融负债

企业承担的交易性金融负债，应设置“交易性金融负债”科目，并在其科目下设置“成本”和“公允价值变动”两个明细科目。

企业承担交易性金融负债时，应按照实际收到的金额，借记“银行存款”等科目，按交易性金融负债的公允价值，贷记“交易性金融负债——成本”科目，按发生的交易费用，贷记“投资收益”等科目。

交易费用是指可直接归属于购买、发行或处置金融工具新增的外部费用。新增的外部费用是指企业不购买、发行或处置金融工具就不会发生的费用。

2. 资产负债表日的会计处理

资产负债表日，交易性金融负债的公允价值高于账面余额的差额，借记“公允价值变动损益”科目，贷记“交易性金融负债——公允价值变动”科目；如果公允价值低于账面余额，则借记“交易性金融负债——公允价值变动”科目，贷记“公允价值变动损益”科目。

3. 企业出售交易性金融负债

企业出售交易性金融负债时，应按账面余额，借记“交易性金融负债——成本”、“交易性金融负债——公允价值变动”等科目，贷记“银行存款”科目，将其差额，贷记或借记“投资收益”科目；同时，将交易性金融负债的公允价值变动，借记或贷记“公允价值变动损益”科目，贷记或借记“投资收益”科目。

三、应付票据

（一）应付票据的核算内容

应付票据是由出票人出票，委托付款人在指定日期无条件支付确定的金额给收款人或者持票人的票据。

应付票据是购销业务形成的重要标志，是购销双方互相承认债权债务关系的证明，可以作为记账的正式凭证。根据承兑人的不同，应付票据区分为商业承兑汇票和银行承兑汇票。按照带息与否，应付票据分为带息票据和不带息票据。

（二）应付票据的会计处理

1. 签发应付票据

企业在购买商品或接受劳务开出商业汇票时，应根据票据金额借记“库存商品”、“应交税费——应交增值税（进项税额）”等科目，贷记“应付票据”科目。

2. 带息应付票据计提利息

在期末，通常对尚未支付的带息应付票据计提利息，借记“财务费用”科目，贷记“应付票据”科目；票据到期支付票款时，尚未计提的利息部分直接计入当期财务费用。

3. 应付票据到期

企业应于到期日按照票面金额偿还应付票据，借记“应付票据”科目，贷记“银行存款”科目。

企业在到期日如果无法支付商业汇票的款项，应作如下处理：

（1）若为商业承兑汇票，则应将应付金额转入应付账款，借记“应付票据”科目，贷记“应付账款”科目。如果重新签发新的票据以清偿原应付票据的，再从“应付账款”科目转入“应付票据”科目。

（2）若为银行承兑汇票，则应将应付给银行的金额视同短期借款，借记“应付票据”科目，贷记“短期借款”科目。

【例 10-2】 甲公司为增值税一般纳税人，2011 年 11 月 1 日外购原材料一批，取得的增值税专用发票上注明的价款为 100 000 元，增值税税额为 17 000 元。材料已经验收入库。甲公司开出一张面值为 117 000 元的带息商业承兑汇票，期限为 3 个月，票面利率为 6%。该企业采用实际成本法进行材料的日常核算。

（1）2011 年 11 月 1 日，甲公司开出商业承兑汇票。

借：原材料	100 000	
应交税费——应交增值税（进项税额）	17 000	
贷：应付票据		117 000

（2）2011 年 12 月 31 日，甲公司计提利息。

应计提的利息 = 117 000 × 6% × 2 ÷ 12 = 1 170（元）

借：财务费用	1 170	
贷：应付票据		1 170

（3）2012 年 2 月 1 日，甲公司支付款项。

尚未计提的利息 = 117 000 × 6% × 1 ÷ 12 = 585（元）

借：应付票据	118 170	
财务费用	585	
贷：银行存款		118 755

（4）2012 年 2 月 1 日，若甲公司无法支付款项，则：

借：应付票据	118 170	
财务费用	585	
贷：应付账款		118 755

四、应付账款

（一）应付账款的核算内容

应付账款是指因购买材料、商品或接受劳务供应等经营活动而应支付的款项。同应付票据一样，应付账款的入账时间一般应以与所购买物资所有权有关的风险和报酬已经转移或劳务已经接受作为标准。

在实际工作中，一般应区别下列情况处理：

（1）在物资和发票账单同时到达的情况下，应付账款一般待物资验收入库后，才按发票账单登记入账，在会计期末仍未完成验收的，则应先按合理估计的金额将物资和应付债务入账，事后发现问题再行更正。

（2）在物资和发票账单未同时到达的情况下，有时货物已到，发票账单未到，由于应付账款需根据发票账单登记入账，因此，要等待发票账单到达时再登记入账。如果期末发票账单仍未到，由于这笔负债已经成立，应在月份终了将所购物资和应付债务估计入账，待下月月初再用红字冲回，等到发票账单到达时再作正常处理。

（二）应付账款的会计处理

1. 确认应付账款

因购买商品等而产生的应付账款，应设置“应付账款”科目进行核算。应付账款一般按应付金额入账，而不按到期应付金额的现值入账。按发票上记载的全部应付金额，借记“原材料”、“应交税费——应交增值税（进项税额）”等科目，贷记“应付账款”科目。

如果存在商业折扣，则按折扣后的金额入账；若存在现金折扣，则应采用总价法进行会计处理。

2. 支付应付账款

企业一般按照入账金额支付应付账款，借记“应付账款”科目，贷记“银行存款”科目。存在现金折扣的情况下，企业提前付款享受的优惠应冲减财务费用。

【例 10-3】 甲公司为增值税一般纳税人，2012 年 3 月 5 日购买一批材料，增值税专用发票上注明的价款为 50 000 元，增值税税额为 8 500 元，材料当日已验收入库，货款暂未支付。对方的现金折扣条件是 2/10，1/20，*n*/30。

（1）2012 年 3 月 5 日，材料验收入库并取得发票账单。

	借方	贷方
借：原材料	50 000	
应交税费——应交增值税（进项税额）	8 500	
贷：应付账款		58 500

（2）如在 10 内付款，则

	借方	贷方
借：应付账款	58 500	
贷：银行存款		57 500
财务费用		1 000

（3）如在 20 天内付款，则

	借方	贷方
借：应付账款	58 500	
贷：银行存款		58 000
财务费用		500

（4）如超过 20 天后付款，则

	借方	贷方
借：应付账款	58 500	
贷：银行存款		58 500

注意：

（1）现金折扣一般仅针对货款，而不包括增值税。

（2）应付账款如果无法偿付或无需支付，则应将其按账面价值转到“营业外收入”科目核算。

五、预收账款

预收账款是买卖双方协议商定，由供应方预先向购货方收取一部分货款而形成的负债。

对于预收账款业务，企业一般设置“预收账款”科目进行核算，并按预收单位设置明细科目进行明细核算。

（1）企业预收款项时：

借：银行存款

贷：预收账款

（2）发出货物时：

借：预收账款（增值税专用发票上注明的款项总额）

贷：主营业务收入（增值税专用发票上注明的价格）

应交税费——应交增值税（销项税额）（增值税专用发票注明的增值税）

（3）补收款项时：

借：银行存款

贷：预收账款

（4）退回多收的款项时：

借：预收账款

贷：银行存款

【例 10-4】 甲公司准备销售给乙公司产品一批，货款总额为 300 000 元。按合同规定甲公司预收 40% 的货款，乙公司验收货物后补付其余款项。

（1）公司预收 40% 的货款。

借：银行存款	120 000	
贷：预收账款——乙公司		120 000

（2）公司发出产品时的会计分录为：

借：预收账款	351 000	
贷：主营业务收入		300 000
应交税费——应交增值税（销项税额）		51 000

（3）甲公司收到乙公司补付的款项。

借：银行存款	231 000	
贷：预收账款——乙公司		231 000

注意：在会计实务中，预收账款不多的，也可以不设置“预收账款”科目，而将其直接记入“应收账款”科目的贷方。

六、应付职工薪酬

（一）职工薪酬的含义及内容

根据《企业会计准则第 9 号——职工薪酬》的规定，职工薪酬是指企业为获得职工提供的服务而给予各种形式的报酬以及其他相关支出。

1. 职工的范围

这里所指的“职工”是广义的职工概念，具体范围如下：

（1）与企业订立劳动合同的所有人员，含全职、兼职和临时职工。

（2）未与企业订立劳动合同、但由企业正式任命的企业治理层和管理层人员，如董事会成员、监事会成员等，尽管有些董事会、监事会成员不是本企业员工，未与企业订立劳动合同，但对其发放的津贴、补贴等仍属于职工薪酬。

（3）在企业的计划和控制下，虽未与企业订立劳动合同或未由其正式任命，但为其提供与职工类似服务的人员，如通过中介机构签订用工合同，为企业提供与本企业职工类似服务的人员。

2. 职工薪酬的内容

职工薪酬包括职工在职期间和离职后企业给予的所有货币性薪酬和非货币性福利，其主要内容如下：

(1) 职工工资、奖金、津贴和补贴。其包括构成工资总额的计时工资、计件工资、支付给职工的超额劳动报酬和增收节支的劳动报酬、为了补偿职工特殊或额外的劳动消耗和因其他特殊原因支付给职工的津贴，以及为了保证职工工资水平不受物价影响支付给职工的物价补贴等。

(2) 职工福利费。其包括尚未实行医疗统筹的企业职工的医疗费用、职工因公负伤赴外地就医路费、职工生活困难补助，以及按照国家规定开支的其他职工福利支出。

(3) 医疗保险费、养老保险费、失业保险费、工伤保险费和生育保险费等社会保险费。企业应按照国务院、各地方政府规定的基准和比例，向社会保险经办机构缴纳医疗保险费、养老保险费、失业保险费、工伤保险费和生育保险费。

企业按照年金计划规定的基准和比例计算，向企业年金管理人缴纳的补充养老保险，以及企业以购买商业保险形式提供给职工的各种保险待遇也属于企业提供的职工薪酬，应当按照职工薪酬的原则进行确认、计量和披露。

(4) 住房公积金。企业应按照国家规定的基准和比例，向住房公积金管理机构缴存住房公积金。

(5) 工会经费和职工教育经费。工会经费是指企业为了改善职工文化生活，用于开展工会活动，而按照国家有关的基准和比例，从成本费用中提取的金额（一般为职工工资总额的2%）。职工教育经费是指为职工学习先进技术和提高文化水平和业务素质，用于开展职工教育及职业技能培训的相关支出。一般按照职工工资总额的2.5%提取。

(6) 非货币性福利。其包括企业以自己的产品或外购商品发放给职工作为福利；企业提供给职工无偿使用自己拥有的资产或租赁资产供职工无偿使用（如提供给企业高级管理人员使用的住房等）；免费为职工提供诸如医疗保健的服务或向职工提供企业支付了一定补贴的商品或服务等（如以低于成本的价格向职工出售住房等）。

(7) 因解除与职工的劳动关系给予的补偿。它是指企业由于实施主辅分离、辅业改制分流安置富余人员、实施重组、改组计划、职工不能胜任等原因，企业在职工劳动合同尚未到期之前解除与职工的劳动关系，或者为鼓励职工自愿接受裁减而提出补偿建议给予职工的经济补偿，即国际财务报告准则中所指的辞退福利。

(8) 其他与获得职工提供的服务相关的支出。即除上述七种薪酬以外的其他为获得职工提供的服务而给予的薪酬，比如企业提供给职工以权益形式结算的认股权、以现金形式结算但以权益工具公允价值为基础确定的现金股票增值权等。

(二) 应付职工薪酬的会计处理

1. 基本原则

除因解除与职工的劳动关系给予的补偿外，企业应当在职工为其提供服务的会计期间，根据职工提供服务的受益对象计入相关成本或费用，并将应付的职工薪酬确认为负债。具体处理如下：

(1) 应由生产产品、提供劳务负担的职工薪酬，计入产品成本或劳务成本。但非正常消耗的直接生产人员和直接提供劳务人员的职工薪酬，应当在发生时确认为当期损益。

（2）应由在建工程、无形资产负担的职工薪酬，计入建造固定资产或无形资产成本。自行建造固定资产和自行研究开发无形资产过程中发生的职工薪酬，能否计入固定资产或无形资产成本，取决于相关资产的成本确定原则。比如，企业在研究阶段发生的职工薪酬不能计入自行开发无形资产的成本，在开发阶段发生的职工薪酬，符合无形资产资本化条件的，应当计入自行开发无形资产的成本。

（3）上述两项之外的其他职工薪酬，计入当期损益。其包括公司总部管理人员、董事会成员、监事会成员等人员相关的职工薪酬，以及难以确定直接受益对象的职工薪酬，均应当在发生时计入当期损益。

企业应该设置“应付职工薪酬”科目进行核算，并设置“工资”、“职工福利”、“社会保险费”、“住房公积金”、“工会经费”、“职工教育经费”、“非货币性福利”、“股份支付”、“辞退福利”等明细科目进行核算。同时根据职工薪酬受益对象，分别设置“生产成本”、“制造费用”、“劳务成本”“管理费用”、“销售费用”、“在建工程”、“研发支出”等科目。

2. 货币性职工薪酬的会计处理

货币性职工薪酬是指企业以货币形式支付给职工或为职工支付的各种工资、职工福利、社会保险、住房公积金等。

（1）货币性职工薪酬的确认。资产负债表日，企业应根据受益对象，将应确认的职工薪酬（包括货币性薪酬和非货币性福利）计入相关资产成本或当期损益，同时确认为应付职工薪酬。具体分别以下情况进行处理：

1）生产部门人员的职工薪酬，记入“生产成本”、“制造费用”、“劳务成本”等科目。

2）管理部门人员的职工薪酬，记入“管理费用”科目。

3）销售人员的职工薪酬，记入“销售费用”科目。

4）应由在建工程、研发支出负担的职工薪酬，记入“在建工程”、“研发支出”科目。

5）外商投资企业按规定从净利润中提取的职工奖励及福利基金，记入“利润分配——提取的职工奖励及福利基金”科目。

（2）货币性职工薪酬的计量。对于货币性职工薪酬，国家规定了计提基础和计提比例的，应当按照国家规定的标准计提。没有规定计提基础和计提比例的，企业应当根据历史经验数据和实际情况，合理预计当期应付职工薪酬。当期实际发生金额大于预计金额的，应当补提应付职工薪酬；当期实际发生金额小于预计金额的，应当冲回多提的应付职工薪酬。

对于职工提供服务以后一年以上到期的应付职工薪酬，企业应当选择恰当的折现率，以折现后的金额计入相关资产成本或当期损益；应付职工薪酬金额与其折现后金额相差不大的，也可按照未折现金额计入相关资产成本或当期损益。

（3）货币性职工薪酬的支付。按照实际应支付的金额，借记“应付职工薪酬”科目，按照实际支付的总额贷记“银行存款”等科目。

将应由职工个人负担，由企业代扣代缴的职工个人所得税贷记“应交税费——应交个人所得税”科目。

将应由职工个人负担，由企业代扣代缴的医疗保险、养老保险以及住房公积金等贷记“其他应付款”科目。

将应由职工个人负担，由企业代垫的各种款项等贷记“其他应收款”科目。

【例10-5】 2011年10月，甲公司当月应发工资200万元，其中：生产部门直接生产人员工资100万元；生产部门管理人员工资20万元；公司管理部门人员工资40万元；公司专设产品销售机构人员工资10万元；尚未完工的在建厂房人员工资20万元；内部开发存货管理系统人员工资10万元（应予以资本化）。

根据规定，公司的医疗保险费、养老保险费、住房公积金、工会经费和职工教育经费分别按照职工工资总额的10%、12%、10%、2%和1.5%计提。公司职工薪酬明细表如表10-1所示。

表10-1　公司职工薪酬明细表

2011年10月　　单位：万元

薪酬 部门	工资总额	医疗保险费（10%）	养老保险费（12%）	住房公积金（10%）	工会经费（2%）	职工教育经费（1.5%）	合计
基本生产部门	100	10	12	10	2	1.5	135.5
车间管理部门	20	2	2.4	2	0.4	0.3	27.1
公司管理部门	40	4	4.8	4	0.8	0.6	54.2
销售部门	10	1	1.2	1	0.2	0.15	13.55
在建工程部门	20	2	2.4	2	0.4	0.3	27.1
内部开发部门	10	1	1.2	1	0.2	0.15	13.55
合　计	200	20	24	20	4	3	271

对于该业务，甲公司应编制的会计分录为：

借：生产成本　1 355 000
　　制造费用　271 000
　　管理费用　542 000
　　销售费用　135 500
　　在建工程　271 000
　　研发支出——资本化支出　135 500
　　贷：应付职工薪酬——工资　2 000 000
　　　　　　　　　——社会保险费　440 000
　　　　　　　　　——住房公积金　200 000
　　　　　　　　　——工会经费　40 000
　　　　　　　　　——职工教育经费　30 000

注意：在资产负债表日，企业一般由人力资源管理部门按职工提供服务的受益对象计算职工的薪酬，交由财务部门记账和发放。

3. 非货币性职工薪酬的会计处理

企业向职工提供的非货币性职工薪酬，应当分别情况处理：

（1）以自产产品或外购商品发放给职工作为福利。企业以其生产的产品作为非货币性福利提供给职工的，应将其按照该产品的公允价值和相关税费确认为负债，贷记“应付职工薪酬——非货币性福利”科目，同时根据职工受益对象将其计入生产成本或当期损益；实际发放时，结转应付职工薪酬，同时与正常商品销售相同，确认商品销售收入，结转成本。

以外购商品作为非货币性福利提供给职工的，应当按照购买时该商品的公允价值和相关税费确认为负债，实际发放时，不需要确认商品收入和结转成本。

【例 10-6】 乙公司为小家电生产企业，共有职工 200 名，其中 170 名为直接参加生产的职工，30 名为总部管理人员。2011 年 12 月，甲公司以其生产的每台成本为 900 元的电暖器和外购的一批日用品作为春节福利发放给公司每名职工。该型号的电暖器市场售价为每台 1 000元，公司适用的增值税税率为 17%。购买日用品取得的增值税专用发票上注明的货款为 300 000 元，增值税税额为 51 000 元。购买日用品的款项已通过银行存款支付。

该批电暖器的公允价值与相关税费合计 = 200 × 1 000 + 200 × 1 000 × 17%
= 234 000（元）

该批电暖器计入生产成本的非货币性职工薪酬 = 170 × 1 000 + 170 × 1 000 × 17%
= 198 900（元）

该批电暖器计入管理费用的非货币性职工薪酬 = 30 × 1 000 + 30 × 1 000 × 17%
= 35 100（元）

外购日用品计入生产成本的非货币性职工薪酬 = 351 000 × 170/200 = 298 350（元）

外购日用品计入管理费用的非货币性职工薪酬 = 351 000 × 30/200 = 52 650（元）

（1）公司决定发放非货币性福利时：

借：生产成本　497 250
　管理费用　87 750
　贷：应付职工薪酬——非货币性福利　585 000

（2）公司实际发放电暖器时：

借：应付职工薪酬——非货币性福利　234 000
　贷：主营业务收入　200 000
　　应交税费——应交增值税（销项税额）　34 000

借：主营业务成本　180 000
　贷：库存商品——电暖器　180 000

（3）公司购买日用品时：

借：应付职工薪酬——非货币性福利　351 000
　贷：银行存款　351 000

注意：自产货物用于非应税项目、集体福利时，在会计上不作收入处理，其他情形需要作收入处理。本题将电暖器发放给个人则为个人福利，而不是集体福利，在会计上应作收入处理。

个人福利可理解为用于个人消费，如将货物发给职工个人。集体福利则理解为用于全体人员的，如职工食堂或浴室使用。

（2）向职工无偿提供住房等固定资产的会计处理。企业将拥有的房屋等资产无偿提供给职工使用，应当根据受益对象，将住房每期应计提的折旧计入相关资产成本或费用，同时确认应付职工薪酬，期末计提折旧时再结转应付职工薪酬。

租赁住房等资产供职工无偿使用的，应当根据受益对象，将每期应付的租金计入相关资产成本或费用，并确认应付职工薪酬。难以认定受益对象的，直接计入当期损益（管理费用）。

【例 10-7】 甲公司为总部 A 部门经理提供一辆 2008 年购买的汽车供其免费使用，假定该汽车每月计提折旧2 500元；同时为一名副总裁租赁一套面积为$100m^2$带有家具和电器的公寓供其免费使用，月租金为4 000元。

(1) 公司确认每月的非货币性福利。

借：管理费用	6 500	
贷：应付职工薪酬——非货币性福利		6 500

(2) 公司每月提取折旧和支付租赁款。

借：应付职工薪酬——非货币性福利	6 500	
贷：累计折旧		2 500
银行存款		4 000

4. 辞退福利（解除劳动关系补偿）的会计处理

辞退福利包括两方面的内容：一是在职工劳动合同尚未到期前，企业决定解除与职工的劳动关系而给予的补偿；二是在职工劳动合同尚未到期前，为鼓励职工自愿接受裁减而给予的补偿，职工有权利选择继续在职或接受补偿离职。

辞退福利的确认原则与前述职工薪酬确认原则相同。企业应当预计因辞退福利而产生的负债，在同时满足下列条件时予以确认：

(1) 企业已经制定正式的解除劳动关系计划或提出自愿裁减建议，并即将实施。

(2) 企业不能单方面撤回解除劳动关系计划或裁减建议。

由于被辞退的职工不再为企业提供服务，所以企业应将本期确认的辞退福利全部计入当期的管理费用。

七、应交税费

根据国家有关税法的规定，企业生产经营过程当中经常会发生一些税费，如增值税、消费税、营业税、所得税、资源税、土地增值税、城市维护建设税、房产税、土地使用税、车船税、教育费附加、矿产资源补偿费等。一般来说，税务当局对企业征收的这些税费，通常会规定一个短于一年的缴纳期限。因此，企业应将承担的而尚未缴纳的这些税金作为流动负债核算。

(一) 增值税

增值税是指对我国境内销售货物、进口货物，或提供加工、修理修配劳务的增值额征收的一种流转税。按照纳税人的经营规模及会计处理的健全程度，增值税纳税人分为一般纳税人和小规模纳税人。

1. 一般纳税企业应交增值税的会计处理

一般纳税企业的增值税税率主要有基本税率17%和低税率13%两档，即按照商品或劳务计税价格的17%或13%计算增值税税额。

增值税本质是以增值额为计税依据乘以税率，由于增值额难以直接计算，所以增值税的计算采用间接法计算，即购进扣税法。按当期销售额乘以税率计算销项税额扣除按购进金额已支付的税款（即进项税额）得出应缴的增值税。

一般纳税企业应交的增值税，在“应交税费”科目下设置“应交增值税”明细科目进行核算。“应交增值税”明细科目的借方发生额，反映企业购进货物或接受应税劳务支付的进项税额、实际已缴纳的增值税税额等；贷方发生额，反映销售货物或提供应税劳务应缴纳的增值税税额，出口货物退税、转出已支付或应分担的增值税税额等，期末借方余额，反映企业尚未抵扣的增值税税额。

"应交税费——应交增值税"科目应分别设置"进项税额"、"已交税金"、"销项税额"、"出口退税"、"进项税额转出"、"转出未交增值税"、"转出多交增值税"等专栏。

（1）进项税额的会计处理。进项税额是纳税人购进货物或接受应税劳务时所支付或者负担的增值税税额，一般而言，购买方支付的进项税额就是销售方的销项税额。

按照税法规定，企业必须是以下合法凭证列示的进项税额才能从销项税额中扣除：

1）从销售方取得的增值税专用发票上注明的增值税税额。

2）海关取得的进口物资的完税凭证上注明的增值税税额。

3）购进免税农产品的收购凭证，根据结算单据所列收购金额按13%的扣除率计算的进项税额。

4）外购货物所支付的运输费用，根据运费结算单据所列运费金额按7%的扣除率计算的进项税额。

5）企业购入的机器设备等生产经营用固定资产凭增值税专用发票、海关进口增值税专用缴款书所列进项税额和运输费用结算单据计算的进项税额。

注意：企业购入货物或者接受应税劳务，没有按照规定取得并保存增值税扣税凭证，或者增值税扣税凭证上未按照规定注明增值税税额及其他有关事项的，其进项税额不能从销项税额中抵扣，其已支付的增值税只能计入购入货物或接受劳务的成本。

【例10-8】 甲公司为增值税一般纳税人，2011年7月5日，从A公司购入一批用于厂房建设的工程物资，取得的增值税专用发票上注明的原材料价款为60 000元，增值税税额为10 200元。另外，甲公司应负担的运杂费为2 000元。款项已经通过银行存款支付（甲公司采用实际成本法进行日常材料核算）。

针对该项业务，甲公司编制的会计分录为：

借：工程物资　　72 200

　贷：银行存款　　72 200

注意：一般纳税人购进的货物用于不动产在建工程等非应税项目的，不准予以抵扣进项税额。

（2）销项税额的会计处理。企业销售货物或提供加工修理修配劳务，按增值税专用发票上注明的增值税税额应借记"应收账款"、"应收票据"、"银行存款"等科目，贷记"应交税费——应交增值税（销项税额）"科目。企业发生的销售退回，在符合税法相关规定的情况下，作相反的分录。

【例10-9】 甲公司为增值税一般纳税人，2011年7月10日，销售一批A产品，增值税专用发票上注明的价款为500 000元，增值税税额为85 000元。提货单和增值税专用发票已交给购买方，款项尚未收到。

针对该项业务，甲公司编制的会计分录为：

借：应收账款　　585 000

　贷：主营业务收入　　500 000

　　　应交税费——应交增值税（销项税额）　　85 000

（3）进项税额转出的会计处理。企业外购的货物、在产品或产成品等发生非正常损失，以及购进货物改变用途等，其进项税额不得抵扣，应予以转出。转出时，借记“待处理财产损溢”、“在建工程”、“应付职工薪酬——职工福利”等科目，贷记“应交税费——应交增值税（进项税额转出）”科目。

按照《中华人民共和国增值税暂行条例》的规定，如果建造的固定资产属于房屋建筑等不动产的，其领用的外购货物所包含的进项税额应予转出；如果建造的固定资产不属于房屋建筑等不动产的，如机器设备等动产，其领用的外购货物包含的进项税额可以抵扣，无需转出。

【例 10-10】 甲公司为增值税一般纳税人，2011 年 1 月 10 日，甲公司自建的厂房领用本单位外购原材料一批用于工程建设，原材料实际成本为 10 000 元，应负担的增值税税额为 1 700 元。

针对该项业务，甲公司编制的会计分录为：

借：在建工程　　11 700

　　贷：原材料　　10 000

　　　　应交税费——应交增值税（进项税额转出）　　1 700

【例 10-11】 甲公司为增值税一般纳税人，2011 年 1 月 10 日，甲公司正在安装的机器设备领用本单位外购原材料一批用于工程建设，原材料实际成本为 10 000 元，应负担的增值税税额为 1 700 元。

针对该项业务，甲公司编制的会计分录为：

借：在建工程　　10 000

　　贷：原材料　　10 000

注意：机器设备为生产经营用动产，领用的外购货物包含的进项税额可以抵扣，不需转出。

（4）视同销售的会计处理。按照《中华人民共和国增值税暂行条例实施细则》的规定，对于企业将自产、委托加工或购买的货物用于分配、投资或赠送；将自产、委托加工的货物用于集体福利或个人消费等行为，视同销售货物，需计算缴纳增值税。企业应当借记“在建工程”、“长期股权投资”、“营业外支出”、“应付职工薪酬”等科目，贷记“应交税费——应交增值税（销项税额）”科目等。

【例 10-12】 甲公司为增值税一般纳税人，增值税税率为 17%。2012 年 2 月 15 日，甲公司工程部门将自己生产的产品用于建造建筑物[㊀]。已知该批产品的成本为 200 000 元，计税价格为 300 000 元。

该业务属于视同销售业务，甲公司应编制的会计分录为：

借：在建工程　　251 000

　　贷：库存商品　　200 000

　　　　应交税费——应交增值税（销项税额）　　51 000

注意：在自产或委托加工的货物用于非应税项目、集体福利，自产、委托加工或购买的货物无偿赠送的情况下，在会计上不作收入处理，直接结转成本。其他情形需要作收入处理。

㊀ 本题中建筑物属于不动产，属于自产的货物用于非应税项目，在会计上不作收入处理，直接结转成本。

(5) 缴纳增值税和期末结转的会计处理。一般纳税企业在向税务部门实际缴纳本期增值税时，按照实际缴纳的金额借记“应交税费——应交增值税（已交税金）”科目，贷记“银行存款”等科目。

月份终了，企业计算出当月应交未交的增值税，借记“应交税费——应交增值税（转出未交增值税）”科目，贷记“应交税费——未交增值税”科目。

企业向税务部门实际缴纳前期增值税时，应借记“应交税费——未交增值税”科目，贷记“银行存款”等科目。

当月多交的增值税，借记“应交税费——未交增值税”科目，贷记“应交税费——应交增值税（转出多交增值税）”科目。

经过结转后，月份终了，“应交税费——应交增值税”科目的余额，反映企业尚未抵扣的增值税。

【例 10-13】 甲公司为增值税一般纳税人，增值税税率为17%。2012 年2 月1 日，甲公司“应交税费——应交增值税”科目无余额。本月发生的增值税进项税额为 17 000 元，销项税额为 85 000 元，应转出的进项税额为 5 100 元。假设甲公司按照本月实际应缴纳的增值税的金额开出转账支票给税务部门。

甲公司本月应交增值税税额 = 85 000 - 17 000 + 5 100 = 73 100（元）

针对该项业务，甲公司编制的会计分录为：

借：应交税费——应交增值税（已交税金）　　73 100

　　贷：银行存款　　73 100

2. 小规模纳税企业应交增值税的会计处理

小规模纳税企业是销售规模达不到相关规定且会计核算不健全的纳税人，其会计核算特点有：① 小规模纳税企业销售货物或提供应税劳务，实行简易办法计算应纳税额，按照销售额的一定比例计算。② 小规模纳税企业的销售额不包括其应纳税额。采用销售额和应纳税额合并定价方法的，应按照公式“销售额 = 含税销售额 ÷（1 + 征收率）”，还原为不含税销售额计算。③ 小规模纳税企业销售货物或者提供应税劳务，一般情况下，只能开具普通发票，不能开具增值税专用发票。

(1) 小规模纳税企业购入货物或接受劳务。小规模纳税企业购入货物或接受劳务时，无论是否取得增值税专用发票，其支付的增值税税额均不计入进项税额，不得由销项税额抵扣，应计入购入货物的成本。企业应借记“材料采购”、“在途物资”等科目，贷记“银行存款”等科目。

【例 10-14】 乙企业为小规模纳税人。2011 年3 月5 日，购入材料一批，取得的增值税专用发票上注明的价款为 20 000 元，增值税为 3 400 元，款项以银行存款支付，材料已验收入库（该企业按实际成本计价核算）。

针对该项业务，乙企业编制的会计分录为：

借：原材料　　23 400

　　贷：银行存款　　23 400

(2) 小规模纳税企业销售货物或提供劳务。小规模纳税企业在销售货物或提供劳务时，开具普通发票，其销售价格中含增值税，因此，应先按照增值税征收率将其还原为不含税的销售价格，再计算应交的增值税的金额，贷记“应交税费——应交增值税”科目。具体计算公式为：

不含税销售额 = 含税销售额 ÷（1 + 征收率）

应交增值税 = 不含税销售额 × 征收率

【例 10-15】 丙生产企业为小规模纳税人，增值税征收率为 3%。2009 年 6 月 5 日，销售一批产品，所开出的普通发票中注明的价款为 20 600 元，假定符合收入确认条件，款项已存入银行。

针对该项业务，丙生产企业编制的会计分录为：

借：银行存款	20 600	
贷：主营业务收入		20 000
应交税费——应交增值税		600

丙生产公司实际缴纳增值税时编制会计分录如下：

借：应交税费——应交增值税	600	
贷：银行存款		600

（二）消费税

消费税属于价内税，它是国家为了调节消费结构，正确引导消费方向，在普遍征收增值税的基础上，选择部分消费品再征收一道消费税。消费税的征收方法包括从价定率和从量定额两种方法。

实行从价定率办法，计算应纳税额的税基为销售额，包括向购买方收取的全部价款和价外费用，但是不包括应向购买方收取的增值税税款。实行从量定额办法，计算应纳税额的税基为销售、自用或委托加工收回数量。

1. 销售应税消费品

企业将生产的应税消费品直接对外销售的，应确认为负债，并直接计入当期损益。借记"营业税金及附加"科目，贷记"应交税费——应交消费税"科目。

【例 10-16】 甲公司为增值税一般纳税人，对存货采用实际成本核算。2011 年 5 月 10 日，甲公司向 A 公司销售其生产的应纳消费税产品。增值税专用发票上注明的价款为 240 000元，增值税税额为 40 800 元。已知销售产品的成本为 150 000 元。该产品的消费税税率为 10%。产品已经发出，符合收入确认条件；款项尚未收到。

应交消费税 = 240 000 × 10% = 24 000（元）

针对该项业务，甲公司编制的会计分录为：

借：应收账款	280 800	
贷：主营业务收入		240 000
应交税费——应交增值税（销项税额）		40 800
借：营业税金及附加	24 000	
贷：应交税费——应交消费税		24 000
借：主营业务成本	150 000	
贷：库存商品		150 000

企业将自产的应税消费品用于在建工程、对外投资、非生产机构等其他方面，按税法规定应缴纳的消费税，计入相关成本。如企业以应税消费品用于在建工程项目，则应缴纳的消费税计入在建工程成本。

【例10-17】 甲公司为增值税一般纳税人，适用的增值税税率为17%。2012年4月10日，甲公司的一项在建工程领用自产的应税消费品一批。该批产品的成本为80 000元，售价为100 000元。该产品适用的消费税税率为10%。

甲公司应交增值税税额 = 100 000 × 17% = 17 000（元）

甲公司应交消费税 = 100 000 × 10% = 10 000（元）

针对该项业务，甲公司领用时编制的会计分录为：

借：在建工程	107 000	
贷：库存商品[㊀]		80 000
应交税费——应交增值税（销项税额）		17 000
应交税费——应交消费税		10 000

2. 委托加工应税消费品的会计处理

委托加工应税消费品是指由委托方提供原料和主要材料，受托方只收取加工费和代垫部分辅助材料进行加工的应税消费品。

注意：对于由受托方提供原材料生产的应税消费品，或者受托方先将原材料卖给委托方，然后再接受加工的应税消费品，以及由受托方以委托方名义购进原材料生产的应税消费品，都不作为委托加工应税消费品，而应当按照销售自制应税消费品缴纳消费税。

按照税法规定，企业委托加工的应税消费品，由受托方在向委托方交货时代扣代缴税款（受托加工或翻新改制金银首饰按规定应由受托方缴纳消费税）。委托加工的应税消费品收回后，应区分两种情况处理：

（1）如果直接对外出售，则向受托方缴纳的消费税应该计入应税消费品的成本，借记“委托加工物资”等科目，贷记“应付账款”、“银行存款”等科目。

（2）如果用于连续生产应税消费品，按照规定准予抵扣的，应按已由受托方代收代缴的消费税，借记“应交税费——应交消费税”科目，贷记“应付账款”、“银行存款”等科目。

【例10-18】 甲公司为增值税一般纳税人，适用的增值税税率为17%，对存货采用实际成本核算。2012年3月12日，甲公司委托A公司加工一批材料，该批材料为应税消费品，成本为200 000元。甲公司应支付的加工费用为70 000元，应支付的增值税税额为11 900元。甲公司收回该材料后用于连续生产，材料已经加工完毕验收入库。全部价款已用转账支票付讫。该材料适用的消费税税率为10%。

根据该项经济业务，甲公司应作如下账务处理：

（1）甲公司发出材料时：

借：委托加工物资	200 000	
贷：原材料		200 000

（2）甲公司支付全部价款时：

甲公司收回委托加工物资后用于连续生产，因此，其支付的消费税准予扣除。

组成计税价格 = （200 000 + 70 000）/（1 − 10%） = 300 000（元）

㊀ 本题之所以按自产消费品的成本结转，而不按售价结转是因为其属于将自产的货物用于非应税项目，在会计上不作收入处理。

应支付消费税 = 300 000 × 10% = 30 000（元）

借：委托加工物资　70 000

　　应交税费——应交增值税（进项税额）　11 900

　　应交税费——应交消费税　30 000

　　贷：银行存款　111 900

（3）公司收回该批委托加工物资并验收入库时：

借：原材料　270 000

　　贷：委托加工物资　270 000

注意：组成计税价格是指在没有实际销售价格时，按照税法规定组成专门用以计算应纳税款的价格。由于消费税是价内税，所以委托加工物资应纳消费税的组成计税价格计算公式为：组成计税价格 =（材料成本 + 加工费）/（1 - 消费税税率）。

【例 10-19】 接上例，假定甲公司收回该材料后直接出售，材料已经加工完毕验收入库。全部价款已用转账支票付讫。该材料适用的消费税税率为 10%。

根据该项经济业务，甲公司应作如下账务处理：

（1）甲公司发出材料。

借：委托加工物资　200 000

　　贷：原材料　200 000

（2）甲公司支付全部价款。

甲公司收回委托加工物资后用于直接出售，因此，其支付的消费税应计入委托加工物资成本。

组成计税价格 =（200 000 + 70 000）/（1 - 10%）= 300 000（元）

应支付的消费税 = 300 000 × 10% = 30 000（元）

借：委托加工物资　100 000

　　应交税费——应交增值税（进项税额）　11 900

　　贷：银行存款　111 900

（3）甲公司收回该批委托加工物资并验收入库。

借：原材料　300 000

　　贷：委托加工物资　300 000

3. 进出口产品的会计处理

企业进口应税消费品，其缴纳的消费税应计入该进口消费品的成本，借记“库存商品”、“固定资产”、“材料采购”等科目，贷记“银行存款”等科目。用于继续生产应税消费品，符合消费税相关规定的，可以抵扣已缴纳的消费税。

免征消费税的出口应税消费品应分别不同情况进行处理：

（1）按规定直接予以免税的，可以不计算应交消费税。

（2）按规定先征后退的，按应交消费税税额，借记“应收账款”科目，贷记“应交税费——应交消费税”科目。应税消费品出口收到外贸企业退回的税金时，借记“银行存款”科目，贷记“应收账款”科目。发生退关、退货而补交已退的消费税，作相反的会计分录。

4. 实际缴纳消费税的会计处理

企业应定期向税务部门缴纳消费税，按照实际缴纳的消费税金额，借记“应交税费——应交消费税”科目，贷记“银行存款”等科目。

（三）营业税

营业税是对在我国境内提供应税劳务、转让无形资产或者销售不动产的单位和个人，按其流转额征收的一种税，属于价内税。

营业税应按营业额乘以适用的税率来计算。这里的营业额是指企业提供应税劳务、转让无形资产或者销售不动产向对方收取的全部价款和价外费用。价外费用包括向对方收取的手续费、基金、集资费、代收款项、代垫款项及其他各种性质的价外收费。

1. 科目设置

企业在“应交税费”科目下设置“应交营业税”明细科目来反映按照税法规定计算的应交营业税税额。借方发生额反映企业已缴纳的营业税，贷方发生额反映企业应缴纳的营业税，期末若为借方余额，则反映企业多缴纳的营业税；期末若为贷方余额，则反映尚未缴纳的营业税。

2. 提供应税劳务

企业提供应税劳务时，应确认劳务收入，结转劳务成本。同时按照规定应交的营业税，借记“营业税金及附加”科目，贷记“应交税费——应交营业税”科目。

【例 10-20】 甲公司对外提供运输劳务，收入为 30 000 元，适用的营业税税率为 3%。

甲公司应交营业税 = 30 000 × 3% = 900（元）

借：营业税金及附加　　900

　　贷：应交税费——应交营业税　　900

3. 销售不动产

企业在销售不动产时，应当向不动产所在地主管税务机关申报交纳营业税。按照税法规定应交的营业税，借记“固定资产清理”科目，贷记“应交税费——应交营业税”科目。

【例 10-21】 2012 年 3 月 15 日，甲公司出售一栋办公楼。出售价款 320 000 元已存入银行。该办公楼的账面原价为 400 000 元，已提折旧 100 000 元，未计提减值准备；假设出售过程中用银行存款支付清理费用 5 000 元。销售该项固定资产适用的营业税税率为 5%。

针对该项经济业务，甲公司应作如下账务处理：

（1）将固定资产转入清理。

借：固定资产清理　　300 000

　　累计折旧　　100 000

　　贷：固定资产　　400 000

（2）收到出售价款。

借：银行存款　　320 000

　　贷：固定资产清理　　320 000

（3）支付清理费用。

借：固定资产清理　　5 000

　　贷：银行存款　　5 000

（4）计算应交营业税。

应交营业税税额 = 320 000 × 5% = 16 000（元）

借：固定资产清理　　16 000

贷：应交税费——应交营业税 16 000

(5) 将固定资产清理余额转入营业外支出。

借：营业外支出 1 000

贷：固定资产清理 1 000

4. 出租或出售无形资产

出租无形资产按照税法规定应缴纳营业税，借记“营业税金及附加”科目，贷记“应交税费——应交营业税”科目。

对外出售无形资产，按照规定应缴纳的营业税应通过“营业外收入”或“营业外支出”科目核算。

5. 实际缴纳营业税的会计处理

企业应定期向税务部门缴纳营业税，按照实际缴纳的营业税金额，借记“应交税费——应交营业税”科目，贷记“银行存款”等科目。

(四) 其他应交税费

1. 资源税

资源税是国家对在我国境内开采矿产品或者生产盐的单位和个人征收的一种税。资源税一般按照应税产品的课税数量乘以规定的单位税额计算。开采或者生产应税产品，如果用于销售的，销售数量为课税数量；如果自用的，以自用数量为课税数量。

企业应该设置“应交税费——应交资源税”科目来核算与资源税有关的业务。借方发生额反映企业已缴纳的或按规定允许抵扣的资源税；贷方发生额反映应缴纳的资源税。期末若为借方余额，则反映多缴纳或尚未抵扣的资源税；期末若为贷方余额，则反映尚未缴纳的资源税。

企业销售产品应缴纳的资源税，借记“营业税金及附加”科目，贷记“应交税费——应交资源税”科目。

企业自产自用产品应缴纳的资源税，借记“生产成本”、“制造费用”等科目，贷记“应交税费——应交资源税”科目。

企业实际缴纳资源税时，借记“应交税费——应交资源税”科目，贷记“银行存款”科目。

企业收购未税矿产品代扣代缴的资源税，作为收购矿产品的成本，借记“材料采购”等科目，贷记“应交税费——应交资源税”科目。

企业外购液体盐加工固体盐的，按规定允许抵扣的资源税，借记“应交税费——应交资源税”科目，贷记“银行存款”、“应付账款”等科目。

2. 土地增值税

税法规定，转让国有土地使用权、地上建筑物及其附着物并取得收入的单位和个人，均应交纳土地增值税。土地增值税按照转让房地产所取得的增值额和规定的税率计算征收。增值额是指转让所得扣减规定扣除项目金额后的余额。主要扣除项目有：①土地使用权所支付的金额；②房地产开发成本；③相关费用；④与转让房地产相关的税金；⑤其他扣除项目；⑥旧房及建筑物的评估价格。

企业应设置“应交税费——应交土地增值税”科目来核算与土地增值税有关的业务。

主营或兼营房地产业务的企业，应由当期收入负担的土地增值税，借记“营业税金及附加”科目，贷记“应交税费——应交土地增值税”科目。

其他企业转让国有土地使用权与其地上建筑物时，应缴纳的土地增值税，借记“固定资产清理”科目，贷记“应交税费——应交土地增值税”科目。企业实际缴纳土地增值税时，借记“应交税费——应交土地增值税”科目，贷记“银行存款”科目。

3. 房产税、土地使用税、车船税、矿产资源补偿费和印花税

房产税是以房屋为征税对象按照房屋的计税余值或租金收入向产权所有人征收的一种财产税。

土地使用税是以纳税人实际占用的土地面积为计税依据，依照规定税额计算征收。

车船税由拥有并且使用车船的单位和个人按照适用税额计算缴纳。

矿产资源补偿费是对在我国领域和管辖海域开采矿产资源而征收的费用。矿产资源补偿费按照矿产品销售收入的一定比例计征，由采矿人缴纳。

企业按规定计算应缴纳的房产税、土地使用税、车船税、矿产资源补偿费，借记“管理费用”科目，贷记“应交税费——应交房产税（或土地使用税、车船税、矿产资源补偿费）”科目；企业实际缴纳时，借记“应交税费——应交房产税（或土地使用税、车船税、矿产资源补偿费）”科目，贷记“银行存款”科目。

印花税是对书立、领受购销合同等应税凭证行为征收的税款，实行由纳税人根据规定自行计算应纳税额，购买并一次贴足印花税票的交纳方法。企业应该根据应纳税凭证的性质，分别按比例税率或者按件定额计算应纳税额。

由于企业缴纳的印花税不会发生应付未付税款的情况，也不需要预计应纳税额，同时也不存在与税务机关结算或清算的问题。因此，企业缴纳的印花税不需要通过“应交税费”科目核算，而应于购买印花税票时，直接借记“管理费用”科目，贷记“银行存款”科目。

4. 城市维护建设税和教育费附加

城市维护建设税是我国为了加强城市的维护建设，扩大和稳定城市维护建设资金的来源而开征的一种税。而教育费附加是为了加快发展地方教育事业、扩大地方教育经费的资金来源而征收的一种费。缴纳增值税、消费税、营业税的单位和个人应该以本期实际缴纳的增值税、消费税、营业税税额为计税依据，计算本期应交的城市维护建设税和教育费附加。

企业应该设置“应交税费——应交城市维护建设税”科目和“应交税费——应交教育费附加”科目来核算与城市维护建设税和教育费附加有关的经济业务。

企业按规定计算应缴纳城市维护建设税和教育费附加，借记“营业税金及附加”等科目，贷记“应交税费——应交城市维护建设税”和“应交税费——应交教育费附加”等科目；实际缴纳时，借记“应交税费——应交城市维护建设税”和“应交税费——应交教育费附加”等科目，贷记“银行存款”科目。

5. 企业所得税

企业所得税是对我国境内的企业和其他取得收入的组织的生产经营所得和其他所得征收的一种税。

企业应当设置“应交税费——应交所得税”科目来核算与所得税有关的经济业务。企业期末按照规定计算本期应缴纳所得税时，借记“所得税费用”科目，贷记“应交税费——应交所得税”科目。实际缴纳时，借记“应交税费——应交所得税”科目，贷记“银行存款”等科目。

6. 耕地占用税

耕地占用税是对占用耕地建房或从事其他非农业建设的单位和个人就其占用的耕地面积而征收的一种税。

耕地占用税以实际占用的耕地面积和适用税率计算，按照规定一次征收。企业缴纳的耕地占用税，不需要通过“应交税费”科目核算。企业按规定计算缴纳耕地占用税时，借记“在建工程”科目，贷记“银行存款”科目。

八、应付利息

（一）应付利息的含义

应付利息是指企业按照合同约定应支付的利息。应付利息的具体内容包括吸收存款、分期付息到期还本的长期借款、企业债券等应支付的利息。

（二）应付利息的会计处理

1. 资产负债表日计算确认利息费用

（1）对于长期借款资金，企业应按摊余成本和实际利率计算确定当期的利息费用。

1）利息费用属于筹建期间的，借记“管理费用”科目。

2）属于生产经营期间且符合资本化条件的，借记“在建工程”、“研发支出——资本化支出”等科目。

3）属于生产经营期间但不符合资本化条件的，借记“财务费用”等科目。

同时，按借款、应付债券本金和合同利率计算确定的当期应付利息，贷记“应付利息”科目。按借贷双方之间的差额，借记或贷记“长期借款——利息调整”、“应付债券——利息调整”等科目。

注意：

① 对于合同利率与实际利率差异较小的长期借款或应付债券，也可以采用合同利率计算确定当期的利息费用。

② 资产负债表日应计入应付利息的金额等于本金乘以合同利率，计入成本或者费用的金额等于摊余成本乘以实际利率，差额是利息调整的金额。

（2）对于短期借款的利息，应按照合同利率计算确定利息费用，借记“财务费用”科目，贷记“应付利息”科目。

2. 实际支付利息

企业实际支付利息时，借记“应付利息”科目，贷记“银行存款”等科目。

【例10-22】 甲公司借入5年期到期还本每月付息的长期借款500 000元，合同约定年利率为3%，假定借款利息不符合资本化条件，合同利率和实际利率无差异。

针对该项经济业务，甲公司应作如下账务处理：

（1）甲公司确认每月应支付的利息。

甲公司每月应支付的利息 = 500 000 × 3% ÷ 12 = 1 250（元）

借：财务费用　　1 250

　　贷：应付利息　　1 250

（2）每月实际支付利息。

借：应付利息　　1 250

贷：银行存款　　1 250

九、应付股利

1. 应付股利的含义

应付股利是指企业经股东大会或类似机构审议批准的利润分配方案中确定分配的现金股利或利润。

注意：企业董事会或类似机构通过的利润分配方案中拟分配的现金股利或利润，不应确认负债，但应在附注中披露。

2. 应付股利的会计处理

企业经股东大会或类似机构审议批准利润分配方案时，按应支付的现金股利或利润，借记“利润分配”科目，贷记“应付股利”科目；实际支付现金股利或利润时，借记“应付股利”科目，贷记“银行存款”等科目。

【例 10-23】 甲公司 2011 年度实现净利润 800 000 元，经董事会批准，决定 2011 年度分配现金股利 300 000 元。假设现金股利已经用银行存款支付。

针对该项经济业务，甲公司应作如下账务处理：

(1) 公司董事会批准利润分配方案，决定分配现金股利时：

借：利润分配——应付现金股利　　300 000

　　贷：应付股利　　300 000

(2) 公司实际支付现金股利时：

借：应付股利　　300 000

　　贷：银行存款　　300 000

十、其他应付款

1. 其他应付款的含义

其他应付款是指企业除应付票据、应付账款、预收账款、应付职工薪酬、应付利息、应付股利、应交税费、长期应付款等以外的其他各项应付、暂收的款项。具体包括应付租入包装物的租金、存入保证金及售后回购方式融入的资金等内容。

2. 其他应付款的会计处理

企业发生的其他各种应付、暂收款项，借记相关科目，贷记“其他应付款”科目；支付的其他各种应付、暂收款项，借记“其他应付款”科目，贷记“银行存款”等科目。

企业采用售后回购方式融入资金的，应按实际收到的金额，借记“银行存款”科目，贷记“其他应付款”、“应交税费”等科目。回购价格与原销售价格之间的差额，应在售后回购期间内按期计提利息费用，借记“财务费用”科目，贷记“其他应付款”科目。按照合同约定回购该项商品时，企业应按实际支付的金额，借记“其他应付款”、“应交税费”等科目，贷记“银行存款”科目。

十一、一年内到期的非流动负债

企业的非流动负债，从资产负债表日算起，有的将在一年内到期，并且预期将会采用流动资产或流动负债进行清偿。这种情况下，企业通常无须进行专门的会计处理，但是，企业应该在资产负债表中将这部分非流动负债转入流动负债中核算，通过“一年内到期的非流动负债”项目单独反映。

注意：一年内到期的非流动负债，如果预期到期不会采用流动资产或流动负债进行清偿，则不能将这部分非流动负债转入流动负债反映。

第三节 非流动负债

一、长期借款

（一）长期借款的核算内容

长期借款是指企业从银行或其他金融机构借入的，偿还期限在一年以上（不含一年）的借款。

按照借款本金的偿还方式，长期借款可划分为到期一次偿还借款和分期偿还借款；按照有无担保标准，长期借款可划分为担保借款和信用借款；按照借款币种，长期借款可划分为人民币借款和外汇借款。

（二）长期借款的会计处理

为总括地核算和反映企业长期借款的借入、应计利息以及还本付息等事项，企业应该设置“长期借款”总账科目。该科目按贷款单位和贷款种类，分别设置“本金”和“利息调整”等明细科目进行明细核算。

1. 取得长期借款

企业借入各种长期借款时，按实际收到的款项，借记“银行存款”科目，按合同约定金额，贷记“长期借款——本金”科目，按借贷双方之间的差额，借记或贷记“长期借款——利息调整”科目。

2. 长期借款利息

企业应在资产负债表日确认当期的利息费用。

企业应按长期借款的摊余成本和实际利率计算确定长期借款的利息费用，借记“在建工程”、“财务费用”、“制造费用”、“研发支出”等科目，按借款本金和合同利率计算确定的应付未付利息，贷记“应付利息”科目，按其差额，贷记或借记“长期借款——利息调整”科目。

企业在实际支付利息时，按照应支付的利息金额，借记“应付利息”科目，贷记“银行存款”科目。

3. 归还长期借款

企业归还长期借款时，按归还的长期借款本金，借记“长期借款——本金”科目，按转销的利息调整余额，贷记或借记“长期借款——利息调整”科目，按实际归还的款项，贷记“银行存款”科目，按借贷双方之间的差额，借记“在建工程”、“财务费用”、“制造费用”、“研发支出”等科目。

【例 10-24】 2011 年 1 月 1 日，甲公司为建造一幢厂房从银行借入期限为 2 年的长期专门借款 1 000 000 元，款项已存入银行。借款利率为 6%，每年付息一次，期满后一次还清本金。该厂房 2012 年 2 月 1 日完工，达到预定可使用状态。假定不考虑闲置专门借款资金存款的利息收入或者投资收益。

(1) 2011 年 1 月 1 日，甲公司取得借款时：

借：银行存款　　1 000 000

　　贷：长期借款——本金　　1 000 000

(2) 2011 年 1 月 ~2011 年 12 月，按月计提利息时：

借款利息 =1 000 000×6% ÷12 =5 000 (元)

借：在建工程　　5 000

　　贷：应付利息　　5 000

(3) 2011 年 12 月 31 日支付借款利息时：

借：应付利息　　60 000

　　贷：银行存款　　60 000

(4) 2012 年 1 月，按月计提利息时：

借：在建工程　　5 000

　　贷：应付利息　　5 000

(5) 2012 年 2 月 ~2012 年 12 月，按月计提利息时：

借：财务费用　　5 000

　　贷：应付利息　　5 000

(6) 2012 年 12 月 31 日支付利息时：

借：应付利息　　60 000

　　贷：银行存款　　60 000

(7) 2013 年 1 月 1 日到期还本时：

借：长期借款——本金　　1 000 000

　　贷：银行存款　　1 000 000

二、应付债券

(一) 应付债券的核算内容

应付债券是指企业发行的超过一年期以上的债券，构成了企业的长期负债。

公司债券的发行价格有三种，即面值发行、溢价发行和折价发行。假设其他条件不变：

(1) 债券的票面利率高于市场利率时，可按超过债券票面价值的价格发行，称为溢价发行。溢价是企业以后各期多付利息而事先得到的补偿。

(2) 债券的票面利率低于市场利率时，可按低于债券面值的价格发行，称为折价发行。折价是企业以后各期少付利息而预先给投资者的补偿。

(3) 债券的票面利率与市场利率相同时，可按票面价格发行，称为面值发行。

溢价或折价实际上是发行债券企业在债券存续期内对利息费用的一种调整。

(二) 应付债券的会计处理

1. 发行债券

企业发行债券时，按实际收到的款项，借记“银行存款”、“库存现金”等科目，按债券票面价值，贷记“应付债券——面值”科目，按实际收到的款项与票面价值之间的差额，贷记或借记“应付债券——利息调整”科目。

2. 应付债券的利息调整

利息调整应在债券存续期间内采用实际利率法进行摊销。

实际利率法是指按照应付债券的实际利率计算其摊余成本及各期利息费用的方法；实际利率是指将应付债券在债券存续期间的未来现金流量折现为该债券当前账面价值所使用的利率。

在资产负债表日，对于分期付息、一次还本的债券，企业应按应付债券的摊余成本和实际利率计算确定的债券利息费用，借记“在建工程”、“制造费用”、“财务费用”等科目，按票面利率计算确定的应付未付利息，贷记“应付利息”科目，按其差额，借记或贷记“应付债券——利息调整”科目。

对于一次还本付息的债券，应于资产负债表日按摊余成本和实际利率计算确定的债券利息费用，借记“在建工程”、“制造费用”、“财务费用”等科目，按票面利率计算确定的应付未付利息，贷记“应付债券——应计利息”科目，按其差额，借记或贷记“应付债券——利息调整”科目。

注意：对于一次还本分期付息的债券，其支付利息的义务一般在一个会计年度以内，应记入流动负债的“应付利息”科目；对于到期一次还本付息的债券，其支付利息的义务一般超过一个会计年度，应记入长期负债“应付债券——应计利息”科目。

3. 到期偿还应付债券

企业发行的债券通常分为到期一次还本付息或一次还本、分期付息两种。不同的付息方式，其具体的处理不同。

（1）一次还本付息债券偿还的会计处理。对于采用一次还本付息方式的债券，企业在到期日需要偿还债券的本金和全部利息。

企业应按照偿还本金的金额借记“应付债券——面值”科目，按照应偿还全部利息的金额借记“应付债券——应计利息”科目，按照实际支付的金额贷记“银行存款”科目。

（2）到期一次还本分期付息债券偿还的会计处理。对于采用到期一次还本、分期付息方式的债券，债券到期时需要偿还本金并支付最后一期利息。

企业应当按照偿还债券本金的金额借记“应付债券——面值”科目，按照偿还债券最后一期利息的金额借记“应付利息”科目，按照实际支付的本金与最后一期利息的金额之和贷记“银行存款”科目。

【例10-25】 2009年1月1日，甲公司经批准发行5年期一次还本、分期付息的公司债券10 000 000元。债券利息在每年12月31日支付，已知票面利率为6%，债券发行时市场利率为5%。假设甲公司发行债券筹集的资金全部用于企业工程建设，符合利息费用资本化的条件。

债券实际发行价格 $= 10\,000\,000 \times (P/F,\ 5\%,\ 5) + 10\,000\,000 \times 6\% \times (P/A,\ 5\%,\ 5)$

$= 10\,000\,000 \times 0.783\,5 + 600\,000 \times 4.329\,5$

$= 10\,432\,700$（元）

（1）2009年1月1日，甲公司发行债券。

借：银行存款　　10 432 700

　贷：应付债券——面值　　10 000 000

　　　　　　——利息调整　　432 700

在债券持有期间，甲公司应采用实际利率法和摊余成本计算确定利息费用，如表 10-2 所示。

表 10-2 实际利息费用计算 单位：元

日 期	应付利息	利息费用	摊销的利息调整	期末摊余成本
2009. 1 . 1				10 432 700
2009. 12. 31	600 000	521 635	78 365	10 354 335
2010. 12. 31	600 000	517 717	82 283	10 272 052
2011. 12. 31	600 000	513 603	86 397	10 185 655
2012. 12. 31	600 000	509 283	90 717	10 094 938
2013. 12. 31	600 000	505 062①	94 938	10 000 000

① 系尾数调整。

（2）2009 年 12 月 31 日计算利息费用。

借：在建工程 521 635

　　应付债券——利息调整 78 365

　　贷：应付利息 600 000

2010 年、2011 年、2012 年、2013 年确认利息费用的会计处理同 2009 年。

支付时：

借：应付利息 600 000

　　贷：银行存款 600 000

（3）2013 年 12 月 31 日归还债券本金及最后一期利息费用。

借：应付债券——面值 10 000 000

　　应付利息 600 000

　　贷：银行存款 10 600 000

注意：无论溢价或者折价发行的债券，经过摊销，到期日的摊余成本一定等于其账面价值；摊销的金额之和一定等于发行时确认的利息调整金额。

三、长期应付款

（一）长期应付款的核算内容

长期应付款是指企业除长期借款和应付债券以外的其他各种长期应付款项，包括应付融资租入固定资产的租赁费、以分期付款方式购入固定资产发生的应付款项等。

（二）长期应付款的会计处理

1. 应付融资租入固定资产的租赁费

企业采用融资租赁方式租入固定资产，应在租赁开始日，将租赁开始日租赁资产公允价值与最低租赁付款额现值两者中较低者，加上初始直接费用，作为租入资产的入账价值，借记“固定资产”或“在建工程”等科目，按最低租赁付款额，贷记“长期应付款——应付融资租赁款”科目，按发生的初始直接费用，贷记“银行存款”等科目，按其差额，借记“未确认融资费用”科目。

企业在租赁期内按照合同约定的付款日支付租金时，借记“长期应付款——应付融资租赁款”科目，贷记“银行存款”等科目；按期计提折旧时，借记“制造费用”或“管理费用”等科目，贷记“累计折旧”科目；此外，还要在租赁期内各个期间采用实际利率法对未确认融资费用进行分摊，确认为当期的融资费用。

2. 具有融资性质的延期付款购买资产

如果企业购买资产延期支付有关价款，且延期支付的购买价款超过正常信用条件，实质上就具有融资性质。

所购资产的成本应当以延期支付购买价款的现值为基础确定。实际支付的价款与购买价款的现值之间的差额，应当在信用期间内采用实际利率法进行摊销，计入相关资产成本或当期损益。

具体来说，企业购入资产超过正常信用条件延期付款实质上具有融资性质时，应按未来分期付款的现值，借记“固定资产”、“在建工程”等科目，按应支付的价款总额，贷记“长期应付款”科目，按其差额借记“未确认融资费用”科目。企业在按照合同约定的付款日分期支付价款时，借记“长期应付款”科目，贷记“银行存款”等科目。

第四节 借款费用

一、借款费用的概念

借款费用是企业因借入资金所付出的代价，它包括借款利息、折价或者溢价的摊销、辅助费用以及因外币借款而发生的汇兑差额等。

注意：对于企业发生的权益性融资费用，不应包括在借款费用中。

借款费用具体包括：

1. 借款利息

借款利息，包括企业向银行或者其他金融机构等借入资金发生的利息、发行公司债券发生的利息，以及为购建或者生产符合资本化条件的资产而发生的带息债务所承担的利息等。

2. 因借款而发生的折价或溢价的摊销

这主要是指发行债券等所发生的折价或者溢价的摊销。摊销的实质是对债券票面利息的调整（即将债券票面利率调整为实际利率）。

3. 因外币借款而发生的汇兑差额

这是指由于汇率变动导致市场汇率与账面汇率出现差异，从而对外币借款本金及其利息的记账本位币金额所产生的影响金额。由于汇率的变化往往和利率的变化相联系，它是企业外币借款所需承担的风险，因此，因外币借款相关汇率变化所导致的汇兑差额属于借款费用的有机组成部分。

4. 辅助费用

这是指企业在借款过程中发生的诸如手续费、佣金、印刷费等费用，由于这些费用是因安排借款而发生的，也属于借入资金所付出的代价，是借款费用的构成部分。

二、借款费用的确认

借款费用的确认原则存在争议，争议的焦点在于企业各期发生的借款费用是否应当资本化，哪些借款费用应当资本化。借款费用资本化是指发生的借款费用计入所构建资产的价值。

一种观点认为借款费用应于发生当期确认为费用，这样不仅可以简化工作量，而且避免因不同的筹资方式导致资产的计量不可比。另一种观点认为如果采用借款费用完全费用化的做法，会不符合实际成本原则和收入与费用配比的原则。因为构建资产而借入资金所发生的借款费用，与其他的构建费用并无差别，都是构成资产价值的组成部分。因此，这些借款费用是在资产使用期间而不是在借款费用发生当期为企业带来未来的经济利益，所以不能全部费用化。

目前，我国会计准则采纳了第二种观点，对符合一定条件的借款费用予以资本化。

（一）借款费用的确认原则

借款费用确认的基本原则是：企业发生的借款费用，可直接归属于符合资本化条件的资产购建或者生产的，应当予以资本化，计入相关资产成本；其他借款费用，应当在发生时根据其发生额确认为费用，计入当期损益。

符合资本化条件的资产是指需要经过相当长时间的购建或者生产活动才能达到预定可使用或者可销售状态的固定资产、投资性房地产和存货等资产。建造合同成本、确认为无形资产的开发支出等在符合条件的情况下，也可以认定为符合资本化条件的资产。

符合资本化条件的存货，主要包括房地产开发企业开发的用于对外出售的房地产开发产品、企业制造的用于对外出售的大型机械设备等，这类存货通常需要经过相当长时间的建造或者生产过程，才能达到预定可销售状态。其中，“相当长时间”应当是指为资产的购建或者生产所必要的时间，通常为1年以上（含1年）。

注意：

（1）如果由于人为或者故意等非正常因素导致资产的购建或者生产时间相当长的，该资产不属于符合资本化条件的资产。

（2）购入即可使用的资产，或者购入后需要安装但所需安装时间较短的资产，或者需要建造或生产但所需建造或生产时间较短的资产，均不属于符合资本化条件的资产。

（二）借款费用应予资本化的借款范围

《企业会计准则第17号——借款费用》拓展了借款费用可予以资本化的借款的范围，将原先仅限于专门借款的范围延伸到一般借款。

专门借款是指为购建或者生产符合资本化条件的资产而专门借入的款项。专门借款通常应当有明确的用途，即为购建或者生产某项符合资本化条件的资产而专门借入的，并通常应当具有标明该用途的借款合同。例如，甲制造企业为了建造厂房向某银行专门贷款1亿元、乙房地产开发企业为了开发某住宅小区向某银行专门贷款2亿元等，均属于专门借款。

一般借款是指除专门借款之外的借款，相对于专门借款而言，一般借款在借入时，其用途通常没有特指用于符合资本化条件的资产的购建或者生产。

（三）借款费用资本化的时间范围

符合借款费用资本化的时间范围，就是要确定资本化期间。资本化期间是指从借款费用开始资本化的时点到停止资本化的时点的期间，借款费用暂停资本化的期间不包括在内。

借款费用的资本化期间涉及三个方面：借款费用开始资本化的时点、借款费用停止资本化的时点和借款费用暂停资本化的期间。

1. 借款费用开始资本化的时点

借款费用只有同时满足以下三个条件时，才应当开始资本化：

(1) 资产支出已经发生，即企业已经发生了支付现金、转移非现金资产或者承担带息债务形式所发生的支出。

(2) 借款费用已经发生，即企业已经发生了因购建或者生产符合资本化条件的资产而专门借入款项的借款费用或者占用一般借款的借款费用。

(3) 为使资产达到预定可使用或者可销售状态所必要的购建或者生产活动已经开始，即符合资本化条件的资产的实体建造或者生产工作已经开始，如主体设备的安装、厂房的实际开工建造等。它不包括仅仅持有资产，但没有发生为改变资产形态而进行的实质上的建造或者生产活动。

2. 借款费用停止资本化的时点

当企业购建或者生产符合资本化条件的资产达到预定可使用或者可销售状态时，借款费用应当停止资本化，计入当期损益。

符合下列情形之一的，应当认为企业购建或者生产的符合资本化条件的资产达到预定可使用或者可销售状态：

(1) 符合资本化条件的资产的实体建造（包括安装）或者生产工作已经全部完成或者实质上已经完成。

(2) 所购建或者生产的符合资本化条件的资产与设计要求、合同规定或者生产要求相符或者基本相符，即使有极个别与设计、合同或者生产要求不相符的地方，也不影响其正常使用或者销售。

(3) 继续发生在所购建或生产的符合资本化条件的资产上的支出金额很少或者几乎不再发生。

3. 借款费用暂停资本化的期间

对于符合资本化条件的资产在购建或者生产期间，如果同时满足以下两个条件，应当暂停借款费用的资本化：

(1) 属于非正常中断。非正常中断，通常是由于企业管理决策上的原因或者其他不可预见的原因等所导致的中断。比如，企业因与施工方发生了质量纠纷，或者工程、生产用料没有及时供应，或者资金周转发生了困难，或者施工、生产发生了安全事故，或者发生了与资产购建、生产有关的劳动纠纷等原因，导致资产购建或者生产活动发生中断，均属于非正常中断。

非正常中断与正常中断显著不同。正常中断通常仅限于因购建或者生产符合资本化条件的资产达到预定可使用或者可销售状态所必要的程序，或者事先可预见的不可抗力因素导致的中断。比如，某些工程建造到一定阶段必须暂停下来进行质量或者安全检查，检查通过后才可继续下一阶段的建造工作，这类中断是在施工前可以预见的，而且是工程建造必须经过的程序，属于正常中断。某些地区的工程在建造过程中，由于可预见的不可抗力因素（如雨季或冰冻季节等原因）导致施工出现停顿，也属于正常中断。

(2) 中断时间连续超过 3 个月。

三、借款费用资本化金额的确定

（一）借款利息资本化金额的确定

在借款费用资本化期间内，每一会计期间的利息（包括折价或溢价的摊销，下同）资本化金额，应当按照下列原则确定：

1. 专门借款资本化金额的确定

为购建或者生产符合资本化条件的资产而借入专门借款的，应当以专门借款当期实际发生的利息费用，减去将尚未动用的借款资金存入银行取得的利息收入或进行暂时性投资取得的投资收益后的金额确定专门借款应予资本化的利息金额。

2. 一般借款利息资本化金额的确定

为购建或者生产符合资本化条件的资产而占用了一般借款的，企业应当根据累计资产支出超过专门借款部分的资产支出加权平均数乘以所占用一般借款的资本化率，计算确定一般借款应予资本化的利息金额。

一般借款利息费用资本化金额 = 累计资产支出超过专门借款部分的资产支出加权平均数 × 所占用一般借款的资本化率

所占用一般借款的资本化率 = 一般借款加权平均利率

= 一般借款当期实际发生的利息之和 ÷ 一般借款本金加权平均数

在资本化期间，每一会计期间的利息资本化金额，不应当超过当期相关借款实际发生的利息金额。

借款存在溢价或者折价的，应当按照实际利率法确定每一会计期间应摊销的溢价或者折价，调整每期利息金额。

注意：专门借款发生的利息费用，在资本化期间应当全部计入符合资本化条件的资产成本，不计算借款资本率。

【例 10-26】 甲公司于 2011 年 1 月 1 日正式动工兴建一幢办公楼，工期预计为 1 年，工程采用出包方式，分别于 2011 年 1 月 1 日、2011 年 7 月 1 日和 2011 年 10 月 1 日支付工程进度款 200 万元、350 万元和 150 万元。办公楼于 2011 年 12 月 31 日完工，达到预定可使用状态。

公司为建造办公楼发生了两笔专门借款，分别为：①2011 年 1 月 1 日专门借款 200 万元，借款期限为 2 年，年利率为 8%，利息按年支付。②2011 年 7 月 1 日又专门借款 400 万元，借款期限为 1 年，年利率为 10%，利息按年支付。闲置专门借款资金均用于固定收益债券短期投资，假定该短期投资月收益率为 0.5%。

甲公司为建造办公楼占用两笔一般借款：① A 银行长期借款 50 万元，期限为 2010 年 12 月 1 日至 2013 年 12 月 1 日，年利率为 8%，按年支付利息。② B 银行长期借款 200 万元，期限为 2010 年 1 月 1 日至 2012 年 1 月 1 日，年利率为 6%，按年支付利息。

公司为建造该办公楼的支出金额如表 10-3 所示，假设全年均按 360 天计算。

表 10-3 资产支出计算 单位：万元

资产支出时间	资产支出	累计资产支出	占用的专门借款	占用的一般借款
2011.1.1	200	200	200	0
2011.7.1	350	550	550（200+350）	0
2011.10.1	150	700	600（200+400）	100

由于甲公司使用了专门借款建造办公楼，而且办公楼建造支出超过专门借款金额，因此公司2011年为建造办公楼应予资本化的利息金额计算如下：

（1）确定借款费用资本化期间为2011年1月1日至2011年12月31日。

（2）计算在资本化期间内专门借款实际发生的利息金额。

2011年专门借款发生的利息金额＝200×8%＋400×10%×6/12＝36（万元）

（3）计算在资本化期间内利用闲置的专门借款资金进行短期投资的收益。

2011年短期投资收益＝50×0.5%×3＝0.75（万元）

（4）由于在资本化期间内，专门借款利息费用的资本化金额应当以其实际发生的利息费用减去将闲置的借款资金进行短期投资取得的投资收益后的金额确定。因此：

甲公司2011年专门借款的利息资本化金额＝36－0.75＝35.25（万元）

（5）计算一般借款利息金额。

2011年一般借款的利息金额＝50×8%＋200×6%＝16（万元）

（6）计算一般借款利息资本化金额。

一般借款资本化率＝（50×8%＋200×6%）/（50＋200）＝6.4%

2011年一般借款利息费用资本化金额＝累计资产支出超过专门借款部分的资产支出加权平均数×所占用一般借款的资本化率＝100×3/12×6.4%＝1.6（万元）

有关账务处理如下：

2011年12月31日：

借：在建工程　　368 500

　　应收利息（或银行存款）　　7 500

　　财务费用　　144 000

　　贷：应付利息　　520 000

注意：计算累计资产支出超过专门借款部分的资产支出加权平均数时，下年的累计支出数均包括上年的累计支出数。

（二）借款辅助费用资本化金额的确定

辅助费用是企业为了安排借款而发生的必要费用，包括借款手续费（如发行债券手续费）、佣金等。如果企业不发生这些费用，就无法取得借款，因此辅助费用是企业借入款项所付出的一种代价，是借款费用的有机组成部分。

专门借款辅助费用，在所购建或者生产的符合资本化条件的资产达到预定可使用或者可销售状态之前发生的，应当在发生时根据其发生额予以资本化；之后发生的，应当在发生时根据其发生额确认为费用，计入当期损益。

一般借款发生的辅助费用，也应当按照上述原则确定其发生额并进行处理。

（三）外币专门借款汇兑差额资本化金额的确定

当企业为购建或者生产符合资本化条件的资产所借入的专门借款为外币借款时，由于企业取得外币借款日、使用日和会计结算日往往并不一致，而外汇汇率又在随时发生变化，因此，外币借款会产生汇兑差额。

在借款费用资本化期间内，为购建固定资产而专门借入的外币借款所产生的汇兑差额，是购建固定资产的一项代价，应当予以资本化，计入固定资产成本。出于简化核算的考虑，在资本化期间内，外币专门借款本金及其利息的汇兑差额，应当予以资本化。其他外币借款本金及其利息所产生的汇兑差额应当作为财务费用，计入当期损益。

（四）资本化金额的限额

在借款费用资本化期间内，每一会计期间的利息资本化金额，不应当超过当期相关借款实际发生的利息金额。

本章小结

负债是指企业过去的交易或事项形成的、预期会导致经济利益流出企业的现时义务。负债按照流动性标准可分为流动负债和非流动负债。

流动负债一般是指偿还期未超过一年或者一个营业周期的负债。主要包括短期借款、交易性金融负债、应付票据、应付账款、预收账款、应付职工薪酬、应交税费、应付利息、应付股利、其他应付款、一年内到期的非流动负债以及其他流动负债等。

非流动负债是指偿还期超过一年或一个营业周期的负债。按照筹措方式，一般被划分为长期借款、应付债券及长期应付款等。长期借款是指企业向金融机构借入的、偿还期限在一年以上的各种借款，其核算主要涉及款项的借入、应计利息以及还本付息等情况。公司债券是企业为筹集资金（一般是长期资金）而对外发行，在一定期限内还本付息的有价证券，其核算主要涉及债券的发行、利息的计提、利息的支付和调整以及债券的清偿等。长期应付款是指除了长期借款和应付债券以外的其他长期负债，其核算涉及融资租入固定资产应付款等业务。

借款费用是指企业因借款而发生的利息、折价或溢价的摊销、辅助费用以及因外币借款而发生的汇兑差额等。其核算的难点在于确定借款费用应资本化还是费用化。

练习题

一、单项选择题

1. A 企业于 2009 年 6 月 2 日从甲公司购入一批产品并已验收入库。增值税专用发票上注明该批产品的价款为 150 万元，增值税税额为 25.5 万元。合同中规定的现金折扣条件为 2/10，1/20，*n*/30，假定计算现金折扣时不考虑增值税。该企业在 2009 年 6 月 11 日付清货款。企业购买产品时该应付账款的入账价值为（　　）万元。

A. 147　　B. 150　　C. 172.5　　D. 175.5

2. 下列职工薪酬中，不应当根据职工提供服务的受益对象计入成本费用的是（　　）。

A. 构成工资总额的各组成部分　　B. 因解除与职工的劳动关系给予的补偿

C. 工会经费和职工教育经费、　　D. 社会保险费

3. 企业发生的下列税费，能计入固定资产价值的是（　　）。

A. 房产税　　B. 车船税

C. 土地使用税　　D. 进口关税

4. 委托加工的应税消费品收回后用于连续生产应税消费品的，由受托方代收代缴的消费税，委托方应借记的会计科目是（　　）。

A. 在途物资　　B. 委托加工物资

C. 应交税费——应交消费税　　D. 营业税金及附加

5. 甲公司以应税消费品对A公司投资，产品成本为30万元，双方合同约定的合同价（等于计税价格，且假设是公允的）为50万元，增值税税率为17%，消费税税率为10%。则甲公司取得股权投资的初始投资成本为（　　）万元。

A. 63.5　　B. 58.5　　C. 38.1　　D. 43.5

6. 某工业企业本期对外提供运输劳务收入50万元，营业税税率为3%，同期对外出售一项账面价值为12万元的无形资产，取得收入20万元，营业税税率为5%，上述营业税影响损益情况是（　　）。

A. 增加营业税金及附加2.5万元　　B. 增加营业外支出2.5万元

C. 增加营业税金及附加1.5万元，增加营业外支出1万元

D. 增加营业税金及附加1.5万元，减少营业外收入1万元

7. "应付利息"科目核算的内容是（　　）。

A. 企业按合同约定应支付的利息　　B. 企业按实际利率计算的利息

C. 到期一次还本付息的长期债券应付的利息

D. 到期时一次归还本金和利息的长期借款的利息

8. 甲企业2011年7月1日按面值发行5年期债券200万元。该债券到期一次还本付息，票面年利率为5%，实际利率也为5%。甲企业2011年应确认的财务费用为（　　）万元。

A. 0　　B. 10　　C. 5　　D. 50

9. 甲企业2010年7月1日按面值发行5年期债券100万元。该债券到期一次还本付息，票面年利率为5%。甲企业2010年12月31日应付债券的账面余额为（　　）万元。

A. 100　　B. 102.5　　C. 105　　D. 125

10. 甲公司于2011年1月1日发行四年期一次还本付息的公司债券，债券面值为1 000 000元，票面年利率为5%，发行价格为965 250元。甲公司对利息调整采用实际利率法进行摊销，经计算该债券的实际利率为6%。该债券2011年度应确认的利息费用为（　　）元。

A. 57 915　　B. 61 389.9　　C. 50 000　　D. 1 389.9

11. 《企业会计准则第17号——借款费用》中的专门借款是指（　　）。

A. 为购建或者生产符合资本化条件的资产而专门借入的款项

B. 发行债券收款

C. 长期借款

D. 技术改造借款

12. 甲公司为股份有限公司，2011年7月1日为新建生产车间而向商业银行借入专门借款2 000万元，年利率为4%，款项已存入银行。至2011年12月31日，因建筑地面上建筑物的拆迁补偿问题尚未解决，建筑地面上原建筑物尚未开始拆迁。该项借款存入银行所获得的利息收入为19.8万元。甲公司2011年就上述借款应予以资本化的利息为（　　）万元。

A. 0　　B. 0.2　　C. 20.2　　D. 40

13. 甲公司下列经济业务，不应予以资本化的是（　　）。

A. 2008 年 1 月 1 日起，用银行借款开工建设一幢简易厂房，厂房于当年 2 月 15 日完工，达到预定可使用状态

B. 2008 年 1 月 1 日起，向银行借入资金用于生产 A 产品，该产品属于大型发电设备，生产时间较长，为 1 年零 3 个月

C. 2008 年 1 月 1 日起，向银行借入资金开工建设办公楼，预计次年 2 月 15 日完工

D. 2008 年 1 月 1 日起，向银行借入资金开工建设写字楼并计划用于投资性房地产，预计次年 5 月 16 日完工

二、多项选择题

1. 下列项目中，属于职工薪酬的有（　　）。

A. 职工福利费

B. 住房公积金

C. 以现金结算的股份支付

D. 职工子女赡养福利

2. 根据《企业会计准则第 9 号——职工薪酬》的规定，下列有关职工薪酬的表述中，正确的有（　　）。

A. 准则所称职工，既包括与企业订立劳动合同的所有人员，也包括未与企业订立劳动合同但由企业正式任命的人员，还包括在企业计划和控制下，虽未与企业订立劳动合同或未由其任命，但为其提供职工类似服务的人员

B. 准则所称职工薪酬包括企业为获得职工提供的服务而给予的各种形式的报酬以及其他相关支出

C. 企业应当在职工为其提供服务的会计期间，将应付的职工薪酬确认为负债，同时计入当期损益

D. 企业在职工劳动合同到期之前解除与职工的劳动关系，或者为鼓励职工自愿接受裁减而提出给予补偿的建议，符合预计负债确认条件的，应当确认为应付职工薪酬，同时计入当期损益

3. 下列税金中，应计入存货成本的有（　　）。

A. 由受托方代收代交的委托加工直接用于对外销售的商品负担的消费税

B. 由受托方代收代交的委托加工继续用于生产应纳消费税的商品负担的消费税

C. 小规模纳税企业进口原材料缴纳的增值税

D. 一般纳税企业进口原材料交纳的增值税

4. 下列税费中，应计入管理费用的有（　　）。

A. 房产税　B. 土地使用税　C. 车船税　D. 矿产资源补偿费

5. 下列关于税金处理的表述中正确的有（　　）。

A. 自产的产品用于在建工程，应该视同销售缴纳增值税

B. 兼营房地产业务的工业企业应由当期收入负担的土地增值税，计入营业税金及附加

C. 房地产开发企业销售房地产收到先征后返的营业税时，计入当期的营业外收入

D. 委托加工应税消费品收回后直接用于销售的，委托方应将代收代缴的消费税款冲减当期应交税费

6. 下列项目中，属于其他应付款核算范围的有（ ）。

A. 职工未按期领取的工资　　B. 应付经营租入固定资产租金

C. 购买商品开出的商业汇票　　D. 应付、暂收所属单位、个人的款项

7. “应付债券”账户的贷方反映的内容有（ ）。

A. 债券发行时产生的债券溢价　　B. 债券发行时产生的债券折价

C. 期末计提到期一次还本付息应付债券利息　　D. 债券的面值

8. 借款费用包括（ ）。

A. 借款利息　　B. 溢折价摊销

C. 辅助费用　　D. 权益性融资费用

9. 下列各项中，符合资本化条件的资产包括（ ）。

A. 需要经过相当长时间的购建才能达到预定可使用状态的固定资产

B. 需要经过相当长时间的购建才能达到预定可使用状态的投资性房地产

C. 需要经过相当长时间的生产活动才能达到预定可销售状态的存货

D. 需要经过半年的购建才能达到预定可销售状态的投资性房地产

10. 不考虑其他因素，下列利息支出可予资本化的有（ ）。

A. 为对外投资而发生的借款利息支出

B. 为购建固定资产而发生的长期借款利息支出

C. 为购建或者生产符合资本化条件的资产而发生的带息债务所承担的利息

D. 为开发房地产发生的长期借款利息支出

三、业务题

1. 长江公司为增值税一般纳税企业，适用的增值税税率为17%，消费税税率为10%。存货计价采用先进先出法，期末计价采用成本与可变现净值孰低法，并按照单个存货项目计提存货跌价准备。2010年年末，除A材料发生减值外，其他存货均未发生减值。该公司2010年12月31日部分账户余额资料如下：“原材料——A材料”账面余额为100万元，“存货跌价准备——A材料”账面余额为贷方10万元，“应交税费——应交增值税”科目借方余额为15万元，该借方余额均可用下月的销项税额抵扣。该公司2011年1月发生如下经济业务：

（1）从甲公司购入生产用的A材料一批，取得的增值税专用发票上注明的材料价款为500万元，增值税税款为85万元，货款已经支付。在购入材料过程中向铁路部门支付运费5万元（可按7%作为进项税额），A材料已到达并验收入库。

（2）用A材料一批与乙公司交换其持有丁公司8%的股权。该批材料的实际成本为50万元，经协议，原材料作价60万元。长江公司取得丁公司股权后，对丁公司无重大影响。有关资产转让及产权登记手续已办理完毕。假设该批原材料的计税价格也为60万元。

（3）接受丙企业委托，加工一批B产品，B产品系应税消费品。丙企业交来的原材料成本为38.1万元，该加工业务本期已完工，实际发生加工费用15万元（不含增值税）。这批B产品按照长江公司同类的B产品售价计算价值为60万元。丙企业系增值税一般纳税人，适用增值税税率为17%。有关款项的收付已经办妥。

（4）销售应税消费品B产品一批，不含增值税的销售价格为800万元，实际成本为680万元，提货单和增值税专用发票已交购货方，货款尚未收到。该销售已符合收入确认条件。

（5）本期建造厂房领用生产用A材料40万元，其购入时支付的增值税为6.8万元。该工程同时又领用本公司生产的应税消费品B产品，该产品实际成本为75万元，计税价格为90万元。

（6）收回委托加工的C材料一批并验收入库，C材料系消费税的应税物品。该委托加工材料系上月发出，发出原材料的成本为15.2万元。本期收回时以银行存款支付受托加工企业加工费2.8万元（不含增值税），同时支付其代收代缴的消费税，但受托加工企业没有与C材料同类的物品。收回委托加工的C材料用于生产应缴纳消费税产品B产品。

要求：

（1）根据上述资料编制长江公司有关经济业务的会计分录（不考虑除增值税、消费税以外的其他税费）。

（2）计算本月应交增值税税额和应交消费税税额。

2. 某企业发生下列经济业务：

（1）经批准于2009年1月1日发行每张面值为100元，票面利率为6%（实际利率与票面利率一致），期限为5年的债券200 000张，该债券为一次还本付息债券，每年12月31日计提利息，发行收入已收到并存入银行（不考虑发行费用）。该企业发行债券筹集资金当期全部用于某建设项目，该项目建造的是企业的一栋厂房。该企业按年计提债券利息。该项目从2009年1月1日开始动工，将于2009年12月31日完工并达到预计可使用状态。建造过程中还发生以下业务：

1）领用自产产品一批，成本为2 000万元，由于市场销售状况不好，目前市场售价也为2 000万元，增值税税率为17%。

2）用上述债券取得的款项购入工程物资一批，购买价为2 000万元，增值税税额为340万元，用银行存款支付。

3）建造厂房领用上述购入的全部工程物资。

4）工程建造过程中发生的在建工程人员工资总额1 800万元，尚未支付。

5）企业的辅助生产车间提供相关的供电服务共计1 400万元。

6）2009年12月31日完工并达到预定可使用状态。

（2）该厂房投入使用后，企业采用年限平均法计提折旧，预计使用年限为20年，无残值。

（3）2011年6月末，由于企业经营不善，需要一批资金周转，决定将该厂房处置，取得价款7 500万元，价款已经收到并存入银行，出售厂房应缴纳营业税375万元。

假定购入工程物资的增值税应计入工程物资成本，2009年应付债券利息应计入工程成本。

要求（答案中的金额单位为万元）：

（1）根据上述资料编制2009年有关应付债券的会计分录。

（2）根据资料（1）中1）至6）编制相关会计分录。

（3）计算2010、2011年应计提的固定资产折旧金额。

（4）根据资料（3）编制固定资产处置的相关会计分录。

第十一章　所有者权益

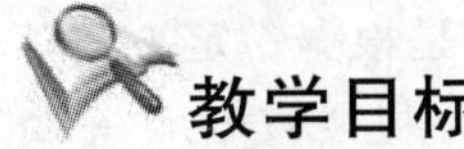

教学目标

- 理解所有者权益的含义及其特征。
- 理解企业组织形式与所有者权益的主要表现形式。
- 掌握实收资本的确认和计量。
- 掌握资本公积的确认和计量，理解其用途。
- 掌握留存收益的确认和计量。

第一节　所有者权益概述

一、所有者权益的含义及其特征

（一）所有者权益的含义

美国财务会计准则委员会（FASB）将权益（equity）定义为“某个主体的资产减去负债后的剩余权益”。国际会计准则委员会（IASC）在其《编报财务报表的框架》中，将权益表述为“权益是指企业的资产中扣除企业全部负债后的剩余利益”。上述这两个含义均侧重从定量角度对所有者权益进行界定，说明所有者权益在金额上等于资产扣除负债的余额，同时又明确指出所有者权益是一种在索偿权方面逊色于债权人索偿权的“剩余权益”。

我国2006年2月15日颁布并于2007年1月1日施行的《企业会计准则——基本准则》规定：“所有者权益是指企业资产扣除负债后由所有者享有的剩余权益。”公司的所有者权益又称为股东权益。所有者权益的来源包括所有者投入的资产、直接计入所有者权益的利得和损失、留存收益等。

（二）所有者权益的基本特征

1. 所有者权益是剩余权益

所有者将资产投入一个企业之后，这项财产附着的所有权、使用权、处置权和收益分配权统统转移。所有者享有的实际上只有剩余求偿权。

从广义来说，负债与所有者权益都是权益，债权人和所有者都是企业经济资源（资产）的提供者，二者对企业的资产都有相应的求索权，但二者之间是有区别的，如表11-1所示。

表11-1　负债与所有者权益的比较分析表

项目	负债	所有者权益
求索权的顺序	在所有者之前	在负债之后
求偿金额	本金+利息	视期间受益、留存收益和可供分配现金数额情况而定
到期日	事先确定	无到期日

2. 投资者投入的资金一般不能收回

企业在持续经营的情况下，投资者投入的资金一般不能收回。但是可以转让所有权，也就是将所有者拥有的对企业的投资转让给另一个投资者。

3. 所有者权益无需单独计量

所有者权益既不能按照现行市价，也不能按照主观价值进行计价，而是根据一定方法计量特定资产和负债所形成的结果，即企业资产总额减去负债总额之后的剩余权益（净资产）。当然，所有者权益的内部组成部分，有的也是可以根据投入成本进行计量的。例如，股本或实收资本以及股本溢价，都可以根据投资者投入对价物的价值进行计量。

二、企业的组织形式以及所有者权益的主要表现形式

1. 企业的组织形式

根据市场经济的要求，现代企业的组织形式按照财产的组织形式和所承担的法律责任划分，国际上通常分类为：个人独资企业、合伙企业和公司企业。

2. 所有者权益的主要表现形式

从会计的角度看，无论哪一类型的企业都可视为独立的会计主体，成为会计核算的对象。对于大多数的交易和事项，会计处理与企业的组织形式是无关的。企业对资产与负债的会计处理基本不受企业组织形式的影响。但是，企业所有者权益方面的会计处理却与组织形式关系密切。不同组织形式企业的所有者权益表现形式如表 11-2 所示。

表 11-2 不同组织形式的企业比较表

项目	个人独资企业	合伙企业	公司企业
投资者	一个自然人	两个或两个以上的合伙人	多个
责任划分	对企业债务承担无限责任	除有限合伙外，合伙人对企业债务承担无限责任	股东以其出资额（或所持股份）为限对公司承担责任，公司以其全部资产（或资本）对公司债务承担责任
是否独立承担民事责任	无	无	有
所有者权益的表现形式	业主权益	合伙人权益	所有者权益/股东权益

本章选择公司制企业的股东权益作为重点论述，其他稍加提及。

三、所有者权益的分类及其确认

1. 所有者权益的分类

《企业会计准则》规定："所有者权益的来源包括所有者投入的资本、直接计入所有者权益的利得和损失、留存收益等。"通常来说，所有者权益是由实收资本、资本公积、盈余公积和未分配利润四部分构成。

所有者投入的资本是指所有者投入企业的资本部分，它既包括构成企业注册资本或者股本的金额，也包括投入资本超过注册资本或者股本的金额，即资本溢价或者股本溢价，这部分投入资本在我国企业会计准则体系中被计入了资本公积，并在资产负债表中的资本公积项

目下反映。

直接计入所有者权益的利得和损失。一般来讲，利得包括直接计入所有者权益的利得和直接计入当期利润的利得。直接计入所有者权益的利得是指由企业非日常活动所形成的、会导致所有者权益增加的、与所有者投入资本无关的经济利益的流入。损失包括直接计入所有者权益的损失和直接计入当期损益的损失。直接计入所有者权益的损失是指由企业非日常活动所形成的、会导致所有者权益减少的、与向所有者分配利润无关的经济利益的流出。

留存收益是企业历年实现的净利润留存于企业的部分，主要包括累计计提的盈余公积和未分配利润。

2. *所有者权益的确认*

所有者权益体现的是所有者在企业中的剩余索取权。因此，所有者权益的确认主要依赖于其他会计要素，尤其是资产和负债要素的确认；其金额的确定也主要取决于资产和负债的计量。

第二节　实收资本

一、实收资本概述

实收资本是指投资者按照企业章程或合同、协议的约定，实际投入企业的资本。它是企业注册登记的法定资本总额的来源，它表明所有者对企业的基本产权关系。

所有者向企业投入的资本，在一般情况下无需偿还，可以长期周转使用。实收资本的构成比例，即投资者的出资比例或股东的股份比例，通常是确定所有者在企业所占权益份额和参与企业财务经营决策的基础，也是企业进行利润分配或股利分配的依据，同时还是企业清算时确定所有者对净资产要求权的依据。

二、实收资本的确认和计量

（一）接受投资时

投资者可以用现金投资，也可以用现金以外的其他有形资产投资，符合国家规定比例的，还可以用无形资产投资。

一般企业（除股份有限公司以外的企业）应当设置“实收资本”科目，核算企业接受投资者投入的实收资本。

股份有限公司与其他企业相比较，最显著的特点就是将企业的全部资本划分为等额股份，并通过发行股票的方式来筹集资本。股东以其所认购股份对公司承担有限责任。股份是很重要的指标。股票的面值与股份总数的乘积为股本，股本应等于企业的注册资本，所以，股本也是很重要的指标。为了直观地反映这一指标，在会计处理上，股份有限公司应设置“股本”科目。

企业接受投资时，一般应作如下会计处理：

（1）收到投资人投入的现金，应在实际收到或者存入企业开户银行时，按实际收到的金额，借记“银行存款”科目。

（2）以实物资产投资的，应在办理实物产权转移手续时，借记有关资产科目。

（3）以无形资产投资的，应按照合同、协议或公司章程规定移交有关凭证时，借记“无形资产”科目。

同时，企业应按投入资本在注册资本或股本中所占的份额，贷记“实收资本”科目，按其差额，贷记“资本公积——资本溢价”等科目。

【例 11-1】 甲、乙、丙共同投资设立 A 有限责任公司，注册资本为 2 000 000 元，甲、乙、丙持股比例分别为 60%，25% 和 15%。章程规定，甲、乙、丙投入资本分别为 1 200 000元、500 000 元和 300 000 元。A 公司已如期收到各投资者一次缴足的款项。

根据上述资料，A 有限责任公司应编制如下会计分录：

	借方	贷方
借：银行存款	2 000 000	
贷：实收资本——甲		1 200 000
——乙		500 000
——丙		300 000

【例 11-2】 A 钢铁厂改组为甲钢铁股份有限公司。公司核定股本总额为 9 800 000 元，股份总数为 9 800 000 股，每股面值 1 元。A 钢铁厂原有的资产和负债全部转归甲钢铁股份有限公司，净资产为 8 000 000 元（其中产成品 1 000 000 元，银行存款 1 000 000 元，原材料 1 000 000 元，固定资产 5 000 000 元），换取股票 8 000 000 元。对外发行的股票为 1 800 000股，每股市价为 10 元。

根据上述资料，甲钢铁股份有限公司应编制如下会计分录：

（1）净资产折股入账时：

	借方	贷方
借：固定资产	5 000 000	
库存商品	1 000 000	
原材料	1 000 000	
银行存款	1 000 000	
贷：股本		8 000 000

（2）对外发行股票收到股款时：

	借方	贷方
借：银行存款	18 000 000	
贷：股本		1 800 000
资本公积——股本溢价		16 200 000

（二）实收资本增减变动的会计处理

一般情况下，企业的实收资本应相对固定不变，但在某些特定情况下，实收资本也可能发生增减变化。

《中华人民共和国企业法人登记管理条例》中规定，除国家另有规定外，企业的注册资本应当与实收资本相一致，当实收资本比原注册资本增加或减少的幅度超过 20% 时，应持资金信用证明或者验资证明，向原登记主管机关申请变更登记。如擅自改变注册资本或抽逃资金，则要受到工商行政管理部门的处罚。

1. 实收资本增加

一般企业增加资本主要有三个途径：接受投资者追加投资、资本公积转增资本和盈余公积转增资本。

（1）企业接受投资者投入的资本时，借记“银行存款”、“固定资产”、“无形资产”、

“长期股权投资”等科目，贷记“实收资本”等科目。

（2）企业将资本公积转为实收资本或者股本时，借记“资本公积——资本溢价”科目，贷记“实收资本”科目。

（3）将盈余公积转为实收资本时，借记“盈余公积”科目，贷记“实收资本”科目。

【例 11-3】 A有限责任公司由甲、乙、丙三人共同投资设立，原注册资本为4 000 000元，甲、乙、丙分别出资500 000元、2 000 000元和1 500 000元。为扩大经营规模，经批准，A有限责任公司注册资本扩大为5 000 000元，甲、乙、丙按照原出资比例分别追加投资125 000元、500 000元和37 5000元。A有限责任公司如期收到甲、乙、丙追加的现金投资。

根据上述资料，A有限责任公司应编制如下会计分录：

借：银行存款　　1 000 000

　　贷：实收资本——甲　　125 000

　　　　　　　　——乙　　500 000

　　　　　　　　——丙　　375 000

除此之外，股份有限公司还可以通过发放股票股利、可转换公司债券持有人行使转换权利等途径增加资本。

股份有限公司采用发放股票股利实现增资的，在发放股票股利时，按照股东原来持有的股数分配。如股东所持股份按比例分配的股利不足一股时，应采用恰当的方法处理。例如，股东会决议按股票面额的10%发放股票股利时（假定新股发行价格及面额与原股相同），对于所持股票不足10股的股东，将会发生不能领取一股的情况。在这种情况下，有两种方法可供选择：一是将不足一股的股票股利改为现金股利，用现金支付；二是由股东相互转让，凑为整股。股东大会批准的利润分配方案中分配的股票股利，应在办理增资手续后，借记“利润分配”科目，贷记“股本”科目。

可转换公司债券持有人行使转换权利，将其持有的债券转换为股票，按可转换公司债券的余额，借记“应付债券——可转换公司债券（面值、利息调整）”科目，按其原计入权益成分的金额，借记“资本公积——其他资本公积”科目，按股票面值和转换股数计算的股票面值总额，贷记“股本”科目，按其差额，贷记“资本公积——股本溢价”科目。

【例 11-4】 甲股份有限公司经股东大会同意和中国证监会批准，对发行在外的面值为1元的普通股1 200 000股在年末以10送2分配股票股利。当日除权后每股市价为11.5元。

根据上述资料，甲股份有限公司应编制如下会计分录：

借：利润分配——未分配利润　　240 000

　　贷：股本　　240 000

2. 实收资本减少

企业实收资本减少的原因大体有两种：一是资本过剩；二是企业发生重大亏损需要减少实收资本。

企业因资本过剩而减资，一般要发还股款。

一般企业发还投资的会计处理比较简单，按法定程序报经批准减少注册资本的，借记“实收资本”科目，贷记“库存现金”、“银行存款”等科目。

股份有限公司因减少注册资本而回购本公司股份：

（1）按实际支付的金额，借记“库存股”科目，贷记“银行存款”等科目。

（2）注销库存股时，应按股票面值和注销股数计算的股票面值总额，借记“股本”科目，按注销库存股的账面余额，贷记“库存股”科目，按其差额，冲减股票发行时原计入资本公积的溢价部分，借记“资本公积——股本溢价”科目。

（3）回购价格超过上述冲减“股本”及“资本公积——股本溢价”科目的部分，应依次借记“盈余公积”、“利润分配——未分配利润”等科目。

（4）如回购价格低于回购股份所对应的股本，所注销库存股的账面余额与所冲减股本的差额作为增加股本溢价处理，按回购股份所对应的股本面值，借记“股本”科目，按注销库存股的账面余额，贷记“库存股”科目，按其差额，贷记“资本公积——股本溢价”科目。

【例 11-5】 A 股份有限公司截至 2011 年 12 月 31 日共发行股票 40 000 000 股，股票面值为 1 元，资本公积（股本溢价）6 000 000 元，盈余公积 4 000 000 元。经股东大会批准，A 股份有限公司以现金回购本公司股票 3 000 000 股并注销。假定 A 股份有限公司按照每股 4 元回购股票，不考虑其他因素。

根据上述资料，A 股份有限公司的账务处理如下：

（1）回购本公司股票。

库存股的成本 = 3 000 000 × 4 = 12 000 000（元）

借：库存股　　12 000 000
　贷：银行存款　　12 000 000

（2）注销本公司股票。

借：股本　　3 000 000
　资本公积——股本溢价[㊀]　　6 000 000
　盈余公积　　3 000 000
　贷：库存股　　12 000 000

【例 11-6】 沿用例 11-5 的资料，假定 A 股份有限公司以每股 0.8 元回购股票，其他条件不变。

根据上述资料，A 股份有限公司的账务处理如下：

（1）回购本公司股票。

库存股的成本 = 3 000 000 × 0.8 = 2 400 000（元）

借：库存股　　2 400 000
　贷：银行存款　　2 400 000

（2）注销本公司股票。

借：股本　　3 000 000
　贷：库存股　　2 400 000
　　资本公积——股本溢价[㊁]　　600 000

㊀ 应冲减的资本公积 = 3 000 000 × 4 − 3 000 000 × 1 = 9 000 000（元），由于应冲减的资本公积大于公司现有的资本公积，所以只能冲减资本公积 6 000 000 元，剩余的 3 000 000 元应冲减盈余公积。

㊁ 由于 A 股份有限公司以低于面值的价格回购股票，股本与库存股成本的差额 600 000 元应作增加资本公积处理。

第三节 资本公积

一、资本公积概述

资本公积是企业收到投资者超出其在企业注册资本（或股本）中所占份额的投资，以及直接计入所有者权益的利得和损失等。资本公积包括资本溢价（或股本溢价）和直接计入所有者权益的利得和损失。

资本溢价（或股本溢价）是企业收到投资者的超出其在企业注册资本（或股本）中所占份额的投资。形成资本溢价（或股本溢价）的原因有溢价发行股票、投资者超额缴入资本等。

直接计入所有者权益的利得和损失是指不应计入当期损益、会导致所有者权益发生增减变动的、与所有者投入资本或者向所有者分配利润无关的利得或者损失。

“资本公积”科目一般应当设置“资本（或股本）溢价”、“其他资本公积”明细科目。

二、资本公积的确认和计量

（一）资本溢价和股本溢价

1. 资本溢价

有限责任公司成立时，各投资者按照合同、协议或公司章程投入企业的资本，应全部记入“实收资本”科目。在企业重组或有新的投资者加入时，为了维护原有投资者的权益，新加入的投资者的出资额，并不一定全部作为实收资本处理。主要有以下原因：

（1）在企业正常经营过程中投入的资金与企业创立时投入的资金获利能力不同。相同数量的投资，出资时间不同，其对企业的影响程度也有所不同。企业创立时，要经过筹建、试生产经营、为产品寻找市场、开辟市场等过程，从投入资金到取得投资回报，时间较长，并且这种投资具有风险性，在这个过程中资本利润率很低。而企业进行正常生产经营后，正常情况下的资本利润率要高于企业初创阶段，这是由初创者的垫支资本所带来的。所以，新加入的投资者要付出大于原有投资者的出资额，才能取得与原有投资者相同的投资比例。

（2）原有投资在数量上发生了变化。企业经营过程中实现的利润有一部分留在了企业，形成留存收益，而留存收益也属于投资者权益，但未转入实收资本。新加入的投资者若与原有投资者共享这部分留存收益，就需要付出大于原有投资者的出资额。

投资者投入的资本中按其投资比例计算的出资额部分，应记入“实收资本”科目，大于部分应记入“资本公积——资本溢价”科目。

【例 11-7】 A有限责任公司由甲、乙、丙三位股东各自出资50万元设立。设立时的实收资本为150万元。经过三年的经营，该企业留存收益为75万元。有丁投资者有意参加该企业，并表示愿意出资100万元，而仅占该企业股份的25%。

在该例中，应将丁股东投入资金中的50万元记入“实收资本”科目，其余50万元记入“资本公积——资本溢价”科目。

借：银行存款　　1 000 000

　　贷：实收资本　　500 000

资本公积——资本溢价 500 000

2. 股本溢价

股份有限公司的股东按其所持股份享有权利和承担义务。为了反映和便于计算各股东所持股份占企业全部股本的比例，企业的股本总额应按股票的面值与股份总数的乘积计算。

（1）面值发行股票时，企业发行股票取得的收入，应全部记入“股本”科目。

（2）溢价发行股票时，企业发行股票取得的收入，相当于股票面值的部分记入“股本”科目，超出股票面值的溢价收入记入“资本公积——股本溢价”科目。

注意：委托证券商代理发行股票而支付的手续费、佣金等，应先从溢价发行收入中扣除，企业应按扣除手续费、佣金后的数额记入“资本公积——股本溢价”科目。

【例 11-8】 甲股份有限公司委托 B 证券公司代理发行普通股 200 000 股，每股面值 1 元，按每股 1.3 元的价格发行。公司与受托单位约定，按发行收入的 3% 收取手续费，从发行收入中扣除。

在该例中，应增加“股本”200 000 元，增加“资本公积——股本溢价”52 200 元。

借：银行存款 252 200

贷：股本 200 000

资本公积——股本溢价 52 200

（二）其他资本公积

其他资本公积是指除资本溢价（或股本溢价）项目以外所形成的资本公积，主要包括直接计入所有者权益的利得和损失。直接计入所有者权益的利得和损失主要由以下交易或事项引起：

1. 采用权益法核算的长期股权投资

长期股权投资采用权益法核算的，在持股比例不变的情况下，被投资单位除净损益以外所有者权益的其他变动，企业按持股比例计算应享有的份额，计入其他资本公积。当处置采用权益法核算的长期股权投资时，应当将原记入“资本公积——其他资本公积”科目的金额转入“投资收益”科目。

2. 投资性房地产的转换差额

企业将作为存货的房地产或将自用的建筑物等转换为采用公允价值模式计量的投资性房地产时，转换日的公允价值小于账面价值的，其差额计入当期损益（公允价值变动损益）；转换日的公允价值大于账面价值的，其差额记入“资本公积——其他资本公积”科目。

3. 可供出售金融资产公允价值的变动

可供出售金融资产公允价值变动形成的利得，除减值损失和外币货币性金融资产形成的汇兑差额外，借记“可供出售金融资产——公允价值变动”科目，贷记“资本公积——其他资本公积”科目，公允价值变动形成的损失，作相反的会计分录。

4. 金融资产的重分类

将可供出售金融资产重分类为采用成本或摊余成本计量的金融资产，重分类日该金融资产的公允价值或账面价值作为成本或摊余成本，该金融资产没有固定到期日的，与该金融资产相关、原直接计入所有者权益的利得或损失，应当仍然记入“资本公积——其他资本公积”科目，在该金融资产被处置时转出，计入当期损益。

将持有至到期投资重分类为可供出售金融资产，并以公允价值进行后续计量，重分类日，该投资的账面价值与其公允价值之间的差额记入“资本公积——其他资本公积”科目，在该可供出售金融资产发生减值或终止确认时转出，计入当期损益。

按照金融工具确认和计量的规定应当以公允价值计量，但以前公允价值不能可靠计量的可供出售金融资产，企业应当在其公允价值能够可靠计量时改按公允价值计量，将相关账面价值与公允价值之间的差额记入“资本公积——其他资本公积”科目，在其发生减值或终止确认时将上述差额转出，计入当期损益。

第四节 留存收益

一、留存收益的含义和构成

1. 留存收益的含义

留存收益是企业在经营过程中所创造的，但由于企业经营发展的需要或由于法定的原因等，没有分配给所有者而留存在企业的盈利。留存收益是指企业从历年实现的利润中提取或留存于企业的内部积累，因此也可称为累计收益。

留存收益是股东权益的一个重要组成部分。公司可以按照章程或其他有关规定把留存收益分配给股东，也可以为了某些特殊的用途和目的，将其中一部分留在公司而不予分配。可见，留存收益能在经营过程中获取收益而增加，也能因分给投资者而减少。

注意：我国的有关法律规定，公司必须有足够的留存收益才能分配股利，但并不是所有的留存收益都可以用于股利分配。有些留存收益因特别目的或法律规定不作股利分配，这部分称做已拨定的留存收益。

2. 留存收益的构成

留存收益包括盈余公积和未分配利润两部分。盈余公积包含法定盈余公积和任意盈余公积，属于拨定的留存收益，而未分配利润属于未拨定的留存收益。

二、盈余公积

1. 盈余公积概述

盈余公积是企业按照规定从净利润中提取的各种积累资金，其性质是对企业留存收益的用途进行拨定，保证企业有一定的积累，限制过量分配，既维护债权人的利益，也有利于企业的持续经营发展。

公司制企业的盈余公积分为法定盈余公积和任意盈余公积。企业提取的盈余公积主要可以用于以下几个方面：

（1）弥补亏损。企业发生亏损时，应由企业自行弥补。弥补亏损的途径主要有三条：用以后年度税前利润弥补（亏损发生之后的5年内实现的税前利润弥补）；用以后年度税后利润弥补（亏损发生之后，经过5年未足额弥补的，尚未弥补的亏损应用所得税后的利润弥补）；经由公司董事会提议，并经股东大会批准，以盈余公积弥补亏损。

（2）转增资本。企业盈余公积，经股东大会决议批准后，可以用于转增资本。转增资本之后留存的盈余公积的数额，不能少于注册资本的25%。

注意：企业用提取的盈余公积弥补亏损或转增资本，都不会引起所有者权益总额的变动。

（3）扩大企业生产经营。企业盈余公积的结存数，实际只表现为企业所有者权益的组成部分，表明企业生产经营资金的一个来源而已。其形成的资金可能表现为一定的货币资金，也可能表现为一定的实物资产（如存货和固定资产等），随同企业的其他来源所形成的资金进行循环周转，用于企业的生产经营。

注意：盈余公积的用途，并不是指其实际占用形态，提取盈余公积也并不是单独将这部分资金从企业资金周转过程中抽出。

根据《中华人民共和国公司法》（以下简称《公司法》）等有关法律法规的规定，企业当年实现的净利润，一般应当按照如下顺序进行分配：

（1）提取法定公积金。公司制企业的法定公积金按照税后利润的10%提取（非公司制企业也可按照超过10%的比例提取）。公司法定公积金累计额为公司注册资本的50%以上时，可以不再提取法定公积金。

注意：在计算提取法定盈余公积的基数时，不应包括企业年初未分配利润，应以本年净利润为基数提取。

（2）提取任意公积金。公司从税后利润中提取法定公积金后，经股东会或者股东大会决议，还可以从税后利润中提取任意公积金。非公司制企业经类似权力机构批准，也可提取任意盈余公积。

（3）向投资者分配利润或股利。公司弥补亏损和提取公积金后所余税后利润，有限责任公司股东按照实缴的出资比例分取红利，但是，全体股东约定不按照出资比例分取红利的除外；股份有限公司按照股东持有的股份比例分配，但股份有限公司章程规定不按持股比例分配的除外。

注意：公司制企业法定盈余公积和任意盈余公积的区别就在于其各自计提的依据不同。前者以国家的法律或行政规章为依据提取；后者则由企业自行决定是否提取。

2. 盈余公积的会计处理

为了反映盈余公积的形成及使用情况，企业应设置“盈余公积”科目，并按其种类设置明细账，进行明细核算。

企业提取盈余公积时，借记“利润分配——提取法定盈余公积”、“利润分配——提取任意盈余公积”科目，贷记“盈余公积——-法定盈余公积”、“盈余公积——任意盈余公积”科目。

【例11-9】 甲股份有限公司2011年实现净利润为5 000 000元，年初未分配利润为0。2012年3月31日，经股东大会批准，甲股份有限公司按当年净利润的10%和15%分别提取法定盈余公积和任意盈余公积。假定不考虑其他因素。

根据上述资料，甲股份有限公司的账务处理如下：

2011年应提取法定盈余公积金额 = 5 000 000 × 10% = 500 000（元）

2011年应提取任意盈余公积金额 = 5 000 000 × 15% = 750 000（元）

借：利润分配——提取法定盈余公积　500 000
　　　　　　——提取任意盈余公积　750 000
　贷：盈余公积——法定盈余公积　500 000
　　　　　　　——任意盈余公积　750 000

企业用盈余公积弥补亏损或转增资本时，借记“盈余公积”，贷记“利润分配——盈余公积补亏”、“实收资本”或“股本”科目。

经股东大会决议，用盈余公积派送新股，按派送新股计算的金额，借记“盈余公积”科目，按股票面值和派送新股总数计算的股票面值总额，贷记“股本”科目。

三、未分配利润

1. 未分配利润概述

未分配利润是企业留待以后年度进行分配的结存利润，也是企业所有者权益的组成部分。相对于所有者权益的其他部分来讲，企业对于未分配利润的使用分配有较大的自主权。

从数量上来讲，未分配利润是期初未分配利润，加上本期实现的净利润，减去提取的各种盈余公积和分出利润后的余额。

2. 未分配利润的会计处理

未分配利润是通过“利润分配”科目进行核算的，具体来说是通过“利润分配”科目下的“未分配利润”明细科目进行会计处理的。

企业期末结转利润时，应将各损益类科目的余额转入“本年利润”科目，结平各损益类科目。结转后“本年利润”的贷方余额为当期实现的净利润，借方余额为当期发生的净亏损。年度终了，应将本年收入和支出相抵后结出的本年实现的净利润或净亏损，转入“利润分配——未分配利润”科目。

同时，将“利润分配”科目所属的其他明细科目的余额，转入“未分配利润”明细科目。结转后，“未分配利润”明细科目的贷方余额，就是未分配利润的金额；如出现借方余额，则表示未弥补亏损的金额。“利润分配”科目所属的其他明细科目应无余额。

注意：

(1) 以当年实现的利润弥补以前年度结转的未弥补亏损，不需要进行专门的账务处理。

(2) 无论是以税前利润还是以税后利润弥补亏损，其会计处理方法均相同。但是，两者在计算交纳所得税时的处理是不同的。在以税前利润弥补亏损的情况下，其弥补的数额可以抵减当期企业应纳税所得额，而以税后利润弥补的数额，则不能作为纳税所得扣除处理。

【例 11-10】 甲股份有限公司的股本为 10 000 000 元，每股面值 1 元。2011 年年初未分配利润为贷方 8 000 000 元，2011 年实现净利润 5 000 000 元。假定公司按照 2011 年实现净利润的 10% 提取法定盈余公积，5% 提取任意盈余公积，同时向股东按每股 0.1 元派发现金股利，按每 10 股送 3 股的比例派发股票股利。2012 年 3 月 15 日，公司以银行存款支付了全部现金股利，新增股本也已经办理完股权登记和相关增资手续。

根据上述资料，甲股份有限公司的账务处理如下：

(1) 2011 年度终了企业结转本年实现的净利润。

	借方	贷方
借：本年利润	5 000 000	
贷：利润分配——未分配利润		5 000 000

(2) 提取法定盈余公积和任意盈余公积。

	借方	贷方
借：利润分配——提取法定盈余公积	500 000	
——提取任意盈余公积	250 000	
贷：盈余公积——法定盈余公积		500 000

——任意盈余公积 250 000

（3）结转“利润分配”的明细科目。

借：利润分配——未分配利润 750 000

贷：利润分配——提取法定盈余公积 500 000

——提取任意盈余公积 250 000

（4）批准发放现金股利。

应发放的现金股利 =10 000 000 ×0.1 =1 000 000（元）

借：利润分配——应付现金股利 1 000 000

贷：应付股利 1 000 000

2012 年 3 月 15 日，实际发放现金股利。

借：应付股利 1 000 000

贷：银行存款 1 000 000

（5）2012 年 3 月 15 日，发放股票股利。

应派发的股票股利 =10 000 000 ×1 ×30% =3 000 000（元）

借：利润分配——转作股本的股利 3 000 000

贷：股本 30 000 000

本章小结

根据资产负债表的恒等式，所有者权益在金额上等于资产减去负债。在经济实质上，负债代表了债权人在公司资产中的利益，而所有者权益代表的是所有者在这些资产上的剩余权益。

实收资本是指投资者按照企业章程或合同、协议的约定，实际投入企业的资本。接受初始投资时应增加企业有关资产，同时增加实收资本或股本。企业增加资本主要有三个途径：接受投资者追加投资、资本公积转增资本和盈余公积转增资本。企业减少实收资本的原因一般是资本过剩或者是发生重大亏损。

资本公积是企业收到投资者的超出其在企业注册资本（或股本）中所占份额的投资，以及直接计入所有者权益的利得和损失等。一般是由资本溢价或者股本溢价、以权益法核算长期股权投资时被投资企业除净损益以外的其他权益的变动、投资性房地产的转换差额、可供出售金融资产公允价值的变动及金融资产的重分类等形成的。

留存收益是指企业从历年实现的利润中提取或留存于企业的内部积累，是由盈余公积和未分配利润组成的。盈余公积是企业按照规定从净利润中提取的各种积累资金，可用于弥补亏损、转增资本、扩大企业生产经营。未分配利润是企业历年和当年实现利润且未分配的累积余额。

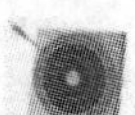

练习题

一、单项选择题

1. 下列各项中，属于利得的是（　　）。

A. 出租无形资产取得的收益

B. 取得交易性金融资产时发生的相关交易费用

C. 出租固定资产产生的收入　　D. 出售无形资产取得的收益

2. 下列各项中，能够引起企业所有者权益减少的是（　　）。

A. 股东大会宣告派发现金股利　　B. 以盈余公积转增资本

C. 提取法定盈余公积　　D. 提取任意盈余公积

3. 甲公司委托证券公司发行股票1 000万股，每股面值1元，每股发行价格为8元，向证券公司支付佣金50万元。该公司应贷记“资本公积——股本溢价”科目的金额为（　　）万元。

A. 6 900　　B. 7 050　　C. 6 950　　D. 7 000

4. 企业增资扩股时，投资者实际缴纳的出资额大于其按约定比例计算的其在注册资本中所占的份额部分，应作为（　　）。

A. 资本溢价　　B. 实收资本　　C. 盈余公积　　D. 营业外收入

5. 某企业年初未分配利润贷方余额为400万元，本年实现净利润1 600万元，按净利润的10%提取法定盈余公积，提取任意盈余公积100万元，向投资者分配利润80万元。该企业年末未分配利润为（　　）万元。

A. 1 840　　B. 1 660　　C. 1 740　　D. 1 680

6. 甲公司是由A、B、C三方各出资400万元设立的，2011年年末该公司所有者权益项目的余额为：实收资本为1 200万元，资本公积为300万元，盈余公积为120万元，未分配利润为120万元。为扩大经营规模，A、B、C三方决定重组公司，吸收D投资者加入，D投资者应投入货币资金800万元，且四方投资比例均为25%。接受D投资后的注册资本为1 600万元。则公司接受D投资者投资时应记入“资本公积——资本溢价”科目的金额为（　　）万元。

A. 300　　B. 800　　C. 400　　D. 500

7. 甲股份有限公司采用回购本公司股票的方式减资，回购本公司股票时应该借记的会计科目是（　　）。

A. “股本”　　B. “资本公积”　　C. “库存股”　　D. “盈余公积”

8. 下列关于实收资本减少的处理，错误的是（　　）。

A. 股份有限公司因减少注册资本而回购本公司股份的，应按实际支付的金额，借记“库存股”科目，贷记“银行存款”等科目

B. 注销库存股时，应按股票面值和注销股数计算的股票面值总额，借记“股本”科目，按注销库存股的账面余额，贷记“库存股”科目，按其差额，冲减股票发行时原计入资本公积的溢价部分，借记“资本公积——股本溢价”科目，回购价格超过上述冲减“股本”及“资本公积——股本溢价”科目的部分，应依次借记“盈余公积”、“利润分配——未分配利润”等科目

C. 如回购价格低于回购股份所对应的股本，所注销库存股的账面余额与所冲减股本的差额作为增加股本溢价处理，按回购股份所对应的股本面值，借记“股本”科目，按注销库存股的账面余额，贷记“库存股”科目，按其差额，贷记“营业外收入”科目

D. 如回购价格低于回购股份所对应的股本，所注销库存股的账面余额与所冲减股本的差额作为增加股本溢价处理，按回购股份所对应的股本面值，借记“股本”科目，按注销库存股的账面余额，贷记“库存股”科目，按其差额，贷记“资本公积——股本溢价”科

目

9. 下列交易或事项中，不可以记入“资本公积——其他资本公积”科目的是（　　）。

A. 采用权益法核算的长期股权投资在被投资单位除净损益以外的所有者权益发生增减变动时，投资企业按持股比例计算应享有的份额

B. 企业将作为存货的房地产转为采用公允价值模式计量的投资性房地产，其公允价值小于账面价值的差额

C. 可供出售金融资产公允价值变动，资产负债表日，可供出售金融资产公允价值变动形成的利得（除减值损失和外币货币性金融资产的汇兑差额外）

D. 将持有至到期投资重分类为可供出售金融资产，并以公允价值进行后续计量，重分类日金融资产的公允价值与账面余额的差额

10. 上市公司下列交易或事项形成的资本公积中，可以直接用于转增资本的是（　　）。

A. 发行股票形成的股本溢价

B. 可供出售金融资产公允价值大于账面价值形成的资本公积

C. 采用权益法核算，因被投资单位除净损益以外的所有者权益发生增减变动而确认的资本公积

D. 企业将自用的建筑物转为采用公允价值模式计量的投资性房地产，其公允价值大于账面价值形成的资本公积

二、多项选择题

1. 下列项目中，属于资本公积核算的内容的有（　　）。

A. 企业收到投资者出资额超出其在注册资本或股本中所占份额的部分

B. 直接计入所有者权益的利得　　C. 直接计入所有者权益的损失

D. 企业接受的现金捐赠

2. 下列各项中，能够引起企业留存收益总额发生变动的有（　　）。

A. 本年度实现的净利润　　B. 提取法定盈余公积

C. 向投资者宣告分配现金股利　　D. 用盈余公积转增资本

3. 股份有限公司采用收购本公司股票方式减资的，下列说法中正确的有（　　）。

A. 按股票面值和注销股数计算的股票面值总额减少股本

B. 按股票面值和注销股数计算的股票面值总额减少库存股

C. 按所注销库存股的账面余额减少库存股

D. 回购股票支付的价款低于面值总额的，应按股票面值总额，借记“实收资本”科目或“股本”科目，按所注销库存股的账面余额，贷记“库存股”科目，按其差额，贷记“资本公积——股本溢价”科目。

4. 影响可供分配利润项目的因素有（　　）。

A. 年初未分配利润　　B. 提取法定盈余公积

C. 其他转入　　D. 当年实现的净利润

5. 采用权益法核算，下列各项发生时，会引起投资企业资本公积发生变动的有（　　）。

A. 被投资企业增发股票形成的股本溢价

B. 被投资企业实现净利润

C. 被投资企业持有的可供出售金融资产公允价值大于账面价值

D. 被投资企业接受捐赠资产

6. 下列有关资本公积会计处理的表述中，正确的有（　　）。

A. 与发行权益性证券直接相关的手续费、佣金等交易费用，应借记“资本公积——股本溢价”科目等，贷记“银行存款”等科目

B. 企业将作为存货或自用的房地产转换为采用公允价值计量的投资性房地产时，对转换日房地产的公允价值与其账面价值的差额，应贷记或借记“资本公积——其他资本公积”科目

C. 对于可供出售金融资产，在资产负债表日，应按其公允价值变动形成的利得或损失(除减值损失和外币货币性金融资产形成的汇兑差额外)，借记或贷记“可供出售金融资产——公允价值变动”科目，贷记或借记“资本公积——其他资本公积”科目

D. 企业处置可供出售金融资产，应同时结转原计入资本公积的相关金额，借记或贷记“资本公积——其他资本公积”科目，贷记或借记“投资收益”科目

7. 盈余公积的主要用途有（　　）。

A. 分派现金股利　　B. 派送新股

C. 转增资本　　D. 弥补亏损

8. 下列项目中，会引起留存收益总额发生增减变动的有（　　）。

A. 发放股票股利　　B. 用盈余公积弥补亏损

C. 用盈余公积转增资本　　D. 外商投资企业提取职工奖励

9. 企业弥补亏损的源道主要有（　　）。

A. 用盈余公积弥补

B. 用以后年度税前利润弥补

C. 用以后年度税后利润弥补

D. 用资本公积弥补

10. 下列事项中，不会引起所有者权益减少的有（　　）。

A. 以资本公积金转增股本　　B. 以盈余公积金弥补亏损

C. 宣告分配现金股利　　D. 发放股票股利

三、业务题

B公司2010年1月1日的所有者权益为2 000万元（其中：股本为1 500万元，资本公积为100万元，盈余公积为100万元，未分配利润为300万元）。B公司2010年实现的净利润为200万元，按实现的净利润的10%提取法定盈余公积金。2011年B公司发生亏损50万元，用以前年度的未分配利润每股分派现金股利0.1元，每10股分派股票股利1股。

要求（答案中的金额单位为万元）：

(1) 编制B公司2010年和2011年结转盈亏、利润分配有关业务的会计分录。

(2) 计算B公司2011年12月31日所有者权益的金额。

第十二章　收入、费用和利润

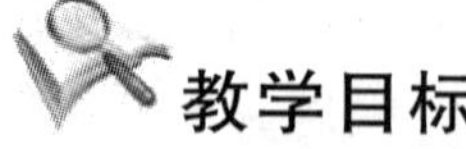

教学目标

- 掌握收入的定义和特点。
- 熟悉收入的分类。
- 掌握收入确认的条件以及在各种情况下各种收入的会计处理。
- 熟悉商业折扣、现金折扣、销售折让和销售退回的处理。

第一节　收入概述

为了规范收入的确认、计量与披露，我国于1998年制定了《企业会计准则——收入》和《企业会计准则——建造合同》，并于2006年进行了修订。

一、收入的定义

收入是指企业在日常活动中形成的、会导致所有者权益增加的、与所有者投入资本无关的经济利益的总流入。

其中，“日常活动”是指企业为完成其经营目标所从事的经常性活动以及与之相关的活动，所以，这里的收入不包括利得。利得是指由企业非日常活动所形成的、会导致所有者权益增加的、与所有者投入资本无关的经济利益的流入，如工业企业处置固定资产形成的经济利益流入。

二、收入的特点

（1）收入从企业的日常活动中产生，而不是从偶然的交易或事项中产生，如工商企业销售商品、提供劳务的收入等。

注意：有些交易或事项虽能为企业带来经济利益，但不属于企业的日常活动，其流入的经济利益是利得，而不是收入，如处置固定资产形成的经济利益流入。

（2）收入可能表现为企业资产的增加，如增加银行存款、应收账款等；也可能表现为企业负债的减少，如以商品或劳务抵偿债务；或者二者兼而有之。

（3）收入能导致企业所有者权益的增加。如上所述，收入能增加资产或减少负债或二者兼而有之，因此，根据“资产－负债＝所有者权益”，企业取得收入会导致所有者权益增加。

（4）收入只包括企业经济利益的流入，不包括为第三方或客户代垫的款项，如增值税等。

三、收入的分类

收入可以有不同的分类，按照企业从事日常活动的性质，可以分为销售商品收入、提供劳务收入、让渡资产使用权收入、建造合同收入等。销售商品收入是指企业通过销售商品实现的收入，如工业企业制造并销售商品、商业企业销售商品等实现的收入。提供劳务收入是指企业通过提供劳务实现的收入，如咨询公司提供咨询服务、软件开发企业为客户开发软件、安装公司提供安装服务等实现的收入。让渡资产使用权收入是指企业出让资产使用权实现的收入，如商业银行对外贷款、租赁公司出租资产等实现的收入。建造合同收入是指企业承担建造合同所实现的收入。

按照企业从事的日常活动在企业的重要性，可以分为主营业务收入和其他业务收入。主营业务收入和其他业务收入的划分标准，一般应按照营业执照上注明的主营业务和兼营业务加以确定，营业执照上注明的主营业务所取得的收入一般作为主营业务收入；营业执照上注明的兼营业务所取得的收入一般作为其他业务收入。

注意：实际工作中，如果营业执照上注明的兼营业务量较大，且经常性发生的收入，也可归为主营业务收入。

不同行业其主营业务收入所包括的内容也不相同：工业性企业的主营业务收入主要包括销售商品、自制半成品、代制品、提供工业性作业等所取得的收入；商品流通企业的主营业务收入主要包括销售商品所取得的收入；旅游企业的主营业务收入主要包括客户收入、餐饮收入等。主营业务收入一般占企业营业收入的比例较大，对企业的经济效益会产生较大的影响。其他业务收入主要包括转让技术取得的收入、销售材料取得的收入、包装物出租收入等。其他业务收入一般占企业营业收入的比例较小。

在会计核算中，对主要交易所产生的收入根据其性质不同，分别通过“主营业务收入”、“利息收入”、“保费收入”等科目进行核算，对其他业务和非经常性交易所产生的收入单独设置“其他业务收入”科目进行核算。

第二节　销售商品收入的确认和计量

本节所指的销售商品仅包括取得货币资产方式的商品销售及正常情况下的以商品抵偿债务的交易，不包括非货币性资产交换、期货、债务重组中的销售商品交易。

这里的商品主要包括企业为销售而生产或购进的商品，如工业企业生产的产品、商品流通企业购进的商品等，企业销售的其他存货如原材料、包装物等也视同商品。

一、销售商品收入的确认

《企业会计准则第 14 号——收入》规定，销售商品的收入，只有在符合以下全部条件的情况下才能予以确认：

1. 企业已将商品所有权上的主要风险和报酬转移给购货方

企业已将商品所有权上的主要风险和报酬转移给购货方是指与商品所有权有关的主要风险和报酬同时转移给了购货方。其中：与商品所有权有关的风险主要是指商品可能发生贬值、损坏、报废等造成的损失；与商品所有权有关的报酬是指商品价值增值或通过使用商品等形成的经济利益。

判断一项商品所有权上的主要风险和报酬是否已转移给购货方，应当关注交易的实质，并结合所有权凭证的转移进行判断。如果与商品所有权有关的任何损失均不需要销货方承担，与商品所有权有关的任何经济利益也不归销货方所有，则意味着该商品所有权上的主要风险和报酬已转给了购货方。具体需要视不同情况而定：

（1）大多数情况下，所有权上的风险和报酬的转移伴随着所有权凭证的转移或实物的交付而转移，如大多数零售交易。

（2）有些情况下，企业已将所有权凭证或实物交付给购货方，但商品所有权上的主要风险和报酬并未转移。企业可能在以下几种情况下保留商品所有权上的主要风险和报酬：

1）企业销售的商品在质量、品种、规格等方面不符合合同规定，又未根据正常的保证条款予以弥补，因而仍负有责任。

【例 12-1】 A公司于2010年5月21日销售一批商品，商品已经发出，买方已预付部分货款，余款由A公司开出一张商业承兑汇票，已将发票账单一并交付买方。买方当天收到商品后，发现商品质量没达到合同规定的要求，立即根据合同的有关条款与A公司交涉，要求A公司在价格上给予一定的减让，否则买方可能会退货。双方没有达成一致意见，A公司仍未采取任何弥补措施。

此项销售表明，尽管商品已经发出，发票账单已交付买方，也已收到部分货款，但出于双方在商品质量的弥补方面未达成一致意见，买方尚未正式接受商品，商品可能被退回，因此商品所有权上的主要风险和报酬仍留在A公司，A公司此时不能确认收入。收入应递延到已按买方要求弥补完成时予以确认。

2）企业销售商品的收入是否能够取得，取决于购买方是否已将商品销售出去，如支付手续费方式委托代销商品等。

支付手续费方式委托代销商品是指委托方和受托方签订合同或协议，委托方根据代销商品数量向受托方支付手续费的方式。代销的特点是受托方只是一个代理商，委托方将商品发出后，所有权并未转移给受托方，所有权上的风险和报酬仍在委托方，与受托方无关。只有当受托方将商品售出后，商品所有权上的风险和报酬才移出委托方。因此，在代销情况下，委托方应在受托方售出商品，并取得受托方提供的代销清单时确认收入；受托方应在商品销售后，按照合同或协议约定的方法计算确定的手续费确认收入。

3）企业尚未完成售出商品的安装或检验工作，且此项安装或检验任务是销售合同的重要组成部分。

【例 12-2】 某电梯生产企业于2010年5月10日销售电梯一部，电梯已发出，发票账单已交付买方，买方已预付部分货款。根据合同规定，卖方负责安装，并经检验合格后，买方支付余款。

在这种情况下，电梯发出并不表示商品所有权上的主要风险和报酬已转移给买方，企业仍需对电梯进行安装，安装过程中可能会发生一些不确定因素，阻碍该项销售的实现，因此只有在安装完毕并检验合格后才能确认收入。

注意：在需要安装或检验的销售中，如果安装程序比较简单或检验是为了最终确定合同或协议价格而必须进行的程序，则企业可以在发出商品时确认收入。

4）销售合同中规定了出于特定原因买方有权退货的条款，而企业又不能确定退货的可能性。

【例 12-3】 某企业为推销一项新产品，规定凡购买该产品者均有一个月的试用期，不满意的，一个月内给予退货。该企业已于2010年6月1日售出1 000件新产品并收妥款项。

在这种情况下，该企业尽管已将商品售出，也已收到价款，但由于是新产品，无法估计退货的可能性，商品所有权上的风险和报酬实质上并未转移给买方，因此，该企业在售出商品时不能确认收入，只有当买方正式接受商品时或退货期满时才能确认收入。

（3）如果企业只保留与所有权有关的次要风险，则销售成立，相应的收入应予以确认。

【例 12-4】 某企业于 2010 年 3 月 10 日销售一批产品，售价为 100 万元，双方约定买方于 2010 年 3 月 31 日前结清款项，企业为了保证到期收回货款而保留了商品的法定产权。

这种情况表明，销售中其他重大不确定因素已不存在，货款的收回也由于保留了商品的法定产权而得到了相当的保障，买方为了取得法定所有权，一般会支付货款，因此可以认为所有权上的主要风险和报酬已经转移，卖方可以确认收入。

注意：在零售交易中，零售企业一般会承诺如果对购买的商品不满意可以退货。但零售企业一般能根据过去的经验及其他相关因素，合理评估未来的退货量，不会存在重大的不确定因素，此时可以认为企业已转移了所有权上的主要风险和报酬，相关的销售收入应予以确认。

（4）企业已将商品所有权上的主要风险和报酬转移给买方，但实物尚未交割。

这种情况应在所有权上的主要风险和报酬转移时确认收入，而不管实物是否交付，如交款提货销售。交款提货销售是指买方已根据卖方开出的发票账单支付货款，并取得卖方开出的提货单。这种情况下，买方支付完货款，并取得提货单，即认为该商品所有权已经转移，卖方应确认收入。

2. 企业既没有保留通常与所有权相联系的继续管理权，也没有对已售出的商品实施有效控制

企业将商品所有权上的主要风险和报酬转移给买方后，如仍然保留通常与所有权相联系的继续管理权，或仍然对售出的商品实施有效控制，则此项销售不能成立，不能确认相应的销售收入。

【例 12-5】 某房地产企业 A 将尚待开发的土地销售给 B 企业，合同同时规定由 A 企业开发这片土地，开发后的土地出售后，利润由 A、B 两企业按一定比例分配。

由于 A 企业仍保留了与该土地所有权相联系的继续管理权，该项交易实质上不是销售土地的交易，而是 A、B 企业共同对该项土地的开发进行投资，并共享利润的交易。因此，A 企业在销售土地时，不能确认收入。

若企业对售出的商品保留了与所有权无关的管理权，则不受本条件的限制。

【例 12-6】 上例中，若房地产企业 A 将土地销售给 B 企业，仅在房屋建成后保留物业管理权。

由于物业管理权与房产所有权无关，因此，房地产销售成立。A 企业提供的物业管理应视为一个单独的劳务合同，有关收入应确认为劳务收入。

注意：售后回购销售方式中，销售方不能确认收入。

3. 收入的金额能够可靠地计量

收入的金额能够可靠地计量是指收入的金额能够合理地估计。收入的金额不能够合理估计就无法确认收入。

企业销售商品满足收入确认条件时，应当按已收或应收合同或协议价款的公允价值确定销售商品收入的金额。一般情况下，从购货方已收或应收的合同或协议价款，通常为公允价

值，已收或应收的价款不公允的，企业应按公允的交易价格确定收入金额。

注意：分期收款销售商品实质上具有融资性质，应当按照应收的合同或协议价款的公允价值确定收入的金额，此时的公允价值通常是未来现金流量的现值。

4. 相关的经济利益能够流入企业

在销售商品的交易中，与交易相关的经济利益即为销售商品的价款。销售商品的价款能否有把握收回，是收入确认的一个重要条件，企业在销售商品时，如估计价款收回的可能性不大，即使收入确认的其他条件均已满足，也不应当确认收入。

通常，销售商品价款收回的可能性超过50%时，认为相关的经济利益很可能流入企业。对价款收回的可能性进行判断时，应当结合以前和买方交易的直接经验，或从其他方面取得的信息，或政府的有关政策等进行判断。例如，企业根据以前与买方交易的直接经验判断买方信誉较差；或销售时得知买方在另一项交易中发生了巨额亏损，资金周转十分困难；或在出口商品时，不能肯定进口企业所在国政府是否允许将款项汇出等。在这些情况下，企业应推迟确认收入，直至这些不确定因素消除。

一般情况下，企业售出的商品符合合同或协议的规定，并已将发票账单交付买方，买方也承诺付款，即表明销售商品的价款很可能收回。如果企业判断赊销的销售商品收入满足确认条件，确认收入的同时，确认了一笔应收债权，以后由于买方资金周转困难无法收回该债权时，不应调整原确认的收入，而应对该债权计提坏账准备、确认坏账损失。

5. 相关的已发生或将发生的成本能够可靠地计量

通常情况下，销售商品相关的已发生或将发生的成本能够合理地估计，如库存商品的成本、商品运输费用等。如果库存商品是本企业生产的，则其生产成本能够可靠计量；如果是外购的，则购买成本能够可靠计量。

注意：若销售商品相关的已发生或将发生的成本不能够合理地估计，此时企业不应确认收入，已收到的价款应确认为负债。

【例12-7】 A公司接受D公司的订购要求生产一批特殊产品，产品价款300万元，双方约定现在预付10%的货款。A公司已收妥30万元预付款。

此项订货销售中，由于是特殊的产品，相关的成本不能可靠计量，因此，预收的货款就不能作为收入确认，只有在商品交付时才能确认收入。预收的货款先作为负债处理。

二、销售商品收入的计量

商品销售收入的金额应根据企业与购货方签订的合同或协议金额确定，无合同或协议的，应按购销双方都同意或都能接受的价格确定。

注意：企业在销售商品过程中代第三方或客户收取的款项（如企业代国家收取的增值税、替贷款人收取的利息以及旅行社代客户购买门票、飞机票收取的票款等）不能作为企业的收入，应作为暂收款记入相应的负债类科目。

企业在商品交易中可能会发生商业折扣。商业折扣是指企业为促进销售而在商品标价上给予的扣除。企业销售实现时，只要按扣除商业折扣后的净额确认销售收入即可。

1. 销售商品

销售商品收入在确认时，应按确定的收入金额与应收取的增值税，借记“应收账款”、“应收票据”、“银行存款”等科目，按应收取的增值税，贷记“应交税费——应交增值税

(销项税额)”科目，按确定的收入金额，贷记“主营业务收入”或“其他业务收入”科目。需要缴纳消费税、资源税、城市维护建设税、教育费附加等税费的，应在确认收入的同时，或在资产负债表日，按应缴的税费金额，借记“营业税金及附加”、“其他业务成本”科目，贷记“应交税费——应交消费税（或应交资源税、应交城市维护建设税）”等科目。

【例 12-8】 B 企业销售一批化妆品，增值税专用发票上注明售价为 20 万元，增值税为 3.4 万元，款项尚未收到。假定消费税税率为 5%，则应交消费税 1 万元。

假定该项销售已符合销售收入确认的五个条件，应确认为收入。

借：应收账款　234 000
　贷：主营业务收入　200 000
　　应交税费——应交增值税（销项税额）　34 000
借：营业税金及附加　10 000
　贷：应交税费——应交消费税　10 000

如企业售出的商品不符合销售收入确认的五个条件中的任何一条，均不应确认收入。为了单独反映已经发出但尚未确认销售收入的商品成本，企业应增设“发出商品”科目进行核算。企业对于发出的商品，在确定不能确认收入时，应按发出商品的实际成本借记“发出商品”科目，贷记“库存商品”科目。“发出商品”科目的期末余额应并入资产负债表“存货”项目反映。采用支付手续费方式委托其他单位代销的商品，也可以单独设置“委托代销商品”科目。

【例 12-9】 A 企业于 4 月 20 日以托收承付方式向 B 企业销售一批商品，成本为 6 万元，增值税专用发票上注明：售价 10 万元，增值税 1.7 万元。该批商品已经发出，并已向银行办妥托收手续。此时得知 B 企业在另一项交易中发生巨额损失，资金周转十分困难。经与购货方交涉，确定此项收入目前收回的可能性不大，决定不确认收入。因此应将已发出的商品成本转入“发出商品”科目，作分录如下：

借：发出商品　60 000
　贷：库存商品　60 000

同时将增值税专用发票上注明的增值税税额作如下处理：

借：应收账款——应收销项税额　17 000
　贷：应交税费——应交增值税（销项税额）　17 000

假定 11 月 5 日 A 企业得知 B 企业经营情况逐渐好转，B 企业承诺近期付款，A 企业确认收入，则

借：应收账款——B 企业　100 000
　贷：主营业务收入　100 000

同时结转成本：

借：主营业务成本　60 000
　贷：发出商品　60 000

12 月 28 日收到款项时：

借：银行存款　117 000
　贷：应收账款——B 企业　117 000

【例 12-10】 某房地产企业 C 于 2011 年 4 月 20 日将一幢已建造完成的别墅销售给某中

间商B企业，售价为500万元，该别墅成本为200万元。双方在合同中订明，B企业先预付100万元，如在两年内该别墅销售情况不好，B企业有权将该房退回C企业，但C企业按每月1万元收取租金。

该项交易表明C企业未将房产所有权上的主要风险和报酬转移给B企业，不符合销售商品收入确认的条件，C企业在该住宅售出时不能确认收入，应只将其成本转入“开发产品——发出产品”科目。

借：开发产品——发出产品　　2 000 000
　　贷：开发产品——库存　　2 000 000

收到B企业支付的100万元款项时：

借：银行存款　　1 000 000
　　贷：预收账款　　1 000 000

（1）假定B企业于2012年2月10日将别墅售出，C企业应立即确认收入。

借：预收账款　　5 000 000
　　贷：主营业务收入　　5 000 000

结转成本时：

借：主营业务成本　　2 000 000
　　贷：开发产品——发出产品　　2 000 000

收回余款时：

借：银行存款　　4 000 000
　　贷：预收账款　　4 000 000

（2）假定直到2013年2月，该别墅也未售出，B企业决定退货。C企业将按规定收取的22个月的租金22万元扣除后，余款78万元退回B企业，租金收入计入其他业务收入。

借：开发产品——库存　　2 000 000
　　贷：开发产品——发出产品　　2 000 000

借：预收账款　　1 000 000
　　贷：其他业务收入　　220 000
　　　　银行存款　　780 000

2. 现金折扣

现金折扣是指债权人为鼓励债务人在规定的期限内付款，而向债务人提供的债务扣除。

企业对现金折扣进行处理时采用总价法，将实际发生的现金折扣视为为了尽快回笼资金而发生的理财费用，在发生当期计入财务费用。

【例12-11】 某企业在2011年5月1日销售一批商品100件，增值税专用发票上注明售价为1万元，增值税税额为1 700元。企业为了尽早收回货款而在合同中规定的现金折扣的条件为：2/10，1/20，*n*/30，假定计算折扣时不考虑增值税。

5月1日销售实现时，应按总售价确认收入。

借：应收账款　　11 700
　　贷：主营业务收入　　10 000
　　　　应交税费——应交增值税（销项税额）　　1 700

（1）若5月9日买方付清货款，则按售价1万元的2%享受200元（10 000×2%）的现金折扣，实际付款 11 500 元（11 700－200），应作分录如下：

借：银行存款　　11 500
　　财务费用　　200
　　贷：应收账款　　11 700

(2) 若5月18日买方付清货款，则按售价1万元的1%享受100元（10 000×1%）的现金折扣，实际付款11 600元（11 700－100），应作分录如下：

借：银行存款　　11 600
　　财务费用　　100
　　贷：应收账款　　11 700

(3) 若买方在5月底才付清，则应按全额收款，分录为：

借：银行存款　　11 700
　　贷：应收账款　　11 700

3. 销售折让

销售折让是指企业因售出的商品质量不合格等而在售价上给予的减让。销售折让可能发生在企业确认收入之前，也可能发生在企业确认收入之后。如为前者，则相当于商业折扣，可以用与处理商业折扣相同的方法进行处理。

对于销售折让发生在企业确认收入后时的处理，存在不同的做法。第一种做法是确认销售时，对可能发生的销售折让进行预计，设置“销售折让”作为收入的备抵科目，同时设置“销售折让备抵”作为应收账款的备抵科目。第二种做法是不设置备抵科目，当销售折让实际发生时，直接冲减发生当期的销售收入。相对而言，第一种做法比较麻烦，因而实务上很少采用。目前，国际上多采用第二种做法，即销售折让在实际发生时冲减发生当期的收入。《企业会计准则》也采用了第二种做法。

【例12-12】 某企业销售一批商品，增值税专用发票上的售价为80 000元，增值税税额为13 600元，货到后买方发现商品质量不合格，要求在价格上给予5%的折让。该企业应作分录如下：

(1) 销售实现时：

借：应收账款　　93 600
　　贷：主营业务收入　　80 000
　　　　应交税费——应交增值税（销项税额）　　13 600

(2) 发生销售折让时：

借：主营业务收入　　4 000
　　应交税费——应交增值税（销项税额）　　680
　　贷：应收账款　　4 680

(3) 实际收到款项时：

借：银行存款　　88 920
　　贷：应收账款　　88 920

注意：若已确认的售出商品发生的销售折让属于资产负债表日后事项的，应当按照资产负债表日后事项的相关规定进行会计处理。

4. 销售退回

销售退回是指企业售出的商品，由于质量、品种不符合要求等原因而发生的退货。企业应根据以下不同情况分别处理：

（1）销售退回发生在企业确认收入之前，这种处理比较简单，只需将已记入“发出商品”科目的商品成本转回“库存商品”科目。

（2）如企业确认收入后，又发生销售退回的，不论是当年销售的，还是以前年度销售的，除特殊情况外，一般应冲减退回当月的销售收入，同时冲减退回当月的销售成本。如该项销售已经发生现金折扣或销售折让的，应在退回当月一并调整；如按规定允许扣减当期销项税的，应同时调整“应交税费——应交增值税”科目的“销项税额”专栏。

注意：已确认的售出商品发生的销售退回属于资产负债表日后事项的，应当按照有关资产负债表日后事项的相关规定进行会计处理。

【例 12-13】 某生产企业 2011 年 12 月 18 日销售 A 商品一批，售价为 50 000 元，增值税税额为 8 500 元，成本为 26 000 元。合同规定现金折扣的条件为：2/10，1/20，n/30。买方于 12 月 27 日付款，享受现金折扣 1 000 元。2012 年 5 月 20 日（年度财务报告批准报出后）A 商品因质量严重不合格被退回。该企业应作分录如下：

（1）2011 年 12 月 18 发出商品时：

	借方	贷方
借：应收账款	58 500	
贷：主营业务收入		50 000
应交税费——应交增值税（销项税额）		8 500
借：主营业务成本	26 000	
贷：库存商品		26 000

（2）2011 年 12 月 27 日，收回贷款时：

	借方	贷方
借：银行存款	584 000	
财务费用		1 000
贷：应收账款		585 000

（3）2012 年 5 月 20 日，销售退回时：

	借方	贷方
借：主营业务收入	50 000	
应交税费——应交增值税（销项税额）		8 500
贷：银行存款		584 000
财务费用		1 000
借：库存商品	26 000	
贷：主营业务成本		26 000

三、特殊销售业务的处理

企业会计实务中，除一些正常的销售以外，还可能会遇到一些特殊的商品销售业务，如代销、分期收款销售、附有销售退回条件的商品销售、售后回购、售后租回、以旧换新销售、房地产销售、出口销售等。这些情况下应结合商品的交易形式，并按交易的实质进行处理。

（一）代销

代销通常有以下两种方式：

1. 视同买断

视同买断是指由委托方和受托方签订合同或协议，委托方按合同或协议价收取所代销的货款，实际售价可由受托方自定，实际售价与协议价之间的差额归受托方所有。

如果委托方和受托方之间的协议明确标明，受托方在取得代销商品后，无论是否能够卖出、是否获利，均与委托方无关，那么委托方和受托方之间的代销商品交易，与委托方直接销售商品给受托方没有实质区别，在符合销售收入确认条件时，委托方应确认相关销售商品收入。

如果委托方和受托方之间的协议明确标明，将来受托方没有将商品售出时可以将商品退还给委托方，或受托方因代销商品出现亏损时可以要求委托方补偿，那么，委托方在交付商品时不确认收入，受托方也不作购进商品处理，受托方将商品销售后，按实际售价确认销售收入，并向委托方开具代销清单，委托方收到代销清单时，再确认本企业的销售收入。

【例 12-14】 A 企业委托 B 企业销售甲商品 100 件，协议价为 100 元/件，商品成本为 60 元/件，增值税税率为 17%。代销协议约定，B 企业在取得代销商品后，无论是否能够卖出、是否获利，均与 A 企业无关。这批商品已经发出，货款尚未收到，A 企业开出的增值税专用发票上注明的增值税税额为 1 700 元。

根据本例的资料，A 企业采用视同买断方式委托 B 企业代销商品，且协议约定无论是否能够卖出、是否获利，均与 A 企业无关，因此，A 企业在发出商品时的账务处理如下：

借：应收账款　　11 700
　贷：主营业务收入　　10 000
　　　应交税费——应交增值税（销项税额）　　1 700
借：主营业务成本　　6 000
　贷：库存商品　　6 000

【例 12-15】 A 企业委托 B 企业销售甲商品 100 件，协议价为 100 元/件，该商品成本为 60 元/件，增值税税率为 17%。A 企业收到 B 企业开来的代销清单时开具增值税专用发票，发票上注明：售价为 10 000 元，增值税税额为 1 700 元。B 企业实际销售时开具的增值税专用发票上注明：售价为 12 000 元，增值税税额为 2 040 元。

A 企业应作分录如下：

（1）A 企业将甲商品交付 B 企业时：

借：委托代销商品　　6 000
　贷：库存商品　　6 000

（2）A 企业收到代销清单时：

借：应收账款——B 企业　　11 700
　贷：主营业务收入　　10 000
　　　应交税费——应交增值税（销项税额）　　17 000
借：主营业务成本　　6 000
　贷：委托代销商品　　6 000

（3）收到 B 企业汇来的货款 11 700 元时：

借：银行存款　　11 700
　贷：应收账款　　11 700

B 企业应作分录如下：

(1) 收到甲商品时：

借：受托代销商品　10 000

　贷：受托代销商品款　10 000

(2) 实际销售时：

借：银行存款　14 040

　贷：主营业务收入　12 000

　　应交税费——应交增值税（销项税额）　2 040

借：主营业务成本　10 000

　贷：受托代销商品　10 000

借：受托代销商品款　10 000

　应交税费——应交增值税（进项税额）　1 700

　贷：应付账款——A 企业　11 700

(3) 按合同协议价将款项付给 A 企业时：

借：应付账款——A 企业　11 700

　贷：银行存款　11 700

2. 收取手续费

收取手续费是指受托方根据所代销的商品数量向委托方收取手续费，这对受托方来说实际上是一种劳务收入。这种代销方式与视同买断方式相比，不同的是受托方通常应按照委托方规定的价格销售，不得自行改变售价。

在这种方式下，委托方在发出商品时通常不应确认销售商品收入，而应在收到受托方开出的代销清单时确认销售商品收入；受托方应在商品销售后，按合同或协议约定的方法计算手续费并确认为收入。

【例 12-16】 沿用例 12-15 的资料，假定代销合同规定，B 企业应按每件 100 元售给顾客，A 企业按售价的 10% 支付 B 企业手续费。B 企业实际销售时，即向买方开一张增值税专用发票，发票上注明：甲商品售价为 10 000 元，增值税税额为 1 700 元。A 企业在收到 B 企业交来的代销清单时，向 B 企业开具一张相同金额的增值税专用发票。

A 企业应作分录如下：

(1) A 企业将甲商品交付 B 企业时：

借：委托代销商品　6 000

　贷：库存商品　6 000

(2) A 企业收到代销清单时：

借：应收账款——B 企业　11 700

　贷：主营业务收入　10 000

　　应交税费——应交增值税（销项税额）　1 700

借：主营业务成本　6 000

　贷：委托代销商品　6 000

借：销售费用——代销手续费　1 000

　贷：应收账款——B 企业　1 000

（3）收到B企业汇来的货款净额时：

借：银行存款　10 700

　　贷：应收账款——B企业　10 700

B企业应作分录如下：

（1）收到商品时：

借：受托代销商品　10 000

　　贷：受托代销商品款　10 000

（2）实际销售时：

借：银行存款　11 700

　　贷：应付账款——A企业　10 000

　　　　应交税费——应交增值税（销项税额）　1 700

（3）收到增值税专用发票时：

借：应交税费——应交增值税（进项税额）　1 700

　　贷：应付账款——A企业　1 700

借：受托代销商品款　10 000

　　贷：受托代销商品　10 000

（4）归还A企业货款并计算代销手续费时：

借：应付账款——A企业　11 700

　　贷：银行存款　10 700

　　　　主营业务收入　1 000

（二）分期收款销售

分期收款销售是指商品已经交付，但货款分期收回（通常为超过三年）的一种销售方式。如果延期收取的货款具有融资性质，其实质是企业向购货方提供免息信贷，企业应当按照应收的合同或协议价款的公允价值确认收入金额。应收合同或协议价款的公允价值，通常应当按照其未来现金流量现值或商品现销价格计算确定。

应收合同或协议价款与其公允价值之间的差额，应当在合同或协议期间内，按照应收款项的摊余成本和实际利率计算确定的金额进行摊销，冲减财务费用。其中，实际利率是指具有类似信用等级的企业发行类似工具的现时利率，或者将应收的合同或协议价款折现为商品现销价格时的折现率等。

注意：若应收的合同或协议价款与其公允价值之间的差额，按照实际利率法摊销与直线法摊销结果相差不大的，也可以用直线法进行摊销。

采用分期收款、具有融资性质的销售商品满足收入确认条件的，企业应按合同或协议价款，借记“长期应收款”科目，按应收合同或协议价款的公允价值，贷记“主营业务收入”科目，按其差额，贷记“未实现融资收益”科目。

【例12-17】 2011年1月1日，甲公司采用分期收款方式向乙公司销售一套大型设备，合同约定的销售价格为2 000万元，分5次于每年12月31日等额收取。该大型设备成本为1 560万元。在现销方式下，该大型设备的销售价格为1 600万元。假定甲公司发出商品时开出增值税专用发票，注明的增值税税额为340万元，并于当天收到增值税税额340万元。

根据本例的资料，甲公司应当确认的销售商品收入金额为1 600万元。根据公式：“五年收款额的现值＝现销方式下应收款项金额”，可以得出：

400 ×（P/A，r，5）＋340＝1 600＋340＝1 940（万元）

可在多次测试的基础上，用插值法计算折现率。

当 r＝7%时，400×4.1002＋340＝1 980.08 万元＞1 940 万元

当 r＝8%时，400×3.9927＋340＝1 937.08 万元＜1 940 万元

因此，7%＜r＜8%，用插值法计算如下：

现值　　　　利率

1 980.08　　7%

1 940　　　r

1 937.08　　8%

（1980.08－1 940）／（1980.08－1 937.08）＝（7%－r）／（7%－8%）

r＝7.93%

每期计入财务费用的金额和已收本金计算如表 12-1 所示。

表 12-1　财务费用和已收本金计算表　　单位：万元

日　期	未收本金 ①＝上期①－上期④	财务费用 ②＝①×7.93%	收现总额 ③	当期已收本金 ④＝③－②
2011.1.1	1 600			
2011.12.31	1 600	126.88	400	273.12
2012.12.31	1 326.88	105.22	400	294.78
2013.12.31	1 032.10	81.85	400	318.15
2014.12.31	713.95	56.62	400	343.38
2015.12.31	370.57	29.43	400	370.57
合　计		400	2 000	1 600

（1）2011 年 1 月 1 日销售实现时：

借：长期应收款　　20 000 000

　　银行存款　　3 400 000

　　贷：主营业务收入　　16 000 000

　　　　应交税费——应交增值税（销项税额）　　3 400 000

　　　　未实现融资收益　　4 000 000

借：主营业务成本　　15 600 000

　　贷：库存商品　　15 600 000

（2）2011 年 12 月 31 日收取货款时

借：银行存款　　4 000 000

　　贷：长期应收款　　4 000 000

借：未实现融资收益　　1 268 800

　　贷：财务费用　　1 268 800

（3）2012 年 12 月 31 日收取货款时

借：银行存款　　4 000 000

贷：长期应收款　4 000 000

借：未实现融资收益　1 052 200

贷：财务费用　1 052 200

(4) 2013 年 12 月 31 日收取货款时：

借：银行存款　4 000 000

贷：长期应收款　4 000 000

借：未实现融资收益　818 500

贷：财务费用　818 500

(5) 2014 年 12 月 31 日收取货款时：

借：银行存款　4 000 000

贷：长期应收款　4 000 000

借：未实现融资收益　566 200

贷：财务费用　566 200

(6) 2015 年 12 月 31 日收取货款时：

倍：银行存款　4 000 000

贷：长期应收款　4 000 000

借：未实现融资收益　294 300

贷：财务费用　294 300

(三) 附有销售退回条件的商品销售

附有销售退回条件的商品销售是指购买方依据有关协议有权退货的销售方式。在这种销售方式下，企业根据以往经验能够合理估计退货可能性且确认与退货相关负债的，通常应在发出商品时确认收入；企业不能合理估计退货可能性的，通常应在售出商品退货期满时确认收入。

【例 12-18】 2011 年 1 月 1 日，甲公司向乙公司销售 5 000 件健身器材，单位销售价格为 500 元，单位成本为 400 元，开出的增值税专用发票上注明的销售价款为 250 万元，增值税税额为 42.5 万元。协议约定，乙公司应于 2 月 1 日之前支付货款，在 6 月 30 日之前，有权退还健身器材。健身器材已经发出，款项尚未收到。假定甲公司根据过去的经验，估计该批健身器材退货率为 20%；健身器材发出时纳税义务已经发生；实际发生退回时有关的增值税税额允许冲减。甲公司的账务处理如下：

(1) 1 月 1 日发出健身器材时：

借：应收账款　2 925 000

贷：主营业务收入　2 500 000

应交税费——应交增值税（销项税额）　425 000

借：主营业务成本　2 000 000

贷：库存商品　2 000 000

(2) 1 月 31 日确认估计销售退回时：

借：主营业务收入（2 500 000 × 20%）　500 000

贷：主营业务成本（5 000 × 400 × 20%）　400 000

预计负债　100 000

（3）2 月 1 日前收到货款时：

借：银行存款 2 925 000

　　贷：应收账款 2 925 000

（4）6 月 30 日未发生销售退回，则

借：主营业务成本 400 000

　　预计负债 100 000

　　贷：主营业务收入 500 000

（5）假设 6 月 30 日发生销售退回 1 000 件，用银行存款支付退货款，则：

借：库存商品 400 000

　　预计负债 100 000

　　应交税费——应交增值税（销项税额） 85 000

　　贷：银行存款 585 000

如果实际退货量为 800 件，则

借：库存商品 320 000

　　主营业务成本 80 000

　　预计负债 100 000

　　应交税费——应交增值税（销项税额） 68 000

　　贷：银行存款 468 000

　　　　主营业务收入 100 000

如果实际退货量为 1 200 件，则

借：库存商品 480 000

　　主营业务收入 100 000

　　预计负债 100 000

　　应交税费——应交增值税（销项税额） 102 000

　　贷：银行存款 702 000

　　　　主营业务成本 80 000

【例 12-19】 沿用例 12-18 的资料，假定甲公司无法根据过去的经验估计退货率；健身器材发出时纳税义务已经发生。甲公司的账务处理如下：

（1）1 月 1 日发出健身器材时：

借：发出商品 2 000 000

　　贷：库存商品 2 000 000

借：应收账款 425 000

　　贷：应交税费——应交增值税（销项税额） 425 000

（2）2 月 1 日前收到货款时：

借：银行存款 2 925 000

　　贷：预收账款 2 500 000

　　　　应收账款 425 000

（3）假设 6 月 30 日退货期满没有发生退货，则

借：预收账款 2 500 000

贷：主营业务收入　　2 500 000

借：主营业务成本　　2 000 000

贷：发出商品　　2 000 000

(4) 假设6月30日退货期满，发生2 000件退货，则

借：预收账款　　2 500 000

应交税费——应交增值税（销项税额）　　170 000

贷：主营业务收入　　1 500 000

银行存款　　1 170 000

借：主营业务成本　　1 200 000

库存商品　　800 000

贷：发出商品　　2 000 000

(四) 售后回购

售后回购是指销售商品的同时，销售方同意日后再将同样或类似的商品购回的销售方式。在这种方式下，销售方应根据合同或协议条款判断销售商品是否满足收入确认条件。通常情况下，售后回购交易属于融资交易，商品所有权上的主要风险和报酬没有转移，收到的款项应确认为负债；回购价格大于原售价的差额，企业应在回购期间分摊，确认利息，计入财务费用。有确凿证据表明售后回购交易满足销售商品收入确认条件的，销售的商品按售价确认收入，回购的商品作为购买商品处理。

【例12-20】 房地产企业A于2011年1月份将一幢已开发完成的房产销售给B企业，售价为900万元，已收到全部款项。该房产成本为600万元。合同规定，2年后A企业将这幢房产重新购回，回购价为1 000万元。

该项交易实际上是A企业将房产作抵押，向B企业借款900万元，借款期为2年，支付利息100万元（1 000－900）。因此A企业应作如下会计分录：

(1) 销售时：

借：银行存款　　9 000 000

贷：其他应付款——B企业　　9 000 000

借：发出商品　　6 00 000

贷：开发产品　　6 000 000

(2) 2011年12月31日应预提利息费用500 000元。

借：财务费用　　500 000

贷：其他应付款——B企业　　500 000

(3) 2012年12月31日应预提利息费用500 000元。

借：财务费用　　500 000

贷：其他应付款——B企业　　500 000

(4) 2013年1月回购时

借：开发产品　　6 000 000

贷：发出商品　　6 000 000

借：其他应付款——B企业　　10 000 000

贷：银行存款　　10 000 000

（五）售后租回

售后租回是指销售商品的同时，销售方同意在日后再将同样的商品租回的销售方式。在这种方式下，销售方应根据合同或协议条款判断企业是否已将商品所有权上的主要风险和报酬转移给购货方，以确定是否确认销售商品收入。在大多数情况下，售后租回属于融资交易，企业不应确认销售商品收入，收到的款项应确认为负债，售价与资产账面价值之间的差额应采用合理的方法进行分摊，作为折旧费用和租金费用的调整。有确凿证据表明认定为经营租赁的售后租回交易是按照公允价值达成的，销售商品按照售价确认收入，并按账面价值结转成本。

（六）以旧换新销售

以旧换新销售是指销售方在销售商品的同时回收与所售商品相同的旧商品。在这种销售方式下，销售的商品应当按照销售商品收入确认条件确认收入，回收的商品作为购进商品处理。

（七）房地产销售

房地产销售就是房地产经营商自行开发房地产，并在市场上进行销售。对于房地产经营商事先与买方签订合同，按合同要求开发房地产的，应作为建造合同，根据《企业会计准则第 15 号——建造合同》的规定进行会计处理。房地产销售与工业企业销售商品类似，应按《企业会计准则第 14 号——收入》中有关销售商品收入的确认原则进行确认。

在房地产销售中，房地产的法定所有权转移给买方，通常表明其所有权上的主要风险和报酬也已转移，企业应确认销售收入。但也有可能出现法定所有权转移后，所有权上的风险和报酬尚未转移的情况，例如：①卖方根据合同，仍有责任实施重大行动，如工程尚未完工。这种情况下，企业应在所实施的重大行动完成时确认收入。②合同存在重大不确定因素，如买方有退货选择权的销售。企业应在这些不确定因素消失后确认收入。③房地产销售后，卖方仍有某种程度的继续涉入，如销售回购协议、卖方保证买方在特定时期占有财产的协议、卖方保证买方在特定时期内获得投资报酬的协议等。在这些情况下，企业应分析交易的实质，确定是作销售处理，还是作为筹资、租赁或利润分成处理，如作销售处理，则卖方在继续涉入的期间内不应确认收入。

企业确认收入时，还应考虑价款收回的可能性，估计价款不能收回的，不确认收入，已经收回部分价款的，只将收回的部分确认为收入。

（八）出口销售

企业出口商品，通常的成交方式有以下几种：

（1）离岸价（FOB），即商品的价格中包括售价加上商品被搬运到车船（包括船、汽车等）或其他运载工具上的所有费用。

（2）工厂交货价格（EXW），即买方直接从卖方工厂提货，商品的价格只包括售价，不包括运费。

（3）到岸价（CIF），即商品的价格中包括售价加上商品被运送到买方指定地点的装卸、保险及运输等费用。

在不同的成交方式下，商品所有权上的风险和报酬转移的时间不同，确认收入的时点也不一致。另外，不同的成交方式，表示售价包含的内容不同，所确认的收入金额也不相同。例如：按离岸价成交时，商品被搬运到车船或其他运载工具上，即表示商品所有权上的风险已经转移，收入可以确认，确认的收入金额为合同注明的离岸价；按工厂交货价格成交时，商品在卖方工厂交货，即表示商品所有权上的风险和报酬已经转移，确认的收入金额为合同注明的工厂交货价格；按到岸价成交时，应在商品被运送到买方指定地点时确认收入，但收入的确认金额为到岸价。

第三节 提供劳务收入的确认和计量

提供劳务的种类很多，如旅游、运输（包括交通运输、民航运输等）、饮食、广告、理发、照相、洗染、咨询、代理、培训、产品安装等。不同的劳务，其内容不同，完成的时间也不等，有的劳务一次就能完成，且一般均为现金交易，如饮食、理发、照相等；有的劳务需要花较长时间才能完成，如安装、旅游、培训、远洋运输等。

对于一次就能完成的劳务收入，其确认方法比较简单，在劳务完成时即确认收入。而对于需要较长的时间才能完成的劳务，可能会存在跨越一个会计年度的情况，为了准确确定每一会计年度的收入及相关的成本费用，《企业会计准则第 14 号——收入》规定，企业在资产负债表日，如能对提供劳务的交易结果可靠计量，则应按完工百分比法确认相关的劳务收入；如果资产负债表日提供劳务的交易结果不能够可靠计量，则不能采用完工百分比法确认劳务收入。

一、提供劳务的交易结果能够可靠计量

《企业会计准则第 14 号——收入》规定，企业在资产负债表日，如能对提供劳务的交易结果可靠计量，则应采用完工百分比法确认相关的劳务收入。

（一）提供劳务的交易结果能够可靠计量的条件

提供劳务的交易结果能否可靠地计量，需同时满足以下条件：

1. 收入的金额能够可靠地计量

收入的金额能够可靠地计量是指提供劳务收入的总额能够合理地估计。

通常情况下，企业应当按照向接受劳务方收取的合同或协议价款确定提供劳务的收入总额。随着劳务的不断提供，可能会根据实际情况增加或减少已收或应收的合同或协议价款，此时，企业应及时调整提供劳务收入总额。

2. 相关的经济利益很可能流入企业

相关的经济利益很可能流入企业是指提供劳务收入总额收回的可能性大于不能收回的可能性。通常情况下，企业提供的劳务符合合同或协议要求，接受劳务方承诺付款，就表明提供劳务收入总额收回的可能性大于不能收回的可能性。除此之外，企业还应结合接受劳务方的信誉、以前的经验以及双方就结算方式和期限达成的合同或协议条款等因素，进行综合判断。

3. 交易的完工进度能够可靠地确定

交易的完工进度能够可靠地确定是指交易的完工进度能够合理地估计。企业可以选用下列方法来确定完工进度：

（1）已完工作的测量。这是一种比较专业的测量方法，由专业测量师对已经提供的劳务进行测量，并按一定方法计算确定提供劳务交易的完工程度。

（2）已经提供的劳务占应提供劳务总量的比例。这种方法主要以劳务量为标准确定提供劳务交易的完工程度。

（3）已经发生的成本占估计总成本的比例。这种方法主要以成本为标准确定提供劳务交易的完工程度。但应注意，已经发生的成本只包括已经提供的劳务的成本；估计总成本则包括已提供和将提供的劳务的成本。

4. 交易中已发生和将发生的成本能够可靠地计量

交易中已发生和将发生的成本能够可靠地计量是指交易中已经发生和将要发生的成本能够合理地估计。企业应当建立完善的内部成本核算制度和有效的内部财务预算及报告制度，准确地提供每期发生的成本，并对完成剩余劳务将要发生的成本作出科学、合理地估计。同时应随着劳务的不断提供或外部情况的不断变化，随时对将要发生的成本进行修订。

（二）完工百分比法的具体应用

完工百分比法是指按照提供劳务交易的完工进度确认收入和费用的方法。在这种方法下，企业应当在资产负债表日按照提供劳务收入总额乘以完工进度扣除以前会计期间累计已确认提供劳务收入后的金额，确认当期提供劳务收入；同时，按照提供劳务估计总成本乘以完工进度扣除以前会计期间累计已确认劳务成本后的金额，结转当期劳务成本。用公式表示如下：

本期确认的收入 = 劳务总收入 × 本期末止劳务的完工进度 - 以前期间已确认的收入

本期确认的费用 = 劳务总成本 × 本期末止劳务的完工进度 - 以前期间已确认的费用

在完工百分比法下，企业应按计算确定的提供劳务收入的金额，借记“应收账款”、“银行存款”等科目，贷记“主营业务收入”科目。结转提供劳务成本时，借记“主营业务成本”科目，贷记“劳务成本”科目。

【例 12-21】 某企业于 2011 年 10 月 5 日为客户订制一项软件，工期大约 5 个月，合同总收入为 400 万元，至 2011 年 12 月 31 日已发生成本 220 万元，预收账款 250 万元。预计开发成功整个软件还需成本 80 万元。2011 年 12 月 31 日经专业测量师测量，软件的开发程度为 60%。

2011 年确认收入 = 4 000 000 × 60% - 0 = 2 400 000（元）

2011 年确认费用 =（2 200 000 + 800 000）× 60% - 0 = 1 800 000（元）

该企业应作如下会计分录：

（1）发生成本时：

借：劳务成本	2 200 000	
贷：银行存款（库存现金等）		2 200 000

（2）预收款项时：

借：银行存款	2 500 000	
贷：预收账款		2 500 000

（3）确认收入时：

借：预收账款	2 400 000	
贷：主营业务收入		2 400 000

（4）结转成本时：

借：主营业务成本	1 800 000	

贷：劳务成本[⊖]　1 800 000

【例 12-22】　某咨询公司于2011年4月1日与客户签订一项咨询合同，合同规定，咨询期为2年，咨询费为30万元，客户分三次等额支付，第一次在项目开始时支付，第二次在项目中期支付，第三次在项目结束时支付。估计总成本为18万元，假定成本估计十分准确，不会发生变化。成本发生的情况如表12-2所示（假定按咨询时间来确定完工进度）。

表 12-2　项目成本表　单位：元

年　度	2011	2012	2013	合　计
发生的成本	70 000	90 000	20 000	180 000

此项劳务应按时间比例确定劳务的完成程度。

(1) 2011年实际发生成本时：

借：劳务成本　70 000

　贷：银行存款　70 000

预收账款时：

借：银行存款　100 000

　贷：预收账款　100 000

12月31日按完工百分比法确认收入时：

劳务的完成程度 = 9 ÷ 24 × 100% = 37.5%

确认收入 = 300 000 × 37.5% − 0 = 112 500（元）

结转成本 = 180 000 × 37.5% − 0 = 67 500（元）

借：预收账款　112 500

　贷：主营业务收入　112 500

结转成本时：

借：主营业务成本　67 500

　贷：劳务成本　67 500

(2) 2012年实际发生成本时：

借：劳务成本　90 000

　贷：银行存款（库存现金等）　90 000

预收账款时：

借：银行存款　100 000

　贷：预收账款　100 000

12月31日按完工百分比法确认收入时：

劳务的完成程度 = 21 ÷ 24 × 100% = 87.5%

确认收入 = 300 000 × 87.5% − 112 500 = 150 000（元）

结转成本 = 180 000 × 87.5% − 67 500 = 90 000（元）

借：预收账款　150 000

　贷：主营业务收入　150 000

⊖ 发生的成本共计220万元，扣除已结转的成本180万元，余额40万元应并入年度资产负债表“存货”项目内反映。

结转成本时：

借：主营业务成本 90 000

贷：劳务成本 90 000

（3）2013 年实际发生成本时：

借：劳务成本 20 000

贷：银行存款 20 000

预收账款时：

借：银行存款 100 000

贷：预收账款 100 000

2013 年 4 月 1 日完工，确认剩余收入时：

借：预收账款 37 500

贷：主营业务收入 37 500

结转成本时：

借：主营业务成本 22 500

贷：劳务成本 22 500

【例 12-23】 A 企业于 2010 年 11 月 1 日接受一项产品安装任务，安装期为 3 个月，合同总收入为 30 万元，至年底已预收款项 22 万元，实际发生成本 14 万元，估计还会发生 6 万元。按实际发生的成本占估计总成本的比例确定劳务的完成程度。

实际发生的成本占估计总成本的比例 = 140 000 ÷（140 000 + 60 000）× 100% = 70%

2010 年确认收入 = 300 000 × 70% − 0 = 210 000（元）

2010 年结转成本 = 200 000 × 70% − 0 = 140 000（元）

2010 年应作分录如下：

（1）实际发生成本时：

借：劳务成本 140 000

贷：银行存款 140 000

（2）预收账款时：

借：银行存款 220 000

贷：预收账款 220 000

（3）12 月 31 日确认收入时：

借：预收账款 210 000

贷：主营业务收入 210 000

（4）结转成本时：

借：主营业务成本 140 000

贷：劳务成本 140 000

二、提供劳务的交易结果不能可靠计量

企业在资产负债表日提供劳务的交易结果不能够可靠计量的，应当区分下列情况处理：

（1）已经发生的劳务成本预计全部能够得到补偿的，应当按照已经发生的劳务成本金额确认提供劳务收入，借记“应收账款”、“预收账款”等科目，贷记“主营业务收入”科

目；同时按相同金额结转劳务成本，借记“主营业务成本”科目，贷记“劳务成本”科目。

（2）已经发生的劳务成本预计只能部分得到补偿的，应当按照能够得到补偿的劳务成本金额确认收入，借记“应收账款”、“预收账款”等科目，贷记“主营业务收入”科目；同时按已经发生的劳务成本结转劳务成本，借记“主营业务成本”科目，贷记“劳务成本”科目。

（3）已经发生的劳务成本预计全部不能得到补偿的，应当将已经发生的劳务成本计入当期损益，借记“主营业务成本”科目，贷记“劳务成本”科目；当期不确认提供劳务收入。

【例 12-24】 A 企业于 2011 年 11 月受托为 B 企业培训一批学员，培训期为 6 个月，11 月 1 日开学。双方签订的协议注明，B 企业应支付培训款总额为 6 万元，分三次等额支付，第一次在开学时预付，第二次在培训期中间，即 2012 年 2 月 1 日支付，第三次在培训结束时支付。每期支付 2 万元。B 企业已在 2011 年 11 月 1 日预付第一期款项。2011 年 12 月 31 日，A 企业得知 B 企业当年效益不好，经营发生困难，后两次的培训费是否能收回，没有把握。因此 A 企业只将已经发生的培训成本 3 万元中能够得到补偿的部分（即 2 万元）确认为收入，并将发生的 3 万元成本全部确认为当年费用。A 企业应作如下会计分录：

（1）2011 年 11 月 1 日：

借：银行存款　　20 000

　　贷：预收账款　　20 000

（2）A 企业发生成本时：

借：劳务成本　　30 000

　　贷：银行存款（库存现金等）　　30 000

（3）2011 年 12 月 31 日：

借：预收账款　　20 000

　　贷：主营业务收入　　20 000

借：主营业务成本　　30 000

　　贷：劳务成本　　30 000

三、销售商品和提供劳务的混合业务

根据《企业会计准则第 14 号——收入》的规定，对于销售商品和提供劳务的混合业务：如果销售商品部分和提供劳务部分能够区分且能够单独计量的，企业应当分别核算，将销售商品部分作为销售商品处理，将提供劳务部分作为提供劳务处理；如果销售商品部分和提供劳务部分不能够区分，或虽能区分但不能够单独计量的，企业应当将销售商品部分和提供劳务部分全部作为销售商品部分进行会计处理。

【例 12-25】 甲公司与乙公司签订合同，向乙公司销售一部电梯并负责安装。甲公司开出的增值税专用发票上注明的价款合计为 100 万元，其中电梯销售价格为 98 万元，安装部分收费为 2 万元，增值税税额为 16.66 万元。电梯的成本为 56 万元；电梯安装过程中实际发生安装费用 1.2 万元，均为安装人员薪酬。假定电梯已经安装完成并验收合格，款项尚未收到；安装工作是销售合同的重要组成部分。甲公司的账务处理如下：

（1）电梯发出结转成本时：

借：发出商品　560 000

　贷：库存商品　560 000

（2）实际发生安装费时：

借：劳务成本　12 000

　贷：应付职工薪酬　12 000

（3）电梯销售实现确认收入时：

借：应收账款　1 146 600

　贷：主营业务收入　980 000

　　应交税费——应交增值税（销项税额）　166 600

借：主营业务成本　560 000

　贷：发出商品　560 000

（4）确认安装费收入时：

借：应收账款　20 000

　贷：主营业务收入　20 000

借：主营业务成本　12 000

　贷：劳务成本　12 000

【例12-26】 沿用例12-25的资料，假定电梯销售价格和安装费用无法区分。甲公司的账务处理如下：

（1）电梯发出结转成本时：

借：发出商品　560 000

　贷：库存商品　560 000

（2）发生安装费用时：

借：劳务成本　12 000

　贷：应付职工薪酬　12 000

（3）销售实现确认收入时：

借：应收账款　1 170 000

　贷：主营业务收入　1 000 000

　　应交税费——应交增值税（销项税额）　170 000

借：主营业务成本　572 000

　贷：发出商品　560 000

　　劳务成本　12 000

四、特殊劳务交易的处理

除了上述劳务交易收入的确认与计量问题以外，《企业会计准则第14号——收入》还规定了一些特殊劳务收入的确认问题，如安装费收入、广告费收入、入场费收入、申请入会费和会员费收入、特许权费收入、订制软件收入、定期收费和包括在商品售价内的服务费等。

1. 安装费收入

如果安装费是与商品销售分开的，则应在资产负债表日根据安装的完工进度确认收入；

如果安装费是商品销售收入的一部分，则应在销售商品的同时确认收入。

2. 广告费收入

宣传媒介的佣金收入应在相关的广告或商业行为开始出现于公众面前时予以确认，广告制作佣金收入则应在资产负债表日根据项目的完成进度确认。

3. 入场费收入

因艺术表演、招待宴会以及其他特殊活动而产生的收入，应在这些活动发生时予以确认。如果是一笔预收几项活动的收入，则这笔预收款应合理分配给每项活动。

4. 申请入会费和会员费收入

这方面的收入确认应以所提供服务的性质为依据。如果所收费用只允许取得会籍，而所有其他服务或商品都要另行收费，则在款项收回不存在任何不确定性时确认为收入。如果所收费用能使会员在会员期内得到各种服务或出版物，或者以低于非会员所负担的价格购买商品或劳务，则该项收费应在整个受益期内分期确认收入。

5. 特许权费收入

特许权费收入包括提供初始及后续服务、设备和其他有形资产及专门技术等方面的收入。其中：属于提供设备和其他有形资产的部分，应在交付资产或转移资产所有权时，确认为收入；属于提供初始及后续服务的部分，应在提供服务时确认为收入。

【例 12-27】 A、B 两企业达成协议，A 企业允许 B 企业经营其连锁店，协议规定：A 企业共向 B 企业收取特许权费 60 万元，其中提供家具、柜台等收费 20 万元，这些家具、柜台的成本为 18 万元；提供初始服务，如帮助选址、培训人员、融资、广告等收费 30 万元，发生成本 20 万元（其中，14 万元为人员薪酬，6 万元为支付的广告费）；提供后续服务收费 10 万元，发生成本 5 万元（均为人员薪酬）。假定款项在协议开始时一次付清。则 A 企业应作如下会计分录：

（1）收到款项时：

	借方	贷方
借：银行存款	600 000	
贷：预收账款		600 000

（2）在家具、柜台等资产的所有权转移时：

	借方	贷方
借：预收账款	200 000	
贷：主营业务收入		200 000

结转成本时：

	借方	贷方
借：主营业务成本	180 000	
贷：库存商品		180 000

（3）在提供初始服务时：

	借方	贷方
借：劳务成本	200 000	
贷：应付职工薪酬		140 000
银行存款		60 000
借：预收账款	300 000	
贷：主营业务收入		300 000
借：主营业务成本	200 000	
贷：劳务成本		200 000

（4）在提供后续服务时：

借：劳务成本 50 000

贷：应付职工薪酬 50 000

借：预收账款 100 000

贷：主营业务收入 100 000

借：主营业务成本 50 000

贷：劳务成本 50 000

6. 订制软件收入

订制软件主要是指为特定客户开发软件，不包括开发通用软件。订制软件收入应在资产负债表日根据开发的完工进度确认收入。

7. 定期收费

有的企业与客户签订合同，长期为客户提供某一种或几种重复的劳务，客户按期支付劳务费。定期收费通常应在相关劳务活动发生时确认收入。

8. 包括在商品售价内的服务费

若商品的售价包括可区分的、在售后一定期限内的服务费，该部分应在提供服务的期间内分期确认收入。

第四节 让渡资产使用权收入的确认和计量

一、让渡资产使用权收入的种类

让渡资产使用权取得的收入有以下两种类型：

（1）因他人使用本企业现金而收取的利息收入。这主要是指金融企业对外贷款形成的利息收入及同业之间发生往来形成的利息收入等。

（2）因他人使用本企业的无形资产（如商标权、专利权、专营权、软件、版权）而形成的使用费收入。

让渡资产使用权取得的收入还应包括他人使用本企业的固定资产取得的租金收入；因债权投资取得的利息收入及进行股权投资取得的股利收入等。这些收入的确认和计量已在相关章节述及。

二、让渡资产使用权收入的确认条件

利息收入和使用费收入应按下列确认条件进行确认：

（1）相关的经济利益很可能流入企业。它是指让渡资产使用权收入金额收回的可能性大于不能收回的可能性，这是任何交易都应遵循的一项重要原则。

企业在确定让渡资产使用权收入金额能否收回时，应当根据对方企业的信誉和生产经营情况、当年的效益情况以及双方就结算方式、付款期限等达成的合同或协议条款等因素进行判断。如果企业估计让渡资产使用权收入收回的可能性不大，就不应确认收入。

（2）收入的金额能够可靠地计量。如果让渡资产使用权收入的金额不能够合理地估计，则不应确认收入。

三、利息收入的账务处理

企业应在资产负债表日，按照他人使用本企业货币资金的时间和实际利率计算确定利息收入金额。按计算确定的利息收入金额，借记“应收利息”、“银行存款”等科目，贷记“利息收入”、“其他业务收入”等科目。

四、使用费收入的账务处理

使用费收入应按有关合同协议规定的收费时间和方法确认。不同的使用费收入，其收费时间和收费方法各不相同。有的是一次收回一笔固定的金额，如一次收取10年的场地使用费；有的是在协议规定的有效期内分期等额收回固定的金额，如合同规定的使用期内每期收取一笔固定的金额；有的是分期不等额收回，如合同规定按资产使用方每期销售额的百分比收取使用费等。

如果合同、协议规定使用费一次支付，且不提供后期服务的，应视同该项资产的销售一次确认收入；如提供后期服务的，则应在合同或协议规定的有效期内分期确认收入。如果合同或协议规定分期支付使用费的，则应按合同规定的收款时间和金额或合同规定的收费方法计算的金额分期确认收入。

使用费收入在确认时，应按确定的收入金额借记“应收账款”、“银行存款”等科目，贷记“其他业务收入”或“主营业务收入”科目。

【例12-28】 A企业（非软件公司）向B企业转让某项软件的使用权，一次性收费40万元，不提供后续服务。该项交易实质上是出售软件，应视同销售进行处理。

借：银行存款　400 000

　　贷：其他业务收入　400 000

【例12-29】 A企业向B企业转让某项专利权的使用权，转让期为5年，每年收取使用费6万元。A企业每年应确认收入6万元。

借：应收账款（或银行存款）　60 000

　　贷：其他业务收入　60 000

【例12-30】 A企业向B企业转让其商品的商标使用权，合同规定B企业每年年末按年销售收入的10%向A企业支付使用费，使用期为10年。假定第一年B企业的销售收入为1 000 000元，第二年的销售收入为1 500 000元，这两年的使用费按期支付。则A企业应按下列方法确认收入：

第一年年末应确认使用费收入＝1 000 000×10%＝100 000（元）

借：银行存款　100 000

　　贷：其他业务收入　100 000

第二年年末应确认使用费收入＝1 500 000×10%＝150 000（元）

借：银行存款　150 000

　　贷：其他业务收入　150 000

第五节 建造合同收入的确认和计量

一、建造合同及其类型

（一）建造合同的概念及特点

建造合同是指为建造一项或者数项在设计、技术、功能、最终用途等方面密切相关的资产而订立的合同。其中，所建造的资产主要包括房屋、道路、桥梁、水坝等建筑物，以及船舶、飞机、大型机械设备等。合同的甲方称为客户，乙方称为建造承包商。建造合同不同于一般的材料采购合同和劳务合同，而有其自身的特征，主要表现在：

（1）先有买主（即客户），后有标的（即资产），建造资产的造价在签订合同时已经确定。

（2）资产的建设期比较长，一般都要跨越一个或几个会计期间。

（3）所建造的资产体积大，造价高。

（4）建造合同一般为不可撤销的合同。

（二）建造合同的类型

建造合同分为两类：一类是固定造价合同；另一类是成本加成合同。

（1）固定造价合同。固定造价合同是指按照固定的合同价或固定单价确定工程价款的建造合同。例如，某建造承包商与一客户签订一项建造合同，为客户建造一栋办公大楼，合同规定建造大楼的总造价为2 000万元。该合同即为固定造价合同。再如，某建造承包商与某客户签订一项建造合同，为客户建造一条100km长的公路，合同规定造价为600万元/km。该合同也是固定造价合同。

（2）成本加成合同。成本加成合同是指以合同允许或其他方式议定的成本为基础，加上该成本的一定比例或定额费用确定工程价款的建造合同。例如，建造一艘船舶，合同总价款以建造该船舶的实际成本为基础，加收3%计取。再如，建造一段地铁，合同总价款以建造该段地铁的实际成本为基础，加收1 000万元计取。

固定造价合同与成本加成合同的主要区别在于风险的承担者不同，前者的风险由建造承包商承担，后者的风险主要由发包方承担。

（三）合同的分立与合并

企业通常应当按照单项建造合同进行会计处理。但是，在某些情况下，为了反映一项或一组合同的实质，需要将单项合同进行分立或将数项合同进行合并。

1. 合同分立

有的资产建造虽然形式上只签订了一项合同，但各项资产在商务谈判、设计施工、价款结算等方面都是可以相互分离的，实质上是多项合同，在会计上应当作为不同的核算对象。

一项包括数项资产的建造合同，同时满足下列三个条件的，每项资产应当分立为单项合同：

（1）每项资产均有独立的建造计划。

（2）与客户就每项资产单独进行谈判，双方能够接受或拒绝与每项资产有关的合同条款。

（3）每项资产的收入和成本可以单独辨认。

2. 合同合并

有的资产建造虽然形式上签订了多项合同，但各项资产在设计、技术上是密不可分的，实质上是一项合同，在会计上应当作为一个核算对象。一组合同无论对应单个还是多个客户，同时满足下列三项条件的，应当作为单项合同：

（1）该组合同按一揽子交易签订。

（2）该组合同密切相关，每项合同实际上已经构成一项综合利润率工程的组成部分。

（3）该组合同同时或依次履行。

3. 追加资产的建造

有时，建造合同在执行中，客户可能会提出追加建造资产的要求，从而与建造承包商协商变更原合同内容或者另行签订建造追加资产的合同。根据不同情况，建造追加资产的合同可能与原合同合并为一项合同进行会计核算，也可能作为单项合同单独核算。

追加资产的建造，满足下列条件的之一的，应当作为单项合同：

（1）该追加资产在设计、技术或功能上与原合同包括的一项或数项资产存在重大差异。

（2）议定该追加资产的造价时，不需要考虑原合同价款。

（四）建造合同收入和合同成本的内容

1. 建造合同收入的组成

合同收入包括两部分内容：一是合同规定的初始收入，即建造承包商与客户签订的合同中最初商定的合同总金额，它构成了合同收入的基本内容；二是合同因变更、索赔、奖励等形成的收入。

合同变更是指客户为改变合同规定的作业内容而提出的调整。合同变更款（金额）同时满足下列条件的，才能构成合同收入：①客户能够认可因变更而增加的收入。②该收入能够可靠地计量。

【例 12-31】 建造承包商 E 与学校签订了一项建造图书馆的合同，建设期为 3 年。第二年，学校要求将原设计中采用的铝合金门窗改为塑钢门窗，并同意增加合同造价 50 万元。

本例中，E 可在第二年将因合同变更而增加的收入 50 万元认定为合同收入的组成部分。假如 E 认为此项变更应增加造价 50 万元，但双方最终只达成增加造价 40 万元的协议，则只能将 40 万元认定为合同收入的组成部分。

索赔款是指因客户或第三方原因造成的、向客户或第三方收取的、用以补偿不包括在合同造价中成本的款项。索赔款同时满足下列条件的，才能构成合同收入：①根据谈判情况，预计对方能够同意该项索赔。②对方能够接受的金额能够可靠地计量。

【例 12-32】 建造承包商 F 与客户签订了一项建造水电站的合同。合同规定的建设期是 2008 年 1 月至 2011 年 10 月，同时规定，发电机由客户采购，于 2010 年 10 月交付建造承包商进行安装。该项合同在安装过程中，客户于 2012 年 1 月才将发电机交付建造承包商。建造承包商因客户交货延期要求客户支付延误工期款 150 万元，客户同意支付。

本例中，F 应将延误工期款 150 万元确认为收入。假如客户不同意支付延误工期款，则不能将 150 万元计入合同总收入；假如客户只同意支付延误工期款 100 万元，则只能将 100 万元认定为合同收入的组成部分。

奖励款是指工程达到或超过规定的标准，客户同意支付的额外款项。奖励款同时满足下列条件的，才能构成合同收入：①根据合同目前完成情况，足以判断工程进度和工程质量能够达到或超过规定的标准。②奖励金额能够可靠地计量。

【例 12-33】 某大桥建设局与客户签订一项建造大桥的合同，合同规定的建设期为 2008 年 10 月 25 日至 2011 年 10 月 25 日。2011 年 7 月，主体工程已基本完工，工程质量符合设计要求，有望提前三个月竣工，客户同意向建造承包商支付提前竣工奖 100 万元。

本例中，大桥建设局应将提前竣工奖 100 万元确认为收入。假如该项合同的主体工程虽于 2011 年 7 月基本完工，但是经工程监理人员认定，工程质量未达到设计要求，还需进一步施工，则不能认定奖励款构成合同收入。

2. 建造合同成本的组成

合同成本是指为某项建造合同而发生的相关费用。合同成本包括从合同签订开始至合同完成所发生的、与执行合同有关的直接费用和间接费用。其中：直接费用是指为完成合同所发生的、可以直接计入合同成本核算对象的各项费用支出；间接费用是指为完成合同所发生的、不直接归属于合同成本核算对象而应分配计入有关合同成本核算对象的各项费用支出。实务中，间接费用的分配方法主要有人工费用比例法、直接费用比例法等。

注意：与合同有关的零星收益（如完成合同后处置残余物资取得的收益），不应计入合同收入而应冲减合同成本。

（1）合同直接费用的构成。合同的直接费用包括耗用的材料费用、人工费用、机械使用费和其他直接费用。

耗用的材料费用主要包括施工生产过程中耗用的构成工程实体或有助于形成工程实体的原材料、辅助材料、构配件、零件、半成品的成本和周转材料的摊销及租赁费用。

耗用的人工费用主要包括从事工程建造的人员的工资、奖金、福利费、工资性质的津贴等支出。

耗用的机械使用费主要包括施工生产过程中使用自有施工机械所发生的机械使用费、租用外单位施工机械支付的租赁费和施工机械的安装费、拆卸费和进出场费。

其他直接费用是指在施工过程中发生的除上述三项直接费用以外的其他可以直接计入合同成本对象的费用，主要包括有关的设计和技术援助费用、施工现场材料的二次搬动费、生产工具和用具使用费、检验试验费、工程定位复测费、工程点交费用、场地清理费用等。

（2）间接费用的组成。间接费用主要包括临时设施摊销费用和企业下属的施工单位、生产单位组织和管理施工生产活动所发生的费用，如管理人员薪酬、劳动保护费、固定资产折旧费及修理费、物料消耗、取暖费、水电费、办公费、差旅费、财产保险费、工程保修费、排污费等。其中，“施工单位”是指建筑安装企业的施工队、项目经理部等；“生产单位”是指船舶、飞机、大型机械设备等制造企业的生产车间。这些单位可能同时组织实施几项合同，其发生的费用应由这几项合同的成本共同负担。

（3）不计入合同成本的各项费用。下列各项费用属于期间费用，应在发生时计入当期损益，不计入建造合同成本：

1）企业行政管理部门为组织和管理生产经营活动所发生的管理费用。其中，“企业行政管理部门”包括建筑安装公司的总公司，船舶、飞机、大型机械设备制造企业等企业总部。

2）船舶等制造企业的销售费用。

3）企业为建造合同借入款项所发生的、不符合《企业会计准则第 17 号——借款费用》

规定的资本化条件的借款费用。例如，企业在建造合同完成后发生的利息净支出、汇兑净损失、金融机构手续费以及筹资发生的其他财务费用。

4）因订立合同而发生的有关费用，如企业为订立合同而发生的差旅费。

二、合同收入与合同费用的确认

合同收入与合同费用确认的基本原则：一是如果建造合同的结果能够可靠估计，企业应根据完工百分比法在资产负债表日确认合同收入和合同费用。二是如果建造合同的结果不能可靠估计，应分两种情况进行处理：①合同成本能够收回的，合同收入根据能够收回的实际合同成本金额予以确认，合同成本在其发生的当期确认为合同费用。②合同成本不可能收回的，应在发生的当期立即确认为合同费用，不确认合同收入。三是合同预计总成本超过合同收入的，应将预计损失确认为当期费用。

（一）结果能够可靠估计的建造合同

建造合同的结果能够可靠估计的，企业应根据完工百分比法在资产负债表日确认合同收入和合同费用。

完工百分比法是根据合同完工进度确认合同收入和费用的方法，运用这种方法确认合同收入和费用，能为报表使用者提供有关合同进度及本期业绩的有用信息，体现了权责发生制的要求。

1. 建造合同能够可靠估计的认定标准

（1）固定造价合同的结果能够可靠估计的认定标准为：①合同总收入能够可靠地计量。②与合同相关的经济利益很可能流入企业。③实际发生的合同成本能够清楚地区分并可靠地计量。④合同完工进度和为完成合同尚需发生的成本能够可靠地确定。

（2）成本加成合同的结果能够可靠估计的认定标准为：①与合同相关的经济利益很可能流入企业。②实际发生的合同成本能够清楚地区分并可靠地计量。

2. 科目设置

（1）“工程施工”：该科目核算企业（建造承包商）实际发生的合同成本和合同毛利。该科目应当按照建造合同，分别“合同成本”、“间接费用”、“合同毛利”进行明细核算。

企业进行合同建造时发生的人工费、材料费、机械使用费以及施工现场材料的二次搬运费、生产工具和用具使用费、检验试验费、临时设施折旧费等其他直接费用，应借记“工程施工——合同成本”科目，贷记“应付职工薪酬”、“原材料”等科目。

企业发生的施工、生产单位管理人员职工薪酬、固定资产折旧费、财产保险费、工程保修费、排污费等间接费用，应借记“工程施工——间接费用”科目，贷记“累计折旧”、“银行存款”等科目。月末，将间接费用分配计入有关合同成本，借记“工程施工——合同成本”科目，贷记“工程施工——间接费用”科目。

根据《企业会计准则第15号——建造合同》确认合同收入、合同费用时，借记“主营业务成本”科目，贷记“主营业务收入”科目，按其差额，借记或贷记“工程施工——合同毛利”。合同完工时，将本科目余额与相关工程施工合同的“工程结算”科目对冲，借记“工程结算”科目，贷记“工程施工”科目。本科目期末借方余额，反映企业尚未完工的建造合同成本和合同毛利。

（2）“工程结算”：该科目核算企业（建造承包商）根据建造合同约定向业主办理结算

的累计金额。该科目应当按照建造合同进行明细核算。企业向业主办理工程价款结算时，按应结算的金额，借记“应收账款”等科目，贷记“工程结算”科目。合同完工时，将本科目余额与相关工程施工合同的“工程施工”科目对冲，借记“工程结算”科目，贷记“工程施工”科目。该科目期末贷方余额，反映企业尚未完工建造合同已办理结算的累计金额。

3. 完工进度的确定

确定合同完工进度有以下三种方法：

（1）根据累计实际发生的合同成本占合同预计总成本的比例确定。该方法是确定合同完工进度比较常用的方法。其计算公式如下：

合同完工进度 = 累计实际发生的合同成本 ÷ 合同预计总成本 ×100%

累计实际发生的合同成本是指形成工程完工进度的工程实体和工作量所耗用的直接成本和间接成本，不包括与合同未来活动相关的合同成本（如施工中尚未安装、使用或耗用的材料成本），以及在分包工程的工作完成之前付给分包单位的款项（根据分包工程进度支付的分包工程进度款，应构成累计实际发生的合同成本）。

【例 12-34】 某建筑公司承建 A 工程，工期 2 年，A 工程的预计总成本为 2 000 万元。第一年，该建筑公司的“工程施工——A 工程”账户的实际发生额为 1 200 万元。其中：人工费 400 万元，材料费 500 万元，机械作业费 250 万元，其他直接费和工程间接费 50 万元。经查明，A 工程领用的材料中有一批虽已运到施工现场但尚未使用，尚未使用的材料成本为 100 万元。根据上述资料计算第一年的完工进度如下：

合同完工进度 = （1 200 - 100） ÷2 000 ×100% =55%

（2）根据已完成的合同工作量占合同预计总工作量的比例确定。该方法适用于合同工作量容易确定的建造合同，如道路工程、土石方挖掘、砌筑工程等。其计算公式如下：

合同完工进度 = 已完成的合同工作量 ÷ 合同预计总工作量 ×100%

（3）根据实际测定的完工进度确定。该方法是在无法根据上述两种方法确定合同完工进度时所采用的一种特殊的技术测量方法，适用于一些特殊的建造合同，如水下施工工程等。但是，这种技术测量并不是由建造承包商自行随意测定，而应由专业人员现场进行科学测定。

4. 完工百分比法的运用

确定建造合同的完工进度后，就可以根据完工百分比法确认和计算当期的合同收入和费用。当期确认的合同收入和费用可用下列公式计算：

当期确认的合同收入 = 合同总收入 × 完工进度 - 以前会计期间累计已确认的收入

当期确认的合同费用 = 合同预计总成本 × 完工进度 - 以前会计期间累计已确认的费用

当期确认的合同毛利 = 当期确认的合同收入 - 当期确认的合同费用

上述公式中的“完工进度”指累计完工进度。

对于当期完成的建造合同，应当按照实际合同总收入扣除以前会计期间累计已确认收入后的金额，确认为当期合同收入；同时，按照累计实际发生的合同成本扣除以前会计期间累计已确认费用后的金额，确认为当期合同费用。

【例 12-35】 某建筑企业签订了一项总金额为 270 万元的固定造价合同，合同完工进度按照累计实际发生的合同成本占合同总成本的比例确定。工程已于 2009 年 2 月开工，预计 2011 年 9 月完工。最初预计的工程总成本为 250 万元，到 2010 年年底，由于材料价格上涨等因素调整了预计总成本，预计工程总成本为300万元。该建筑企业于2011年7月提前两个月完成了建造合同，工程质量优良，客户同意支付奖励款30万元。建造该工程的其他有关资料如表12-3所示。

表12-3　建造某工程数据　　单位：万元

项　　目	2009年	2010年	2011年
累计实际发生成本	80	210	295
预计尚需发生成本	170	90	—
结算合同价款	100	110	90
实际收到价款	80	90	130

该建筑企业的有关账务处理如下：

（1）2009年账务处理。登记实际发生的合同成本。

借：工程施工——合同成本　　800 000

　　贷：原材料（或应付职工薪酬、机械作业等）　　800 000

登记已结算的合同款项。

借：应收账款　　1 000 000

　　贷：工程结算　　1 000 000

登记实际收到的合同款项。

借：银行存款　　800 000

　　贷：应收账款　　800 000

确认计量当年的合同收入和费用，并登记入账。

2009年的完工进度＝800 000÷（800 000＋1 700 000）×100%＝32%

2009年确认的合同收入＝2 700 000×32%＝864 000（元）

2009年确认的合同费用＝（800 000＋ 1 700 000）×32%＝800 000（元）

借：主营业务成本　　800 000

　　工程施工——合同毛利　　64 000

　　贷：主营业务收入　　864 000

（2）2010年账务处理。登记实际发生的合同成本。

借：工程施工——合同成本　　1 300 000

　　贷：原材料（或应付职工薪酬、机械作业等）　　1 300 000

登记已结算的合同款项。

借：应收账款　　1 100 000

　　贷：工程结算　　1 100 000

登记实际收到的合同款项。

借：银行存款　　900 000

　　贷：应收账款　　900 000

确认计量当年的合同收入和费用，并登记入账。

2010年的完工进度＝2 100 000÷（2 100 000＋900 000）×100%＝70%

2010年确认的合同收入＝2 700 000×70%－864 000＝1 026 000（元）

2010 年确认的合同费用 =（2 100 000 + 900 000）×70% - 800 000 = 1 300 000（元）

2010 年确认的合同毛利 = 1 026 000 - 1 300 000 = -274 000（元）

借：主营业务成本　　1 300 000
　　贷：主营业务收入　　1 026 000
　　　　工程施工——合同毛利　　274 000

2010 年年底，由于预计工程的总收入小于工程总成本 300 000 元，已在“工程施工——合同毛利”中累计反映了 210 000 元（274 000 - 64 000），因此应将剩余的预计损失 90 000 元确认为当期的费用。

借：资产减值损失　　90 000
　　贷：存货跌价准备　　90 000

（3）2011 年账务处理。登记实际发生的合同成本。

借：工程施工——合同成本　　850 000
　　贷：原材料（或应付职工薪酬、机械作业等）　　850 000

登记已结算的合同款项。

借：应收账款　　900 000
　　贷：工程结算　　900 000

登记实际收到的合同款项。

借：银行存款　　1 300 000
　　贷：应收账款　　1 300 000

确认计量当年的合同收入和费用，并登记入账。

2011 年确认的合同收入 =（2 700 000 + 300 000）-（864 000 + 1 026 000）= 1 110 000（元）

2011 年确认的合同费用 = 2 950 000 - 800 000 - 1 300 000 = 850 000（元）

2011 年确认的合同毛利 = 1 110 000 - 850 000 = 260 000（元）

借：主营业务成本　　850 000
　　工程施工——合同毛利　　260 000
　　贷：主营业务收入　　1 110 000

2011 年工程全部完工，应将“存货跌价准备”相关余额冲减“主营业务成本”科目，将“工程施工”科目的余额与“工程结算”科目余额相对冲。

借：存货跌价准备　　90 000
　　贷：主营业务成本　　90 000

借：工程结算　　3 000 000
　　贷：工程施工——合同成本　　2 950 000
　　　　工程施工——合同毛利　　50 000

（二）结果不能可靠估计的建造合同

如果建造合同的结果不能可靠地计量，则不能采用完工百分比法确认和计量合同收入和合同费用，而应区别以下两种情况进行会计处理：

（1）合同成本能够收回的，合同收入根据能够收回的实际合同成本金额予以确认，合同成本在其发生的当期确认为合同费用。

（2）合同成本不可能收回的，应在发生的当期立即确认为合同费用，不确认合同收入。

【例 12-36】　某建筑公司与客户签订了一项总金额为 120 万元的建造合同。第一年实际发生工程成本 50 万元，双方均能履行合同规定的义务，但建筑公司在年末时对该项工程的完工进度无法可靠确定。

本例中，该公司不能采用完工百分比法确认收入。由于客户能够履行合同，当年发生的成本均能收回，所以公司可将当年发生的成本金额同时确认为当年的收入和费用，当年不确认利润。其账务处理如下：

借：主营业务成本　　500 000
　　贷：主营业务收入　　500 000

如果该公司当年与客户只办理价款结算 30 万元，其余款项可能收不回来。这种情况下，该公司只能将 30 万元确认为当年的收入，50 万元应确认为当年的费用，其账务处理如下：

借：主营业务成本　　500 000
　　贷：主营业务收入　　300 000
　　　　工程施工——合同毛利　　200 000

【例 12-37】　沿用例 12-36 的资料，如果到第二年，完工进度无法可靠确定的因素消失。当年实际发生的成本为 30 万元，预计为完成合同尚需发生的成本为 20 万元，则企业的合同收入和费用如下：

第二年合同完工进度＝（50＋30）÷（50＋30＋20）×100%＝80%

第二年确认的合同收入＝120×80%－30＝66（万元）

第二年确认的合同成本＝（50＋30＋20）×80%－50＝30（万元）

第二年确认的合同毛利＝66－30＝36（万元）

其账务处理如下：

借：主营业务成本　　300 000
　　工程施工——合同毛利　　360 000
　　贷：主营业务收入　　660 000

（三）合同预计损失的处理

建造承包商正在建造的资产，类似于工业企业的在产品，性质上属于建造承包商的存货，期末应当对其进行减值测试。如果建造合同的预计总成本超过合同总收入，则形成合同预计损失，应提取减值准备，并确认为当期费用。合同完工时，以提取的损失准备冲减合同费用。

【例 12-38】　某建筑公司签订了一项总金额为 120 万元的固定造价合同，最初预计总成本为 100 万元。第一年实际发生成本 70 万元。年末，预计为完成合同尚需发生成本 55 万元。该合同的结果能够可靠估计。该公司在年末应进行如下账务处理：

第一年合同完工进度＝70÷（70＋55）×100%＝56%

第一年确认的合同收入＝120×56%＝67.2（万元）

第一年确认的合同费用＝（70＋55）×56%＝70（万元）

第一年确认的合同毛利＝67.2－70＝－2.8（万元）

第一年预计的合同损失＝［（70＋55）－120］×（1－56%）＝2.2（万元）

借：主营业务成本　　700 000

贷：主营业务收入　672 000

工程施工——合同毛利　28 000

借：资产减值损失　22 000

贷：存货跌价准备　22 000

第六节 费　用

一、费用的确认

费用是指企业在日常活动中发生的、会导致所有者权益减少的、与向所有者分配利润无关的经济利益的总流出。

费用具有以下三个特征：

（1）费用是企业在日常活动中产生的，而不是在偶发的交易或事项中产生的。

注意：企业的罚款支出，处置固定资产、无形资产的净损失不是费用，而是损失。

（2）费用的发生可能表现为资产的减少，或表现为负债的增加，或者两者兼而有之。

（3）费用的发生会导致经济利益流出企业，该流出会导致所有者权益的减少，但它与向所有者分配利润无关。

注意：企业向所有者分配的利润，不属于费用。

在确认费用时，应区分生产费用与期间费用的界限。生产费用应当计入产品成本，而期间费用则直接计入当期损益。

本节所指的费用主要指期间费用。

二、期间费用的核算

期间费用是指企业当期发生的、不能直接或间接归入某种产品成本、应直接计入损益的各项费用，包括管理费用、销售费用和财务费用。

（一）管理费用

1. 管理费用的内容

管理费用是指企业为组织和管理生产经营活动所发生的各种费用，包括企业的董事会费和行政管理部门在企业的经营管理活动中发生的，或者应当由企业统一负担的各项费用，具体包括公司经费、工会经费、董事会费、聘请中介机构费、咨询费、诉讼费、业务招待费、房产税、车船税、城镇土地使用税、印花税、技术转让费、矿产资源补偿费、研究费用、排污费以及企业生产车间（部门）和行政管理部门等发生的固定资产修理费用等。

2. 管理费用的核算

企业发生管理费用时，借记“管理费用”科目，贷记“银行存款”、“累计折旧”、“原材料”、“应交税费”等科目。期末将该账户余额转入“本年利润”科目，结转后无余额。

【例 12-39】 A 公司用现金交付印花税 500 元，经计算本期应交房产税 1 000 元，车船税 1 500 元，城镇土地使用税 500 元。有关的账务处理如下：

借：管理费用　3 500

贷：库存现金　500

应交税费——应交房产税　1 000
　　　　——应交车船税　1 500
　　　　——应交城镇土地使用税　500

（二）销售费用

1. 销售费用的内容

销售费用是指企业在销售商品和材料、提供劳务过程中发生的各项费用，包括保险费、包装费、展览费和广告费、商品维修费、预计产品质量保证损失、运输费、装卸费等费用，以及为销售本企业商品而专设的销售机构（含销售网点、售后服务网点等）的职工薪酬、业务费、折旧费、固定资产修理费等费用。

2. 销售费用的核算

企业发生销售费用时，借记“销售费用”科目，贷记“银行存款”、“累计折旧”、“应付职工薪酬”等有关科目。期末将该账户余额转入“本年利润”账户，结转后无余额。

【例 12-40】 某公司本期发生广告费 5 000 元、运费 4 700 元、展览费 5 000 元，均以银行存款支付。有关的账务处理如下：

借：销售费用　14 700
　贷：银行存款　14 700

【例 12-41】 某公司销售部门共发生经费 9 000 元，其中人员工资 5 000 元，计提固定资产折旧 2 100 元，以银行存款交付业务费、水电费 1 900 元。有关的账务处理如下：

借：销售费用　9 000
　贷：银行存款　1 900
　　　累计折旧　2 100
　　　应付职工薪酬　5 000

（三）财务费用

1. 财务费用的内容

财务费用是指企业为筹集生产经营所需资金而发生的费用，包括利息支出（减利息收入）、汇兑损益以及相关的手续费、企业发生的现金折扣或收到的现金折扣等。

2. 财务费用的核算

企业发生财务费用时，借记“财务费用”科目，贷记“银行存款”、“长期借款”、“应付利息”等有关科目。期末将该账户余额转入“本年利润”账户，结转后无余额。

【例 12-42】 某公司 3 月份支付本季度短期借款利息 3 000 元。

借：财务费用　1 000
　　应付利息　2 000
　贷：银行存款　3 000

【例 12-43】 某公司接到银行通知，划入银行存款利息收入 2 000 元。

借：银行存款　2 000
　贷：财务费用　2 000

第七节 利润及其分配

一、利润的构成

利润是企业在一定会计期间的经营成果。利润包括收入减去费用后的净额、直接计入当期损益的利得和损失等。

其中，收入减去费用后的净额反映企业日常活动的经营成果；直接计入当期损益的利得和损失是指企业非日常活动形成的、会导致所有者权益发生增减变动的、与所有者投入资本或者向所有者分配利润无关的利得或者损失，如营业外收入、营业外支出等。

《企业会计准则》规定，企业利润包括营业利润、利润总额和净利润。其相关的计算公式如下：

营业利润 = 营业收入 - 营业成本 - 营业税金及附加 - 销售费用 - 管理费用 - 财务费用 - 资产减值损失 + 公允价值变动收益（ - 公允价值变动损失） + 投资收益（ - 投资损失）

利润总额 = 营业利润 + 营业外收入 - 营业外支出

净利润 = 利润总额 - 所得税费用

二、利润的核算

1. 营业外收入的核算

营业外收入是指企业发生的与其日常活动无直接关系的各项利得。营业外收入并不是企业日常的生产经营所带来的，不需要企业为其付出代价，实际上是经济利益的净流入，不可能也不需要与有关的费用进行配比。

营业外收入主要包括非流动资产处置利得、盘盈利得、罚没利得、捐赠利得、确实无法支付而按规定程序经批准后转作营业外收入的应付款项等。

企业应通过“营业外收入”科目核算营业外收入的取得及结转情况。企业确认营业外收入，借记“固定资产清理”、“银行存款”、“库存现金”、“应付账款”等科目，贷记“营业外收入”科目。期末，应将“营业外收入”账户的余额转入“本年利润”科目，借记“营业外收入”科目，贷记“本年利润”科目，结转后该科目无余额。

【例 12-44】 某公司因购买原材料欠 C 公司货款 5 000 元，因某种原因无法支付。该应付未付的账款应作为利得，账务处理如下：

借：应付账款——C 公司　　　　5 000

　　贷：营业外收入　　　　5 000

2. 营业外支出的核算

营业外支出是指企业发生的与其日常活动无直接关系的各项损失，包括非流动资产处置损失、盘亏损失、罚款支出、公益性捐赠支出、非常损失等。

企业应通过“营业外支出”科目核算营业外支出的发生及结转情况。当企业确认营业外支出时，应借记“营业外支出”科目，贷记“银行存款”、“固定资产清理”、“无形资产”等科目。期末，企业应当将“营业外支出”科目余额转入“本年利润”科目，结转后该账户无余额。

【例 12-45】 某企业用普通支票支付税款滞纳金 10 000 元。

借：营业外支出 10 000

贷：银行存款 10 000

3. 所得税费用的核算

企业应设置“所得税费用”科目，该科目属于损益类科目，借方登记企业本期应向国家缴纳的所得税数额，期末，企业应当将“所得税费用”科目的余额转入“本年利润”科目，结转后该科目无余额。

4. 本年利润的结转

企业应当设置“本年利润”科目反映企业本期实现的净利润或净亏损。

每期期末，企业应当结平各损益类科目，将“主营业务收入”、“其他业务收入”等收益类科目余额转入“本年利润”账户的贷方，将各支出类科目的余额转入“本年利润”账户的借方。结转后，“本年利润”科目的贷方余额为本期实现的净利润，借方余额为本期发生的净亏损。

年度终了，应将本年实现的净利润或净亏损，转入“利润分配——未分配利润”账户，结转后无余额。

【例 12-46】 2011 年 12 月初，某公司“本年利润”账户贷方余额为 100 000 000 元，12 月 31 日各有关收入、支出账户余额如表 12-4 所示。

表 12-4 2011 年 12 月 31 日账户余额表 单位：元

账户名称	借方余额	贷方余额
主营业务收入		16 508 000
主营业务成本	12 650 000	
销售费用	76 000	
营业税金及附加	475 750	
管理费用	67 000	
财务费用	53 000	
其他业务收入		52 000
其他业务成本	45 250	
投资收益		120 000
营业外收入		30 000
营业外支出	50 000	
所得税费用	1 311 000	

根据上述资料，有关的账务处理如下：

(1) 结转收入类账户余额。

借：主营业务收入 16 508 000

其他业务收入 52 000

投资收益 120 000

营业外收入 30 000

贷：本年利润 16 710 000

（2）结转支出类账户余额。

借：本年利润　　14 728 000

　　贷：主营业务成本　　12 650 000

　　　　营业税金及附加　　475 750

　　　　其他业务成本　　45 250

　　　　销售费用　　76 000

　　　　管理费用　　67 000

　　　　财务费用　　53 000

　　　　营业外支出　　50 000

　　　　所得税费用　　1 311 000

（3）计算并结转本年净利润 101 982 000 元（100 000 000 + 16 710 000 - 14 728 000）。

借：本年利润　　101 982 000

　　贷：利润分配——未分配利润　　101 982 000

三、利润分配的顺序

企业取得的利润，应当按规定进行分配。利润分配的过程和结果，不仅关系到所有者的合法权益是否得到保护，而且还关系到企业能否长期、稳定的发展。根据《公司法》的规定，企业实现的税前利润，应当按照如下顺序进行分配：

（1）弥补以前年度亏损，但不得超过税法规定的弥补期限。

企业发生的年度亏损，可以用下一年度的利润弥补，下一年度利润不足弥补的亏损，可以在 5 年内用税前利润延续弥补。延续 5 年未弥补的亏损，用税后利润弥补。用税后利润弥补尚未弥补的亏损时，不受亏损年限及金额的限制。

（2）缴纳企业所得税（缴纳企业所得税以后的利润为净利润，继续按以下顺序分配）。

（3）弥补用税前利润弥补之后仍未弥补的亏损。

（4）提取法定盈余公积。企业应按本年实现净利润的 10% 提取。

注意：若企业提取的法定盈余公积累计额已达到注册资本的 50%，则可不再提取。

（5）向投资者分配利润。向投资者分配多少利润，由企业的最高权力机构决定。对于股份有限公司，分配给投资者的利润，还应按如下顺序进行：

1）支付优先股股利。

2）提取任意盈余公积。

3）支付普通股股利。

四、利润分配的核算

为了正确地进行利润分配的核算，企业应设置“利润分配”总分类账户，用来核算企业利润分配或亏损的弥补及历年分配或弥补后的结存数额。“利润分配”账户下一般应设置“提取法定盈余公积”、“应付优先股股利”、“提取任意盈余公积”、“应付普通股股利”、“未分配利润”等明细账户进行明细核算。

1. 盈余公积的核算

（1）企业按规定从净利润中提取盈余公积时：

借：利润分配——提取法定盈余公积、提取任意盈余公积

贷：盈余公积——法定盈余公积、任意盈余公积

（2）企业用盈余公积弥补亏损或转增资本时：

借：盈余公积——法定盈余公积、任意盈余公积

贷：利润分配——盈余公积补亏/实收资本

【例 12-47】 A 公司本年实现的税后利润为 200 000 元，按 10% 的比率提取法定盈余公积。用盈余公积 10 000 元弥补亏损。

（1）提取法定盈余公积。

借：利润分配——提取法定盈余公积 20 000

贷：盈余公积——法定盈余公积 20 000

（2）用盈余公积弥补亏损。

借：盈余公积——法定盈余公积 10 000

贷：利润分配——盈余公积补亏 10 000

2. 应付利润的核算

企业实现的税后利润，在弥补亏损和提取法定盈余公积后剩余的部分，可用于向投资者分配利润。

（1）企业计提应当分配给股东的现金股利或利润时：

借：利润分配——应付优先股股利、应付普通股股利

贷：应付股利

（2）企业经股东大会或类似机构批准分派股票股利的，应当于实际分派股票股利时作如下分录：

借：利润分配——转作资本（或股本）的普通股股利

贷：实收资本/股本

3. 利润分配各明细账户的年终结转

年度终了，企业应将"利润分配"科目下的各有关明细科目的余额转入"利润分配——未分配利润"科目，结转后，除"利润分配——未分配利润"明细科目外，"利润分配"科目的其他明细科目在年末无余额。

"利润分配——未分配利润"账户的余额如在借方，则表示未弥补的亏损；如在贷方，则表示未分配的利润。

【例 12-48】 甲股份有限公司总股本为 100 万股，每股面值 1 元，其中优先股 10 万股，每年按固定股利率 10% 发放股利；普通股 90 万股，按股东大会的决议发放股利。该公司在 2011 年度实现净利润 50 万元。股东大会确定的利润分配方案如下：

（1）按税后利润的 10% 提取法定盈余公积。

（2）支付优先股股利。

（3）提取任意盈余公积 10 万元。

（4）普通股每 10 股派 2 股送 1 元。

（5）结转除"未分配利润"明细账户之外的"利润分配"账户所属其他各明细账户的余额。

根据以上资料，企业应作如下账务处理：

（1）提取法定盈余公积。

提取法定盈余公积＝500 000×10%＝50 000（元）

借：利润分配——提取法定盈余公积　　50 000

　　贷：盈余公积——法定盈余公积　　50 000

（2）确定支付的优先股股利。

支付的优先股股利＝100 000×10%＝10 000（元）

借：利润分配——应付优先股股利　　10 000

　　贷：应付股利——应付优先股股利　　10 000

（3）提取任意盈余公积。

借：利润分配——提取任意盈余公积　　100 000

　　贷：盈余公积——任意盈余公积　　100 000

（4）甲公司向投资者宣告分配现金股利。

应付普通股现金股利＝900 000×0.1＝90 000（元）

应付普通股股票股利＝900 000×0.2＝180 000（元）

借：利润分配——应付普通股股利　　90 000

　　　　　　——转作股本的普通股股利　　180 000

　　贷：应付股利——应付普通股股利　　90 000

　　　　股本　　180 000

（5）结转“利润分配”所属的各明细科目。

借：利润分配——未分配利润　　430 000

　　贷：利润分配——提取法定盈余公积　　50 000

　　　　　　　　——应付优先股股利　　10 000

　　　　　　　　——提取任意盈余公积　　100 000

　　　　　　　　——应付普通股股利　　90 000

　　　　　　　　——转作股本的普通股股利　　180 000

本章小结

收入是指企业在日常活动中形成的、会导致所有者权益增加的、与所有者投入资本无关的经济利益的总流入。收入从企业的日常活动中产生，而不是从偶然的交易或事项中产生。

收入可以有不同的分类：按照企业从事日常活动的性质，可以分为销售商品收入、提供劳务收入、让渡资产使用权收入、建造合同收入等；按照企业从事日常活动在企业的重要性，可以分为主营业务收入和其他业务收入。

销售商品的收入，只有在符合以下五个条件的情况下才能予以确认：①企业已将商品所有权上的主要风险和报酬转移给购货方。②企业既没有保留通常与所有权相联系的继续管理权，也没有对已售出的商品实施有效控制。③收入的金额能够可靠地计量。④相关的经济利益很可能流入企业。⑤相关的已发生和将发生的成本能够可靠地计量。

建造合同是指为建造一项或者数项在设计、技术、功能、最终用途等方面密切相关的资产而订立的合同。建造合同分为两类：一类是固定造价合同；另一类是成本加成合同。企业通常应当按照单项建造合同进行会计处理。

合同收入包括两部分内容：一是合同规定的初始收入，即建造承包商与客户签订的合同中最初商定的合同总金额，它构成了合同收入的基本内容；二是合同因变更、索赔、奖励等形成的收入。合同成本是指为某项建造合同而发生的相关费用，合同成本包括从合同签订开始至合同完成止所发生的、与执行合同有关的直接费用和间接费用。

费用是指企业在日常活动中发生的、会导致所有者权益减少的、与向所有者分配利润无关的经济利益的总流出。期间费用包括管理费用、销售费用和财务费用。管理费用是企业为组织和管理生产经营活动所发生的各种费用。销售费用是企业在销售商品和材料、提供劳务过程中发生的各项费用。财务费用是企业为筹集生产经营所需资金而发生的费用。

年度终了，企业应将损益类科目全部转入“本年利润”科目，若有贷方余额，则按弥补以前年度亏损、提取盈余公积、宣告分派股利的顺序进行分配。

练习题

一、单项选择题

1. 下列各项中，符合收入确认条件，可以确认为收入的是（　　）。

A. 出售无形资产收取的价款　　B. 出售固定资产收取的价款

C. 出售原材料收取的价款　　D. 出售长期股权投资收取的价款

2. 企业销售商品时代垫的运杂费应计入（　　）科目。

A. “应收账款”　　B. “预付账款”　　C. “其他应收款”　　D. “应付账款”

3. 某工业企业销售产品每件220元，若客户购买100件（含100件）以上，每件可得20元的商业折扣。某客户2010年12月10日购买该企业产品100件，按规定现金折扣条件为（2/10，1/20，n/30），增值税税率为17%（现金折扣时不考虑增值税）。该企业于2010年12月26日收到该笔款项时，应给予客户的现金折扣为（　　）元。

A. 0　　B. 200　　C. 234　　D. 220

4. A公司本年度委托B商店代销一批零部件，代销价款为200万元。本年度收到B商店交来的代销清单，代销清单列明已销售代销零配件的60%，A公司收到代销清单时向B商店开具增值税专用发票。B商店按代销价款的5%收取手续费。该批零配件的实际成本为120万元。则A公司本年度应确认的销售收入为（　　）元

A. 120　　B. 114　　C. 200　　D. 68.4

5. 某企业于2010年11月接受一项产品安装任务，采用完工百分比法确认劳务收入，预计安装14个月，合同总收入为200万元，合同预计总成本为158万元。至2011年年底预收款项160万元，余款在安装完成时收回，至2011年12月31日实际发生成本152万元，预计还将发生成本8万元。2010年已确认收入10万元。则该企业2011年度确认的收入为（　　）万元。

A. 160　　B. 180　　C. 200　　D. 182

6. 按照建造合同的规定，下列不属于合同收入的内容的是（　　）。

A. 合同中规定的初始收入　　B. 因合同变更形成的收入

C. 从客户得到的赞助收入　　D. 因索赔形成的收入

7. 2010年7月1日，某建筑公司与客户签订了一项建造合同，承建一栋办公楼，预计2011年12月31日完工。合同总金额为12 000万元，预计总成本为10 000万元。截至2010

年 12 月 31 日，该建筑公司实际发生合同成本 3 000 万元。假定该建造合同的结果能够可靠地估计，2010 年度对该项建造合同确认的收入为（ ）万元。

A. 3 000　　B. 3 200　　C. 3 500　　D. 3 600

8. 某建筑公司承建 A 工程，工期为 2 年，工程开工时预计 A 工程的总成本为 980 万元，第一年年末 A 工程的预计总成本为 1 000 万元。第一年年末，该建筑公司的"工程施工——A 工程"账户的实际发生额为 680 万元。其中：人工费 150 万元，材料费 380 万元，机械使用费 100 万元，其他直接费和工程间接费 50 万元。经查明，A 工程领用的材料中有一批虽运到施工现场但尚未使用，尚未使用的材料成本为 80 万元，则第一年的完工进度为（ ）。

A 61.22%　　B. 68%　　C. 60%　　D. 69.39%

9. 某项建造合同于 2010 年年初开工，合同总收入为 1 000 万元，合同预计总成本为 980 万元，至 2010 年 12 月 31 日，已发生合同成本 936 万元，预计完成合同还将发生合同成本 104 万元。该项建造合同 2010 年 12 月 31 日应确认的合同损失为（ ）万元。

A. 40　　B. 4　　C. 36　　D. 0

二、多项选择题

1. 收入的特征表现为（ ）。

A. 收入从日常活动中产生，而不是从偶然的交易或事项中产生

B. 收入可能表现为资产的增加

C. 收入表现为所有者权益的增加

D. 收入包括代收的增值税

E. 收入可能表现为负债的减少

2. 关于收入，下列说法中正确的有（ ）。

A. 工业企业转让无形资产使用权产生的经济利益的总流入属于收入

B. 收入是指企业在日常活动中形成的、会导致所有者权益增加的、与所有者投资无关的经济利益的总流入

C. 工业企业处置固定资产产生经济利益的总流入属于收入

D. 咨询公司提供咨询服务产生的经济利益的总流入构成收入

E. 收到的增值税返还

3. 下列各项收入中，属于工业企业的其他业务收入的有（ ）。

A. 提供运输劳务所取的收入　　B. 提供加工装配劳务所取得的收入

C. 出租无形资产所取得的收入　　D. 取得销售材料产生的收入

E. 出售无形资产取得的收入

4. 关于销售商品收入的确认和计量，下列说法中正确的有（ ）。

A. 采用以旧换新方式销售商品，购入的商品作为购进商品处理

B. 对于订货销售，应在收到款项时确认为收入

C. 对视同买断代销方式，委托方一定要在收到代销清单时确认收入

D. 对收取手续费代销方式，委托方于收到代销清单时确认收入

E. 对视同买断代销方式，委托方一定要在发出商品时确认收入

5. 关于股份有限公司收入确认的表述中，正确的有（ ）。

A. 广告费制作佣金应在相关广告或商业行为开始出现于公众面前时，确认为劳务收入

B. 与商品销售收入分开的安装费，应在资产负债表日根据安装的完工进度确认为收入

C. 对附有销售退回条件的商品销售，如不能合理地确定退货的可能性，则应在售出且退货期满时确认收入

D. 劳务开始和完成分属于不同的会计年度时，在劳务结果能够可靠估计的情况下，应在资产负债表日按完工百分比法确认收入

E. 劳务开始和完成分居于不同的会计年度且劳务结果不能可靠估计的情况下，如已发生的劳务成本预计能够得到补偿，则应在资产负债表日按已发生的劳务成本确认收入

6. 采用累计实际发生的合同成本占合同预计总成本的比例确定合同完工进度的，合同成本包括的内容有（　　）。

A. 施工中使用的材料成本

B. 施工中发生的人工成本

C. 施工中尚未安装或使用的材料成本

D. 在分包工程的工作量完成之前预付给分包单位的款项

E. 与合同未来活动相关的合同成本

三、业务题

1. 某企业2012年2月8日销售A商品一批，售价为50 000元，增值税税率为17%，成本为26 000元，合同规定的现金折扣条件为2/10，1/20，*n*/30。买方于2月17日付款。

要求：

(1) 编制销售过程和收款过程的会计分录。

(2) 假设该批产品于2012年8月6日被退回，编制销售退回的会计分录。

2. 甲股份有限公司（以下简称甲公司）为增值税一般纳税企业，适用的增值税税率为17%，商品销售价格除特别注明外均不含增值税，所有劳务均属于工业性劳务。销售实现时结转销售成本。甲公司销售商品和提供劳务均为主营业务。2011年12月甲公司销售商品和提供劳务的资料如下：

(1) 12月2日，收到B公司来函，要求对当年11月10日所购商品在价格上给予10%的折让（甲公司在该批商品售出时确认销售收入500万元，未收款）。经查核，该批商品存在质量问题。甲公司同意了B公司提出的折让要求。当日，收到B公司交来的税务机关开具的索取折让证明单，并开具红字增值税专用发票。

(2) 12月4日，与C公司签订协议，向C公司销售商品一批，销售价格为200万元，增值税为34万元。该协议规定，甲公司应在2012年5月1日将该商品购回，回购价为220万元，商品已发出，款项已收到，该批商品的实际成本为150万元。

(3) 甲公司经营以旧换新业务，12月31日销售w产品2件，单价为5.85万元（含税价格），单位销售成本为3万元；同时收回2件同类旧商品，每件回收价为1 000元（不考虑增值税）。甲公司收到的扣除旧商品的款项存入银行。

(4) 12月15日，与E公司签订一项设备维修合同。该合同规定：设备维修总价款为60万元（不含增值税），于维修任务完成并验收合格后一次结清。12月31日，设备维修任务完成并经E公司验收合格。甲公司实际发生的维修费用为20万元（均为修理人员工资）。12月31日，鉴于E公司发生重大财务困难，甲公司预计很可能收到的维修款为17.55万元

（含增值税）。

（5）12月25日，与F公司签订协议，委托其代销商品一批。根据代销协议，甲公司按代销协议价收取所代销商品的货款，商品实际售价由受托方自定。该批商品的协议价为60万元（不含增值税），实际成本为48万元。商品已发往F公司，符合收入确认条件。

（6）12月31日，与G公司签订了一件特制商品的合同。该合同规定：商品总价款为60万元（不含增值税），自合同签订日起2个月内交货。合同签订日，收到G公司预付的款项20万元，并存入银行，商品制造的工作尚未开始。

要求：编制甲公司12月份发生的上述经济业务的会计分录。

3. 某建筑公司与客户签订了一项总金额为1 900万元的建造合同，工程于2010年7月开工，2012年5月完工。该项合同在2010年年末预计工程总成本为1 500万元。2011年客户提出变动部分设计，经双方协商，客户同意追加投资100万元。2011年年末，预计工程总成本为1 600万元。该建造合同的其他有关资料如表12-5所示。

表12-5 建造合同有关资料 单位：万元

项目	2010年	2011年	2012年
累计实际发生成本	300	1 200	1 600
已结算价款	240	1 000	760
实际收款	200	800	1 000

假定该建造合同的结果能可靠地估计，该公司采用累计实际发生的合同成本占估计总合同成本的比例确定该项合同的完工程度。

要求：

（1）计算2010年、2011年年末的合同完工进度。

（2）计算2010年、2011年和2012年确认的合同收入和毛利，并编制相关分录。

4. 甲公司总股本为1 000万股，每股面值1元，其中优先股100万股，每年按固定股利率10%发放股利；普通股900万股，按股东大会的决议发放股利。该公司在2011年度实现净利润800万元。股东大会确定的利润分配方案如下：

（1）按税后利润的10%提取法定盈余公积。

（2）支付优先股股利。

（3）提取任意盈余公积100万元。

（4）普通股每10股派2股送1元。

（5）结转除“未分配利润”明细账户之外的“利润分配”账户所属其他各明细账户的余额。

要求：编制甲公司上述业务的会计分录。

第十三章 财务报告

教学目标

- 掌握财务报告的构成及目的。
- 掌握资产负债表的编制方法及资产负债表各个项目的填列。
- 掌握利润表的编制方法及各个项目的填列。
- 掌握现金流量表的编制方法（包括直接法和间接法）及各个项目的填列。
- 了解财务报表附注的编制。

第一节 财务报告概述

一、财务报告的内容

财务会计的主要目的在于提供一个主体的财务状况、经营业绩、财务适应性（包括预期现金流量的预测）等的信息，以帮助各类使用者评估管理当局受托责任的履行情况，并进行广泛的经济决策。这些财务信息主要是由财务报表提供的，但财务报表附注、其他财务报告也是补充提供财务信息和非财务信息的重要手段。财务报表连同它的附注是财务报告的核心，而其他报告财务和非财务信息的手段则是必要的补充。

《企业会计准则——基本准则》将财务报告定义为“财务会计报告是指企业对外提供的反映企业某一特定日期的财务状况和某一会计期间的经营成果、现金流量等会计信息的文件。”财务报告包括财务报表和其他应当在财务报告中披露的相关信息和资料。财务报表至少应当包括下列组成部分：资产负债表、利润表、现金流量表、所有者权益（或股东权益，下同）变动表和附注。即所谓的“四表一注”。

二、财务报告的分类

前已述及，财务报告分为财务报表和其他财务报告，这里讲的分类是指财务报表的分类，财务报表可以按照不同的标准进行分类。

1. 按财务报表编制期间进行分类

按财务报表编制期间的不同，财务报表可以分为中期财务报表和年度财务报表。中期财务报表是以短于一个完整会计年度的报告期为基础编制的财务报表，包括月报、季报和半年报等。

2. 按财务报表编制主体进行分类

按财务报表编制主体的不同，财务报表可以分为个别财务报表和合并财务报表。个别财务报表是由企业在自身会计核算基础上对账簿记录进行加工而编制的财务报表，主要反映企业自身的财务状况、经营成果和现金流量情况。合并财务报表是以母公司和子公司组成的企业集团为会计主体，根据母公司和所属子公司财务报表，由母公司编制的，综合反映集团财务状况、经营成果及现金流量的财务报表。

三、财务报告列报的基本要求

1. 遵循各项会计准则进行确认和计量

企业应当根据实际发生的交易或事项，遵循各项具体会计准则的规定对各项会计要素进行确认和计量，并在此基础上编制财务报表。企业应当在附注中对遵循《企业会计准则》编制基础的财务报表作出声明，只有遵循了《企业会计准则》的所有规定，财务报表才应当被称为"遵循了《企业会计准则》"。

2. 列报基础

列报基础指的是财务报告是以持续经营为基础还是以非持续经营为基础。在编制财务报告过程中，企业管理层应当在考虑市场经营风险，企业目前或长期的营利能力、偿债能力、财务弹性，以及企业管理层改变经营政策的意向等因素的基础上，对企业的持续经营能力进行评价。如果对企业的持续经营能力产生重大怀疑，则应当在附注中披露产生怀疑的原因。企业正式决定或被迫在当期或将在下一个会计期间进行清算或停止营业，表明其处于非持续经营状态，应当采用其他基础编制财务报表，如破产企业，资产应当采用可变现净值计量，负债应当按照其预计的结算金额计量等。在非持续经营状态下，企业应当在附注中声明财务报表未以持续经营为基础列报，并披露原因和财务报表的编制基础。

3. 列报的一致性

列报的一致性即可比性，可比性是会计信息质量的一项重要要求，目的是使同一企业不同期间和同一期间不同企业的财务报表相互可比。为此，财务报表项目的列报应当在各个会计期间保持一致，不得随意变更，但下列情况除外：

（1）《企业会计准则》要求改变财务报表项目的列报。

（2）企业经营业务的性质发生重大变化后，变更财务报表项目的列报，能够使提供的会计信息更可靠、更具相关性。

注意：一致性要求不仅针对财务报表中的项目名称，还包括财务报表项目的分类、排列顺序等方面。

4. 重要性和项目列报

重要性是指某会计信息对报表使用者作出决策的影响程度。如果财务报表某项目的省略或错报会影响使用者据此作出经济决策，该项目则具有重要性。判断项目的重要性，应当根据所处环境，从项目的性质和金额大小两个方面予以判断：一方面，应当考虑该项目的性质是否属于企业日常活动、是否对企业的财务状况和经营成果具有较大影响等；另一方面，应当通过单项金额占资产总额、负债总额、所有者权益总额、营业收入总额、营业成本总额、净利润等直接相关项目金额的比重加以确定。

对于项目在财务报表中是单独列报还是合并列报，企业应当根据报表项目的重要性来确定。对于性质或功能不同的项目，如长期股权投资、固定资产等，应当在财务报表中单独列报，但不具有重要性的项目除外；对于性质或功能类似的项目，如库存商品、原材料等，应当予以合并，作为存货项目列报。

5. 财务报表项目金额方面的相互抵销

财务报表项目应当以总额列报，资产项目和负债项目的金额与收入项目和费用项目的金额不得相互抵销。比如，企业欠客户的应付款不得与其他客户欠企业的应收款相互抵销，如果相互抵销就掩盖了交易的实质。但是，如果金融资产和金融负债同时满足下列条件，则应当以抵销后的净额在资产负债表内列示：

（1）企业具有抵销已确认金额的法定权利，且该种法定权利现在可执行。抵销的法定权利主要是指债务人根据相关合同或规定，可以用其欠债权人的金额抵销应收同一债权人债权的权利。例如，从事证券经纪业务的证券公司，可以按照证券交易结算的相关规定，采用净额方式与证券登记公司进行结算。

（2）企业计划以净额结算，或同时变现该金融资产和清偿该金融负债。例如，甲公司与乙公司有长期合作关系，为简化结算，甲公司和乙公司在合同中明确约定，双方往来款项定期以净额结算（在法律上有效）。这种情况满足金融资产和金融负债相互抵销的条件，应当在资产负债表中以净额列示相关的应收款项或应付款项。

下列两种情况可以净额列示但不属于抵销：

（1）资产项目按扣除减值准备后的净额列示，不属于抵销。对资产计提减值准备，表明资产的价值已经发生减损，按扣除减值准备后的净额列示，能够反映资产给企业带来的经济利益，不属于抵销。

（2）非日常活动并非企业主要的业务，从重要性来讲其有偶然性，其产生的损益以收入扣减费用后的净额列示，更有利于报表使用者理解，也不属于抵销。

6. 比较信息的列报

当期财务报表的列报，至少应当提供所有列报项目可比上一会计期间的数据，以及与理解当期财务报表相关的说明，目的是向财务报告使用者提供对比数据，提高信息在会计期间的可比性，以反映企业财务状况、经营成果和现金流量的发展趋势，帮助报表使用者准确判断或决策。

财务报表项目的列报确需发生变更，应当对上期比较数据按照当期的列报要求进行调整，并在附注中披露调整的原因和性质，以及调整的各项目余额。调整上期比较数据不切实可行的，应当在附注中披露不能调整的原因。不切实可行是指企业在作出所有合理努力后仍然无法采用某项规定。

7. 财务报表表首的列报要求

财务报表一般分为表首、正表两个部分，企业应当在财务报表的显著位置至少披露下列各项：

（1）编报企业的名称，如果企业名称在所属期间发生了变更，还应明确标明。

（2）对资产负债表而言，须披露资产负债表日，而对利润表、现金流量表、所有者权益变动表而言，则须披露财务报表涵盖的会计期间。

（3）货币名称和单位，按照《企业会计准则》的规定，企业应当以人民币作为记账本位币，并标明金额单位，如人民币元、人民币万元等。

（4）财务报表是合并财务报表的，应当予以标明。

8. 报告期间

企业至少应当按年编制财务报表。根据《会计法》的规定，会计年度自公历 1 月 1 日起至 12 月 31 日止。因此，企业在编制年度财务报表时，可能存在年度财务报表短于 1 年的情况，比如企业在年度中间（如 3 月 1 日）开始设立，在这种情况下，企业应当披露年度财务报表的实际涵盖期间及其短于1年的原因，并应当说明由此引起财务报表项目与比较数据不具可比性这一事实。

第二节　资产负债表

一、资产负债表的作用

资产负债表是反映企业某一特定日期财务状况的财务报表。资产负债表反映企业在某一特定日期所拥有或控制的经济资源、所承担的现时义务和所有者对净资产的要求权，是根据“资产 = 负债 + 所有者权益”的会计恒等式，按照一定的分类标准和顺序，把企业特定日期的资产、负债、所有者权益三项要素所属项目予以适当排列编制而成的。资产负债表具有以下三方面的作用：

1. 有助于分析、评价、预测企业的短期偿债能力

偿债能力是指企业以资产偿付债务的能力，一般分为短期偿债能力和长期偿债能力。短期偿债能力指的是短期资产偿付短期债务的能力，主要取决于企业的资产和负债的流动性。如果短期偿债能力低，企业不能偿还到期本息，对债权人的贷款收回和回报就没有可靠的保障。

在资产负债表中，资产一般按其流动性排列，负债则按其到期日长短排列。这种排列方式有助于评估不同类资产的变现能力，预测未来现金流入的金额、时间及其不确定性；还可以评估不同类别负债的偿还次序，预测未来现金流出的金额、时间顺序及其不确定性。

2. 有助于分析、评价、预测企业的长期偿债能力和资本结构

长期偿债能力主要是指企业以全部资产清偿全部负债的能力。长期偿债能力的大小主要取决于企业的获利能力和资本结构。所谓资本结构，是指在企业的权益总额中负债和所有者权益的相对比例。负债与所有者权益相对比例的大小，会影响债权人和所有者的相对风险，以及企业的长期偿债能力。一般而言，负债比重越大，债权人的风险就越大，企业的偿债能力相对就较弱。资产负债表对资产、负债、所有者权益三大要素分项目揭示，为信息使用者分析、评价和预测企业的资本结构和长期偿债能力提供了重要的依据。

3. 有助于分析、评价、预测企业的变现能力和财务弹性

变现能力是用来描述企业某项资产变现或通过其他方式转化成现金的时间长短，或预期某项负债应予支付的时间长短。变现能力信息之所以重要，是因为它可用来评价企业在不久的将来现金流量的时间分布，短期现金流入是全部现金流入的一部分，掌握有利的短期现金流量对于一个公司充分利用新的投资机会和偿付短期债务都是必需的。无论是短期债权人还是长期债权人，一般都非常重视现金或其等价物与流动负债的比率；同样，业主也很关心企业资金的流动性，以评价企业未来支付现金股利的能力或扩充经营的可能性。

财务弹性是指公司在面临突发性现金需要时，能够在资金调度上采取有效行动、作出迅速反应的能力。财务弹性反映企业的风险应对能力和变现能力，良好的财务弹性能帮助企业度过财务上的难关或抓住有利的机会，从而得到充分的发展。

资产负债表本身并不能直接提供有关企业流动性和财务弹性的信息，但是，它所列示的资产分布、负债流动性、资本结构等信息，并借助于利润表及其他报告信息，可有助于分

析、评价和预测企业的流动性与财务弹性，进而估计企业适应市场环境变化的财务能力。

二、资产负债表的格式

一般情况下，资产负债表是由表首标题、报表主体和附注组成的。表首标题列示企业的名称和编制日期；报表主体用于反映企业在一定时点的资产、负债和所有者权益；附注主要用于进一步详细说明报表的主要项目和编制基础。由于标题和附注的格式很简单，因此一般所说的资产负债表格式就是指资产负债表表内的格式，即主体部分各项目的分类和排序形式。

资产负债表各项目一般按流动性分类。在此分类基础上，根据不同的排序方式将资产负债表的格式分为三种：账户式、报告式和财务状况式。

1. 账户式资产负债表

账户式资产负债表以“资产 = 负债 + 所有者权益”这一基本等式为基础，资产负债表的项目排列采取将资产列示在左方、负债和所有者权益列示在右方的格式，形成左右对称结构，类似“T”形账户，账户式资产负债表也就由此得名。这种格式的资产负债表较好地将形式和内容统一起来，揭示了各项目之间内在的勾稽关系，直观形象，也便于对财务报表进行结构分析。因此，我国和其他许多国家普遍采用这种格式的资产负债表。

2. 报告式资产负债表

报告式资产负债表是将资产、负债和所有者权益项目采用垂直分列的形式排列。具体的排列方式有两种：

（1）按照“资产 = 负债 + 所有者权益”的等式垂直顺序排列。

（2）按照“资产 − 负债 = 所有者权益”的等式垂直顺序排列。

在实务中，这两种格式都有采用，成为资产负债表的“习惯格式”，美国和中国香港采用报告式。但当资产、负债和所有者权益各项目的明细内容较多时，难免使得报表过于冗长，不便传递、使用。

3. 财务状况式资产负债表

财务状况式资产负债表，是将营运资本予以特别列示，以强调其重要性的一种格式。这种格式的出现与会计界对营运资本和营运资本比率信息的重视有关。在资产负债表中直接列示营运资本信息，以便报表使用者判断企业的流动性以及清偿流动负债的能力。但这种格式的资产负债表在实务中并不常见。

注意：企业提供的资产负债表需要同时列示各项目的“年初余额”和“期末余额”，以便使用者比较不同时点的资产负债表数据，掌握企业财务状况的变动及其发展趋势。

三、资产负债表的编制方法

（一）资产负债表数据的主要来源

财务报表的编制，主要是通过对日常会计核算记录的数据加以归集、整理，使之成为有用的会计信息。我国企业资产负债表各项目“期末余额”的数据主要通过以下几种方式获得：

1. 根据总账科目余额填列

资产负债表中的有些项目，可以直接根据总账科目期末余额填列，如“交易性金融资产”、“短期借款”、“应付票据”、“应付职工薪酬”等项目。

有些项目需要根据几个总账科目的期末余额计算填列，如“货币资金”项目，需根据“库存现金”、“银行存款”、“其他货币资金”三个总账科目期末余额的合计数填列。

2. 根据明细科目余额计算填列

如“应付账款”项目，需要根据“应付账款”、“预付账款”科目所属的相关明细科目的期末贷方余额计算填列。

3. 根据总账科目和明细科目余额分析计算填列

如“长期借款”项目，根据“长期借款”总账科目余额扣除“长期借款”科目所属明细科目中反映的将于一年内到期且企业不能自主地将清偿义务展期的长期借款后的金额计算填列。

4. 根据科目余额减去其备抵项目后的净额填列

如“应收账款”项目，由“应收账款”科目期末余额减去其“坏账准备”备抵科目余额后的净额填列。又如“无形资产”项目，按照“无形资产”科目的期末余额减去“累计摊销”、“无形资产减值准备”科目期末余额后的净额填列等。

5. 综合运用上述填列方法分析填列

如“存货”项目，需要根据“原材料”、“库存商品”、“材料采购”、“在途物资”、“发出商品”、“材料成本差异”再减去“存货跌价准备”科目余额后的净额填列。

（二）资产负债表各项目的填列方法

在我国，资产负债表的“年初余额”栏各项目的数字，应根据上年末资产负债表“期末余额”栏内的数字填列。如果本年度资产负债表规定的各个项目的名称和内容同上年度不一致，应对上年年末资产负债表各项目的名称和数字按照本年度的规定进行调整，填入本年度报表中的“年初余额”栏内。

资产负债表的“期末余额”栏各项目主要是根据有关账户记录编制的，其填列内容和方法如下：

(1) 货币资金：反映企业库存现金、银行结算账户存款、外埠存款、银行汇票存款、银行本票存款、信用卡存款、信用证保证金存款等的合计数。本项目应根据“库存现金”、“银行存款”、“其他货币资金”科目的期末余额合计填列。

(2) 交易性金融资产：反映企业购入的各种以公允价值计量且其变动计入当期损益的金融资产的公允价值。本项目应根据“交易性金融资产”科目的期末余额填列。

(3) 应收票据：反映企业收到的未到期且未向银行贴现的应收票据，包括商业承兑汇票和银行承兑汇票（不包括带追索权的商业承兑汇票贴现）。本项目应根据“应收票据”科目的期末余额填列。

注意：已由银行贴现和已背书转让的应收票据不包括在本项目内，其中已贴现的商业承兑汇票应在财务报表附注中单独披露。

(4) 应收账款：反映企业因销售商品、产品和提供劳务等而应向买方收取的各种款项，减去已计提的坏账准备后的净额。本项目应根据“应收账款”和“预收账款”科目所属各明细科目的期末借方余额合计，减去“坏账准备”科目中有关应收账款计提的坏账准备期末余额后的金额填列。

注意：若“应收账款”科目所属明细科目期末有贷方余额的，应在本表“预收款项”

项目内填列。

(5) 预付款项：反映企业预付给供应单位的款项。本项目应根据“预付账款”和“应付账款”科目所属各明细科目的期末借方余额合计填列。

注意：若“预付账款”科目所属有关明细科目期末有贷方余额的，应在本表“应付账款”项目内填列。

(6) 应收利息：反映企业因债权投资、发放贷款而应收取的利息。本项目应根据“应收利息”科目的期末余额填列。

注意：企业购入到期还本付息债券应收的利息不包括在本项目内，应在“持有至到期投资”项目中反映。

(7) 应收股利：反映企业因股权投资而应收取的现金股利，企业应收其他单位的利润也包括在本项目内。本项目应根据“应收股利”科目的期末余额填列。

(8) 其他应收款：反映企业对其他单位和个人的应收或暂付的款项，减去已计提的坏账准备后的净额。本项目应根据“其他应收款”科目的期末余额，减去“坏账准备”科目中有关其他应收款计提的坏账准备期末余额后的金额填列。

(9) 存货：反映企业期末在库、在途和在加工中的各项存货的可变现净值，包括各种材料、商品、在产品、半成品、周转材料、发出商品、委托代销商品、受托代销商品等。本项目应根据“物资采购”、“原材料”、“周转材料”、“自制半成品”、“库存商品”、“分期收款发出商品”、“委托加工物资”、“委托代销商品”、“受托代销商品”、“生产成本”等科目的期末余额合计，减去“代销商品款”、“存货跌价准备”科目期末余额后的金额填列。材料采用计划成本核算，以及库存商品采用计划成本或售价核算的企业，还应按加或减材料成本差异、商品进销差价后的金额填列。

(10) 一年内到期的非流动资产：反映企业将在1年内到期的非流动资产，一般指一年内到期的持有至到期投资、长期待摊费用和一年内可收回的长期应收款。本项目应根据“持有至到期投资”、“长期待摊费用”、“长期应收款”明细科目余额分析填列。

(11) 其他流动资产：反映企业除以上流动资产项目外的其他流动资产，本项目应根据有关科目的期末余额填列。如其他流动资产价值较大的，应在财务报表附注中披露其内容和金额。

(12) 可供出售金融资产：反映企业持有的可供出售金融资产的公允价值。本项目根据“可供出售金融资产”科目的期末余额填列。

(13) 持有至到期投资：反映企业持有的到期日在1年以上的持有至到期投资的摊余成本。本项目应根据“持有至到期投资”总账科目余额扣除“持有至到期投资”科目所属明细科目中将在1年内到期的持有至到期投资的金额，再减去“持有至到期投资减值准备”科目的期末余额后的金额填列。

(14) 长期应收款：反映企业到期日超过1年的长期应收款项，包括融资租赁产生的应收款项、采用递延方式具有融资性质的销售商品或提供劳务等产生的应收款项。本项目应根据“长期应收款”科目的期末余额扣除“长期应收款”科目所属明细科目中将在1年内到期的金额减去“未实现融资收益”科目的期末余额后的金额填列。

(15) 长期股权投资：反映企业不准备在1年内（含1年）变现的对子公司、联营企业、合营企业的权益性投资，以及对被投资单位不具有控制、共同控制或重大影响的权益性投资。本项目应根据“长期股权投资”科目的期末余额，减去“长期股权投资减值准备”科目中有关股权投资减值准备期末余额后的金额填列。

（16）投资性房地产：反映为赚取租金或资本增值，或两者兼有而持有的房地产的成本或公允价值。投资性房地产采用成本模式进行后续计量时，本项目反映企业持有的投资性房地产的成本，本项目应根据“投资性房地产”科目的期末余额减去“投资性房地产累计折旧（摊销）”、“投资性房地产坏账准备”科目的期末余额后的金额填列。投资性房地产采用公允价值模式进行后续计量时，本项目反映企业持有的投资性房地产的公允价值，本项目应根据“投资性房地产”总账余额填列。

（17）固定资产：反映企业各种固定资产的原值减去累计折旧和固定资产减值准备后的净额。融资租入的固定资产，其原值及已提折旧也包括在内。本项目应根据“固定资产”科目期末余额减去“累计折旧”和“固定资产减值准备”科目的期末余额后的金额填列。

（18）在建工程：反映企业期末各项未完工程的实际支出，包括交付安装的设备价值，未完建筑安装工程已经耗用的材料、工资和费用支出，预付出包工程的价款，已经建筑安装完毕但尚未交付使用的工程等的可收回金额。本项目应根据“在建工程”科目的期末余额，减去“在建工程减值准备”科目期末余额后的金额填列。

（19）工程物资：反映企业各项工程尚未使用的工程物资的实际成本。本项目应根据“工程物资”科目的期末余额填列。

（20）固定资产清理：反映企业因出售、毁损、报废等原因转入清理但尚未清理完毕的固定资产的账面价值，以及固定资产清理过程中所发生的清理费用和变价收入等各项金额的差额。本项目应根据“固定资产清理”科目的期末借方余额填列；如“固定资产清理”科目期末为贷方余额，则以“-”号填列。

（21）无形资产：反映企业持有的各项无形资产的价值。本项目应根据“无形资产”科目的期末余额，减去“累计摊销”、“无形资产减值准备”科目期末余额后的金额填列。

（22）开发支出：反映企业正在进行的研究开发项目中满足资本化条件的支出。本项目应根据“研发支出”科目的期末余额填列。

（23）商誉：反映企业合并中形成商誉的价值。本项目应根据“商誉”科目的期末余额减去“商誉减值准备”科目的期末余额后的金额填列。

（24）长期待摊费用：反映企业尚未摊销的摊销期限在1年以上（不含1年）的各种费用，如租入固定资产改良支出、大修理支出以及摊销期限在1年以上（不含1年）的其他待摊费用。长期待摊费用中在1年内（含1年）摊销的部分，应在本表“一年内到期的非流动资产”项目填列。本项目应根据“长期待摊费用”科目的期末余额减去将于1年内（含1年）摊销的数额后的金额填列。

（25）递延所得税资产：反映企业期末尚未转销的递延所得税资产的余额。本项目应根据“递延所得税资产”科目的期末余额填列。

（26）其他非流动资产：反映企业除以上资产以外的其他非流动资产。本项目应根据有关科目期末余额填列。如其他非流动资产价值较大的，应在报表附注中披露其内容和金额。

（27）短期借款：反映企业借入尚未归还的1年期以下（含1年）的借款。本项目应根据“短期借款”科目的期末余额填列。

（28）交易性金融负债：反映企业持有的以公允价值计量且其变动计入当期损益的金融

负债的公允价值。本项目应根据“交易性金融负债”科目的期末余额填列。

(29) 应付票据：反映企业为抵付货款等而开出、承兑的尚未到期的应付票据，包括银行承兑汇票和商业承兑汇票。本项目应根据“应付票据”科目的期末余额填列。

(30) 应付账款：反映企业购买原材料、商品或接受劳务供应等应付给供应商的款项。本项目应根据“应付账款”和“预付账款”科目所属各有关明细科目的期末贷方余额合计填列。

注意：若“应付账款”科目所属各明细科目期末有借方余额，则应在本表“预付款项”项目内填列。

(31) 预收款项：反映企业预收购货单位的账款。本项目应根据“预收账款”和“应收账款”科目所属各有关明细科目的期末贷方余额合计填列。

注意：若“预收账款”科目所属有关明细科目有借方余额，则应在本表“应收账款”项目内填列。

(32) 应付职工薪酬：反映企业应付未付的职工工资以及提取的职工福利。本项目应根据“应付职工薪酬”科目期末贷方余额填列。如“应付职工薪酬”科目期末为借方余额，则以“-”号填列。

(33) 应交税费：反映企业期末未交、多交或未抵扣的各种税费。本项目应根据“应交税费”科目的期末贷方余额填列；如“应交税费”科目期末为借方余额，则以“-”号填列。

(34) 应付利息：反映企业因发行债券、贷入款项而应支付的利息。本项目应根据“应付利息”科目的期末余额填列。

注意：企业发行的到期一次还本付息债券应付的利息，不包括在本项目内，应在“应付债券”中反映。

(35) 应付股利：反映企业尚未支付的现金股利，根据“应付股利”科目的期末余额填列。

(36) 其他应付款：反映企业所有应付和暂收其他单位和个人的款项。本项目应根据“其他应付款”科目的期末余额填列。

(37) 一年内到期的非流动负债：反映企业将在1年内到期且企业不能自主地将清偿义务展期的长期借款、长期应付款和应付债券。本项目应根据上述账户分析计算后填列。

(38) 其他流动负债：反映企业除以上流动负债以外的其他流动负债。本项目应根据有关科目的期末余额填列。如其他流动负债价值较大的，应在财务报表附注中披露其内容及金额。

(39) 长期借款：反映企业借入尚未归还的1年期以上（不含1年）的借款本息。本项目应根据“长期借款”科目的期末余额填列。

(40) 应付债券：反映企业发行的尚未偿还的1年以上到期的各种长期债券的本息。本项目应根据“应付债券”科目的期末余额减去1年内到期的金额填列。

(41) 长期应付款：反映企业除长期借款和应付债券以外的其他各种1年以上到期的长期应付款。本项目应根据“长期应付款”科目的期末余额扣除1年内到期的金额，减去“未确认融资费用”科目期末余额后的金额填列。

(42) 专项应付款：反映企业各种专项应付款的期末余额。本项目应根据“专项应付款”科目的期末余额填列。

(43) 预计负债：反映企业预计负债的期末余额。本项目应根据“预计负债”科目的期末余额填列。

(44) 递延所得税负债：反映企业期末尚未转销的递延所得税负债的余额。本项目应根据“递延所得税负债”科目的期末余额填列。

(45) 其他非流动负债：反映企业除以上非流动负债项目以外的其他非流动负债。本项目应根据有关科目的期末余额填列。如其他非流动负债价值较大的，应在财务报表附注中披露其内容和金额。

注意：上述负债各项目中将于1年内（含1年）到期的非流动负债，应在“一年内到期的非流动负债”项目中单独反映。

(46) 实收资本（或股本）：反映企业各投资者实际投入的资本（或股本）总额。本项目应根据“实收资本”（或股本）科目的期末余额填列。

(47) 资本公积：反映企业资本公积的期末余额。本项目应根据“资本公积”科目的期末余额填列。

(48) 库存股：反映企业收购、转让或注销本公司股份的金额。本项目应根据“库存股”科目的期末余额填列。

(49) 盈余公积：反映企业盈余公积的期末余额。本项目应根据“盈余公积”科目的期末余额填列。

(50) 未分配利润：反映企业尚未分配的利润。本项目应根据“本年利润”和“利润分配”科目的余额计算填列。未弥补的亏损，在本项目内以“-”号填列。

四、资产负债表编制举例

【例13-1】 甲股份有限公司为增值税一般纳税人，增值税税率为17%，所得税税率为25%，该公司2010年12月31日的资产负债表及2011年12月31日的科目余额表分别如表13-1和表13-2所示。

表13-1 资产负债表

编制单位：甲股份有限公司 2010年12月31日 单位：元

资 产	期末余额	年初余额（略）	负债和股东权益	期末余额	年初余额（略）
流动资产：			流动负债：		
货币资金	562 520		短期借款	120 000	
交易性金融资产	6 000		交易性金融负债	0	
应收票据	98 400		应付票据	80 000	
应收账款	119 640		应付账款	381 520	
预付款项	40 000		预收款项	0	
应收利息	0		应付职工薪酬	44 000	
应收股利	0		应交税费	14 640	
其他应收款	2 000		应付利息	400	
存货	1 032 000		应付股利	0	
			其他应付款	20 000	

（续）

资　产	期末余额	年初余额（略）	负债和股东权益	期末余额	年初余额（略）
一年内到期的非流动资产			一年内到期的非流动负债	400 000	
其他流动资产	40 000		其他流动负债		
流动资产合计	1 900 560		流动负债合计	1 060 560	
非流动资产：			非流动负债：		
可供出售金融资产	0		长期借款	240 000	
持有至到期投资	0		应付债券	0	
长期应收款	0		长期应付款	0	
长期股权投资	100 000		专项应付款	0	
投资性房地产	0		预计负债	0	
固定资产	440 000		递延所得税负债	0	
在建工程	600 000		其他非流动负债		
工程物资	0		非流动负债合计	240 000	
固定资产清理	0		负债合计	1 300 560	
生产性生物资产	0		股东权益：		
油气资产	0		股本	2 000 000	
无形资产	240 000		资本公积	0	
开发支出	0		减：库存股	0	
商誉	0		盈余公积	40 000	
长期待摊费用	0		未分配利润	20 000	
递延所得税资产	0		股东权益合计	2 060 000	
其他非流动资产	80 000				
非流动资产合计	1 460 000				
资产合计	3 360 560		负债和股东权益合计	3 360 560	

表 13-2　科目余额表

2011 年 12 月 31 日　　　　单位：元

科目名称	借方余额	科目名称	贷方余额
库存现金	800	短期借款	20 000
银行存款	322 332.4	应付票据	40 000
其他货币资金	2 920	应付账款	381 520
交易性金融资产	0	其他应付款	20 000
应收票据	26 400	应付职工薪酬	72 000
应收账款	240 000	应交税费	90 692.4
坏账准备	−720	应付利息	0

（续）

科目名称	借方余额	科目名称	贷方余额
预付账款	40 000	应付股利	12 886.34
其他应收款	2 000	一年内到期的非流动负债	0
材料采购	110 000	长期借款	464 000
原材料	18 000	股本	2 000 000
周转材料	15 220	盈余公积	49 908.16
库存商品	848 960	未分配利润	87 205.5
材料成本差异	1 700		
其他流动资产	40 000		
长期股权投资	100 000		
固定资产	960 400		
累计折旧	-68 000		
固定资产减值准备	-12 000		
在建工程	171 200		
工程物资	120 000		
无形资产	240 000		
累计摊销	-24 000		
递延所得税资产	3 000		
其他非流动资产	80 000		
合　计	3 238 212.4	合计	3 238 212.4

根据上述资料，甲股份有限公司编制2011年的资产负债表，如表13-3所示。

表13-3　资产负债表

编制单位：甲股份有限公司　　2011年12月31日　　单位：元

资　产	期末余额	年初余额	负债和股东权益	期末余额	年初余额
流动资产：			流动负债：		
货币资金	326 052.4	562 520	短期借款	20 000	120 000
交易性金融资产	0	6 000	交易性金融负债	0	0
应收票据	26 400	98 400	应付票据	40 000	80 000
应收账款	239 280	119 640	应付账款	381 520	381 520
预付款项	40 000	40 000	预收款项	0	0
应收利息	0	0	应付职工薪酬	72 000	44 000
应收股利	0	0	应交税费	90 692.4	14 640
其他应收款	2 000	2 000	应付利息	0	400
存货	993 880	1 032 000	应付股利	12 886.34	0
			其他应付款	20 000	20 000

（续）

资 产	期末余额	年初余额	负债和股东权益	期末余额	年初余额
一年内到期的非流动资产			一年内到期的非流动负债	0	400 000
其他流动资产	40 000	40 000	其他流动负债	0	
流动资产合计	1 667 612.4	1 900 560	流动负债合计	637 098.74	1 060 560
非流动资产：			非流动负债：		
可供出售金融资产	0	0	长期借款	464 000	240 000
持有至到期投资	0	0	应付债券	0	0
长期应收款	0	0	长期应付款	0	0
长期股权投资	100 000	100 000	专项应付款	0	0
投资性房地产	0	0	预计负债	0	0
固定资产	880 400	440 000	递延所得税负债	0	0
在建工程	171 200	600 000	其他非流动负债	0	
工程物资	120 000	0	非流动负债合计	464 000	240 000
固定资产清理	0	0	负债合计	1 101 098.74	1 300 560
生产性生物资产	0	0	股东权益：		
油气资产	0	0	股本	2 000 000	2 000 000
无形资产	216 000	240 000	资本公积	0	0
开发支出	0	0	减：库存股	0	0
商誉	0	0	盈余公积	49 908.16	40 000
长期待摊费用	0	0	未分配利润	87 205.5	20 000
递延所得税资产	3 000	0	股东权益合计	2 137 113.66	2 060 000
其他非流动资产	80 000	80 000			
非流动资产合计	1 570 600	1 460 000			
资产合计	3 238 212.4	3 360 560	负债和股东权益合计	3 238 212.4	3 360 560

第三节 利 润 表

一、利润表的内容及格式

1. 利润表的内容

利润表，是反映企业一定期间生产经营成果的财务报表。利润表又称收益表、损益表、盈利表或经营表。目前，国际上较流行的名称是“收益表”。在我国，“损益表”与“利润表”这两个名称通常是混用的。

利润表把一定期间的营业收入与同一期间相关的营业费用进行配比，以计算出企业一定时期的净利润（或净亏损）。通过利润表反映的收入、费用等情况，能够反映企业生产经营的收益和成本耗费情况，表明企业生产经营成果；同时，通过利润表提供的不同时期的比较数字（本月数、本年累计数、上年数），可以分析企业今后利润的发展趋势及获利能力，了解投资者投入资本的完整性。由于利润是企业经营业绩的综合体现，又是进行利润分配的主要依据。因此，利润表是财务报表中的主要报表。

利润表主要反映以下几方面的内容：

（1）营业收入。营业收入由主营业务收入和其他业务收入组成。

（2）营业利润。营业收入减去营业成本（主营业务成本、其他业务成本）、营业税金及附加、销售费用、管理费用、财务费用、资产减值损失，加上公允价值变动收益、投资收益，即为营业利润。

（3）利润总额。营业利润加上营业外收入，减去营业外支出，即为利润总额。

（4）净利润。利润总额减去所得税费用，即为净利润。

（5）每股收益。普通股或潜在普通股已公开交易的企业，以及正处于公开发行普通股或潜在普通股过程中的企业，还应当在利润表中列示每股收益信息，每股收益包括基本每股收益和稀释每股收益两项指标。

企业在提供以上项目时，应分“本期金额”和“上期金额”两栏分别反映，使报表使用者可以比较不同期间利润的实现情况，并判断企业经营成果的发展趋势。

2. 利润表的格式

由于不同的国家或地区对财务报表的信息要求不完全相同，因此，利润表的格式也不完全相同。但目前比较普遍的利润表格式有多步式和单步式两种。

多步式利润表中的利润是通过多步计算而来的，多步式利润表通常分为如下几步：

第一步，从销售收入出发，减去销售成本，计算得出销售毛利。

第二步，从销售毛利中减去期间费用，计算出营业利润。

第三步，在营业利润的基础上加减营业外收支，加减特别收支，计算得出本期税前盈利（或亏损）。

第四步，从税前利润中减去企业所得税，计算出本期净利润（或净亏损）。

多步式利润表便于对企业的生产经营情况进行分析，并对不同企业进行比较，更重要的是，多步式利润表有利于预测企业今后的盈利能力。目前，我国企业会计制度规定的利润表就是多步式的。

单步式利润表是将本期所有的收入加在一起，然后将所有的费用加总在一起，通过一次计算求出本期损益。采用单步式利润表分为营业收入和收益、营业费用和损失、净收益三部分。营业收入和收益包括销售收入、营业外收入和特别收入等；营业费用和损失包括商品支出、工资支出、折旧费用、利息支出等；净收益是前两者计算的结果。单步式利润表对于营业收入和一切费用支出一视同仁，不分先后，不像多步式利润表中必须区分费用或支出与收入配比的先后层次。由于单步式利润表所显示的都是未经加工的原始资料，所以便于财务报表使用者理解。

单步式利润表和多步式利润表的区别，仅是具体结构不同，揭示的中间信息不同，但所包含的内容应是一致的，二者之间可以相互转化，企业可根据需要将多步式转为单步式，或反过来。在西方国家的会计实际工作中，这两种格式都有采用。《企业会计准则第30号——财务报表列报》中规定采用多步式利润表，并将损益计算和利润分配结合在一起。

二、利润表的编制方法

1.“上期金额”栏的填列方法

利润表“上期金额”栏内各项数字，应根据上年该期利润表“本期金额”栏内所列数字填列。如果上年该期利润表规定的各个项目名称和内容与本年度利润表不相一致，则应按本期的规定进行调整，填入利润表的“上期金额”栏。

2.“本期金额”栏的填列方法

利润表“本期金额”栏内各项数字一般应根据各损益类科目的发生额分析填列。

3. 利润表编制举例

【例 13-2】 甲股份有限公司 2011 年度有关损益类科目的发生额如表 13-4 所示。

表 13-4 损益类科目发生额

单位：元

科目名称	借方发生额	贷方发生额
主营业务收入		500 000
主营营业成本	300 000	
营业税金及附加	800	
销售费用	8 000	
管理费用	62 840	
财务费用	16 600	
资产减值损失	12 360	
投资收益		12 600
营业外收入		20 000
营业外支出	7 880	
所得税费用	34 120	

根据上述资料，编制甲股份有限公司 2011 年度的利润表，如表 13-5 所示。

表 13-5 利润表

编制单位：甲股份有限公司　　2011 年度　　单位：元

项　　目	本期金额	上期金额（略）
一、营业收入	500 000	
减：营业成本	300 000	
营业税金及附加	800	
销售费用	8 000	
管理费用	62 840	
财务费用	16 600	
资产减值损失	12 360	
加：公允价值变动收益（损失以“-”号填列）	0	
投资收益（损失以“-”号填列）	12 600	
其中：对联营企业和合营企业的投资收益		

（续）

项　　目	本期金额	上期金额（略）
二、营业利润（亏损以“－”号填列）	112 000	
加：营业外收入	20 000	
减：营业外支出	7 880	
其中：非流动资产处置损失	（略）	
三、利润总额（亏损总额以“－”号填列）	124 120	
减：所得税费用	34 120	
四、净利润（净亏损以“－”号填列）	90 000	
五、每股收益：	（略）	
（一）基本每股收益		
（二）稀释每股收益		

三、每股收益

普通股或潜在普通股已公开交易的企业以及正处于公开发行普通股或潜在普通股过程中的企业，应当在利润表中分别列示基本每股收益和稀释每股收益，并在附注中披露下列相关信息：

（1）基本每股收益和稀释每股收益分子、分母的计算过程。

（2）列报期间不具有稀释性但以后期间很可能具有稀释性的潜在普通股。

（3）在资产负债表日至财务报告批准报出日之间，企业发行在外普通股或潜在普通股股数发生重大变化的情况。

（一）基本每股收益

基本每股收益仅考虑当期实际发行在外的普通股股份，按照归属于普通股股东的净利润除以当期实际发行在外普通股的加权平均数计算确定。

计算每股收益时，分子为归属于普通股股东的当期实际净利润，即企业当期实现的可供普通股股东分配的净利润或应由普通股股东分担的净亏损金额（以负数列示）。以合并财务报表为基础计算的每股收益，分子应当是归属于母公司普通股股东的合并净利润，即扣减少数股东损益后的余额。

计算每股收益时，分母为当期发行在外普通股的算术加权平均数，即

发行在外普通股加权平均数＝期初发行在外普通股股数＋当期新发行普通股股数×已发行时间÷报告期时间－当期回购普通股股数×已回购时间÷报告期时间

已发行时间、报告期时间和已回购时间一般按照天数计算，在不影响计算结果合理性的前提下，也可使用简化方法计算。

【例 13-3】 某公司 2011 年期初发行在外的普通股为 10 000 万股；3 月 2 日新发行普通股 4 500 万股，12 月 1 日回购普通股 1 500 万股，以备将来奖励职工之用。该公司当年度实现净利润为 2 600 万元。

计算该公司基本每股收益时，发行在外普通股加权平均数为：

$$10\ 000 + 4\ 500 \times 10 \div 12 - 1\ 500 \times 1 \div 12 = 13\ 625 \text{（万股）}$$

或者

$$10\ 000 \times 2 \div 12 + 14\ 500 \times 9 \div 12 + 13\ 000 \times 1 \div 12 = 13\ 625 \text{（万股）}$$

$$\text{基本每股收益} = 2\ 600 \div 13\ 625 = 0.19 \text{（元）}$$

（二）稀释每股收益

企业存在稀释性潜在普通股的，应当根据其影响分别调整归属于普通股股东的当期净利润以及发行在外普通股的加权平均数，并据以计算稀释每股收益。

计算稀释每股收益时，假设潜在普通股在当期期初已全部转换为普通股，如果潜在普通股为当期发行的，则假设发行日就全部转换为普通股，据此计算稀释每股收益。其中，潜在普通股是指赋予其持有者在报告期或以后期间享有取得普通股股利的一种金融工具或其他合同。目前，我国企业发行的潜在普通股主要有可转换公司债券、认股权证、股份期权等。稀释性潜在普通股是指假设当期转换为普通股会减少每股收益的潜在普通股。

1. 分子的调整

计算稀释每股收益，应当根据下列事项对归属于普通股股东的当期净利润进行调整：①当期已确认为费用的稀释性潜在普通股的利息。②稀释性潜在普通股转换时将产生的收益或费用。上述调整应当考虑相关的所得税影响。

2. 分母的调整

计算稀释每股收益时，分母应当为计算基本每股收益时普通股的加权平均数与假定稀释性潜在普通股转换为已发行普通股而增加的普通股股数的加权平均数之和。

【例 13-4】 某公司 2010 年归属于普通股股东的净利润为 4 500 万元，期初发行在外普通股股数为 4 000 万股，年内普通股股数未发生变化，2010 年 1 月 2 日公司按面值发行 800 万元的可转换公司债券，票面年利率为 4%，企业所得税税率为 25%，每 100 元债券可转换为 110 股面值为 1 元的普通股。2010 年度每股收益计算如下：

基本每股收益 $= 4\ 500 \div 4\ 000 = 1.125$（元）

增加的净利润 $= 800 \times 4\% \times (1 - 25\%) = 24$（万元）

增加的普通股股数 $= 800 \div 100 \times 110 = 880$（万股）

稀释的每股收益 $= (4\ 500 + 24) \div (4\ 000 + 880) = 0.93$（元）

3. 计算稀释性认股权证、股份期权的稀释每股收益

对于稀释性认股权证、股份期权，计算稀释每股收益时，一般无需调整作为分子的净利润金额，只需按照下列步骤对分母的普通股加权平均数进行调整：

（1）假设这些认股权证、股份期权在当期期初（或晚于当期期初的发行日）已经行权，计算按约定行权价格发行普通股将取得的收入金额。

（2）假设按照当期普通股平均市场价格发行普通股，计算需发行多少普通股能够带来上述相同的收入。

（3）比较行使股份期权、认股权证将发行的普通股股数与按照平均市场价格发行的普通股股数，差额部分相当于无对价发行的普通股，作为发行在外普通股股数的增加。

$$\text{增加的普通股股数} = \text{拟行权时转换的普通股股数} - \text{行权价格} \times \text{拟行权时转换的普通股股数} \div \text{当期普通股平均市场价格}$$

稀释性潜在普通股应当按照其稀释程度从大到小的顺序计入稀释每股收益，直至稀释每股收益达到最小值。

【例 13-5】 某公司2011年度归属于普通股股东的净利润为200万元，发行在外普通股加权平均数为500万股，该普通股平均市场价格为4元。年初，该公司对外发行100万份认股权证，行权日为2012年3月1日，每份认股权证可以在行权日以3.5元的价格认购本公司新发的股份1股。那么，2010年度每股收益计算如下：

基本每股收益 =200 ÷500 =0.4（元）

增加的普通股股数 =100 -100 ×3.5 ÷4 =12.5（万股）

稀释每股收益 =200 ÷（500 +12.5）=0.39（元）

第四节　现金流量表

一、现金流量表的目的和作用

（一）现金流量表的目的

现金流量表，是反映企业一定会计期间现金和现金等价物流入和流出的报表。现金流量表可以为财务报表使用者提供企业一定会计期间内现金和现金等价物流入和流出的信息，使财务报表使用者了解和评价企业获取现金和现金等价物的能力，并据以预测企业未来的现金流量。

（二）现金流量表的作用

现金流量表主要提供有关企业现金流量方面的信息。在市场经济条件下，企业的现金流转情况在很大程度上影响着企业的生存和发展。因此，现金管理已经成为企业财务管理的一个重要方面，受到企业管理人员、投资者、债权人以及政府监管部门的关注。现金流量表的作用，具体有以下三个方面：

1. 现金流量表有助于评价企业的支付能力、偿债能力和周转能力

通过现金流量表，并结合资产负债表和利润表，将现金与流动负债进行比较，计算出现金比率；将现金流量净额与发行在外的普通股加权平均股数进行比较，计算出每股现金流量；将经营活动现金流量净额与净利润进行比较，计算出盈利现金比率，可以了解企业的现金能否偿还到期债务、支付股利和进行必要的固定资产投资，了解企业现金流转效率和效果等，从而便于投资者作出投资决策，债权人作出信贷决策。

2. 现金流量表有助于预测企业未来现金流量

通过现金流量表所反映的企业过去一定期间的现金流量以及其他生产经营指标，可以了解企业现金的来源和用途是否合理，了解经营活动产生的现金流量，企业在多大程度上依赖外部资金，就可以预测企业未来现金流量，从而为企业编制现金流量计划、组织现金调度、合理节约地使用现金创造条件，为投资者和债权人评价企业的未来现金流量、作出投资和信贷决策提供必要信息。

3. 现金流量表有助于分析企业收益质量及现金净流量的影响因素

净利润指标可以反映一个企业的经营成果，但是，净利润是按照权责发生制原则计算的，并不能反映企业经营活动产生了多少现金，而且没有反映投资活动和筹资活动对企业财

务状况的影响。通过编制现金流量表，可以掌握企业经营活动、投资活动和筹资活动的现金流量，将经营活动产生的现金流量与净利润相比较，还可以从现金流量的角度了解净利润的质量，并进一步判断，是哪些因素影响现金流入，从而为分析和判断企业的财务前景提供信息。

二、现金流量表的编制基础

目前，绝大多数国家以现金和现金等价物作为现金流量表的编制基础，只有英国例外，它的编制基础是现金和流动资源。我国准则规定采用现金和现金等价物作为现金流量表的编制基础。

（一）现金及现金等价物的概念

现金流量表是以现金为基础编制的，这里的现金是指企业库存现金、可以随时用于支付的存款以及现金等价物，具体包括以下四种：

1. 库存现金

库存现金是指企业持有的可随时用于支付的现金，与会计核算中“库存现金”科目包含的内容一致。

2. 银行存款

银行存款是指企业存在金融企业随时可以用于支付的存款，与会计核算中“银行存款”科目所包含的内容基本一致。

注意：存在金融企业不能随时用于支付的存款（如不能随时支取的定期存款），不作为现金流量表中的现金，但提前通知金融企业便可支取的定期存款，应包括在现金流量表中的现金范围内。

3. 其他货币资金

其他货币资金是指企业存在金融企业有特定用途的资金，如银行汇票存款、银行本票存款、信用证保证金存款、信用卡存款等。

4. 现金等价物

现金等价物是指企业持有的期限短、流动性高、易于转换为已知金额的现金、价值变动风险很小的投资。现金等价物虽然不是现金，但其支付能力与现金的差别不大，可视为现金。现金等价物通常指购买在3个月或更短时间内到期或可转换为现金的投资。如企业购买的将于3个月内到期的国债，这项短期投资可视为现金等价物。

企业应根据经营特点确定现金等价物的范围，并在财务报表附注中披露确定现金等价物的会计政策，并一贯性地保持这种划分标准，这种政策的改变应视为会计政策的变更。

（二）现金流量的概念

现金流量是指某一期间内企业现金和现金等价物的流入和流出的数量，影响现金流量的因素有经营活动、投资活动和筹资活动，如购买或销售商品、提供或接受劳务、购建或出售固定资产、投资或收回投资、借入资金或偿还债务等。衡量企业经营状况是否良好、是否有足够的现金偿还债务、资产和变现能力等，现金流量是非常重要的指标。

现金各项目与非现金各项目之间的增减变动，会影响现金流量净额的变动，如用现金支付购买的原材料价款、用现金对外投资、收回长期债券投资等，均涉及现金各项目与非现金各项目之间的增减变动，这些变动会引起现金流明显的增减变动。

注意：现金各项目之间、非现金各项目之间的增减变动不会影响现金流量净额。

现金流量表主要反映现金各项目与非现金各项目之间的增减变动情况对现金流量净额的影响，非现金各项目之间的增减变动虽然不影响现金流量净额，但属于重要的投资和筹资活动，应在现金流量表的补充资料中单独反映。

三、现金流量的分类

编制现金流量表首先要对现金流量进行合理的分类。美国、澳大利亚和国际会计准则委员会等都将现金流量划分为经营活动产生的现金流量、投资活动产生的现金流量和筹资活动产生的现金流量三大类。英国的情况比较特殊，将现金流量划分为经营活动、投资收益和融资成本、纳税、资本性支出和金融投资、购买和处置、支付的权益性股利、流动资源管理、筹资活动等八大类。

根据我国的实际情况，借鉴国际上大多数国家和国际会计准则的处理方法，我国会计准则将现金流量划分为经营活动产生的现金流量、投资活动产生的现金流量和筹资活动产生的现金流量三大类。

1. 经营活动产生的现金流量

经营活动是指企业投资活动和筹资活动以外的所有交易或事项。从经营活动的定义可以看出，经营活动的范围很广。

各类企业由于行业特点不同，对经营活动的认定存在一定的差异。对于工商企业而言，经营活动主要包括：销售商品、提供劳务、购买商品、接受劳务、支付税费等。对于商业银行而言，经营活动主要包括吸收存款、发放贷款、同业存放、同业拆借等。对于保险公司而言，经营活动主要包括原保险业务和再保险业务等。对于证券公司而言，经营活动主要包括自营证券、代理承销证券、代理兑付证券、代理买卖证券等。

在编制现金流量表时，应当根据本企业的实际情况，对经营活动产生的现金流量项目进行合理归类。

2. 投资活动产生的现金流量

投资活动是指企业长期资产的购建和不包括在现金等价物范围内的投资及其处置活动。其中，长期资产是指固定资产、无形资产、在建工程、其他资产等持有期限在 1 年或 1 个营业周期以上的资产。这里所讲的投资活动，既包括实物资产投资，也包括金融资产投资。

不同企业由于行业特点不同，对投资活动的认定也存在差异，例如，交易性金融资产所产生的现金流量，对于工商企业而言则属于投资活动现金流量，而对于证券公司而言则属于经营活动现金流量。

3. 筹资活动产生的现金流量

筹资活动是指导致企业资本及债务规模和构成发生变化的活动。其中的资本包括实收资本（股本）、资本溢价（股本溢价）。企业发生与资本有关的现金流入和流出项目，一般包括吸收投资、发行股票、分配利润等。其中的债务是指企业对外举债所借入的款项，如发行债券、向金融企业借入款项以及偿还债务等。通常情况下，应付账款、应付票据等商业应付款项属于经营活动，不属于筹资活动。

在编制现金流量表时，应当根据企业自身经济业务的性质和具体情况进行分类，对于现金流量表中未特别指明的现金流量，按照现金流量表的分类方法及重要性原则，判断其应当归属的类别和项目。对于重要的现金流入或流出项目应当单独反映。对于一些特殊项目，如自然灾害损失、保险赔款等特殊的、不经常发生的项目，应根据其性质，分别归并到经营活动、投资活动或筹资活动的现金流量项目中反映。

四、现金流量表的编制方法

经营活动产生的现金流量通常可以采用直接法和间接法两种方法反映。

1. 直接法

直接法是通过现金收入和现金支出的主要类别反映来自企业经营活动的现金流量。采用直接法编制经营活动的现金流量表时，一般以利润表中的营业收入为起算点，调整与经营活动有关的项目的增减变动，然后计算出经营活动的现金流量。

2. 间接法

间接法是以本期净利润为起算点，调整不涉及现金的收入、费用、营业外收支等有关项目的增减变动，据此计算出经营活动的现金流量。

采用直接法提供的信息有助于评价企业未来的现金流量。国际会计准则鼓励企业采用直接法编制现金流量表。在我国，现金流量表也以直接法编制，但企业还应在附注中披露按照间接法反映的经营活动现金流量。

五、现金流量表的项目及其编制

(一) 经营活动产生的现金流量项目及其编制

1. “销售商品、提供劳务收到的现金”项目

该项目反映企业销售商品、提供劳务实际收到的现金（含销售收入和应向购买者收取的增值税税额），包括本期以及前期销售商品、提供劳务收到的现金和本期预收的账款，扣除当期退回商品（包括当期销售商品当期退回和前期销售当期退回）支付的现金。

注意：企业销售材料和代购代销业务收到的现金，也在本项目反映。

该项目可根据“库存现金”、“银行存款”、“应收账款”、“应收票据”、“预收账款”、“主营业务收入”、“其他业务收入”等科目的记录分析填列。分析填列时通常采用以下公式：

销售商品、提供劳务收到的现金 = 当期销售商品、提供劳务收到的现金 + 当期收回前期的应收款项和应收票据 + 当期预收的款项 - 当期销售退回支付的现金 + 当期收回前期核销的坏账损失

2. “收到的税费返还”项目

该项目反映企业收到返还的各种税费，如收到的增值税、营业税、企业所得税、教育费附加返还等。该项目可根据“库存现金”、“银行存款”、“营业外收入”、“其他应收款”等科目的记录分析填列。

3. “收到其他与经营活动有关的现金”项目

该项目反映企业除了上述各项目外，收到的其他与经营活动有关的现金流入，如罚款收入、流动资产损失中由个人赔偿的现金收入、经营租赁租金等。若某项“收到其他与经营活动有关的现金”金额较大，应单列项目反映。该项目可根据“库存现金”、“银行存款”、“营业外收入”等科目的记录分析填列。

4. "购买商品、接受劳务支付的现金"项目

该项目反映企业购买商品、接受劳务实际支付的现金，包括当期购入商品、接受劳务支付的现金（包括增值税进项税额），以及本期支付前期购入商品、接受劳务的未付款项和本期预付款项。当期发生的购货退回收到的现金应从本项目内扣除。企业代购代销业务支付的现金，也在本项目反映。

该项目可根据"库存现金"、"银行存款"、"应付账款"、"应付票据"、"预付账款"、"主营业务成本"、"其他业务成本"等科目的记录分析填列。分析填列时通常采用以下公式：

购买商品、接受劳务支付的现金 = 当期购买商品、接受劳务支付的现金 + 当期支付前期的应付账款和应付票据 + 当期预付的账款 - 当期因购货退回收到的现金

5. "支付给职工以及为职工支付的现金"项目

该项目反映企业实际支付给职工，以及为职工支付的现金，包括本期实际支付给职工的工资、奖金、各种津贴和补贴等，以及为职工支付的其他费用。

注意：企业代扣、代缴的职工个人所得税也在该项目反映，但是，该项目不包括支付的离退休人员的各项费用（在"支付其他与经营活动有关的现金"项目中反映）及支付给在建工程人员的工资及其他费用（在"购建固定资产、无形资产和其他长期资产所支付的现金"项目反映）。

该项目可根据"应付职工薪酬"、"库存现金"、"银行存款"等科目的记录分析填列。企业为职工支付的养老、失业等社会保险基金、补充养老保险、住房公积金，支付给职工的住房困难补助，企业为职工交纳的商业保险，以及企业支付给职工或为职工支付的其他福利费用等，应按职工的工作性质和服务对象，分别在本项目和"购建固定资产、无形资产和其他长期资产所支付的现金"项目反映。

6. "支付的各项税费"项目

该项目反映企业按规定支付的各种税费，包括企业本期发生并支付的税费，以及本期支付以前各期发生的税费和本期预交的税费，如企业所得税、上缴的增值税、营业税、消费税、教育费附加、矿产资源补偿费、印花税、房产税、土地增值税、车船税等。但不包括计入固定资产价值、实际支付的耕地占用税，也不包括本期退回的增值税、所得税（在"收到的税费返还"项目反映）。

该项目可根据"应交税费"、"库存现金"、"银行存款"等科目的记录分析填列。

7. "支付其他与经营活动有关的现金"项目

该项目反映企业除上述各项支出外，支付的其他与经营活动有关的现金流出，如经营租赁支付的租金、罚款支出、支付的差旅费、业务招待费、支付的保险费等，若"支付其他与经营活动有关的现金"金额较大，应单列项目反映。该项目可根据"库存现金"、"银行存款"、"管理费用"、"营业外支出"等科目的记录分析填列。

（二）投资活动产生的现金流量的编制方法

投资活动是指企业长期资产的购建和不包括在现金等价物范围内的投资及其处置活动。通过单独反映投资活动产生的现金流量，可以了解为获得未来收益和现金流量而导致资源转出的程度，以及以前资源转出带来的现金流入的信息。投资活动产生的现金流量各项目的内容如下：

1. “收回投资收到的现金”项目

该项目反映企业出售、转让或到期收回除现金等价物以外的对其他企业的权益工具、债务工具和合营中的权益等投资收到的现金。

注意：收回债务工具实现的投资收益（在“取得投资收益收到的现金”中反映）、处置子公司及其他营业单位收到的现金净额（单独在“处置子公司及其他营业单位收到的现金净额”中反映）不包括在本项目内。

该项目可根据“可供出售金融资产”、“持有至到期投资”、“长期股权投资”、“库存现金”、“银行存款”等科目的记录分析填列。

2. “取得投资收益收到的现金”项目

该项目反映企业除现金等价物以外的对其他企业的权益工具、债务工具和合营中的权益投资分回的现金股利和利息等，不包括股票股利。该项目可根据“库存现金”、“银行存款”、“投资收益”等科目的记录分析填列。

3. “处置固定资产、无形资产和其他长期资产收回的现金净额”项目

该项目反映企业处置固定资产、无形资产和其他长期资产所取得的现金（包括因资产毁损收到的保险赔偿款），扣除为处置这些资产而支付的有关费用后的净额。如所收回的现金净额为负数，则应在“支付其他与投资活动有关的现金”项目反映。

该项目可根据“固定资产清理”、“库存现金”、“银行存款”等科目的记录分析填列。

4. “处置子公司及其他营业单位收到的现金净额”项目

该项目反映企业处置子公司及其他营业单位所取得的现金，减去相关处置费用以及子公司及其他营业单位持有的现金及现金等价物后的净额。该项目可根据“长期股权投资”、“银行存款”、“库存现金”等科目的记录分析填列。

5. “收到其他与投资活动有关的现金”项目

该项目反映企业除了上述各项以外，收到的其他与投资活动有关的现金流入。例如，企业收回购买股票和债券时支付的已宣告但尚未领取的现金股利或已到付息期但尚未领取的债券利息。若“收到其他与投资活动有关的现金”金额较大，应单列项目反映。该项目可根据“应收股利”、“应收利息”、“银行存款”、“库存现金”等科目的记录分析填列。

6. “购建固定资产、无形资产和其他长期资产支付的现金”项目

该项目反映企业购买、建造固定资产，取得无形资产和其他长期资产所支付的现金，以及用现金支付的应由在建工程和无形资产负担的职工薪酬。

注意：为购建固定资产而发生的借款利息资本化的部分，以及融资租入固定资产支付的租赁费不包括在本项目内，应在筹资活动产生的现金流量中反映。

该项目可根据“固定资产”、“在建工程”、“无形资产”、“库存现金”、“银行存款”等科目的记录分析填列。

7. “投资支付的现金”项目

该项目反映企业取得除现金等价物以外的对其他企业的权益工具、债务工具和合营中的权益投资所支付的现金，以及支付的佣金、手续费等交易费用，但取得子公司及其他营业单位支付的现金净额除外。

该项目可根据“可供出售金融资产”、“持有至到期投资”、“长期股权投资”、“库存现金”、“银行存款”等科目的记录分析填列。

注意：企业购买股票和债券时，实际支付的价款中包含的已宣告但尚未领取的现金股利或已到付息期但尚未领取的债券的利息，应在投资活动的"支付其他与投资活动有关的现金"项目反映；收回购买股票和债券时支付的已宣告但尚未领取的现金股利或已到付息期但尚未领取的债券的利息，在投资活动的"收到其他与投资活动有关的现金"项目反映。

8. "取得子公司及其他营业单位支付的现金净额"项目

该项目反映企业购买子公司及其他营业单位购买出价中以现金支付的部分，减去子公司及其他营业单位持有的现金和现金等价物后的净额。该项目可根据"长期股权投资"、"库存现金"、"银行存款"等科目的记录分析填列。

9. "支付其他与投资活动有关的现金"项目

该项目反映企业除了上述各项以外，支付的其他与投资活动有关的现金流出。如企业购买股票时实际支付的价款中包含的已宣告但尚未领取的现金股利，购买债券时支付的价款中包含的已到期但尚未领取的债券利息等。若某项"支付其他与投资活动有关的现金"金额较大，应单列项目反映。

该项目可根据"应收股利"、"应收利息"、"银行存款"、"库存现金"等科目的记录分析填列。

(三) 筹资活动产生的现金流量的编制方法

通过单独反映筹资活动产生的现金流量，可以帮助投资者和债权人预计对企业未来现金流量的要求权，以及获得前期现金流入而付出的代价。筹资活动产生的现金流量各项目的内容如下：

1. "吸收投资收到的现金"项目

该项目反映企业以发行股票、债券等方式筹集资金实际收到的款项，减去直接支付的佣金、手续费、宣传费、咨询费、印刷费等发行费用后的净额。该项目可根据"实收资本(或股本)"、"库存现金"、"银行存款"等科目的记录分析填列。

2. "取得借款收到的现金"项目

该项目反映企业举借各种短期、长期借款实际收到的现金。该项目可根据"短期借款"、"长期借款"、"库存现金"、"银行存款"等科目的记录分析填列。

3. "收到其他与筹资活动有关的现金"项目

该项目反映企业除上述各项目外所收到的其他与筹资活动有关的现金流入，如接受现金捐赠等。若某项"收到其他与筹资活动有关的现金"金额较大，应单列项目反映。该项目可根据"银行存款"、"库存现金"、"营业外收入"等科目的记录分析填列。

4. "偿还债务支付的现金"项目

该项目反映企业偿还债务本金所支付的现金，包括偿还金融企业的借款本金、偿还债券本金等。

注意：企业支付的借款利息和债券利息在"分配股利、利润或偿付利息支付的现金"项目反映，不包括在本项目内。

该项目可根据"短期借款"、"长期借款"、"应付债券"、"库存现金"、"银行存款"等科目的记录分析填列。

5. "分配股利、利润或偿付利息支付的现金"项目

该项目反映企业实际支付的现金股利、支付给其他投资单位的利润或用现金支付的借款

利息、债券利息等。该项目可根据“应付股利”、“应付利息”、“财务费用”、“库存现金”、“银行存款”等科目的记录分析填列。

6.“支付其他与筹资活动有关的现金”项目

该项目反映企业除上述各项目外所支付的其他与筹资活动有关的现金流出。如捐赠现金支出、融资租入固定资产支付的租赁费等。若某项“支付其他与筹资活动有关的现金”金额较大，应单列项目反映。该项目可根据“营业外支出”、“长期应付款”、“银行存款”、“库存现金”等科目的记录分析填列。

（四）汇率变动对现金及现金等价物的影响

“汇率变动对现金及现金等价物的影响”反映企业外币现金流量以及境外子公司的现金流量折算为人民币时，采用现金流量发生日的即期汇率或近似汇率折算的人民币金额与“现金及现金等价物净增加额”中外币现金净增加额按期末汇率折算的人民币金额之间的差额。

在编制现金流量表时，可逐笔计算外币业务发生的汇率变动对现金的影响、也可采用简化的计算方法，即通过现金流量表补充资料中“现金及现金等价物净增加额”数额与现金流量表中“经营活动产生的现金流量净额”、“投资活动产生的现金流量净额”、“筹资活动产生的现金流量净额”三项之和比较，其差额即为“汇率变动对现金及现金等价物的影响”项目的金额。

（五）补充资料的内容及填列

除现金流量表正表反映的信息外，企业还应在附注中披露将净利润调节为经营活动现金流量、不涉及现金收支的重大投资和筹资活动、现金及现金等价物净变动情况等信息。

1. 将净利润调节为经营活动现金流量

企业采用直接法反映经营活动产生的现金流量的同时，还应采用间接法反映经营活动产生的现金流量。

间接法是指以本期净利润为起点，通过调整不涉及现金的收入、费用、营业外收支以及经营性应收、应付等项目的增减变动，调整不属于经营活动的现金收支项目，据此计算并列报经营活动产生的现金流量的方法。在我国，现金流量表补充资料应采用间接法反映经营活动产生的现金流量情况，以对现金流量表中采用直接法反映的经营活动现金流量进行核对和补充说明。

采用间接法列报经营活动产生的现金流量时，需要对四大类项目进行调整：实际没有支付现金的费用；实际没有收到现金的收益；不属于经营活动的损益；经营性应收、应付项目的增减变动。具体包括以下内容：

（1）资产减值准备。该项目反映企业本期实际计提的各项资产减值准备，包括坏账准备、存货跌价准备、长期股权投资减值准备、持有至到期投资减值准备、投资性房地产减值准备、固定资产减值准备、在建工程减值准备、无形资产减值准备、商誉减值准备、生产性生物资产减值准备、油气资产减值准备等。该项目可根据“资产减值损失”科目的记录分析填列。

（2）固定资产折旧、油气资产折耗、生产性生物资产折旧。该项目反映企业本期累计计提的固定资产折旧、油气资产折耗、生产性生物资产折旧。该项目可根据“累计折旧”、“累计折耗”等科目的贷方发生额分析填列。

(3) 无形资产摊销。该项目反映企业本期累计摊入成本费用的无形资产价值。该项目可根据“累计摊销”科目的贷方发生额分析填列。

(4) 长期待摊费用摊销。该项目反映企业本期累计摊入成本费用的长期待摊费用，可根据“长期待摊费用”科目的贷方发生额分析填列。

(5) 处置固定资产、无形资产和其他长期资产的损失。该项目反映企业本期处置固定资产、无形资产和其他长期资产发生的净损失（或净收益）。如为净收益，则以“-”号填列。该项目可根据“营业外支出”、“营业外收入”等科目所属有关明细科目的记录分析填列。

(6) 固定资产报废损失。该项目反映企业本期发生的固定资产盘亏净损失，可根据“营业外支出”和“营业外收入”科目所属有关明细科目的记录分析填列。

(7) 公允价值变动损失。该项目反映企业持有的交易性金融资产、交易性金融负债、采用公允价值模式计量的投资性房地产等公允价值变动形成的净损失。如为净收益，则以“-”号填列。该项目可根据“公允价值变动损益”科目所属有关明细科目的记录分析填列。

(8) 财务费用。该项目反映企业本期实际发生的属于投资活动或筹资活动的财务费用。属于投资活动、筹资活动的部分，在计算净利润时已扣除，但这部分发生的现金流出不属于经营活动现金流量的范畴，所以，在将净利润调节为经营活动现金流量时，需要予以加回。

该项目可以根据“财务费用”科目的本期借方发生额分析填列，如为收益，则以“-”号填列。

(9) 投资损失。该项目反映企业对外投资实际发生的投资损失减去收益后的净损失，可根据利润表“投资收益”项目的数字填列，如为投资收益，则以“-”号填列。

(10) 递延所得税资产减少。该项目反映企业资产负债表“递延所得税资产”项目期初余额与期末余额的差额，可根据“递延所得税资产”科目发生额分析填列。

(11) 递延所得税负债增加。该项目反映企业资产负债表“递延所得税负债”项目期初余额与期末余额的差额，可根据“递延所得税负债”科目发生额分析填列。

(12) 存货的减少。该项目反映企业资产负债表“存货”项目期初与期末余额的差额。期末数大于期初数的差额，以“-”号填列。

(13) 经营性应收项目的减少。该项目反映企业本期经营性应收项目（包括应收票据、应收账款、预付账款、长期应收款和其他应收款等经营性应收项目中，与经营活动有关的部分及应收的增值税销项税额等）期初与期末余额的差额。期末数大于期初数的差额，以“-”号填列。

(14) 经营性应付项目的增加。该项目反映企业本期经营性应付项目（包括应付票据、应付账款、预收账款、应付职工薪酬、应交税费和其他应付款等经营性应付项目中与经营活动有关的部分及应付的增值税进项税额等）期初余额与期末余额的差额。期末数小于期初数的差额，以“-”号填列。

2. 不涉及现金收支的重大投资和筹资活动

该项目反映企业一定会计期间内影响资产和负债但不影响该期现金收支的所有重大投资和筹资活动的信息。这些投资和筹资活动是企业的重大理财活动，对以后各期的现金流量会产生重大影响，因此，应单列项目在补充资料中反映。目前，我国企业现金流量表补充资料中列示的不涉及现金收支的重大投资和筹资活动项目主要有以下几项：

(1)“债务转为资本”项目，反映企业本期转为资本的债务金额。

(2)“一年内到期的可转换公司债券”项目，反映企业1年内到期的可转换公司债券的本息。

(3)“融资租入固定资产”项目，反映企业本期融资租入固定资产的最低租赁付款额扣除应分期计入利息费用的未确认融资费用后的净额。

3. 现金及现金等价物净变动情况

该项目反映企业一定会计期间现金及现金等价物的期末余额减去期初余额后的净增加额(或净减少额)，是对现金流量表中“现金及现金等价物净增加额”项目的补充说明。该项目的金额应与现金流量表“现金及现金等价物净增加额”项目的金额核对相符。

六、现金流量表编制方法举例

【例 13-6】 沿用甲股份有限公司 2011 年 12 月 31 日的资产负债表和 2011 年度的利润表资料，其他有关资料如下：

(1) 资产负债表中有关项目的明细资料如下：

1) 存货中制造费用、生产成本的组成：固定资产折旧费 32 000 元，职工薪酬 129 960 元。

2) 本期用银行存款购买固定资产 40 400 元，购买工程物资 120 000 元。

3) 本期收回交易性股票投资本金 6 000 元，公允价值变动 400 元，同时实现投资收益 200 元。

4) 应付职工薪酬的期初数无应付在建工程人员的工资，期末数中应付在建工程人员的工资为 11 200 元，本期支付在建工程人员工资 80 000 元。

5) 应交税费的组成：本期增值税进项税额 16 986.40，本期增值税销项税额 85 000 元，已交增值税 40 000 元；应交企业所得税期初余额为 0，期末余额为 8 038.8 元；应交税费期末数中应由在建工程负担的金额为 40 000 元。

6) 应付利息均为短期借款利息，其中本期计提利息 4 600 元，支付利息 5 000 元。

(2) 本年度利润表中有关项目的明细资料如下：

1) 管理费用的组成：职工薪酬 6 840 元，无形资产摊销 24 000 元，固定资产折旧费用 8 000 元，支付其他费用 24 000 元。

2) 财务费用的组成：计提借款利息 4 600 元，支付应付票据贴现利息 12 000 元。

3) 利润表中的销售费用 8 000 元至期末已支付。

4) 资产减值损失的组成：上年年末坏账准备余额 360 元，本年计提坏账准备 360 元，本年计提固定资产减值准备 12 000 元。

5) 投资收益的组成：收到股息收入 12 000 元与本金一起收回的交易性股票投资收益 200 元，自公允价值变动损益结转的投资收益 400 元。

6) 营业外收入的组成：处置固定资产净收益 20 000 元（原值 160 000 元，累计折旧 60 000 元，收到处置收入 120 000 元），假定不考虑与处置有关的税费。

7) 营业外支出的组成：报废固定资产净损失 7 880 元（原值 10 000 元，累计折旧 2 000 元，支付清理费用 200 元，收到残值收入 320 元）。

8）所得税费用的组成：当期所得税费用 37 120，递延所得税收益 3 000 元。

9）本期用现金偿还短期借款 100 000 元，偿还一年内到期的长期借款 400 000 元。

根据以上资料，编制甲股份有限公司 2011 年度的现金流量表。

（1）甲股份有限公司 2011 年度现金流量表各项目金额，分析确定如下：

1）销售商品、提供劳务收到的现金 = 营业收入 + 应交增值税销项税额 + 应收账款（期初 - 期末）+ 应收票据（期初 - 期末）- 本期计提坏账准备 - 应收票据贴现利息 = 500 000 + 85 000 +（119 640 - 239 280）+（98 400 - 26 400）- 360 - 12 000 = 525 000（元）

2）购买商品、接受劳务支付的现金 = 营业成本 + 应交增值税进项税额 + 存货（期末 - 期初）+ 应付账款（期初 - 期末）+ 应付票据（期初 - 期末）+ 预付账款（期末 - 期初）- 当期列入生产成本、制造费用的固定资产折旧费用和修理费 - 当期列入生产成本、制造费用的职工薪酬 = 300 000 + 16 986.4 +（993 880 - 1 032 000）+（381 520 - 381 520）+（80 000 - 40 000）+（40 000 - 40 000）- 32 000 - 129 960 = 156 906.4（元）

3）支付给职工以及为职工支付的现金 = 生产成本、制造费用及管理费用中的职工薪酬 + 应付职工薪酬（期初 - 期末）- 应付职工薪酬中在建工程部分（期初 - 期末）= 129 960 + 6 840 +（44 000 - 72 000）-（0 - 11 200）= 120 000（元）

4）支付的各项税费 = 当期所得税费用 + 营业税金及附加 + 应交税费（应交增值税已交税费）+ 应交企业所得税（期初 - 期末）= 37 120 + 800 + 40 000 +（0 - 8 038.8）= 69 881.2（元）

5）支付其他与经营活动有关的现金 = 销售费用 + 其他管理费用 = 8 000 + 24 000 = 32 000（元）

6）收回投资收到的现金 = 交易性金融资产贷方发生额 + 与交易性金融资产一起收回的投资收益 = 6 400 + 200 = 6 600（元）

7）取得投资收益收到的现金 = 收到的股息收入 = 12 000（元）

8）处置固定资产、无形资产和其他长期资产收回的现金净额 = 120 000 +（320 - 200）= 120 120（元）

9）购建固定资产、无形资产和其他长期资产支付的现金 = 银行存款购买固定资产、工程物资 + 支付在建工程人员职工薪酬 = 40 400 + 120 000 + 80 000 = 240 400（元）

10）取得借款收到的现金 = 464 000 - 240 000 = 224 000（元）

11）偿还债务支付的现金 = 100 000 + 400 000 = 500 000（元）

12）分配股利、利润或偿付利息支付的现金 = 5 000（元）

（2）将净利润调节为经营活动现金流量各项目的计算分析如下：

1）资产减值准备 = 360 + 12 000 = 12 360（元）

2）固定资产折旧、油气资产折耗、生产性生物资产折旧 = 32 000 + 8 000 = 40 000（元）

3）无形资产摊销 = 24 000（元）

4）处置固定资产、无形资产和其他长期资产的损失（减：收益）= -20 000（元）

5）固定资产报废损失 = 7 880（元）

6）财务费用 = 4 600（元）

7）投资损失（减：净收益）= -12 600（元）

8）递延所得税资产减少 = -3 000（元）

9）存货的减少 = 1 032 000 - 993 880 = 38 120（元）

10）经营性应收项目的减少（减：增加）= (98 400 - 26 400) + [(119 640 - 239 280) - (720 - 360)] = -48 000(元)

11）经营性应付项目的增加（减：减少）=（40 000 - 80 000）+（381 520 - 381 520）+［（72 000 - 11 200）- 44 000］+［（90 692.4 - 40 000）- 14 640］= 12 852.4（元）

（3）根据上述数据，编制现金流量表及现金流量表附注如表 13-6 和表 13-7 所示。

表 13-6 现金流量表

编制单位：甲股份有限公司　　　　2011 年度　　　　单位：元

项目	本期金额	上期金额（略）
一、经营活动产生的现金流量：		
销售商品、提供劳务收到的现金	525 000	
收到的税费返还	0	
收到其他与经营活动有关的现金	0	
经营活动现金流入小计	525 000	
购买商品、接受劳务支付的现金	156 906.40	
支付给职工以及为职工支付的现金	120 000	
支付的各项税费	69 881.20	
支付其他与经营活动有关的现金	32 000	
经营活动现金流出小计	378 787.60	
经营活动产生的现金流量净额	146 212.40	
二、投资活动产生的现金流量：		
收回投资收到的现金	6 600	
取得投资收益收到的现金	12 000	
处置固定资产、无形资产和其他长期资产收回的现金净额	120 120	
处置子公司及其他营业单位收到的现金净额	0	
收到其他与投资活动有关的现金	0	
投资活动现金流入小计	138 720	
购建固定资产、无形资产和其他长期资产支付的现金	240 400	
投资支付的现金	0	
取得子公司及其他营业单位支付的现金净额	0	
支付其他与投资活动有关的现金	0	
投资活动现金流出小计	240 400	
投资活动产生的现金流量净额	-101 680	

（续）

项目	本期金额	上期金额（略）
三、筹资活动产生的现金流量：		
吸收投资收到的现金	0	
取得借款收到的现金	224 000	
收到其他与筹资活动有关的现金	0	
筹资活动现金流入小计	224 000	
偿还债务支付的现金	500 000	
分配股利、利润或偿付利息支付的现金	5 000	
支付其他与筹资活动有关的现金	0	
筹资活动现金流出小计	505 000	
筹资活动产生的现金流量净额	-281 000	
四、汇率变动对现金及现金等价物的影响	0	
五、现金及现金等价物净增加额	-236 467.60	
加：期初现金及现金等价物余额	562 520	
六、期末现金及现金等价物余额	326 052.40	

表 13-7 现金流量表附注

单位：元

补充资料	本期金额	上期金额（略）
1. 将净利润调节为经营活动现金流量：		
净利润	90 000	
加：资产减值准备	12 360	
固定资产折旧、油气资产折耗、生产性生物资产折旧	40 000	
无形资产摊销	24 000	
长期待摊费用摊销	0	
处置固定资产、无形资产和其他长期资产的损失（收益以“-”号填列）	-20 000	
固定资产报废损失（收益以“-”号填列）	7 880	
公允价值变动损失（收益以“-”号填列）	0	
财务费用（收益以“-”号填列）	4 600	
投资损失（收益以“-”号填列）	-12 600	
递延所得税资产减少（增加以“-”号填列）	-3 000	

（续）

补充资料	本期金额	上期金额（略）
递延所得税负债增加（减少以“－”号填列）	0	
存货的减少（增加以“－”号填列）	38 120	
经营性应收项目的减少（增加以“－”号填列）	－48 000	
经营性应付项目的增加（减少以“－”号填列）	12 852.40	
其他	0	
经营活动产生的现金流量净额	146 212.40	
2. 不涉及现金收支的重大投资和筹资活动：		
债务转为资本	0	
一年内到期的可转换公司债券	0	
融资租入固定资产	0	
3. 现金及现金等价物净变动情况：		
现金的期末余额	326 052.40	
减：现金的期初余额	562 520	
加：现金等价物的期末余额	0	
减：现金等价物的期初余额	0	
现金及现金等价物净增加额	－236 467.60	

第五节　所有者权益变动表

一、所有者权益变动表的内容及结构

1. 所有者权益变动表的内容

所有者权益变动表，是反映构成所有者权益各组成部分当期增减变动情况的报表。所有者权益变动表不仅包括所有者权益总量的增减变动，还包括所有者权益增减变动的重要结构性信息，特别是要反映直接计入所有者权益的利得和损失，让报表使用者准确理解所有者权益增减变动的根源。

在所有者权益变动表中，企业至少应当单独列示反映下列信息：①净利润。②直接计入所有者权益的利得和损失及其总额。③会计政策变更和差错更正的累积影响金额。④所有者投入资本和向所有者分配利润等。⑤提取的盈余公积。⑥实收资本（或股本）、资本公积、盈余公积、未分配利润的期初和期末余额及其调节情况。

2. 所有者权益变动表的结构

所有者权益变动表应当以矩阵的形式列示：一方面，列示导致所有者权益变动的交易或

事项，从所有者权益变动的来源对一定时期所有者权益的变动情况进行全面反映；另一方面，按照所有者权益各组成部分（包括实收资本、资本公积、盈余公积、未分配利润和库存股）及其总额列示交易或事项对所有者权益的影响。此外，企业还需要提供比较所有者权益变动表，也就是说，所有者权益变动表各项目要分“本年金额”和“上年金额”两栏分别填列。

二、所有者权益变动表的填列方法

1. “上年金额”项目

“上年金额”项目，反映企业上年资产负债表中实收资本（或股本）、资本公积、库存股、盈余公积、未分配利润的年末余额。应根据上年度所有者权益变动表“本年金额”栏内所列数字填列。如果上年度所有者权益变动表中各个项目的名称和内容同本年度不一致，则应按本年度的规定进行调整，填入所有者权益变动表“上年金额”栏内。

2. “会计政策变更”和“前期差错更正”项目

该项目分别反映企业采用追溯调整法处理的会计政策变更的累积影响金额和采用追溯重述法处理的会计差错更正的累积影响金额。

3. “本年增减变动金额”项目

（1）“净利润”项目，反映企业当年实现的净利润（或净亏损）金额。

（2）“直接计入所有者权益的利得和损失”项目，反映企业当年直接计入所有者权益的利得和损失金额。其中：①“可供出售金融资产公允价值变动净额”反映企业持有的可供出售金融资产当年公允价值变动的金额。②“权益法下被投资单位其他所有者权益变动的影响”反映企业对按照权益法核算的长期股权投资，在被投资单位除当年实现的净损益以外，其他所有者权益当年变动中应享有的份额。③“与计入所有者权益项目相关的所得税影响”反映企业根据《企业会计准则第 18 号——所得税》规定应计入所有者权益项目的当年所得税影响金额。

（3）“所有者投入和减少资本”项目，反映企业当年所有者投入的资本和减少的资本。其中：①“所有者投入资本”反映企业接受投资者投入形成的实收资本（或股本）和资本溢价或股本溢价。②“股份支付计入所有者权益的金额”反映企业处于等待期中的权益结算的股份支付当年计入资本公积的金额。

（4）“利润分配”项目，反映企业当年的利润分配金额。其中：①“提取盈余公积”反映企业按照规定提取的盈余公积。②“对所有者（或股东）的分配”反映对所有者（或股东）分配的利润（或股利）金额。

（5）“所有者权益内部结转”项目，反映企业构成所有者权益的组成部分之间的增减变动情况。其中：①“资本公积转增资本（或股本）”反映企业以资本公积转增资本或股本的金额。②“盈余公积转增资本（或股本）”反映企业以盈余公积转增资本或股本的金额。③“盈余公积弥补亏损”反映企业以盈余公积弥补亏损的金额。

三、所有者权益变动表编制示例

【例 13-7】 沿用例 13-1 的资料，甲股份有限公司编制 2011 年度的所有者权益变动表，如表 13-8 所示。

表 13-8　所有者权益变动表

编制单位：甲股份有限公司　　　2011 年度　　　单位：元

项目	行次	本年金额						上年金额					
		实收资本（或股本）	资本公积	减：库存股	盈余公积	未分配利润	所有者权益合计	实收资本（或股本）	资本公积	减：库存股	盈余公积	未分配利润	所有者权益合计
一、上年年末余额		2 000 000	0	0	40 000	20 000	2 060 000						
加：会计政策变更													
前期差错更正													
二、本年年初余额		2 000 000	0	0	40 000	20 000	2 060 000						
三、本年增减变动金额（减少以“－”号填列）													
（一）净利润						90 000	90 000						
（二）直接计入所有者权益的利得和损失													
1. 可供出售金融资产公允价值变动净额													
2. 权益法下被投资单位其他所有者权益变动的影响													
3. 与计入所有者权益项目相关的所得税影响													
4. 其他													
上述（一）和（二）小计						90 000	90 000						
（三）所有者投入和减少资本													

（续）

项目	行次	本年金额						上年金额					
		实收资本（或股本）	资本公积	减：库存股	盈余公积	未分配利润	所有者权益合计	实收资本（或股本）	资本公积	减：库存股	盈余公积	未分配利润	所有者权益合计
1. 所有者投入资本													
2. 股份支付计入所有者权益的金额													
3. 其他													
（四）利润分配													
1. 提取盈余公积					9 908.16	-9 908.16							
2. 对所有者（或股东）的分配						-12 886.34	-12 886.34						
3. 其他													
（五）所有者权益内部结转													
1. 资本公积转增资本（或股本）													
2. 盈余公积转增资本（或股本）													
3. 盈余公积弥补亏损													
4. 其他													
四、本年年末余额		2 000 000	0	0	49 908.16	87 205.50	2 137 113.66						

第六节　财务报表附注

财务报表附注是对资产负债表、利润表、现金流量表和所有者权益变动表等报表中列示项目的文字描述或明细资料，以及对未能在这些报表中列示项目的说明等。附注是财务报表的重要组成部分，企业应当按照规定披露附注信息。财务报表附注包括以下内容：

一、企业的基本情况

（1）企业注册地、组织形式和总部地址。

（2）企业的业务性质和主要经营活动。

（3）母公司以及集团最终母公司的名称。

（4）财务报告的批准报出者和财务报告批准报出日。

二、财务报表的编制基础

财务报表的编制基础是指财务报表的编制是以权责发生制为基础，还是以收付实现制为基础。一般情况下，企业的财务报表均以权责发生制为基础编制。

三、遵循企业会计准则的声明

企业应当声明编制的财务报表符合《企业会计准则》的要求，真实、公允地反映了企业的财务状况、经营成果和现金流量等有关信息。如果企业编制的财务报表只是部分地遵循了《企业会计准则》，则附注中不得作出这种表述。

四、重要会计政策和会计估计

企业应当在附注中披露采用的重要会计政策和会计估计，不重要的会计政策和会计估计可以不披露。

1. 重要会计政策的说明

由于企业经济业务的复杂性和多样化，某些经济业务可以有多种会计处理方法，也就是存在不止一种可供选择的会计政策。企业在发生某些经济业务时，必须从允许的会计处理方法中选择适合本企业特点的会计政策，企业选择不同的会计处理方法，可能极大地影响企业的财务状况和经营成果，进而编制出不同的财务报表。为了有助于使用者理解，有必要对这些会计政策加以披露。

需要特别指出的是，说明会计政策时还需要披露下列两项内容：

（1）财务报表项目的计量基础。会计计量属性包括历史成本、重置成本、可变现净值、现值和公允价值。这项披露要求便于使用者了解财务报表中的项目是按何种计量基础予以计量的，如存货是按成本还是按可变现净值计量等。

（2）会计政策的确定依据。主要是指企业在运用会计政策过程中所作的对报表中确认的项目金额最具影响的判断。例如，企业如何判断持有的金融资产是持有至到期投资而不是交易性投资；再比如，企业如何判断与租赁资产相关的所有风险和报酬已转移给本企业，从而符合融资租赁的标准；以及投资性房地产的判断标准是什么等，这些披露要求有助于使用者理解企业选择和运用会计政策的背景，增加财务报表的可理解性。

2. 重要会计估计的说明

企业应当披露会计估计中所采用的关键假设和不确定因素的依据，这些关键假设和不确定因素在下一会计期间内很可能导致资产、负债账面价值的重大调整。在确定报表中确认的资产和负债账面金额的过程中，企业有时需要对不确定的未来事项在资产负债表日对这些资产和负债的影响加以估计。例如，固定资产可收回金额的计算需要根据其公允价值减去处置费用后的净额与预计未来现金流量的现值两者之间的较高者确定，在计算资产预计未来现金流量的现值时需要根据未来现金流量进行预测，并选择适当的折现率，应当在附注中披露对未来现金流量预测所采用的假设及其依据，证明所选择的折现率的合理性等。这些假设的变动对这些资产和负债项目金额的确定影响很大，有可能会在下一个会计年度内作出重大调整。因此，强调这一披露要求，有助于提高财务报表的可理解性。

五、会计政策和会计估计变更以及差错更正的说明

企业应当按照《企业会计准则第 28 号——会计政策、会计估计变更和差错更正》及其应用指南的规定，披露会计政策和会计估计变更以及差错更正的有关情况。

六、报表重要项目的说明

企业对报表重要项目的说明应当按照资产负债表、利润表、现金流量表、所有者权益变动表及其项目列示的顺序，采用文字和数字描述相结合的方式披露重要报表项目的构成或当期增减变动情况。报表重要项目的明细金额合计，应当与报表项目金额相衔接。

（1）交易性金融资产。企业应当披露交易性金融资产的构成及期初、期末公允价值等信息。

（2）应收款项。企业应当披露应收款项的账龄结构和客户类别以及期初、期末账面余额。

（3）存货。企业应当披露下列信息：①各类存货的期初和期末账面价值。②确定发出存货成本所采用的方法。③存货可变现净值的确定依据，存货跌价准备的计提方法，当期计提的存货跌价准备的金额，当期转回的存货跌价准备的金额，以及计提和转回的有关情况。④用于担保的存货账面价值。

（4）可供出售金融资产。企业应当披露可供出售金融资产的构成以及期初、期末公允价值等信息。

（5）持有至到期投资。企业应当披露持有至到期投资的构成及期初、期末账面余额等信息。

（6）长期股权投资。企业应当披露下列信息：①子公司、合营企业和联营企业清单，包括企业名称、注册地、业务性质、投资企业的持股比例和表决权比例。②合营企业和联营企业当期的主要财务信息，包括资产、负债、收入、费用等合计金额。③被投资单位向投资企业转移资金的能力受到严格限制的情况。④当期及累计未确认的投资损失金额。⑤与对子公司、合营企业及联营企业投资相关的或有负债。

（7）投资性房地产。企业应当披露下列信息：①投资性房地产的种类、金额和计量模式。②采用成本模式的，投资性房地产的折旧或摊销，以及减值准备的计提情况。③采用公

允价值模式的，公允价值的确定依据和方法，以及公允价值变动对权益的影响。④房地产转换情况、理由，以及对损益或所有者权益的影响。⑤当期处置的投资性房地产及其对损益的影响。

（8）固定资产。企业应当披露下列信息：①固定资产的确认条件、分类、计量基础和折旧方法。②各类固定资产的使用寿命、预计净残值和折旧率。③各类固定资产的期初和期末原价、累计折旧额及固定资产减值准备累计金额。④当期确认的折旧费用。⑤对固定资产所有权的限制及其金额和用于担保的固定资产账面价值。⑥准备处置的固定资产名称、账面价值、公允价值、预计处置费用和预计处置时间等。

（9）无形资产。企业应当披露下列信息：①无形资产的期初和期末账面余额、累计摊销额及减值准备累计金额。②使用寿命有限的无形资产的使用寿命的估计情况，使用寿命不确定的无形资产的判断依据。③无形资产的摊销方法。④用于担保的无形资产账面价值、当期摊销额等情况。⑤计入当期损益和确认为无形资产的研究开发支出金额。

（10）交易性金融负债。企业应当披露交易性金融负债的构成以及期初、期末公允价值等信息。

（11）职工薪酬。企业应当披露下列信息：①应当支付给职工的工资、奖金、津贴和补贴，及期末应付未付金额。②应当为职工缴纳的医疗保险费、养老保险费、失业保险费、工伤保险费和生育保险费等社会保险费，及期末应付未付金额。③应当为职工缴存的住房公积金，及期末应付未付金额。④为职工提供的非货币性福利，及其计算依据。⑤应当支付的因解除劳动关系给予的补偿，及期末应付未付金额。⑥其他职工薪酬。

（12）应交税费。企业应当披露应交税费的构成及期初、期末账面余额等信息。

（13）短期借款和长期借款。企业应当披露短期借款、长期借款的构成及期初、期末账面余额等信息，对期末逾期借款，应分别对贷款单位、借款金额、逾期时间、年利率、逾期未偿还原因和预期还款期等进行披露。

（14）应付债券。企业应当披露应付债券的构成及期初、期末账面余额等信息。

（15）长期应付款。企业应当披露长期应付款的构成及期初、期末账面余额等信息。

（16）营业收入。企业应当披露营业收入的构成及本期、上期发生额等信息。

（17）公允价值变动收益。企业应当披露公允价值变动收益的来源及本期、上期发生额等信息。

（18）投资收益。企业应当披露投资收益的来源及本期、上期发生额等信息。

（19）减值损失。企业应当披露各项资产的减值损失及本期、上期发生额等信息。

（20）营业外收入。企业应当披露营业外收入的构成及本期、上期发生额等信息。

（21）营业外支出。企业应当披露营业外支出的构成及本期、上期发生额等信息。

（22）所得税。企业应当披露下列信息：①所得税费用（收益）的主要组成部分。②所得税费用（收益）与会计利润关系的说明。③未确认递延所得税资产的可抵扣暂时性差异、可抵扣亏损的金额（如果存在到期日，还应披露到期日）。④对每一类暂时性差异和可抵扣亏损，在列报期间确认的递延所得税资产或递延所得税负债的金额，确认递延所得税资产的依据。⑤未确认递延所得税负债的，与对子公司、联营企业及合营企业投资相关的暂时性差异金额。

（23）政府补助。企业应当披露取得政府补助的种类及金额。

（24）非货币性资产交换。企业应当披露下列信息：①换入资产、换出资产的类别。②换入资产成本的确定方式。③换入资产、换出资产的公允价值及换出资产的账面价值。

（25）股份支付。企业应当披露下列信息：①当期授予、行权和失效的各项权益工具总额。②期末发行在外股份期权或其他权益工具行权价的范围和合同剩余期限。③当期行权的股份期权或其他权益工具以其行权日价格计算的加权平均价格。④股份支付交易对当期财务状况和经营成果的影响。

（26）债务重组。债权人应当披露下列信息：①债务重组方式。②确认的债务重组损失。③债权转为股份所导致的投资增加额及该投资占债务人股份总额的比例。④或有应收金额。⑤债务重组中受让的非现金资产的公允价值、由债权转成的股份的公允价值和修改其他债务条件后债权的公允价值的确定方法及依据。

债务人应当披露下列信息：①债务重组方式。②确认的债务重组利得总额。③将债务转为资本所导致的股本（或者实收资本）增加额。④或有应付金额。⑤债务重组中转让的非现金资产的公允价值、由债务转成的股份的公允价值和修改其他债务条件后债务的公允价值的确定方法及依据。

（27）借款费用。企业应当披露下列信息：①当期资本化的借款费用金额。②当期用于计算确定借款费用资本化金额的资本化率。

（28）外币折算。企业应当披露下列信息：①计入当期损益的汇兑差额。②处置境外经营业务对外币财务报表折算差额的影响。

（29）企业合并。企业合并发生当期的期末，合并方应当披露与同一控制下企业合并有关的下列信息：①参与合并企业的基本情况。②属于同一控制下企业合并的判断依据。③合并日的确定依据。④以支付现金、转让非现金资产以及承担债务作为合并对价的，所支付对价在合并日的账面价值；以发行权益性证券作为合并对价的，合并中发行权益性证券的数量及定价原则，以及参与合并各方交换有表决权股份的比例。⑤被合并方的资产、负债在上一会计期间资产负债表日及合并日的账面价值；被合并方自合并当期期初至合并日的收入、净利润、现金流量等情况。⑥合并合同或协议约定将承担被合并方或有负债的情况。⑦被合并方采用的会计政策与合并方不一致所作调整情况的说明。⑧合并后已处置或准备处置被合并方资产、负债的账面价值、处置价格等。

企业合并发生当期的期末，购买方应当披露与非同一控制下企业合并有关的下列信息：①参与合并企业的基本情况。②购买日的确定依据。③合并成本的构成及其账面价值、公允价值及公允价值的确定方法。④被购买方各项可辨认资产、负债在上一会计期间资产负债表日及购买日的账面价值和公允价值。⑤合并合同或协议约定将承担被购买方或有负债的情况。⑥被购买方自购买日起至报告期期末的收入、净利润和现金流量等情况。⑦商誉的金额及其确定方法。⑧因合并成本小于合并中取得的被购买方可辨认净资产公允价值的份额计入当期损益的金额。⑨合并后已处置或准备处置被购买方资产、负债的账面价值、处置价格等。

（30）或有事项。企业应当披露下列信息：①预计负债：a. 预计负债的种类、形成原因以及经济利益流出不确定性的说明；b. 各类预计负债的期初、期末余额和本期变动情况；c. 与预计负债有关的预期补偿金额和本期已确认的预期补偿金额。②或有负债（不包括极小可能导致经济利益流出企业的或有负债）：a. 或有负债的种类及其形成原因，包括未决诉讼、未决仲裁、对外提供担保等形成的或有负债；b. 经济利益流出不确定性的说明；c. 或有负债预计产生的财务影响，以及获得补偿的可能性，无法预计的，应当说明原因。③企业通常不应当披露或有资产，但或有资产很可能会给企业带来经济利益的，应当披露其形成的原因、预计产生的财务影响等。④在涉及未决诉讼、未决仲裁的情况下，按相关规定披露全部或部分信息预期对企业造成重大不利影响的，企业无需披露这些信息，但应当披露该未决诉讼、未决仲裁的性质，以及没有披露这些信息的事实和原因。

(31) 资产负债表日后事项。企业应当披露下列信息：①每项重要的资产负债表日后非调整事项的性质、内容，及其对财务状况和经营成果的影响；无法作出估计的，应当说明原因。②资产负债表日后，企业利润分配方案中拟分配的以及经审议批准宣告发放的股利或利润。

七、分部报告

根据《企业会计准则第35号——分部报告》的规定及《企业会计准则解释第3号》的解释，对外提供合并财务报表的企业，应当以合并财务报表为基础披露分部信息。企业应当以内部组织结构、管理要求、内部报告制度为依据确定经营分部，以经营分部为基础确定报告分部，并按下列规定披露分部信息：

(1) 经营分部是指企业内同时满足下列条件的组成部分：

1) 该组成部分能够在日常活动中产生收入、发生费用。

2) 企业管理层能够定期评价该组成部分的经营成果，以决定向其配置资源、评价其业绩。

3) 企业能够取得该组成部分的财务状况、经营成果和现金流量等有关会计信息。

企业存在相似经济特征的两个或多个经营分部，同时满足《企业会计准则第35号——分部报告》第五条相关规定的，可以合并为一个经营分部。

(2) 企业以经营分部为基础确定报告分部时，应当满足《企业会计准则第35号——分部报告》第八条规定的三个条件之一。未满足规定条件，但企业认为披露该经营分部信息对财务报告使用者有用的，也可将其确定为报告分部。

报告分部的数量通常不应超过10个。报告分部的数量超过10个需要合并的，应当以经营分部的合并条件为基础，对相关的报告分部予以合并。

(3) 企业报告分部确定后，应当披露下列信息：

1) 确定报告分部考虑的因素、报告分部的产品和劳务的类型。

2) 每一报告分部的利润（亏损）总额相关信息，包括利润（亏损）总额组成项目及计量的相关会计政策信息。

3) 每一报告分部的资产总额、负债总额相关信息，包括资产总额组成项目的信息，以及有关资产、负债计量的相关会计政策。

(4) 除上述已经作为报告分部信息组成部分披露的信息外，企业还应当披露下列信息：

1) 每一产品和劳务或每一类似产品和劳务组合的对外交易收入。

2) 企业取得的来自本国的对外交易收入总额以及位于本国的非流动资产（不包括金融资产、独立账户资产、递延所得税资产，下同）总额，企业从其他国家取得的对外交易收入总额以及位于其他国家的非流动资产总额。

3）企业对主要客户的依赖程度。

八、关联方披露

根据《企业会计准则第36号——关联方披露》的规定，企业的关联方披露应当包括以下信息：

（1）企业无论是否发生关联交易，均应当在附注中披露与该企业存在直接控制关系的母公司和子公司的有关信息。

1）母公司和子公司的名称。母公司不是该企业最终控制方的，还应当披露最终控制方名称。母公司和最终控制方均不对外提供财务报表的，还应当披露母公司之上与其最相近的对外提供财务报表的母公司名称。

2）母公司和子公司的业务性质、注册地、注册资本（或实收资本、股本）及其变化。

3）母公司对该企业或者该企业对子公司的持股比例和表决权比例。

（2）企业与关联方发生关联交易的，应当在附注中披露该关联方关系的性质、交易类型及交易要素。关联方关系的性质是指关联方与该企业的关系，即关联方是该企业的子公司、合营企业、联营企业等。交易类型通常包括购买或销售商品、购买或销售商品以外的其他资产、提供或接受劳务、担保、提供资金（贷款或股权投资）、租赁、代理、研究与开发项目的转移、许可协议、代表企业或由企业代表另一方进行债务结算等。交易要素至少应当包括：①交易的金额。②未结算项目的金额、条款和条件，以及有关获取担保的信息。③未结算应收项目坏账准备金额。④定价政策。

类型相似的关联方交易，在不影响财务报表阅读者正确理解关联方交易对财务报表影响的情况下，可以合并披露。

（3）企业只有在提供确凿证据的前提下，才能披露关联方交易是公平交易。

本章小结

财务报告是指企业对外提供的反映企业某一特定日期的财务状况和某一会计期间的经营成果、现金流量等会计信息的文件。财务报告包括财务报表和其他应当在财务报告中披露的相关信息和资料。财务报表至少应当包括下列组成部分：资产负债表、利润表、现金流量表、所有者权益变动表和附注，即所谓的“四表一注”。财务报告列报应遵循各项会计准则进行确认和计量等基本要求。

资产负债表是反映企业某一特定日期财务状况的财务报表。资产负债表有账户式、报告式和财务状况式三种格式。其中，账户式是我国和其他国家普遍采用的资产负债表格式。

利润表是反映企业一定期间生产经营成果的财务报表。利润表又称收益表、损益表、盈利表或经营表。目前，国际上较流行的名称是“收益表”。在我国，“损益表”与“利润表”这两个名称通常是混用的。利润表主要反映营业收入、营业利润、利润总额、净利润、每股收益几方面的内容。目前比较普遍的利润表的结构有多步式利润表和单步式利润表两种。

现金流量表是反映企业一定会计期间现金及现金等价物流入和流出的报表。我国会计准则将现金流量划分为经营活动产生的现金流量、投资活动产生的现金流量和筹资活动产生的现金流量三大类。

经营活动产生的现金流量的编制方法有直接法和间接法两种类型。

除现金流量表反映的信息外，企业还应在其补充资料中披露将净利润调节为经营活动现金流量、不涉及现金收支的重大投资和筹资活动、现金及现金等价物净变动情况等信息。

所有者权益变动表是反映构成所有者权益各组成部分当期增减变动情况的报表。为了清楚地表明构成所有者权益的各组成部分当期的增减变动情况，所有者权益变动表应当以矩阵的形式列示。

财务报表附注是对资产负债表、利润表、现金流量表和所有者权益变动表等报表中列示项目的文字描述或明细资料，以及对未能在这些报表中列示项目的说明等。附注内容主要包括企业的基本情况、财务报表的编制基础、遵循企业会计准则的声明、重要会计政策和会计估计、会计政策和会计估计变更以及差错更正的说明、报表重要项目的说明、分部报告、关联方披露八个方面。

练习题

一、单项选择题

1. 企业购买股票所支付价款中包含的已经宣告但尚未领取的现金股利，在现金流量表中应计入的项目是（　　）。

A. 投资所支付的现金

B. 支付的其他与经营活动有关的现金

C. 支付的其他与投资活动有关的现金

D. 分配股利、利润或偿付利息所支付的现金

2. 甲公司为乙公司和丙公司的母公司，丙公司为丁公司的主要原材料供应商。在不考虑其他因素的情况下，下列公司之间，不构成关联方关系的是（　　）。

A. 甲公司与乙公司　　B. 甲公司与丙公司

C. 丙公司与丁公司　　D. 乙公司与丙公司

3. 甲公司2010年度发生的管理费用为2 200万元。其中：用现金支付退休职工统筹退休金350万元和管理人员工资950万元，存货盘亏损失25万元，计提固定资产折旧420万元，无形资产摊销350万元，其余用现金支付。假定不考虑其他因素，甲公司2010年度现金流量表中“支付的其他与经营活动有关的现金”项目的金额为（　　）万元。

A. 105　　B. 455　　C. 475　　D. 675

4. 某企业当期净利润为600万元，投资收益为100万元，与筹资活动有关的财务费用为50万元，经营性应收项目增加75万元，经营性应付项目减少25万元，固定资产折旧为40万元，无形资产摊销为10万元。假设没有其他影响经营活动现金流量的项目，该企业当期经营活动产生的现金流量净额为（　　）万元。

A. 400　　B. 850　　C. 450　　D. 500

5. 顺风公司5月10日购买A股票作为交易性金融资产，支付的全部价款为50万元，其中包含已宣告但尚未领取的现金股利10 000元。5月20日收到现金股利，6月2日将此项股票出售，出售价款为53万元。如果该企业没有其他有关投资的业务，应计入现金流量表中“收回投资收到的现金”项目的金额为（　　）万元。

A. 49　　B. 50　　C. 52　　D. 53

6. 某企业2010年发生的营业收入为1 000万元，营业成本为600万元，销售费用为20

万元，管理费用为50万元，财务费用为10万元，投资收益为40万元，资产减值损失为70万元，公允价值变动收益为80万元，营业外收入为25万元，营业外支出为15万元。该企业2010年的营业利润为（　）万元。

A. 370　　B. 330　　C. 320　　D. 390

7. 关于基本每股收益的计算，下列说法中正确的是（　　）。

A. 企业应当按照归属于普通股股东的当期净利润，除以发行在外普通股的加权平均数计算基本每股收益

B. 企业应当按照归属于普通股股东的当期利润总额，除以发行在外普通股的加权平均数计算基本每股收益

C. 企业应当按照归属于普通股股东的当期利润总额，除以发行在外普通股的算术平均数计算基本每股收益

D. 企业应当按照归属于普通股股东的当期净利润，除以发行在外普通股的算术平均数计算基本每股收益

8. 某上市公司2010年年初发行在外的普通股为1 000万股，2010年3月2日新发行4500万股，12月1日回购1 500万股，以备将来奖励职工。该公司2010年实现净利润2 725万元。不考虑其他因素，2010年基本每股收益为（　　）元。

A. 0. 2725　　B. 0. 21　　C. 0. 59　　D. 0. 2

9. 乙公司2011年1月1日发行票面年利率为4%的可转换债券，面值为1 600万元，规定每100元债券可转换为1元面值普通股90股。2011年乙公司利润总额为12 000万元，净利润为9 000万元，2011年发行在外普通股为8 000万股，公司适用的所得税税率为25%。乙公司2011年稀释每股收益为（　　）元。

A. 1. 5　　B. 1. 125　　C. 0. 96　　D. 1. 28

10. 丙公司2011年年初对外发行100万份认股权证，规定每份认股权证可按行权价格7元认购1股股票。2011年度利润总额为250万元，净利润为200万元，发行在外普通股加权平均股数为500万股，普通股当期平均市场价格为8元。丙公司2011年基本每股收益为（　　）元。

A. 0. 5　　B. 0. 39　　C. 0. 4　　D. 0. 49

二、多项选择题

1. 下列各项中，应计入现金流量表中“偿还债务支付的现金”项目的有（　　）。

A. 偿还银行借款的本金　　B. 偿还银行借款的利息

C. 偿还企业债券的本金　　D. 偿还企业债券的利息

E. 支付股利

2. 下列各项中，属于筹资活动产生的现金流量的有（　　）。

A. 支付的现金股利　　B. 取得短期借款

C. 增发股票收到的现金　　D. 偿还公司债券支付的现金

E. 购入固定资产支付的现金

3. 在中期财务报告中，企业应当提供的比较财务报表包括（　　）。

A. 本中期末的资产负债表和上年度与本中期末相同日期的资产负债表

B. 本中期的利润表

C. 年初至本中期末的利润表以及上年度可比期间的利润表

D. 年初至本中期末的现金流量表和上年度年初至可比本中期末的现金流量表

E. 本中期的现金流量表

4. 根据现行会计制度的规定，下列各项中属于企业经营活动产生的现金流量的有（ ）。

A. 收到的出口退税　　B. 收到长期股权投资的现金股利

C. 转让无形资产所有权取得的收入　　D. 出租无形资产使用权取得的收入

E. 用银行存款购入在三个月内到期的债券投资

5. 下列各项中，属于现金流量表中投资活动产生的现金流量的有（ ）。

A. 购置固定资产支付的现金　　B. 转让无形资产所有权收到的现金

C. 购买三个月内到期的国库券支付的现金　　D. 收到分派的现金股利

E. 计提固定资产折旧

6. 将净利润调节为经营活动产生的现金流量时，下列各项调整项目中，属于调增项目的有（ ）。

A. 投资收益　　B. 递延所得税负债增加额

C. 长期待摊费用的摊销　　D. 固定资产报废损失

E. 经营性应收项目增加

7. 现金流量表中的“支付给职工以及为职工支付的现金”项目包括（ ）。

A. 支付的退休人员的退休金　　B. 支付的在建工程人员的工资

C. 支付的生产工人的工资　　D. 支付的行政管理人员的工资

E. 支付的车间管理人员的工资

8. 下列交易或事项产生的现金流量表中是投资活动产生的现金流量的有（ ）。

A. 为构建固定资产支付的耕地占用税

B. 为构建固定资产支付的已经资本化的利息费用

C. 因火灾造成固定资产损失而收到的保险赔款

D. 收到分派的现金股利

E. 用银行存款偿还短期借款

9. 企业在计算稀释每股收益时，对归属于普通股股东的当期净利润进行调整的项目有（ ）。

A. 当期已确认为费用的稀释性潜在普通股的利息

B. 稀释性潜在普通股转换时将产生的收益或费用

C. 可转换公司债券与利息相关的所得税影响

D. 与稀释性潜在普通股转换时将产生的收益或费用相关的所得税影响

E. 可转换公司债券转换为股份时可能支付的现金

三、业务题

深远股份有限公司（以下简称深远公司）为增值税一般纳税企业，适用增值税税率为17%。商品销售价格中均不含增值税。按每笔销售分别结转销售成本。深远公司销售商品、零配件及提供劳务均为其主营业务。深远公司2011年9月发生的经济业务如下：

（1）以交款提货销售方式向A公司销售商品一批。该批商品的销售价格为4万元，实际成本为3.4万元，提货单和增值税专用发票已交A公司，款项已收到存入银行。

（2）与B公司签订协议，委托其代销商品一批。根据代销协议，B公司按代销商品协议价5%收取手续费，并直接从代销款中扣除。该批商品的协议价为5万元，实际成本为3.6万元，商品已运往B公司。本月月末收到B公司开来代销清单，列明已经售出该批商品的50%；同时收到已售出代销商品的代销款（已经扣除手续费）。

（3）与C公司签订了一项设备安装合同。该设备安装期为2个月，合同总价款为3万元，分两次收取。本月月末收到第一笔价款1万元，并存入银行。按合同约定，安装工程完成日收取剩余的款项。至本月月末，已实际发生安装成本1.2万元（假定均为安装人员工资）。

（4）向D公司销售一件特定商品。合同规定，该件商品须单独设计制造，总价款为35万元，自合同签订日起两个月内交货。D公司已预付全部价款。至本月月末，该件商品尚未完工，已发生生产成本15万元（其中，生产人员工资5万元、原材料10万元）。

（5）向E公司销售一批零配件。该批零配件的销售价格为100万元，实际成本为80万元。增值税专用发票及提货单已经交给E公司。E公司已开出承兑的商业汇票，该商业汇票期限为三个月，到期日为12月10日。E公司因受场地限制，推迟到下月23日提货。

（6）与H公司签订了一项设备维修服务协议。本月月末，该维修服务完成并经H公司验收合格，同时收到H公司按协议支付的劳务款50万元。为完成该项维修服务，发生相关费用10.4万元（假定均为维修人员工资）。

（7）M公司退回2009年12月28日购买的商品一批。该商品的销售价格为6万元，实际成本为4.7万元。该批商品的销售收入已在发出时确认，但款项尚未收取。经查明，退货理由符合原合同约定。本月月末已经办妥退货手续并开具红字增值税专用发票。

（8）计算本月应交企业所得税。假定该公司适用的所得税税率为25%，本期无任何纳税调整事项。

其他相关资料：除上述经济业务外，深远公司登记9月份发生的其他经济业务形成的账户发生额如表13-9所示。

表13-9 9月份发生的其他经济业务形成的账户发生额 单位：万元

账户名称	借方发生额	贷方发生额
其他业务收入		2
其他业务成本	1	
投资收益		1.525
营业外收入		20
营业外支出	40	
营业税金及附加	10	
管理费用	5	
财务费用	1	

要求：

（1）编制深远公司上述（1）至（8）项经济业务相关的会计分录（“应交税费”科目要求写出明细科目及专栏名称）。

（2）编制深远公司2011年9月份的利润表。

附录　练习题参考答案

第一章　总　论

一、单项选择题

1～5. DCADC　6～10. ADAAB　11. B

二、多项选择题

1. AD　2. BC　3. ACD　4. CD　5. AB

第二章　货币资金

一、单项选择题

1～5. BBDDA　6～10. CDDDD

二、多项选择题

1. ABCD　2. BD　3. ABCD　4. CD　5. ABD　6. AC　7. ABC　8. ABCD

三、业务题

1.（1）借：库存现金　1 600
　　　贷：银行存款　1 600
（2）借：其他应收款——张×　2 500
　　　贷：库存现金　2 500
（3）借：银行存款　54 000
　　　贷：应收账款　54 000
（4）借：原材料　100 000
　　　应交税费——应交增值税（进项税额）　17 000
　　　贷：银行存款　117 000
（5）借：应付账款——丙公司　20 000
　　　贷：银行存款　20 000
（6）借：应收账款——丁单位　58 500
　　　贷：主营业务收入　50 000
　　　　　应交税费——应交增值税（销项税额）　8 500
（7）借：管理费用　2 010
　　　库存现金　490
　　　贷：其他应收款——张×　2 500
（8）借：银行存款　58 500
　　　贷：应收账款——丁单位　58 500
（9）借：管理费用　2 000

贷：银行存款 2 000

(10) 借：应收票据——丁单位 146 250

贷：主营业务收入 125 000

应交税费——应交增值税（销项税额） 21 250

(11) 借：待处理财产损溢——待处理流动资产损溢 200

贷：库存现金 200

(12) 借：库存现金 200

贷：待处理财产损溢——待处理流动资产损溢 200

2. 银行存款余额调节表如附表1所示。

附表1 银行存款余额调节表 单位：元

项目	余额	项目	余额
企业银行存款日记账余额	226 600	银行对账单余额	269 700
加：3. 银行已收，企业未收	24 600	加：1. 企业已收，银行未收	23 000
减：4. 银行已付，企业未付	17 000	减：2. 企业已付，银行未付	58 500
调节后的银行存款余额	234 200	调节后的银行存款余额	234 200

第三章 应收及预付款项

一、单项选择题

1~5. DCBCD 6~9. DDCD

二、多项选择题

1. ABCD 2. BD 3. ABD 4. ABC 5. ABD 6. AB 7. BC 8. ACD 9. CD 10. ABC 11. ABC

三、业务题

1. 借：应收票据——乙企业 117 000

贷：主营业务收入——A商品 100 000

应交税费——应交增值税（销项税额） 17 000

2. (1) 借：预付账款 25 000 000

贷：银行存款 25 000 000

借：原材料 50 000 000

应交税费——应交增值税（进项税额） 8 500 000

贷：预付账款 25 000 000

银行存款 33 500 000

(2) 这两种会计处理都正确。第一种情况是将预付账款之外的视为债务；第二种情况是在企业应付账款业务较少时，可将其并入预付账款反映。

3. (1) 2009年：

销售商品。

借：应收账款 4 030

贷：主营业务收入 3 444.44（4030/1.17）

应交税费——应交增值税（销项税额） 585.56

实际发生坏账 30 万元。

借：坏账准备 30

贷：应收账款 30

年末应保留的坏账准备余额 =（4 000 + 4 030 − 30）× 0.5% = 8 000 × 0.5% = 40（万元）

本年应补提的坏账准备金额 = 40 + 30 − 20 = 50（万元）

借：资产减值损失 50

贷：坏账准备 50

（2）2010 年：

收回以前年度的应收账款 2 000 万元。

借：银行存款 2 000

贷：应收账款 2 000

销售商品。

借：应收账款 4 010

贷：主营业务收入 3 427.35（4 010/1.17）

应交税费——应交增值税（销项税额） 582.65

实际发生坏账 30 万元。

借：坏账准备 30

贷：应收账款 30

年末应保留的坏账准备余额 =（8 000 − 2 000 + 4 010 − 30）× 0.5% = 9 980 × 0.5% = 49.9（万元）

本年应补提的坏账准备金额 = 49.9 − 40 + 30 = 39.9（万元）

借：资产减值损失 39.9

贷：坏账准备 39.9

（3）2011 年：

收回以前年度的应收账款 5 000 万元。

借：银行存款 5 000

贷：应收账款 5 000

销售商品。

借：应收账款 8 000

贷：主营业务收入 6 837.61（8 000/1.17）

应交税费——应交增值税（销项税额） 1162.39

收回已确认的坏账 25 万元。

借：应收账款 25

贷：坏账准备 25

借：银行存款 25

贷：应收账款 25

年末应保留的坏账准备余额 =（9 980 − 5 000 + 8 000）× 0.5% = 64.9（万元）

本年应补提的坏账准备金额 = 64.9 - 49.9 - 25 = -10（万元）

借：坏账准备　10

　　贷：资产减值损失　10

第四章　存　　货

一、单项选择题

1～5. DDACA　6～10. CABAC

二、多项选择题

1. AB　2. ABDE　3. ABCD　4. BD　5. ABD　6. ABCD　7. ABD　8. BCD　9. ABD　10. BD

三、业务题

1.（1）1月1日，冲回上月暂估入账的材料。

借：原材料　8

　　贷：应付账款　8

（2）1月5日，收到在途物资。

借：原材料　20

　　贷：在途物资　20

（3）1月8日，购入材料。

借：原材料　100

　　应交税费——应交增值税（进项税额）　17

　　其他应收款——A企业　1

　　贷：银行存款　118

（4）1月10日，收回委托加工的包装物。

借：委托加工物资　2

　　应交税费——应交增值税（进项税额）　0.34

　　贷：银行存款　2.34

借：周转材料——包装物　12

　　贷：委托加工物资　12

（5）1月13日，用银行汇票购入材料。

借：原材料　20.93

　　应交税费——应交增值税（进项税额）　3.47

　　贷：其他货币资金　23.4

　　　　银行存款　1

借：银行存款　6.6

　　贷：其他货币资金　6.6

注意：运费和价款支付的对象不同，不能从其他货币资金中支付。

（6）1月18日，收到原暂估入账材料的发票，用商业汇票结算材料款。

借：原材料　8

　应交税费——应交增值税（进项税额）　1.36

　贷：应付票据　9.36

（7）1月22日，收到预付款购入的材料。

借：原材料　30.93

　应交税费——应交增值税（进项税额）　5.17

　贷：预付账款　36.1

借：预付账款　31.1

　贷：银行存款　31.1

（8）1月25日，接受材料捐赠。

借：原材料　10

　应交税费——应交增值税（进项税额）　1.7

　贷：营业外收入　11.7

（9）1月30日，材料盘盈。

借：原材料　1

　贷：待处理财产损溢　1

借：待处理财产损溢　1

　贷：管理费用　1

（10）1月30日，结转包装物成本。

借：其他业务成本　4

　贷：周转材料——包装物　4

（11）1月30日，结转原材料成本。

借：生产成本——基本生产成本　80

　　　　　——辅助生产成本　12

　制造费用　2

　管理费用　3

　贷：原材料　97

2.（1）先进先出法。存货明细账如附表2所示。

附表2　存货明细账　　单位：元

××年		凭证号	摘　要	收　入			发　出			结　存		
月	日			数量/kg	单价	金额	数量/kg	单价	金额	数量/kg	单价	金额
6	1		期初结存							400	50	20 000
6	7		购入	1 000	60	60 000				400 1 000	50 60	20 000 60 000
6	15		发出				400 400	50 60	20 000 24 000	600	60	36 000
6	22		购入	800	70	56 000				600 800	60 70	36 000 56 000

（续）

××年		凭证号	摘要	收入			发出			结存		
月	日			数量/kg	单价	金额	数量/kg	单价	金额	数量/kg	单价	金额
6	27		发出				600 500	60 70	36 000 35 000	300	70	21 000
6	30		合计	1 800		116 000	1 900		115 000	300	70	21 000

发出材料成本 =115 000（元）

期末结存材料成本 =21 000（元）

（2）加权平均法。计算过程如下：

单位平均成本 =（20 000 +60 000 +56 000）÷（400 +1 000 +800）=61.82（元/件）

发出材料成本 =1 900 ×61.82 =117 458（元）

期末结存材料成本 =20 000 +60 000 +56 000 −117 458 =18 542（元）

（3）移动加权平均法。计算过程如下：

6 月 7 日单位平均成本 =（20 000 +60 000）÷（400 +1 000）=57.14（元/件）

6 月 15 日发出材料成本 =800 ×57.14 =45 712（元）

6 月 15 日结存材料成本 =20 000 +60 000 −45 712 =34 288（元）

6 月 22 日单位平均成本 =（34 288 +56 000）÷（600 +800）=64.49（元/件）

6 月 27 日发出材料成本 =1 100 ×64.49 =70 939（元）

6 月 30 日期末结存材料成本 =34 288 +56 000 −70 939 =19 349（元）

发出材料成本 =45 712 +70 939 =116 651（元）

期末结存材料成本 =19 349（元）

3.（1）6 月 3 日用商业汇票采购材料。

借：材料采购　80
　　应交税费——应交增值税（进项税额）　13.6
　　贷：应付票据　93.6

（2）6 月 7 日材料入库。

借：原材料　84
　　贷：材料采购　80
　　　　材料成本差异　4

（3）6 月 18 日用银行存款购入材料。

借：材料采购　123.8
　　应交税费——应交增值税（进项税额）　20.4
　　贷：银行存款　144.2

借：原材料　112
　　材料成本差异　11.8
　　贷：材料采购　123.8

（4）6 月 30 日，按计划成本暂估入账。

借：原材料 40

贷：应付账款——暂估应付账款 40

(5) 6月30日结转发出材料成本

1）结转材料的计划成本。

借：生产成本 125

管理费用 2

制造费用 3

贷：原材料 130

2）结转材料成本差异。

材料成本差异率 =（月初结存材料的成本差异 + 本月入库材料的成本差异）÷（月初结存材料的数量 + 本月入库材料的数量）

=（-1.88 - 4 + 11.8）÷（100 + 84 + 112）×100% = 2%

借：生产成本 2.5

管理费用 0.04

制造费用 0.06

贷：材料成本差异 2.6

注意：计算差异率时，本月入库材料的数量不包括暂估入库存货。

4. (1) 发出委托加工材料并结转发出材料应分摊的材料成本差异。

借：委托加工物资 582

材料成本差异 18

贷：原材料 600

(2) 支付加工费、消费税、增值税。

借：委托加工物资 120

应交税费——应交消费税 78

——应交增值税（进项税额） 20.4

贷：银行存款 218.4

消费税组税价格 =（582 + 120）/（1 - 10%）= 780（万元）

应交消费税 = 780 × 10% = 78（万元）

(3) 支付运杂费。

借：委托加工物资 5

贷：银行存款 5

(4) 验收入库。

借：库存商品 700

材料成本差异 7

贷：委托加工物资 707（582 + 120 + 5）

5. (1) 甲材料盘盈时：

借：原材料——甲材料 600

贷：待处理财产损溢——待处理流动资产损溢 600

(2) 乙材料盘亏时：

借：待处理财产损溢——待处理流动资产损溢　4 680
　贷：原材料——乙材料　4 000
　　应交税费——应交增值税（进项税额转出）　680
（3）丙库存商品盘亏时：
借：待处理财产损溢——待处理流动资产损溢　702
　贷：库存商品——D 商品　600
　　应交税费——应交增值税（进项税额转出）　102
（4）报经批准时：
借：待处理财产损溢——待处理流动资产损溢　600
　贷：管理费用　600
借：管理费用　4 680
　贷：待处理财产损溢——待处理流动资产损溢　4 680
借：库存现金　100
　其他应收款——保险公司　500
　营业外支出　102
　贷：待处理财产损溢——待处理流动资产损溢　702
6.（1）库存商品 A：
借：存货跌价准备——A 商品　20
　贷：资产减值损失　20
（2）库存商品 B：
有合同部分的可变现净值 = 730 - 30 × 70% = 709（万元）
有合同部分的成本 = 1 000 × 70% = 700（万元）
因为可变现净值高于成本，不计提存货跌价准备。
无合同部分的可变现净值 = 290 - 30 × 30% = 281（万元）
无合同部分的成本 = 1 000 × 30% = 300（万元）
因可变现净值低于成本，需计提存货跌价准备 19 万元。
借：资产减值损失　19
　贷：存货跌价准备——乙商品　19
（3）库存材料 C：
借：资产减值损失　15
　贷：存货跌价准备——C 材料　15
（4）库存材料 D：
E 产品可变现净值 = 0.5 ×（1 - 10%）× 100 = 45（万元）
E 产品成本 = 32 + 0.2 × 100 = 52（万元）
由于 E 产品的可变现净值低于成本，需要对其生产材料 D 计提减值准备。
D 材料可变现净值 = 0.5 ×（1 - 10%）× 100 - 0.2 × 100 = 25（万元）
D 材料成本 = 32（万元）
借：资产减值损失　7
　贷：存货跌价准备——D 材料　7

第五章 投 资

一、单项选择题

1~5. AAADA 6~10. DAADB 11~14. BDAB

二、多项选择题

1. ABCD 2. ABC 3. BD 4. ABC 5. BCE 6. AD 7. ABCE 8. BC 9. ACD 10. AC

三、业务题

1. (1) 借：交易性金融资产——成本 5 000 000
   投资收益 20 000
   贷：银行存款 5 020 000

(2) 借：交易性金融资产——公允价值变动 350 000
   贷：公允价值变动损益 350 000

(3) 借：公允价值变动损益 250 000
   贷：交易性金融资产——公允价值变动 250 000

(4) 借：银行存款 4 900 000
   投资收益 200 000
   贷：交易性金融资产——成本 5 000 000
   ——公允价值变动 100 000

借：公允价值变动损益 100 000
   贷：投资收益 100 000

2. (1) 2011 年 1 月 1 日：

借：持有至到期投资——成本 40 000
   ——利息调整 1 486
   贷：银行存款 41 486

(2) 2011 年 6 月 30 日：

借：应收利息 1 600 (40 000 ×8%/2)
   贷：投资收益 1 244.58 (41 486 ×6%/2)
   持有至到期投资——利息调整 355.42

借：银行存款 1 600
   贷：应收利息 1 600

此时持有至到期投资的摊余成本 =41 486 +1 244.58 -1 600 =41 130.58 (万元)

(3) 2011 年 12 月 31 日：

借：应收利息 1 600 (40 000 ×8%/2)
   贷：投资收益 1 233.92 (41 130.58 ×6%/2)
   持有至到期投资——利息调整 366.08

借：银行存款 1600
   贷：应收利息 1600

此时持有至到期投资的摊余成本 =41 130.58 +1 233.92 -1 600 =40 764.50 (万元)

(4) 2012 年 6 月 30 日：

借：应收利息　　　　1 600 (40 000 × 8% /2)

　　贷：投资收益　　　　1 222.94 (40 764.50 × 6% /2)

　　　　持有至到期投资——利息调整　　　　377.06

借：银行存款　　　　1 600

　　贷：应收利息　　　　1 600

此时持有至到期投资的摊余成本 = 40 764.50 + 1 222.94 - 1 600 = 40 387.44 (万元)

(5) 2012 年 12 月 31 日：

借：应收利息　　　　1 600 (40 000 × 8% /2)

　　贷：投资收益　　　　1 212.56 (倒挤)

　　　　持有至到期投资——利息调整 387.44 (1 486 - 355.42 - 366.08 - 377.06)

借：银行存款　　　　1 600

　　贷：应收利息　　　　1 600

借：银行存款　　　　40 000

　　贷：持有至到期投资——成本　　　　40 000

3. 甲公司有关的账务处理如下：

(1) 2009 年 1 月 1 日，购入股票。

借：可供出售金融资产——成本　　　　322

　　贷：银行存款　　　　322

(2) 2009 年 5 月 5 日，确认现金股利。

借：应收股利　　　　10

　　贷：投资收益　　　　10

2009 年 5 月 20 日，收到现金股利。

借：银行存款　　　　10

　　贷：应收股利　　　　10

(3) 2009 年 12 月 31 日，确认股票公允价值变动。

借：可供出售金融资产——公允价值变动　　　　18

　　贷：资本公积——其他资本公积　　　　18

(4) 2010 年 12 月 31 日，确认股票投资的减值损失。

借：资本公积——其他资本公积　　　　18

　　贷：可供出售金融资产——公允价值变动　　　　18

借：资产减值损失　　　　122

　　贷：可供出售金融资产减值准备　　　　122

(5) 2011 年 12 月 31 日，确认股票价格上涨。

借：可供出售金融资产减值准备　　　　80

　　贷：资本公积——其他资本公积　　　　80

(6) 2012 年 1 月 15 日，出售该金融资产。

借：银行存款　　　　350

　　可供出售金融资产减值准备　　　　42

　　贷：可供出售金融资产——成本　　322

　　　　投资收益　　70

借：资本公积——其他资本公积　　80

　　贷：投资收益　　80

4. 实际利率法下持有至到期投资摊余成本及利息收入的计算如附表3所示。

附表3　实际利率法下持有至到期投资摊余成本及利息收入的计算　　单位：万元

日　期	利息现金流入 a	实际利息收入 b = 期初 $d \times 7\%$	本期增加的本金 $c = b - a$	摊余成本余额 d = 期初 $d + c$
2011.1.1				1 729.02
2011.12.31	60.00	121.03	61.03	1 790.05
2012.12.31	60.00	125.30	65.30	1 855.35
2013.12.31	60.00	129.87	69.87	1 925.23
2014.12.31	60.00	134.77	74.77	2 000.00
合计	240.00	510.98	270.98	

（1）编制2011年1月1日，甲公司购入债券时的会计分录。

借：持有至到期投资——成本　　2 000

　　应收利息　　60

　　贷：银行存款　　1 789.02

　　　　持有至到期投资——利息调整　　270.98

（2）编制2011年1月5日收到利息时的会计分录。

借：银行存款　　60

　　贷：应收利息　　60

（3）编制2011年12月31日确认投资收益的会计分录。

投资收益 = 期初摊余成本 × 实际利率 = （2 000 - 270.98） × 7% = 121.03（万元）

借：应收利息　　60

　　持有至到期投资——利息调整　　61.03

　　贷：投资收益　　121.03

（4）计算2011年12月31日应计提的减值准备的金额，并编制相应的会计分录。

2011年12月31日计提减值准备前的摊余成本 = 2 000 - 270.98 + 61.03 = 1 790.05（万元）

计提减值准备 = 1 790.05 - 1 750 = 40.05（万元）

借：资产减值损失　　40.05

　　贷：持有至到期投资减值准备　　40.05

（5）编制2012年1月2日持有至到期投资重分类为可供出售金融资产的会计分录。

借：可供出售金融资产——成本　　1 730

　　持有至到期投资——利息调整　　209.95

　　持有至到期投资减值准备　　40.05

　　资本公积——其他资本公积　　20

贷：持有至到期投资——成本 2 000

(6) 编制 2012 年 2 月 20 日出售该可供出售金融资产的会计分录。

借：银行存款 1 700

投资收益 30

贷：可供出售金融资产——成本 1 730

借：投资收益 20

贷：资本公积——其他资本公积 20

5. (1) 2011 年 1 月 1 日：

借：长期股权投资 7 200 (18 000 × 40%)

贷：银行存款 6 000

营业外收入 1 200

(2) 2011 年 12 月 31 日：

借：长期股权投资——乙公司（损益调整） 1 000 (2 500 × 40%)

贷：投资收益 1 000

6. (1) 2011 年 1 月 1 日：

借：长期股权投资——乙公司 3 000 (5 000 × 60%)

贷：库存商品 500

应交税费——应交增值税（销项税额） 102

股本 300

资本公积 2 078

银行存款 20

借：管理费用 40

贷：银行存款 40

2011 年 5 月 15 日：

借：应收股利 180 (300 × 60%)

贷：投资收益 180

2011 年 5 月 30 日：

借：银行存款 180

贷：应收股利 180

2012 年 1 月 20 日：

借：银行存款 3 500

贷：长期股权投资 3 000

投资收益 500

(2) 借：长期股权投资——乙公司 2 202

贷：主营业务收入 600

应交税费——应交增值税（销项税额） 102

股本 300

资本公积 1 200

借：主营业务成本 500

贷：库存商品 500

借：资本公积——股本溢价 20

贷：银行存款 20

借：管理费用 40

贷：银行存款 40

7. 借：长期股权投资 5 000

贷：银行存款 5 000

存货账面价值与公允价值的差额应调增的成本 =（1 000 - 800）×80% = 160（万元）

固定资产公允价值与账面价值差额应调整增加的折旧额 = 1 900 ÷ 10 - 1 500 ÷ 10 = 40（万元）

调整后的净利润 = 1 000 - 160 - 40 = 800（万元）

甲公司应享有份额 = 800 × 40% = 320（万元）

确认投资收益的账务处理为：

借：长期股权投资——损益调整 320

贷：投资收益 320

8.（1）2010 年 1 月 1 日：

借：长期股权投资 1 150

应收股利 20

贷：银行存款 1 170

（2）2010 年 1 月 20 日：

借：银行存款 20

贷：应收股利 20

（3）2011 年 1 月 1 日：

1）调整长期股权投资的账面价值。

原投资初始成本 1 150 万元大于所占 A 公司的净资产公允价值份额 1 100（11 000 × 10%）万元，差额 50 万元视为商誉。

借：长期股权投资——A 公司（损益调整） 80（800 × 10%）

贷：盈余公积 8（800 × 10% × 10%）

利润分配——未分配利润 72（800 × 10% × 90%）

借：长期股权投资——A 公司（其他权益变动） 20

贷：资本公积——其他资本公积 20

A 公司净资产公允价值其他变动 =（12 000 - 11 000 - 800）×10% = 20（万元）

2）购入 20% 股权。

新增投资成本 2 100 万元小于所占 A 公司的净资产公允价值份额 2 400 万元（12 000 × 20%），差额 300 万元与最初的投资商誉综合考虑。

借：长期股权投资——A 公司（成本） 2 350

贷：银行存款 2 100

营业外收入 250

（4）2011 年年末：

借：长期股权投资——A 公司（损益调整） 300（1 000×30%）
　贷：投资收益 300
借：长期股权投资——A 公司（其他权益变动） 60
　贷：资本公积——其他资本公积 60
（5）2012 年 1 月 5 日：
借：银行存款 2 200
　贷：长期股权投资——A 公司（成本） 1 750
　　——A 公司（损益调整） 190
　　——A 公司（其他权益变动） 40
　投资收益 220
同时：
借：资本公积——其他资本公积 40
　贷：投资收益 40
借：长期股权投资——A 公司 1 980
　贷：长期股权投资——A 公司（成本） 1 750
　　——A 公司（损益调整） 190
　　——A 公司（其他权益变动） 40
（6）2012 年 4 月 2 日：
借：应收股利 120
　贷：投资收益 120

第六章 固 定 资 产

一、单项选择题

1～5. ACAAC 6～10. BABDA

二、多项选择题

1. BC 2. ABCD 3. ABD 4. ABC 5. ACD 6. AC 7. ABD 8. ABD 9. AB 10. BCD

三、业务题

1.（1）借：工程物资 257.4
　　贷：银行存款 257.4
（2）借：在建工程 234
　　原材料 20
　　应交税费——应交增值税（进项税额） 3.4
　　贷：工程物资 257.4
（3）借：在建工程 73.6
　　贷：库存商品 60
　　　应交税费——应交增值税（销项税额） 13.6
（4）借：在建工程 30
　　贷：应付职工薪酬 30

（5）借：在建工程　5
　　　贷：银行存款　5
（6）借：固定资产　342.6
　　　贷：在建工程　342.6
（7）2008 年 4～12 月计提折旧。
借：制造费用　42.075
　贷：累计折旧　42.075
2009 年 1～12 月计提折旧。
借：制造费用　56.1
　贷：累计折旧　56.1
2010 年 1～12 月计提折旧。
借：制造费用　56.1
　贷：累计折旧　56.1
2011 年 1～12 月计提折旧。
借：制造费用　56.1
　贷：累计折旧　56.1
（8）借：固定资产清理　132.225
　　　累计折旧　210.375
　　　贷：固定资产　342.6
借：银行存款　140
　贷：固定资产清理　140
借：固定资产清理　2
　贷：银行存款　2
借：固定资产清理　5.775
　贷：营业外收入　5.775
2.（1）借：在建工程　110 000
　　　　累计折旧　190 000
　　　　贷：固定资产　300 000
借：在建工程　60 000
　贷：银行存款　60 000
借：银行存款　50 000
　贷：在建工程　50 000
借：在建工程　25 000
　贷：工程物资　20 000
　　原材料　5 000
借：在建工程　12 000
　贷：应付职工薪酬——工资　12 000
借：固定资产　157 000
　贷：在建工程　157 000

（2）年折旧额 =（固定资产原值 - 预计净残值）÷预计使用年限

=（157 000 - 30 000）÷10

= 12 700（元）

3.（1）设备的入账价值 = 500 000 + 15 000 + 46 800 + 32 000 = 593 800（元）

（2）会计分录如下：

借：在建工程　515 000

　贷：银行存款　515 000

借：在建工程　78 800

　贷：工程物资　46 800

　　应付职工薪酬　32 000

借：固定资产　593 800

　贷：在建工程　593 800

（3）双倍余额递减法计提折旧。

折旧率 = 2 × 1/5 × 100% = 40%

2010 年应提折旧额 = 593 800 × 40% = 237 520（元）

2011 年应提折旧额 =（593 800 - 237 520）× 40% = 142 512（元）

借：制造费用　142 512

　贷：累计折旧　142 512

4.（1）接受捐赠。

借：在建工程　405 300

　应交税费——应交增值税（进项税额）　6 800

　贷：银行存款　412 100

（2）发生安装费。

借：在建工程　15 000

　贷：原材料　10 000

　　应付职工薪酬——应付工资　5 000

（3）设备安装完毕投入使用。

借：固定资产　420 300

　贷：在建工程　420 300

（4）年折旧额 =（固定资产原值 - 预计净残值）× 年折旧率

2010 年折旧额 = ［420 300 ×（1 - 5%）］× 5/15 = 133 095（元）

2011 年 1 ~ 4 月折旧额 = ［420 300 ×（1 - 5%）］× 4/15 ÷ 12 × 4 = 35 492（元）

出售前累计折旧额 = 133 095 + 35 492 = 168 587（元）

（5）2011 年 4 月 11 日出售时

1）借：固定资产清理　251 713

　　累计折旧　168 587

　　贷：固定资产　420 300

2）借：银行存款　180 000

　　贷：固定资产清理　180 000

3）借：固定资产清理　　2 000
　　贷：银行存款　　2 000
4）借：营业外支出　　73 713
　　贷：固定资产清理　　73 713

第七章 无形资产

一、单项选择题
1～5. DADBC　6～10. CBCAC
二、多项选择题
1. ABCD　2. AB　3. BCD　4. AB　5. BCE
三、业务题
1.（1）A 公司购买专利权的会计分录如下：
借：无形资产——专利权　　1 000 000
　　贷：银行存款　　1000 000
（2）年摊销额和有关会计分录如下：
专利权年摊销额 = 1000 000 ÷ 10 = 100 000（元）
借：管理费用——摊销无形资产　　100 000
　　贷：累计摊销——专利权　　100 000
（3）专利权转让的会计分录如下：
借：银行存款　　900 000
　　累计摊销——专利权　　200 000
　　贷：无形资产——专利权　　1 000 000
　　　　营业外收入——非流动资产处置利得　　55 000
　　　　应交税费——应交营业税　　45 000
2.（1）2010 年
1）发生研发费用时：
借：研发支出——费用化支出　　30 000
　　贷：银行存款　　30 000
2）期末转销费用化支出时：
借：管理费用　　30 000
　　贷：研发支出——费用化支出　　30 000
（2）2011 年
1）发生研发费用时：
借：研发支出——资本化支出　　200 000
　　贷：银行存款　　200 000
2）发生注册和律师费时：
借：研发支出——资本化支出　　15 000
　　贷：银行存款　　15 000

3）形成无形资产时：

借：无形资产——专利权　　215 000

　　贷：研发支出——资本化支出　　215 000

无形资产的入账成本 =215 000（元）

第八章　投资性房地产

一、单项选择题

1~5. DBBCD　6~10. ADCDB　11~12. CA

二、多项选择题

1. AC　2. ACDE　3. ABD　4. BC　5. ACD　6. ABE　7. ABD

三、业务题

1.（1）借：投资性房地产——成本　　936

　　　　贷：银行存款　　936

（2）新取得的投资性房地产从次月提折旧。

2010 年度应计提折旧 =（936 −36）÷15 ×11 ÷12 =55（万元）

借：其他业务成本　　55

　　贷：投资性房地产累计折旧　　55

（3）借：银行存款　　90

　　　贷：其他业务收入　　90

（4）借：其他业务成本　　60

　　　贷：投资性房地产累计折旧　　60

2011 年年末投资性房地产的账面价值 =936 −55 −60 =821（万元）

（5）借：固定资产　　936

　　　投资性房地产累计折旧　　115

　　　贷：投资性房地产　　936

　　　　　累计折旧　　115

2.（1）2009 年 12 月 31 日：

借：投资性房地产　　8 500

　　累计折旧　　2 000

　　固定资产减值准备　　500

　　贷：固定资产　　8 500

　　　　投资性房地产累计折旧　　2 000

　　　　投资性房地产减值准备　　500

（2）2010 年 12 月 31 日：

借：银行存款　　550

　　贷：其他业务收入　　550

借：其他业务成本　　400

　　贷：投资性房地产累计折旧　　400

2010 年 12 月 31 日，投资性房地产的账面价值 = 8 500 - 2 000 - 500 - 400 = 5 600（万元），可收回金额为 4 900 万元，按规定，还应补提减值准备 700 万元。

借：资产减值损失　700
　贷：投资性房地产减值准备　700

（3）2011 年 12 月 31 日：

借：银行存款　550
　贷：其他业务收入　550
借：其他业务成本　350（4 900 ÷ 14）
　贷：投资性房地产累计折旧　350

2011 年 12 月 31 日，投资性房地产的账面价值 = 4 900 - 350 = 4 550（万元），可收回金额为 4 600 万元，计提的减值准备不能转回。

（4）2012 年 1 月 10 日：

借：银行存款　4 200
　贷：其他业务收入　4 200
借：其他业务成本　4 550
　投资性房地产累计折旧　2 750
　投资性房地产减值准备　1 200
　贷：投资性房地产　8 500

3.（1）借：投资性房地产——厂房（成本）　700
　　公允价值变动损益　10
　　累计折旧　140
　　贷：固定资产　850

（2）2011 年 3 月 15 日，存货转换为投资性房地产。

借：投资性房地产——成本　720
　贷：开发产品　560
　　资本公积——其他资本公积　160

2011 年 12 月 31 日，公允价值变动。

借：投资性房地产——公允价值变动　60
　贷：公允价值变动损益　60

2012 年 6 月，出售投资性房地产。

借：银行存款　850
　贷：其他业务收入　850
借：其他业务成本　780
　贷：投资性房地产——成本　720
　　　　——公允价值变动　60

同时，将投资性房地产累计公允价值变动转入其他业务成本。

借：公允价值变动损益　60
　贷：其他业务成本　60

同时，将转换时原计入资本公积的部分转入其他业务成本。

借：资本公积——其他资本公积 160

贷：其他业务成本 160

（3）2011 年 3 月 15 日，甲公司将投资性房地产转入改扩建工程。

借：投资性房地产——厂房（在建） 2 300

贷：投资性房地产——成本 1 800

——公允价值变动 500

工程发生改扩建支出。

借：投资性房地产——厂房（在建） 360

贷：银行存款 360

2011 年 11 月 10 日，改扩建工程完工，转为投资性房地产。

借：投资性房地产——成本 2 660

贷：投资性房地产——厂房（在建） 2 660

4. 2010 年 1 月 1 日：

借：投资性房地产 4 800

存货跌价准备 600

贷：开发产品 5 400

2010 年 12 月 31 日：

借：银行存款 320

贷：其他业务收入 320

借：其他业务成本 240

贷：投资性房地产累计折旧 240

2011 年 1 月 1 日：

借：投资性房地产——成本 4 600

投资性房地产累计折旧 240

贷：投资性房地产 4 800

利润分配——未分配利润 36

盈余公积 4

2011 年 12 月 31 日：

借：银行存款 320

贷：其他业务收入 320

借：投资性房地产——公允价值变动 100

贷：公允价值变动损益 100

第九章 资产减值

一、单项选择题

1 ~ 5. DBABD 6 ~ 10. BBBBD

二、多项选择题

1. ABC 2. ABD 3. BCD 4. ABC 5. BC 6. ABD 7. ABCD 8. BC 9. AC

三、业务题

1. （1）2011 年 12 月 31 日资产组账面价值 = （60 - 60/10 × 5） + （90 - 90/10 × 5） + （150 - 150/10 × 5） = 150（万元）。

因甲公司估计该生产线的公允价值减去处置费用后的净额为 83 万元（86 - 3），预计未来现金流量的现值为 90 万元，因此资产组可收回金额为 90 万元。

该资产组应确认的减值损失 = 150 - 90 = 60（万元）

将资产组的减值损失分摊至各项设备，如附表 4 所示。

附表 4 减值损失计算分摊表 单位：万元

项 目	设备 A	设备 B	设备 C	整条生产线（资产组）
账面价值	30	45	75	150
可收回金额				90
减值损失				60
减值损失分摊比例	20%	30%	50%	100%
分摊减值损失	7.5	18	30	55.5
分摊后的账面价值	22.5	27	45	
尚未分摊的减值损失				4.5
二次分摊比例		37.5%	62.5	
二次分摊的减值损失		1.69	2.81	4.5
二次分摊后应确认减值损失总额	7.5	19.69	32.81	60
二次分摊后的账面价值	22.5	25.31	42.19	90

（2）会计分录如下：

借：资产减值损失 60

　　贷：固定资产减值准备——设备 A 7.5

　　　　　　　　　　　——设备 B 19.69

　　　　　　　　　　　——设备 C 32.81

2. 在对各资产组进行减值测试时，首先应当认定与其相关的总部资产。由于东方公司的经营管理活动由总部负责，因此相关的总部资产包括办公大楼和研发中心，考虑到办公大楼的账面价值可以在合理和一致的基础上分摊至各资产组，但是研发中心的账面价值难以在合理和一致的基础上分摊至各相关资产组。因此，对于办公大楼的账面价值，企业应当首先根据各资产组的账面价值和剩余使用年限加权平均计算的账面价值分摊比例进行分摊，具体如附表 5 所示。

附表 5 减值损失计算分摊表 单位：万元

项 目	资产组 A	资产组 B	资产组 C	总计
各资产组账面价值	100	150	200	450
各资产组剩余使用寿命	10	20	20	
按使用寿命计算的权重	1	2	2	
加权计算后的账面价值	100	300	400	800
办公大楼分摊比例（各资产组加权计算后的账面价值/各资产组加权平均计算后的账面价值合计）	12.5%	37.5%	50%	100%
办公大楼账面价值分摊到各资产组的金额	19	56	75	150
包括分摊的办公大楼账面价值的各资产组账面价值	119	206	275	600

资产组 A、B、C 的可收回金额分别为 199 万元、164 万元和 271 万元，而相应的账面价值（包括分摊的办公大楼账面价值）分别为 119 万元、206 万元和 275 万元，资产组 B 和 C 的可收回金额均低于其账面价值，应当分别确认 42 万元和 4 万元减值损失，并将该减值损失在办公大楼和资产组之间进行分摊。根据分摊结果，因资产组 B 发生减值损失 42 万元而导致办公大楼减值 11 万元（42×56/206），导致资产组 B 中所包括的资产发生减值 31 万元（42×150/206）；因资产组 C 发生减值损失 4 万元而导致办公大楼减值 1 万元（4×75/275），导致资产组 C 中所包括的资产发生减值 3 万元（4×200/275）。经过上述减值测试后，资产组 A、B、C 和办公大楼的账面价值分别为 100 万元、119 万元（150－31）、197 万元（200－3）和 138 万元（150－11－1），研发中心的账面价值仍为 50 万元，由此包括研发中心在内的最小资产组组合（即东方公司）的账面价值总额为 604 万元（100＋119＋197＋138＋50），但其可收回金额为 720 万元，高于其账面价值，因此，企业不必再进一步确认减值损失（包括研发中心的减值损失）。

根据以上计算与分析结果，东方公司资产组 A 没有发生减值，资产组 B 和 C 发生了减值，应当对其所包括资产分别确认减值损失 31 万元和 3 万元。总部资产中，办公大楼发生了减值，应当确认减值损失 12 万元，而研发中心没有发生减值。

第十章 负 债

一、单项选择题

1～5. DBDCB 6～10. DACBA 11～13. AAA

二、多项选择题

1. ABCD 2. ABD 3. AC 4. ABCD 5. ABC 6. ABD 7. ACD 8. ABC 9. ABC 10. BCD

三、业务题

1. （1）编制会计分录如下：

1）借：原材料——A 材料	5 046 500	
应交税费——应交增值税（进项税额）	853 500	
贷：银行存款		5 900 000
2）借：长期股权投资	702 000	
贷：其他业务收入		600 000
应交税费——应交增值税（销项税额）		102 000
借：其他业务成本	450 000	
存货跌价准备	50 000	
贷：原材料		500 000
3）借：银行存款	235 500	
贷：主营业务收入（或其他业务收入）		150 000
应交税费——应交增值税（销项税额）		25 500
——应交消费税		60 000

4）借：应收账款　9 360 000

　　贷：主营业务收入　8 000 000

　　　　应交税费——应交增值税（销项税额）　1 360 000

借：主营业务成本　6 800 000

　　贷：库存商品——B 产品　6 800 000

借：营业税金及附加　800 000

　　贷：应交税费——应交消费税　800 000

5）借：在建工程　1 461 000

　　贷：原材料——A 材料　400 000

　　　　库存商品——B 产品　750 000

　　　　应交税费——应交增值税（进项税额转出）　68 000

　　　　　　　　——应交增值税（销项税额）　153 000

　　　　　　　　——应交消费税　90 000

6）C 材料应交消费税的计税价格 =（152 000 + 28 000）/（1 - 10%）= 200 000（元）

应纳消费税 = 200 000 × 10% = 20 000（元）

借：委托加工物资　28 000

　　应交税费——应交消费税　20 000

　　应交税费——应交增值税（进项税额）　4 760

　　贷：银行存款　52 760

借：原材料——C 材料　180 000

　　贷：委托加工物资　180 000

（2）计算本月应交增值税和应交消费税。

本月份应交增值税 =（102 000 + 25 500 + 1 360 000 + 153 000）-（853 500 + 4 760 + 150 000 - 68 000）= 1 640 500 - 940 260 = 700 240（元）

本月份应交消费税 = 60 000 + 800 000 + 90 000 - 20 000 = 930 000（元）

2.（1）2009 年 1 月 1 日收到发行债券价款。

借：银行存款　2 000

　　贷：应付债券——面值　2 000

2009 年 12 月 31 日应计提债券利息 = 2 000 × 6% = 120（万元）

借：在建工程　120

　　贷：应付债券——应计利息　120

（2）会计分录如下：

1）借：在建工程　2 340

　　贷：库存商品　2 000

　　　　应交税费——应交增值税（销项税额）　340

2）借：工程物资　2 340

　　贷：银行存款　2 340

3）借：在建工程　2 340

　　贷：工程物资　2 340

4）借：在建工程 1 800

贷：应付职工薪酬 1 800

5）借：在建工程 1 400

贷：生产成本——辅助生产成本 1 400

6）固定资产的入账价值 = 120 + 2 340 + 2 340 + 1 800 + 1 400 = 8 000（万元）

借：固定资产 8 000

贷：在建工程 8 000

（3）计算过程如下：

2010 年应计提折旧额 = 8 000 ÷ 20 = 400（万元）

2011 年应计提折旧额 = 8 000 ÷ 20 × 6/12 = 200（万元）

（4）会计分录如下：

借：固定资产清理 7 400

累计折旧 600

贷：固定资产 8 000

借：银行存款 7 500

贷：固定资产清理 7 500

借：固定资产清理 375

贷：应交税费——应交营业税 375

借：营业外支出 275

贷：固定资产清理 275

第十一章 所有者权益

一、单项选择题

1 ~ 5. DACAB 6 ~ 10. CCCBA

二、多项选择题

1. ABC 2. ACD 3. ACD 4. ACD 5. AC 6. ACD 7. ABCD 8. ACD 9. ABC 10. ABD

三、业务题

（1）B 公司有关业务的会计分录如下：

1）结转 2010 年实现的净利润 200 万元。

借：本年利润 200

贷：利润分配——未分配利润 200

2）提取盈余公积。

借：利润分配——提取法定盈余公积 20

贷：盈余公积——法定盈余公积 20

3）结转利润分配。

借：利润分配——未分配利润 20

贷：利润分配——提取法定盈余公积 20

4）结转2011年发生亏损50万元。

借：利润分配——未分配利润　50

　　贷：本年利润　50

5）宣告现金股利。

借：利润分配——应付现金股利　150

　　贷：应付股利　150

6）宣告股票股利时不需作会计分录。

支付股票股利时：

借：利润分配——转作股本的股利　150

　　贷：股本　150

7）结转未分配利润。

借：利润分配——未分配利润　300

　　贷：利润分配——应付现金股利　150

　　　　　　　　——转作股本的股利　150

（2）B公司2011年12月31日所有者权益的金额 = 1 650 + 100 + 120 + 130 = 2 000（万元）。

第十二章　收入、费用和利润

一、单项选择题

1 ~ 5. CABAB　6 ~ 9. CDCB

二、多项选择题

1. ABCE　2. ABD　3. ABCD　4. ABD　5. ABCDE　6. AB

三、业务题

1.（1）2012年2月8日销售时：

借：应收账款　58 500

　　贷：主营业务收入　50 000

　　　　应交税费——应交增值税（销项税额）　8 500

借：主营业务成本　26 000

　　贷：库存商品　26 000

（2）2012年2月17日收款时：

借：银行存款　57 500

　　财务费用　1 000

　　贷：应收账款　58 500

（3）销售退回时：

借：库存商品　26 000

　　贷：主营业务成本　26 000

借：主营业务收入　50 000

　　应交税费——应交增值税（销项税额）　8 500

贷：财务费用 1 000

银行存款 57 500

2.（1）借：主营业务收入 500 000

应交税费——应交增值税（销项税额） 85 000

贷：应收账款 585 000

（2）借：银行存款 2 340 000

贷：其他应付款 2 000 000

应交税费——应交增值税（销项税额） 340 000

借：发出商品 1 500 000

贷：库存商品 1 500 000

（3）借：银行存款 115 000

原材料 2 000

贷：主营业务收入 100 000

应交税费——应交增值税（销项税额） 17 000

借：主营业务成本 60 000

贷：库存商品 60 000

（4）借：主营业务成本 200 000

贷：应付职工薪酬 200 000

借：应收账款 175 500

贷：主营业务收入 150 000

应交税费——应交增值税（销项税额） 25 500

（5）借：应收账款 702 000

贷：主营业务收入 600 000

应交税费——应交增值税（销项税额） 102 000

借：主营业务成本 480 000

贷：库存商品 480 000

（6）借：银行存款 200 000

贷：预收账款 200 000

3.（1）2010 年进度：300/1 500 = 20%

2011 年进度：1 200/1 600 = 75%

（2）2010 年确认收入：1 900 × 20% = 380（万元）

2010 年确认成本：1 500 × 20% = 300（万元）

2010 年确认毛利：380 - 300 = 80（万元）

分录为：

借：主营业务成本 3 000 000

工程施工——毛利 800 000

贷：主营业务收入 3 800 000

2011 年确认收入：2 000 × 75% - 380 = 1 120（万元）

2011 年确认成本：1 600 × 75% - 300 = 900（万元）

2011 年确认毛利：1120 - 900 = 220（万元）

分录为：

借：主营业务成本　　9 000 000

　　工程施工——毛利　　2 200 000

　　贷：主营业务收入　　11 200 000

2012 年确认收入：2 000 - 380 - 1 120 = 500（万元）

2012 年确认成本：1 600 - 300 - 900 = 400（万元）

2012 年确认毛利：500 - 400 = 100（万元）

分录为：

借：主营业务成本　　4 000 000

　　工程施工——毛利　　1 000 000

　　贷：主营业务收入　　5 000 000

4.（1）编制甲公司提取法定盈余公积的会计分录。

提取法定盈余公积 = 8 000 000 × 10% = 800 000（元）

借：利润分配——提取法定盈余公积　　800 000

　　贷：盈余公积——法定盈余公积　　800 000

（2）公司支付优先股股利的会计分录。

支付的优先股股利 = 1 000 000 × 10% = 100 000（元）

借：利润分配——应付优先股股利　　100 000

　　贷：应付股利——应付优先股股利　　100 000

（3）公司提取任意盈余公积的会计分录。

借：利润分配——提取任意盈余公积　　1 000 000

　　贷：盈余公积——任意盈余公积　　1 000 000

（4）编制甲公司向投资者宣告分配股利的会计分录。

应付普通股现金股利 = 9 000 000 × 0.1 = 900 000（元）

应付普通股股票股利 = 9 000 000 × 0.2 = 1 800 000（元）

借：利润分配——应付普通股股利　　900 000

　　　　　　——转作股本的普通股股利　　1 800 000

　　贷：应付股利——应付普通股股利　　900 000

　　　　股本　　1 800 000

（5）结转除“未分配利润”明细账户之外的“利润分配”账户所属其他各明细账户。

借：利润分配——未分配利润　　4 600 000

　　贷：利润分配——提取法定盈余公积　　800 000

　　　　　　　　——应付优先股胜利　　100 000

　　　　　　　　——提取任意盈余公积　　1 000 000

　　　　　　　　——应付普通股股利　　900 000

　　　　　　　　——转作股本的普通股股利　　1 800 000

第十三章 财务报告

一、单项选择题

1～5. CCBDD 6～10. AACCC

二、多项选择题

1. AC 2. ABCD 3. CD 4. AD 5. ABD 6. BCD 7. CDE 8. ACD 9. ABCDE

三、业务题

(1) 各分录为:

1) 借: 银行存款 46 800
  贷: 主营业务收入 40 000
   应交税费——应交增值税 (销项税额) 6 800

借: 主营业务成本 34 000
 贷: 库存商品 34 000

2) 借: 银行存款 28 000
  销售费用 1 250
  贷: 主营业务收入 25 000
   应交税费——应交增值税 (销项税额) 4 250

借: 主营业务成本 18 000
 贷: 发出商品 18 000

借: 发出商品 36 000
 贷: 库存商品 36 000

3) 借: 银行存款 10 000
  贷: 预收账款 10 000

借: 工程施工 12 000
 贷: 应付职工薪酬 12 000

借: 主营业务成本 12 000
 贷: 主营业务收入 12 000

4) 借: 银行存款 350 000
  贷: 预收账款 350 000

借: 工程施工 150 000
 贷: 应付职工薪酬 50 000
  原材料 100 000

借: 主营业务成本 150 000
 贷: 主营业务收入 150 000

5) 借: 应收票据 1 170 000
  贷: 主营业务收入 1 000 000
   应交税费——应交增值税 (销项税额) 170 000

借: 主营业务成本 800 000

贷：库存商品　800 000

6）借：银行存款　500 000

贷：主营业务收入　500 000

借：主营业务成本　104 000

贷：应付职工薪酬　104 000

7）借：库存商品　47 000

贷：主营业务成本　47 000

借：主营业务收入　60 000

应交税费——应交增值税（销项税额）　10 200

贷：应收账款　70 200

8）借：所得税费用　65 000

贷：应交税金——应交企业所得税　65 000

（2）编制的利润表如附表6所示。

附表6　利润表

编制单位：深远股份有限公司　　2011年9月　　单位：元

项　目	本期金额	上期金额（略）
一、营业收入	1 687 000	
减：营业成本	1 081 000	
营业税金及附加	100 000	
销售费用	1 250	
管理费用	50 000	
财务费用	10 000	
资产减值损失	0	
加：公允价值变动收益（损失以“-”号填列）	0	
投资收益（损失以“-”号填列）	15 250	
其中：对联营企业和合营企业的投资收益		
二、营业利润（亏损以“-”号填列）	460 000	
加：营业外收入	200 000	
减：营业外支出	400 000	
其中：非流动资产处置损失	（略）	
三、利润总额（亏损总额以“-”号填列）	260 000	
减：所得税费用	65 000	
四、净利润（净亏损以“-”号填列）	195 000	
五、每股收益：	（略）	
（一）基本每股收益		
（二）稀释每股收益		

参考文献

［1］　刘永泽，陈立军．中级财务会计［M］．大连：东北财经大学出版社，2011.

［2］　王国付，王文．会计学［M］．北京：中国铁道出版社，2010.

［3］　财政部会计资格评价中心．中级会计实务［M］．北京：经济科学出版社，2011.

［4］　鲁千霞，苏龙，刘毅．中级财务会计［M］．3版．上海：立信会计出版社，2011.

［5］　中国注册会计师协会．会计［M］．北京：中国财政经济出版社，2012.

［6］　戴德明．财务会计学［M］．北京：中国人民大学出版社，2009.